高等学校教师专业发展系列教材

高等教育心理学

主编　徐碧波　汪　果

中国教育出版传媒集团
高等教育出版社·北京

内容提要

本教材为高校新教师提供科学的教育心理学理论指导，以通俗易懂的语言论述了高等教育心理学研究的基本问题。内容涵盖高等教育心理学概述、大学生的心理发展、大学生学习心理概述、大学生的学习动机、大学生的认知领域学习、大学生的问题解决与创造性培养、大学生的品德心理、大学生的动作技能学习、大学生的学习迁移、大学生的群体心理与人际交往、心理健康与健全人格、大学生就业心理及就业指导、高校教师心理等13章内容。

本教材将教育心理学的理论与高校教育教学实践相结合，既适合作为高校新教师岗前培训教材，也适合作为高校教师专业发展的参考书，还适合高校教育教学管理者、高等教育研究者阅读参考。

图书在版编目（C I P）数据

高等教育心理学 / 徐碧波，汪果主编. -- 北京：高等教育出版社，2023.7（2025.8重印）

ISBN 978-7-04-058983-2

Ⅰ. ①高… Ⅱ. ①徐… ②汪… Ⅲ. ①高等教育学－教育心理学 Ⅳ. ①G44

中国版本图书馆CIP数据核字（2022）第120940号

GaoDeng Jiaoyu Xinlixue

策划编辑 魏延娜　责任编辑 魏延娜　封面设计 张 志　版式设计 王艳红
责任绘图 邓 超　责任校对 窦丽娜　责任印制 耿 轩

出版发行 高等教育出版社
社　　址 北京市西城区德外大街4号
邮政编码 100120
印　　刷 山东百润本色印刷有限公司
开　　本 787mm×1092mm 1/16
印　　张 20.5
字　　数 440千字
购书热线 010-58581118
咨询电话 400-810-0598
网　　址 http://www.hep.edu.cn
　　　　 http://www.hep.com.cn
网上订购 http://www.hepmall.com.cn
　　　　 http://www.hepmall.com
　　　　 http://www.hepmall.cn
版　　次 2023年7月第1版
印　　次 2025年8月第3次印刷
定　　价 46.00元

物 料 号 58983-00

目　录

第一章　高等教育心理学概述

大学之道，在明明德，在亲民，在止于至善。知止而后有定，定而后能静，静而后能安，安而后能虑，虑而后能得。物有本末，事有终始，知所先后，则近道矣。

——《大学》

“心理学对教育有巨大的帮助。”这绝不是一句空洞的说辞，因为教育的对象是活生生的人，教育者也是活生生的人。如果对学习者的心理缺乏了解，势必会降低教育的针对性和有效性。

高等教育心理学是心理学与高等教育相结合的产物，或者说是教育心理学在高等教育中的应用。本章第一节关注心理学概述，第二节关注教育心理学概述，第三节关注教育心理学的方法论。

第一节　心理学概述

本节从定义、发展和理论流派的角度勾画了心理学的基本轮廓，以帮助学习者了解心理学的基本观点，为高等教育心理学的学习夯实学科基础。

一、心理学的产生和发展

（一）什么是心理学

什么是心理学？今天通常所给予的回答是：心理学是研究人的心理活动及其行为表现的科学。

人的心理活动涉及两个方面：（1）心理过程。包括认识过程（感觉、知觉、记忆、思维、想象等），情感过程（喜、怒、哀、乐、惧等）和意志过程（目的的确定、困难的克服等）；（2）个性心理。包括个性倾向性（动机、需要、信念、理想、世界观等）和个性心理特征（能力、气质、性格等）。心理过程和个性心理是密切相关的，是一个统一的具体的人的心理活动的两个方面。人的个性心理是通过心理过程形成和发展起来的，而已经形成的个性心理又反过来制约心理过程的进行。

心理活动发生在人脑内部，不能直接观察，但它们可通过行为表现出来，研究这些可观察的行为表现可推知内部的心理活动。

（二）哲学的心理学

“认识你自己”这句古希腊的箴言恰当地说明了心理学的渊源。人类对自我的探索推动了心理学的产生，但这种探索活动并非一开始就是科学的，而是哲学性的，故称之为哲学的心理学或前科学的心理学。

哲学的心理学主要关心心灵与身体的关系、思维与存在的关系、人性的本质和人是怎样认识世界的。哲学家们借助常识、直觉或猜测，通过思辨来探讨这些问题。

例如，古希腊哲学家柏拉图（Plato）认为：灵魂与身体是两个独立的、相互对立的本原；灵魂先于身体而存在，它是永生不灭的；当神创造世界时，神就把理性放在灵魂里，把灵魂放在身体里；灵魂的智慧来自神秘的“理念世界”，理念世界是先于万事万物而存在的。柏拉图的思想遭到他的学生亚里士多德（Aristotle）的反驳。亚里士多德认为：灵魂和生命肉体是密不可分的；认识的对象是外在事物而非理念；获得知识是一种心理过程，开端于特殊的知觉，而终结于普遍的一般知识。

类似柏拉图和亚里士多德这样的争论一直体现在西方的哲学和心理学中，即使今天也没有一个明确的结论。在我国古代也不乏像柏拉图和亚里士多德这样的哲学家和思想家，他们的著作中蕴藏着丰富、珍贵的心理学思想，如我国古代伟大的思想家、教育家孔子。

视窗 1–1 孔子的心理学（教育心理学）思想

哲学的心理学显然对科学的产生和发展有着直接贡献，但它缺乏坚实的科学基础，一直受哲学的束缚，所以，心理学也一直被定义为研究灵魂的学问。直到 19 世纪后期，情况才渐有改变，心理学从哲学走向了科学。

（三）科学的心理学

艾宾浩斯（Hermann Ebbinghaus）说得好：“心理学虽有一个悠久的过去，但只有一个短暂的历史。”1879 年，冯特（Wilhelm Maximilian Wundt）在德国莱比锡大学建立了世界上第一个心理学实验室，这标志着科学心理学的诞生。但科学心理学的大厦不是一夜之间建成的。

1. 哲学的贡献

哲学是心理学的母体。人类对自己本质的思辨，即使是不科学的，也曾对科学心理学的形成过程起过作用。心理学至少在它建立时是试图把科学同哲学结合起来的，对哲学问题提供科学的解答。这一点在德国科学家费希纳（Gustav Theodor Fechner）身上表现得尤为明显。他试图通过研究物理刺激和主观感受之间的数量关系（费希纳定律）来解决有关的哲学问题（身心关系问题）。正是这种为了解决哲学问题的心理物理学的实验研究，为科学心理学的诞生做出了突出贡献。无须赘言，哲学对科学心理学的产生和发展做出了巨大的贡献。即使在今天，心理学的发展也离不开哲学的帮助。

2. 自然科学的贡献

尽管我们说，心理学是科学与哲学相结合的产物，但公正地讲，科学心理学产生的直接动力应是自然科学。

（1）自然科学精神与自然科学方法的影响

17 世纪自然科学的巨大发展使人们相信对人的心理和行为进行科学的探索是必要的，也是可能的，人们不再满足于对灵魂进行空的思辨。一些有志之士响应了时代的召唤，勇敢地将自然科学的研究原则和方法引入了对人的心理和行为的研究领域。费希纳、冯特和艾宾浩斯是他们之中的杰出代表。

费希纳受当时德国科学思想的影响，认为自然科学中行之有效的实验法也可用于研究感觉生理学。他在韦伯定律的基础上，提出了用以了解人们对刺激量的心理经验的费希纳定律，并在心理物理的研究方法中创造了三种感觉测量的方法（最小可觉察法、正误法和均值法），使心理现象得以被精准量化地描述。

冯特是公认的心理学之父，他反对灵魂说，认为如果有任何东西可以称为灵魂的话，那么灵魂只能是心理过程的总和。冯特用心理现象和意识经验取代了灵魂的概念，使心理学不再将神学和哲学中的灵魂作为自己的研究对象。在他看来，心理学是对直接经验的科学研究，是研究人类的意识或心灵的。

冯特认为，心理学要仿效物理学和生理学的方法对人的直接经验进行客观的、有控制的研究，就必须采用实验内省法，即一种经过训练的、有控制的自我观察法。这种方法在今天的认知心理学研究中仍起着重要作用。冯特的贡献还在于他及其助手提供了大量的有争议的观察和研究，这激励着同时代和后来的大批心理学家。另外，他吸引了世界各地许多有才华的青年去跟随他学习，培养了许多心理学方面的杰出人才。

如果说费希纳和冯特只用实验方法研究了简单的心理过程，那么，艾宾浩斯则把实验法应用于高级的心理过程，即言语材料的学习和记忆。1885 年，他发表的《记忆》一书不仅打破了当时高级心理过程不能用科学的、实验的方法来研究的神话，还开创了 20 世纪心理学的一代新风，使 20 世纪的各派心理学家都热衷于学习与记忆这个领域的研究。

（2）生理学和进化论的影响

19 世纪上半叶，实验生理学开始出现。生理学家贝尔和米勒（Bell & Miller）测验了神经系统在视、听方面的功能，这样，他们就变成了心理学家，虽然他们并不这样称呼自己。19 世纪的情况就是这样，当时许多生理学家转向心理学，对身体（包括大脑）的机能越来越感兴趣。他们认为，心理学只有把它注意的中心转移到身体的过程上来，它才能成为真正的科学。这一时期，进化论的影响也使得心理学家逐渐承认并坚信，从动物实验中得出的结论同样可以应用于人类。由于简便易行的特点，动物实验研究如雨后春笋般涌现，成为 20 世纪心理学研究的主旋律，无论是行为主义心理学还是认知理论，都离不开动物研究。

总之，作为科学的一门分支学科，心理学的发展从来都离不开自然科学的帮助。

二、20 世纪以来几种主要的心理学观点

科学心理学诞生以后，得到了蓬勃的发展。尽管如此，心理学远未揭示出比天空和海洋还要辽阔而深邃的心灵全貌。20 世纪以来，几种主要的心理学观点从各自不同的角度勾画了不同的心理轮廓图，从中我们可以获得许多有关人类心理和行为的知识。

（一）行为主义心理学的观点

行为主义心理学是由美国心理学家华生（John Broadus Watson）于 20 世纪 20 年代提出来的。华生的行为主义后来为美国心理学家斯金纳（Burrhus Frederic Skinner）等新行为主义者继承和发展。行为主义心理学统治了美国心理学长达半个世纪之久，至今仍是心理学中的重要学派和理论之一。

华生认为，只有公开的事件，即动作、反应或操作等可以被客观地观察和测量的东西才能满足一种学科的要求，他称这些事件为行为。因此，科学的心理学不能以意识，而只能以行为作为研究对象。按照华生的观点，反应或行为是受环境中特定的刺激影响的。因此，心理学研究的目的就是要探明刺激（S）与反应（R）之间合乎规则和可以预测的关

系，也就是 S—R 关系。

行为主义心理学继承了英国联想主义心理学的观点，哲学上受洛克（John Locke）经验论的影响，重视环境和经验的作用，主张环境决定论。相信任何事物只要它存在，就必然存在于某种数量之中，只要它存在于某种数量之中，它就是可以测量的。这样，也仅仅只有行为才是心理学的坚实基础。行为主义心理学家反对泛灵论，主张自然的因果律。他们将刺激和反应同物理学的原因和结果等同起来，认为人无外乎是一个具有条件行为史的生物有机体。所以，他们赞同华生的观点，认为科学的心理学只应该研究人的可观察的行为，而且这些行为是受一定的法则支配的，这些法则不变地在起作用。心理学家的任务就是探明这些法则，更直接地说是搞清楚 S—R 之间的因果联系。从本质上讲，行为主义心理学家是用机械论的思想来拓展他们的研究视野，指导他们的研究方向的。因此在具体的研究方法上，他们也相应地反对内省法，而过分地主张客观的实验研究。

显然，就有机体而言，S—R 是一个学习问题，所以，行为主义心理学家还认为，人的心理和行为，都是通过学习而获得的，他们的研究重点也放在学习方面。他们企图通过对易于控制的动物学习的研究来揭示人类学习的规律，以便描述、理解与控制人类的心理和行为。遗憾的是，行为主义的理想不等于人类心理的现实，人自出生到死亡都不是被动地接受刺激的一块白板。20 世纪 60 年代以来，行为主义心理学受到越来越多的责难而逐渐失去了昔日的辉煌，代之而起的则是渐受欢迎的认知理论。

（二）认知心理学的观点

认知理论最先受与白板说相对的先天论的影响，以德国观念论为基础，其心理学思想可以追溯到格式塔（Gestalt）心理学。格式塔心理学强调整体观。在格式塔心理学家看来，整体大于部分之和，也就是说一个东西不能通过研究它的各个组成部分去理解，而只有将它作为一个整体来研究才能理解。格式塔心理学家主要研究知觉和思维问题，他们的研究揭示出人类的知觉和心理的整体性及某些思维的规律，给人们留下了深刻的印象。

认知理论反对像行为主义那样对人类的心理和行为一味地作还原主义和元素主义的分析。认知理论不仅对外显的行为感兴趣，而且认真地对待人类的一切内部的心理活动。所以，认知理论家不满足于行为主义者所研究的外部条件，而侧重研究介于 S—R 之间的过程，认为这种探求更有利于揭示人类的心理和行为。认知理论家把 S—R 公式改为 S—O—R 公式，即刺激引起有机体内在心理过程的变化，再由这些变化引起外显的反应。他们认为，心理学研究不仅要观察外显的变化，更要借助外显的变化来推测导致这种变化的内在机制或过程。

认知理论的代表是 20 世纪 60 年代兴起的认知心理学。认知心理学主要研究人类的高级心理过程，特别是认识过程，研究人脑对信息的接受、编码、操作、提取和使用的过程。认知心理学的研究涉及注意、知觉、记忆、语言、智力、表象、思维、推理、问题解决、概念形成以及创造性等。认知心理学家认为心理学研究不应该像行为主义那样仅仅局限于对孤立的、外显的、可观察的反应进行探索，而要致力于了解头脑内部的心理过程。为此，他们用不同的方法从不同的方面进行研究，运用实证的材料和严密的推理对观察不到的心理过程做出可靠的说明。

认知心理学家常用的方法是反应时测量法和计算机模拟法。前者的特点是运用精确测量一个心理操作过程所需要的时间来探索这个过程的性质，如“R”旋转实验；后者的特点是将心理操作过程与计算机程序进行类比（这种类比研究使认知心理学与计算机科学紧密结合，从而带来了人工智能的产生和发展），以检验心理操作过程的有关假设和理论的正确性。另外，认知心理学也不排斥被行为主义者摒弃的内省法，以期通过分析被试自我观察、自我报告的材料来了解刺激与反应之间的内部加工过程。

视窗 1–2　认知心理学的“R”旋转实验

认知心理学有两个分支，一是信息加工论，二是认知结构论。两者都强调从可观察的刺激和反应中对内在的认知过程作出推论。认知心理学是当代心理学中的主流思潮，它大大加深了人类对自身的了解。

（三）精神分析心理学的观点

人是理性的动物。在弗洛伊德（Sigmund Freud）之前，人类的理性一直是现代文明赞美的主题之一。在弗洛伊德提出精神分析的理论以后，情况有了改变。精神分析理论揭示出人类非理性的一面，使人类理性的光辉蒙上了浓重的阴影。

在弗洛伊德看来，人基本上是由许多冲动支配的，这些冲动有许多是处于不为人所觉察的无意识状态中，也就是说，人类表面上的理性行为实际上是受非理性的无意识冲动所支配的。

弗洛伊德认为，人格是由本我、自我和超我三部分组成的。本我是指潜藏在每个人意识深处的一股特别强大的力量，完全隐没在无意识里，往往不为人们的意识所觉察，它代表着本能和基本的欲望，这些本能与欲望强烈地寻求满足，而不顾现实和道德的要求。自我则是在人与现实的相互作用下，从本我中分化出来的一部分，它不再像本我那样受快乐原则支配而盲目地追求满足，而是遵循理性的原则指导，既力求获得满足，又力求避免痛苦，它的根本目标在于通过与现实的妥协，尽可能地迎合本我的需要，而又不违背超我。超我指道德化的自我，它代表社会和文化规范的部分，即我们日常生活中的“良心”，它负责确定行为的道德标准，对违背道德准则的行为进行惩罚。超我的职责是为自我提供督察和压抑本我，指导自我按照合理的方式去满足本我的冲动和需要。在人格的三个组成部分中，自我显然起着一种调节的作用，它企图调节本我、超我和外界现实的关系，既满足本我需要和超我需要，又要符合现实原则。自我如果不能协调处理好这个问题，那么本我、超我与现实之间的矛盾冲突就会使人产生焦虑，严重的将导致人格的异常和精神的变态。为了防止焦虑，自我便发展了种种否认现实或歪曲现实的方法来获得心理的平衡，如压抑、投射、反向作用、退化、补偿、合理化，等等，心理学家将自我采取的这种保护措施称为自我的防御机制。当自我不能采用实事求是的理智方法来排除焦虑时，便应用这些防御机制来缓解内心的冲突。日常我们所说的“酸葡萄心理”和“甜柠檬心理”便是自我的防御机制。[①] 自我的防御机制对维护心理的正常平衡是有一定的积极作用的，但如果过分依赖它而不敢正视现实问题，则会使人格的发展和完善产生困难。

精神分析开辟了人类探索心灵的一个新领域，它的影响是广泛而深刻的。

（四）人本主义心理学的观点

20 世纪 60 年代以来，一股反对行为主义和精神分析的思潮在心理学界逐渐强大盛行起来，它自称为心理学界的第三势力，这便是人本主义心理学。它的代表人物有马斯洛（Abraham Harold Maslow）、罗杰斯（Carl Ransom Rogers）等。

马斯洛认为心理学不能孤立地研究人的心理的各个侧面，而应当把人当作一个有思维、有情感的统一体来加以研究。强调研究心理健康和机能健全的人类有机体。他的自我实现论很好地体现了人本主义心理学的主张，即人本主义心理学家认为人有尽其所能的自我实现的内在潜能或倾向。

罗杰斯在人性观上则保持积极、乐观的态度，他对人有极大的信心，认为人基本上是诚实的、善良的、可以信赖的，强调每个人的价值和尊严。

人本主义心理学认为心理学的首要研究对象是具有经验的人，心理学必须关心人的尊严、必须充分重视人的主观性、意愿、观点和情感；心理学家应该研究对个人和社会有意义的问题，研究人的价值、创造性和自我实现，关注人的潜能的发挥。

人本主义心理学家认为：传统心理学只着重对一般人或病态人的研究是一个缺陷；从人的价值和最高追求的角度看，心理学应该成为健康人的心理学，当涉及价值问题时，只有健康人或自我实现者的选择、爱好和判断才是对人类有益的。因此，他们主张心理学不能仅仅依靠对一般人的调查统计和平均数字提出理论，而应着重对健康人或自我实现者进行质的研究。人本主义心理学的研究方法强调个案研究的重要意义，主张走一条由特殊到一般、由个体到法则的研究路线。

在学习中，人本主义心理学家特别强调学习者的重要性。他们强调：必须尊重学习者；必须把学习者视为学习活动的主体；必须相信任何正常的学习者都能自己教育自己，发展自己的潜能，并最终达到“自我实现”；必须在师生之间建立良好的交往关系，形成情感融洽、气氛适宜的学习情境。

三、辩证唯物主义心理观

人类的心理具有复杂多样性，上述四种心理学观点从不同的侧面和角度揭示了人类心

① 梁宁建．心理学导论［M］．2 版．上海：上海教育出版社，2011：527–528.

理的某些奥秘，但都不全面。辩证唯物主义心理观科学地解决了心理的实质问题，这有助于我们正确地把握这些不同的观点。

辩证唯物主义心理观认为，心理是人脑的机能，是人们对客观现实的主观的、能动的反映。坚持辩证唯物主义的这一基本心理观有助于我们处理以下几个重要问题。

（一）身心关系问题

身心关系问题一直困扰着哲学家和心理学家。在这一点上，辩证唯物主义心理观主张唯物的身心一元论，反对唯心的身心一元论和各种形式的身心二元论。辩证唯物主义心理观认为，神经系统（包括脑）是生理器官和组织系统，也是心理活动的物质基础，身体状况与心理状况是相互联系、相互依存、相互制约的。只有认识了身与心的这种密切关系，我们才能正确地理解和应用测谎器和生物反馈技术，才能真正重视心理健康，等等。当然，身与心的紧密关系是相当复杂的，受许多主客观因素的影响，不是一潭清水一眼见底。因此，许多心理反应还没有（或许是还没有被发现）与之相对应的特定的生理反应模式，反之亦然。

（二）遗传与环境

辩证唯物主义心理观认为：心理发展是遗传与环境相互作用的产物，反对遗传决定论，也反对环境决定论；个体的生物遗传因素规定了发展的潜在可能范围，而个体的环境教育条件则确定他在此可能范围内的现实水平；可能性并不等于现实性，潜在可能性转化为现实性总是离不开环境条件的；当环境有利时，潜在可能性就得到充分实现，达到可能范围的上限，反之，潜在可能性只能在最低限度上实现；在发展的不同时期和不同阶段，遗传与环境的作用也不相同。应当指出，在一般情况下，一个正常健康的儿童发展的潜在可能性是相当广阔的，从这个意义上讲，环境条件的有利与否对个体发展的现实水平起着决定性的作用。也就是说，环境在遗传提供的可能范围内决定着个体发展的现实水平。因此，从充分调动个体的潜能来看，必须重视环境教育的作用。控制社会进化比控制遗传进化容易得多，我们不可忘记这一点。

（三）个性与共性

世界上没有完全相同的两片叶子，也没有完全不相同的两片叶子。辩证唯物主义心理观认为人的心理既具有共同性的一面，又具有个别性的一面，两者是辩证统一的。

人作为一个生物社会体，必有其遗传与环境的一致性，这将带来人的生理结构和功能，特别是神经系统的结构和功能的一致性，以及生理发展和心理发展的一致性，从而使人的心理结构、机能和发展显现出一种普遍性或共同性。心理学的任务之一正是要揭示出隐藏在不同个体背后的这种人的心理和行为的共性。

人作为一个生物社会体，必有其遗传与环境的独特性。基因的组合方式和它的变异，以及环境的多样性和复杂性，使得每个人的心理结构、机能和发展都不可能完全一样，从而显现出特殊性或个性。每个人都是独一无二的，心理学的另一个任务正是要了解人类心理和行为差异的特征、原因和规律。

（四）内部心理与外显行为

辩证唯物主义心理观认为心理现象并不是不可捉摸的，尽管心理过程和个性心理内蕴于个体身上，不能被直接观察和测量，但是它们可以在个体的行为中显现出来。我们可以通过可观察和可测量的行为进行间接研究。心理学的最终目的是要揭示出隐藏在外显的刺激—反应背后的内部的心理活动的特征、原因及规律。

第二节　高等教育心理学的研究对象、学科性质与价值

本节着重探讨高等教育心理学的研究对象、学科性质与价值。

一、高等教育心理学的研究对象

教育心理学是心理学与教育相结合的产物。教育心理学的早期定义比较宽泛，如老一辈心理学家潘菽的定义："教育心理学的对象就是教育过程中的种种心理现象及其变化。"[①] 在这种定义里，教育心理学的研究对象难以与为教育服务的其他心理学分支学科相区别，例如，"学校心理学""教育社会心理学"等都可以如此宽泛地来定义。

当代多采用非宽泛的定义方式，一是以学习者的学为主线来定义，如奥苏贝尔（David Pawl Ausubel）的定义：教育心理学是心理学的一个特殊分支，它关心的是学校学习和保持的性质、条件、结果和评价诸问题。因此，教育心理学的学科内容主要包括有意义学习与保持的理论，以及认知、发展、情感、人格和社会等一切重要变量对学习结果的影响，尤其是那些能为教师、课程设计者、程序设计者、程序教学专家、教育技术学专家、学校心理学家或指导顾问、教育管理人员或整个社会控制的变量的影响。

二是以教育者的教为主线来定义，如盖奇（Nathaniel Lees Gage）的定义：心理学是对个人的思想和行为的研究，教育心理学是对与我们如何教和学有关的那些思想和行为的研究。但他在编写教育心理学教科书时，却明显是以教师的教为主线来安排教材的。他说自己的书是根据教学过程模型加以组织的。该模型始于教学目标和学生的特征，接着介绍有关学习动机的观点，然后讨论教学方法、练习以及教学方法的选择与应用，以教学评价过程告终。

---

① 潘菽. 教育心理学［M］. 3 版. 北京：人民教育出版社，2001：2.

目前国内学术界公认的定义是：教育心理学就是研究学校情境中的学与教的基本心理学规律的科学。邵瑞珍指出这一定义的好处有二：一是反映了教育心理学的对象的特殊性；二是使教育心理学与学科心理学有明确的分野。此外，这一定义还有二点特别之处：一是明确指出学与教不是一回事；二是强调教育心理学只是从心理学的角度来研究学与教的问题。这就意味着：还可以从其他学科的角度来研究学与教的问题，例如，教育经济学就是从经济学角度来研究学与教的问题，教育社会学就是从社会学角度来研究学与教的问题。也意味着：教育心理学不是解决学校教育所面临的所有实际问题的灵丹妙药。教育心理学提供的只是解决问题的一般原则、策略和路径，而具体“处方”则需教育者创造性地发挥。正是从这个角度来说，教育教学是一门科学，也是一门艺术，是科学与艺术的结合。

综上，我们认为，高等教育心理学就是研究高等学校情境中的学与教的基本心理学规律的科学，也就是说，高等教育心理学是教育心理学在高等教育中的应用。

二、高等教育心理学的学科性质

学科性质有两层含义：一是，它是自然科学还是社会科学；二是，它是基础学科还是应用学科。关于教育心理学（高等教育心理学）的学科性质，同样存在这两个问题。

（一）教育心理学是自然科学还是社会科学

学者们对这一问题的回答并不一致。有的强调教育心理学的社会科学性质，有的强调它的自然科学性质。我们倾向于潘菽的观点：教育心理学兼有社会科学和自然科学的性质，并以前者为主。①

（二）教育心理学是基础学科还是应用学科

学者们对这一问题的回答相当一致，国内外都赞成教育心理学是一门实践性很强的应用学科。

由是，高等教育心理学是一门兼有自然科学和社会科学的性质，并以后者为主的实践性很强的应用学科。

三、高等教育心理学的价值

（一）高等教育心理学的学科价值

一门学科的价值一般是从理论和实践两个方面来说的。

---

① 潘菽. 教育心理学［M］. 3 版. 北京：人民教育出版社，2001：5.

1. 高等教育心理学的理论价值

教育心理学（高等教育心理学）的理论价值在于帮助人们探索深邃的人类心理，它从学与教的角度去研究心理现象的特点、规律与机制，将补充和扩展心理学理论，加深对人的本质的理解。当然，理论的价值常常难以判断，需要用时间来检验。

2. 高等教育心理学的实践价值

高等教育心理学是为准备和正在从事高等教育工作的人们而开设的，以期他们能够更好地理解和完成教育过程。“更好地理解”是指一种更广泛、更深刻和更有效的理解，一种建立在科学研究而不是建立在流传的信仰或民间传说上的理解，一种更现实的和将导致更有效的教与学的理解。[①]“更好地理解”也意味着从原因上来思考,这对于教师来说是很重要的。否则，教师就容易在评价学习者行为时落入根据学习者的行为在他身上产生的影响，而不是从行为可能产生的原因上去评价的俗套。

（二）学习高等教育心理学对高校教师的意义

1. 有助于提高教育质量

教育教学的对象是活生生的学生，只有针对学生的心理特点和学习规律实施教育教学，教育教学才有可能事半功倍。否则，就会事倍功半，甚至事与愿违。掌握相应的教育心理学知识，有助于教师做到这一点。美国著名的教育家、心理学家奥苏贝尔说过：所有的教育心理学原理都可以归纳为一个，即我们知道学生知道了多少。

2. 有助于教师提高自身的心理素质

知彼知己，百战百胜。教师不仅要了解学生，还要了解自己，主动地提高自己的心理素质和修养。心理学在这一点上是大有作为的，它能够帮助教师认识到自己的心理特点、自己的长处和短处，从而做到自觉地控制、改造、扬长避短，进而成为学生的良师益友。

3. 有助于教师的教学研究

教师不仅是教学活动的参与者，还应成为教学活动的研究者，客观、冷静地观察、思考和研究学生的学习和自己的教学。这样，才能不断地发现学与教中的问题，不断地改进自己的教学。同样，世界范围的教学改革也向教师提出了做教育教学研究者的要求。心理学的理论和方法能够帮助教师更好地开展教学研究。

第三节　高等教育心理学的方法论

所谓方法论就是对方法本身的再认识。方法论的意义主要有二：一是有助于我们正

① ［美］林格伦. 课堂教育心理学［M］. 章志光，张世富，肖毓秀，等译. 昆明：云南人民出版社，1983：7.

确地接受信息；二是有助于我们科学地提供信息。科学的发展有赖于方法与技术的进步与完善。

一、科学方法论的结构

科学方法论的结构有三个层次：哲学的或理论的水平；研究的一般原则和策略水平；具体的研究方法和技术水平。第一层次关注的主要问题是科学究竟是什么，就高等教育心理学而言，这一层次强调坚持辩证唯物主义和历史唯物主义。第二层次关注的是科学研究的一般原则、策略和研究取向等。在这一层次上，各门学科的差异并不是很大，因为都是科学大家庭中的一员，都必须遵循科学研究的基本原则和程序。第三层次关注的是科学研究的具体方法与技术。各门学科、同一学科各分支学科在这一层次上差异就很大，比如切除法是动物心理学常用的方法和技术，但不适合教育心理学的研究。“科学的发展有赖于方法和技术的进步和完善”，这里的“方法和技术”指的就是第三层次。学科教学与研究中一般关注的是第二层次和第三层次。

二、高等教育心理学研究的基本原则

心理学研究必须遵循客观性原则、可重复性原则、发展性原则、系统性原则和伦理性原则（教育性原则）。这些原则对于所有的心理学分支学科都是适用的，高等教育心理学的研究也不例外。

（一）客观性原则

客观性原则即实事求是的原则，它是一切科学研究所必须遵循的基本原则，科学方法的基本特征就是客观性。就心理学而言，遵循这个原则尤为重要，因为每个人对心理现象都有所体验，容易在研究中混淆主观体验与客观事实。客观性原则要求心理学研究者采取严格的客观态度，按照心理现象的本来面目，不附加任何外来成分或主体期望去考察心理现象。

（二）可重复性原则

遵循客观性原则说起来容易，做起来难。为了保证研究的客观性，可重复性原则就显得特别重要。这个原则要求研究者审慎地制定假说并在研究中明晰地鉴别和控制变量，以保证他的工作能够由别的科学家重复进行。当然，由于心理现象的复杂多样性，许多心理学研究很难进行严格的可重复性检验，但我们绝不能因此拒绝可重复性原则。

（三）发展性原则

世界上万事万物都处于运动和发展中，人的心理也这样。发展性原则要求我们坚持发展的观点，对心理活动的变化进行动态研究，在动态发展中来考察心理现象，而不要孤立地、静止地看待问题。比如，认为某个学生“不可救药”就是不符合发展性原则的。

（四）系统性原则

系统性原则要求心理学研究要坚持系统、整体的观点。心理学家既要对人的心理进行多层次、多水平和多角度的系统分析，又要对各种心理现象及其形成因素之间的相互作用关系进行整合的研究。

在心理学研究中，贯彻系统性原则，至少包含下面两层意思：① 自然界就好像一座巨大的建筑物，其中各层系统逐级地组合起来，成为越来越高级、越来越庞大的系统。人的心理就是一个复杂的系统，它虽然很复杂，但是可以通过分析将其分解为各部分进行专门的细致的研究，而后通过综合将其组成一个系统的统一整体加以理解；② 组成系统的各要素一旦以某种形式组合，这些要素就不仅仅具有原来的质的规定性，同时还获得了某种新质。据此，在研究某一种心理现象与现实条件的关系时，就可以分别地考察某一条件在其中所起的作用，而后将所揭示的各种规律加以综合运用。

（五）伦理性原则

虽然科学主要是阐明事物的前因后果，它所关心的是事物的真相，而不是推断它应当是什么，但是研究者在进行研究时必须考虑伦理问题。因为科学是为人类服务的，科学不应当损害人的利益。

视窗 1–3　米尔格拉姆的服从实验

由于心理学的研究对象是人（有时也是动物），研究中人的参与使伦理方面的考虑显得尤为重要。米尔格拉姆的服从研究之所以遭到人们的非议，就是因为研究者忽视了研究过程对被试的心理发展可能带来的不利影响。所以，凡是有引起持久危害的可能性的因素都不能对被试进行试验，即使被试同意也不能这样做。

视窗 1–4　华生的情绪条件反射研究

在教育和教学过程中，伦理性原则体现为教育性原则。我们必须牢记，这类研究的目的是教育学生，所以，它们决不能有害于学生的心理发展和身心健康。华生曾用条件反射的方法，使一个名叫阿尔伯特的儿童学会害怕原本并不害怕的长毛兔以及一切带毛的东西，这一研究妨碍了阿尔伯特情绪的正常发展。这个教训是深刻的，谁都没有权利将学习者置于有任何潜在危害的条件或环境中。

三、高等教育心理学的研究方法

由于各心理学分支学科的研究对象和研究技术不尽相同，故研究方法也往往不一样。如：电刺激法只适用于神经心理学、生理心理学。这里，主要介绍一些高等教育心理学常用的方法。

（一）观察法

观察法是自然条件下对特定行为表现或活动进行考察，以收集有关资料的一种方法。这是一种系统观察，是有目的、有计划的，不同于日常生活中我们经常使用的偶然观察。观察者在进行系统观察时可以作为一个参与者，参与到观察的自然情境中，也可以作为一个非参与者，冷静地旁观自然情境。一般来说，参与观察比非参与观察效果好，因为观察者参与其中，既有自我体验，又能与被观察者建立融洽的关系，对所观察的活动也有更深刻的了解，并且能更及时地发现新的研究信息。但是，不管采取哪种观察方式，原则上不宜使被观察者发现自己的活动被观察，以免影响被观察者的行为表现。为了提高观察的准确性，应尽可能全面、仔细、客观地记录，有条件时可利用录音、录像等。

（二）调查法

调查法与观察法不同，它不是直接观察被试进行某种心理活动的表现，而是通过提问来收集资料，间接了解被试心理活动的一种方法。在调查时，由调查者提出问题，被试回答，称作谈话法；让被试自己填写调查问卷，则为问卷法。这里我们着重分析一下问卷法。问卷法的突出优点是省时省力，能在较短的时间内，较经济地收集大量信息。但问卷法的缺点也是不易克服的：① 很难保证回答者认真合作，作出坦率和真实的反应，特别是问卷涉及道德伦理等问题时；② 很难保证回答者具有代表性，即使取样具有代表性，也会因为一部分人不合作、不作答而丧失代表性；③ 很难保证回答者的态度与行为的一致性，如问“歹徒在大街上行凶时，你会挺身而出吗？”回答“是”的人，即使真的这么想，也不见得到时真会这么做；④ 不经过大量的预测，很难知道提问的方式、问题的次序、指导语的性质以及社会对某些回答的明显要求等因素的影响程度有多大。

（三）测验法

测验法又称心理测验法，指应用各种心理量表来收集资料的一种方法。常用的心理量表有智力量表、人格量表等。测验对于教育来说，有着特殊的意义，因为它提供的信息比较客观，有利于对症下药，因材施教。但测验法只能够用来探讨两个（或几个）变量之间的相关程度，即确定关系的亲疏程度，但不能确定它们之间是否存在因果关系。确定变量间的因果关系，必须借助实验法。

（四）个案研究法

个案研究法，又称个案历史法，指较长期追踪研究某个体或团体，就某一问题搜集尽可能多的资料以便分析，从而解决问题的方法。此方法最适合于研究变态行为及缺陷儿童和问题儿童的行为。具体可应用谈话或心理测量等方法来获得个案的历史资料，由此对有关问题、疑点及有争论的情况进行研究，采取相应的措施。但是，由于个案研究法只是研究了少数案例，研究的结果可能仅适于个别情况。研究者在推广运用这些结果或作出更概括的结论时，必须持谨慎的态度。

（五）相关法

相关法是应用相关系数来发现两个或多个变量之间的关系程度的一种方法。例如，物理成绩与数学成绩是否有关？我们可以取某班或某年级的期中或期末考试的物理成绩和数学成绩来研究，每个学生都有一个物理分数，也有一个数学分数，这样物理成绩作为变量就有了一列数据，相应地，数学成绩作为变量也有了一列数据，应用统计学上的方法就可以获得这两列对应数据的相关系数，从而查明物理成绩与数学成绩是否有关，以及相关程度如何。相关法的应用相当广泛，但它易使人们走进因果推论的误区。两列数据或两个变量相关，并不意味着它们之间存在着因果关系。例如：物理成绩与数学成绩是相关的，并不是说物理成绩好是数学成绩好的原因，反之亦然。[①]

（六）实验法

探究变量之间的因果关系的最好方法是实验法。实验法是有目的地创设或改变条件以引起特定的心理及其变化，并依据外部影响与心理反应之间的有关情况或数据去探明心理活动及其规律的方法。

上述前五种方法的最大缺陷是不能确定变量间直接的或因果的关系，如对一个有行为问题的中学生进行个案研究，可能揭示他儿童时的早期情感经历，但这并不意味着他早期的不愉快经历必定导致问题行为，因为还可能有许多别的因素在起作用。而实验法不仅要研究问题的“是什么”，而且更要进一步探明问题的根源。实验法的目的就在于探求自变量与因变量之间的因果关系。

心理学中的实验法有两种：① 实验室实验法，即在特设的心理学实验室内进行有控制的实验研究的方法。② 自然实验法，又称现场实验法，即在自然条件下或在真实生活的环境中进行有控制的实验研究的方法。这个方法在儿童心理学、教育心理学、社会心理学中用得最多。在教育过程中运用这个方法，主要是考察某一教育的条件、因素、措施对学生学习有何影响，从而为教育、教学改革提供依据。

总之，以上研究方法在应用时应针对具体问题选择合适的研究方法。当然，能综合运用这几种研究方法是最好的。这样，才能取长补短，找到问题的正确答案。

---

① 舒华，张亚旭．心理学研究方法：实验设计与数据分析［M］．北京：人民教育出版社，2008：50−56．

【复习思考题】

1. 现代心理学流派主要有哪些？请概括他们的基本观点。
2. 高等教育心理学的研究方法主要有哪些？它们的优缺点是什么？
3. 高等教育心理学研究应遵循哪些基本原则？
4. 结合我国高等教育实际，谈谈学习高等教育心理学的意义。

【推荐阅读】

1. 程刚，徐碧波. 教师实用心理学［M］. 武汉：湖北科学技术出版社，1994.
2. 陈琦，刘儒德. 教育心理学［M］. 3版. 北京：高等教育出版社，2020.
3. 罗杰·霍克. 改变心理学的40项研究（第7版）［M］. 白学军，等译. 北京：人民邮电出版社，2020.
4. 潘晓良，郑莹. 高等教育心理学［M］. 武汉：长江出版社，2014.

第二章　大学生的心理发展

为天地立心，为生民立命，为往圣继绝学，为万世开太平。

——《横渠语录》

学生的心理特征及发展规律是教育的基本依据，高校教师只有了解大学生的心理特征和发展规律，才能对他们进行因材施教，使高等教育工作更加富有成效。

大学生正处于人生的青年时期，该时期是个体生理和心理快速发展的阶段，尤其是个体心理快速成熟的过渡期。大学生的生理发展已接近或达到成熟，为他们即将开始的独立生活和专业知识的学习提供了必要的前提条件。随着个体生理功能的成熟，大学生的心理功能也随之得到了进一步的发展。大学生的心理发展正处在迅速走向成熟但又未真正完全成熟的阶段。他们的自我意识逐渐加强，个性逐渐形成并趋向稳定，其他各种心理品质也全面而完整地发展起来。另外，大学生依然缺乏必要的社会经验，心理发展也不完全成熟，他们在面对一些复杂问题的时候还会在一定程度上表现出幼稚性或片面性。

第一节　大学生心理发展概述

大学生处于青年中期，其心理发展与前后发展阶段紧密相连，受到先天遗传与后天教育、内因与外因的共同影响，表现出连续性和阶段性。本节先介绍个体心理发展的含义、基本规律和一般趋势，在此基础上介绍大学生心理发展的阶段和矛盾。

一、个体心理发展的含义

发展是指个体从出生至成人再到老年的发展和变化过程，心理发展则是指个体在整个生命历程中所发生的一系列心理变化。从狭义上来说，心理发展只是指个体从出生到成年期间所发生的积极变化，这种变化意味着个体对客观现实反映活动的扩大、改善和提高，是连续的、由量变到质变的过程。这种积极的变化由经验和学习引起，并且比较持久。那些暂时的、局部的变化，如疲劳、疾病等情况引起的变化不是心理发展的结果。

人的身心发展有次序的变化通常包括生理发展和心理发展两大部分，其中心理发展包括与个体认识发展相联系的认知发展，与个体的情绪情感、自我意识、意志以及人生观形成等相联系的社会性发展。人在发展的过程中经历不同的年龄阶段，这一过程既具有连续性，又具有阶段性。虽然后一个年龄阶段承接着前一个年龄阶段的某些特征而具有连续性，但更有着各年龄阶段的本质特点，这些本质特点是该年龄阶段最一般的、典型的特点，体现出阶段性。其中青年期是从儿童、少年发展到成人的过渡期，是个体心理发展的一个重要阶段。青年期可分为青年初期（14—18 岁）、青年中期（17—23 岁）和青年晚期（22—25 岁）三个年龄阶段。大学生正处在青年中期，其心理发展正处在迅速走向成熟的重要阶段，大学生的心理特征不同于中学阶段，也不同于成人阶段。这一阶段是个体从学生身份成长为一个合格社会成员的关键阶段，是其世界观、人生观、价值观形成并稳定下来的时期。

二、个体心理发展的基本规律

（一）个体心理发展的先天遗传与后天教育

遗传基础是个体心理发展的生物前提，遗传是一种生物现象，通过遗传，可以把个体的生物特征传递给下一代。遗传的生物特征主要指那些与生俱来的解剖生理特征，这些遗传的生物特征也叫遗传素质。遗传素质对个体心理发展的作用主要体现在以下方面：首先，个体正常的心理活动必须以正常的遗传素质为前提，遗传素质一旦有缺陷，就会影响个体心理的正常发展。其次，遗传素质奠定了个体心理发展差异的先天基础。每个个体都有着独具特色的遗传素质，因而人们都是千差万别的。遗传素质的差异，就是个体心理发展差异的先天基础，遗传素质大致上规定了一个人发展的可能范围和潜在能力。

生理成熟是指机体生长发育的过程，特别是神经系统和内分泌系统生长发育的过程。生理成熟主要依赖机体的遗传基础而发生变化，不需要特别的训练和学习。研究证实，个体心理的发展与生理成熟直接相关，并以生理成熟为基础。生理成熟是某些心理活动出现的必要条件，当生理发展达到成熟状态时，就为新的心理活动的出现做好了准备。生理的成熟具有严格的程序性。生理成熟的程序性，特别是脑的发展的程序性，严格地控制着个体的心理发展和行为表现。

因此，要了解大学生的心理发展，必须先了解大学生的生理发展特征。大学生正处在个体生长发育的第二个高峰后期，其生理发育已经全面接近或达到成人水平。大学生进入了人生的生长稳定期，身高、体重增长相对缓慢，但是体力显著增强，运动的速度和耐力也不断提升，到大学后期，生长发育才基本停止。作为心理活动的主要器官——大学生大脑的发育与机能趋于成熟并接近成人水平，脑细胞活动的数量迅速增加，联络神经纤维大量发挥作用，大脑皮层的兴奋与抑制已经有较好的平衡性。因此，大学生能长时间地坚持脑力活动并具有较高的智力水平，能独立学习高深的专业知识和掌握复杂的技能，能承担较为繁重的学习任务。

先天的遗传素质和生理成熟对个体的心理发展提供了必要的物质前提和先决条件，提供了发展的可能性，但它不能预定心理发展的方向和水平。人的发展受先天素质和后天教育共同的影响，要想把可能性变为现实性，还要依赖后天的教育，如教育条件和个体具体的教育活动等。就后天教育与人的心理发展的关系而言，教育应适时地走在心理发展的前面，并施以最佳的教育，这样才能有效地实现从教育到心理发展的复杂的转化过程。

（二）个体心理发展的内因与外因

个体心理发展的内部矛盾是在主体与客体相互作用的过程中产生的，是社会和教育向个体提出的要求所引起的个体新的需要和已有心理结构之间的矛盾。这一矛盾推动着个体心理的发展。所谓新的需要是在不断变化的社会环境和教育的要求下产生的对一定客观现实的反映；所谓心理结构是各种心理因素以一定的方式结合成的整体，它代表着一定的心理水平。个体的心理结构是在个体一定的遗传素质和生理发育的基础上，反映客观现实的结果。

在一定条件下，个体的需要与心理结构相互适应，相互依存，处在相对平衡之中，但个体的需要也在不断地发生变化，是一种活跃的因素，而心理结构则要经过一定时间才能形成，因而相对稳定。新的需要一旦出现，个体原有的心理结构，就不能适应新的需要，不能使新的需要完全得到满足，于是两者发生矛盾与斗争。斗争有两种可能的结局：一是某种新的需要无法得到满足而被迫放弃，个体在这方面的发展遭到挫折；二是个体在新的需要的推动下，积累新的知识，掌握新的技能，发展新的能力，形成新的个性特点，组成一个能满足新的需要的新的心理结构，这就意味着个体的心理发展到了一个新的水平，个体新的需要与新的心理结构达到新的平衡。在新的平衡基础上不断产生的新需要又会使刚达到的平衡遭到破坏，新的矛盾和斗争重新开始。

（三）个体心理发展的连续性与阶段性

个体心理的发展，是一个从低级到高级、从简单到复杂、从量变到质变的复杂过程。在这一发展过程中，由于旧质要素相对不变，新质要素又不断产生，整个发展过程就呈现出不同的阶段性。肯定个体心理发展的阶段性，并不意味着不同阶段之间是无联系地、突然地产生、孤立地存在着的，而是按顺序一个阶段接着另一个阶段。每个阶段虽各有其独特性，但各阶段之间又具有连续性。

个体心理的发展是有规律地从一个阶段过渡到另一个阶段。过渡的前后顺序、各个阶段的基本心理特征、每一阶段对应的基本年龄等对所有个体而言大体一致；但发展的速度和进程，以及每一阶段所能达到的发展水平和相应的年龄范围，则随个体所处的社会历史条件和教育条件的不同而有所波动。个体心理发展的年龄阶段特征，是确定学制、安排教育教学内容、选择教育教学方法的心理依据。正是因为个体心理的发展具有连续性，因此在讨论大学生的心理发展时，需要同儿童时期的心理发展相联系。

瑞士心理学家皮亚杰（Jean Piaget）在其发生认识论、运算逻辑和儿童心理学体系中提出的儿童认知发展可以分为四个前后相继而又有质的差异的阶段，该理论通常被称为皮亚杰的认知发展阶段理论。

1. 感知运动阶段（sensorimotor stage：出生—2 岁）

这一阶段相当于婴儿期，这一阶段是婴儿的认知能力初步发展的时期，婴儿靠感觉与动作认识周围的世界。在这一阶段，婴儿发展起若干重要的认知概念，其中之一就是所谓的“客体永存性”概念。这一阶段也是语言和表象产生前的阶段。本阶段的主要特点是：儿童只是依靠感知动作适应外部世界，构筑动作格式。本阶段儿童在认知上的主要成就是：主体与客体的分化和因果联系的形成。

2. 前运算阶段（pre-operational stage：2—7 岁）

这一阶段的儿童开始学习并逐渐熟练地运用符号象征事物，并运用符号从事简单的思考活动，这一阶段的儿童开始从具体动作中摆脱出来，可以凭借象征性格式而在头脑里进行表象性思维，皮亚杰把这种通过符号进行学习的能力称为符号功能。在前运算阶段，儿童倾向于从自己的角度出发看待事物和进行思考，皮亚杰将这一思维称为“我向思维”和“自我中心”的思考，即儿童认为别人的思考和运作方式与自己的思考完全一致，没有意识到别人可以有与自己完全不同的思考方式。此外，这一阶段儿童思维发展的局限性还表现在思维的片面性上，即儿童的思维有集中于事物的某一方面而忽视其他方面的倾向。皮亚杰著名的“守恒”实验揭示了儿童的这一思维特点。这一阶段还可再分为前概念或象征思维阶段（2—4 岁）与直觉思维阶段（4—7 岁）这样两个小阶段。

3. 具体运算阶段（concrete operational stage：7、8—11、12 岁）

儿童大约在 5—7 岁时进入具体运算阶段，这一阶段发展最典型的标志就是儿童能够运用符号进行有逻辑的思考活动。前运算阶段的儿童可以形成对事物的初步符号表征，但他们的认知活动还与身体经验密切相关。而具体运算阶段的儿童则在分类、数字处理、时间和空间等概念上有了很大的进步。此时，儿童“自我中心”的程度下降，他们开始克服“片面性”而注意到事物的各个方面，发展了了解他人观点的能力，从而增进了自己与他人沟通的能力。这一阶段的儿童认知和思想有两个特点：一是思维开始具有较大的变易性，出现了可逆性（“运算”概念在皮亚杰理论中本身就意味着一种可逆的动作），能解决守恒问题，能凭借具体事物或形象进行分类和理解逻辑关系；二是能对具体事物进行群集运算，包括组合性、逆向性、结合性、同一性、重复性或多余性等运算。但由于这一阶段的运算仍脱离不了具体事物或形象的支持，所以还是零散的、孤立的，难以组成完整的系统。

4. 形式运算阶段（formal operational stage：13、14 岁以后）

形式运算阶段亦称命题运算阶段。在这一阶段儿童的抽象思维得到了发展与完善，他们不再将思维局限于具体的事物上，开始运用抽象的概念，能提出合理的假设并进行验证，知道事物的发生有多种可能性，从而使他们的思维具有更大的弹性和复杂性。本阶段的儿童能把形式与内容分开，进行抽象的逻辑思维，即能运用符号进行命题演算，能根据假设进行逻辑推理。在这一阶段，尽管儿童并未意识到某些形式运算结构的存在，但能运用这些结构去解决实际问题。

视窗 2–1 皮亚杰的守恒实验

三、个体心理发展的一般趋势

个体的心理发展主要包括认知发展、情感发展、人格发展及社会性发展，它的一般趋势表现在以下方面。

（一）从简单到复杂

个体心理的发展一般要经历一个从简单到复杂的过程。例如，在言语发展方面，婴儿先咿呀学语，然后会说单词，最后会说越来越复杂的句子。

（二）从未分化到分化

个体心理的发展一般要经历一个从未分化到分化的过程。例如，新生儿的感情处于未分化的混沌状态中，以后逐渐分化为各种感情，包括爱恨、恐惧、愤怒、嫉妒等。当然这种分化是一种综合的分化，即分化了的心理行为既可以彼此独立地进行，又可以按照个体的目的进行整合和系统化。

（三）从自我中心到去自我中心

儿童的心理最初是以自我为中心的，不能设想或接受客体（包括环境和他人）的独立性。例如，新生儿无法将自身与外界分隔开，年幼的儿童也不能把自己的经验同事实存在和他人的经验区分开来，所以，在认知发展中，他们还无法获得守恒概念；在道德判断中，他们关注的只是客观的效果而忽视了主观的动机。随着与外界交往的不断扩大和加深，个体逐渐摆脱了这种自我中心状况，而认识到自己只是社会中的一个独特的个体。

（四）从依赖到独立

儿童的依赖性很强，需要别人（特别是父母和教师）的照顾与同别人接触。例如，小学生努力学习获得好成绩，常常是为了父母和教师。随着心理的发展，特别是自我意识的发展，这种依赖性逐渐减弱，而表现出越来越强的独立性。这在处于青春期的青少年身上表现得尤为明显：疏远父母和教师的“闭锁性”和寻求能坦率相告一切的伙伴的“开放性”，这两种矛盾心理同时存在，构成了他们的心理特征。但是个体的心理独立是一个艰难的历程，青少年并不太清楚我是谁、我到底想要干什么等问题，所以，他们的眼里常常是一片失落。大学生则刚建立起自我同一性，对于我是谁、在社会上应占什么样的地位、将来准备成为什么样的人以及怎样努力成为理想中的人等问题逐渐有所认识。

四、大学生心理发展的阶段

（一）适应准备阶段

新生进入大学，怀着不尽相同的心态开始了大学的学习生活。大学与中学相比有着很大的不同：学习方式发生了改变，考试方式有了不同，学习内容甚至完全失去了与中学阶段的联系，生活环境是那样的陌生，师生关系也需要赋以新的意义。凡此种种，都会使大学生感到很不适应，整个身心可能处于动荡不安之中，原有的习惯了的心理结构被破坏，心理平衡被打破。大学生要尽快适应新的环境，建立新的心理结构以达到新的心理平衡。这种从不适应到逐渐适应的过程称为适应准备阶段。

适应准备阶段是整个大学时代最困难的时期，很多问题解决不好，会给后来几年的大学生活甚至人生带来一定的麻烦。适应准备阶段持续的时间长短因人而异，与大学生的适应能力强弱有关。对于多数大学生来说，需要一个学期左右。如果入学一年还不能适应，就需要一些专业性的帮助了。

（二）稳定发展阶段

在稳定发展阶段，大学生入学时的不适应基本消除，新的心理平衡已基本建立。通过各类课程的学习，参与各种丰富多彩的大学生社团活动和各种性质的人际沟通，大学生的智力得到进一步发展，性格得到进一步完善，人际交往能力和社会性也获得了很大的提高，心理的发展进入到稳定发展阶段。此阶段一般经历 2～3.5 年的时间。大学生极强的可塑性在这一阶段得到了充分展示，每个人都按照自己独特的方式塑造着自己，此间可能会遇到许多对个人来说具有重要意义的问题。但正是在自觉地克服困难、解决问题的过程中，大学生的心理得到了丰富与发展。

（三）走向成熟阶段

经过三年以上的大学生活，大学生的自我意识有了进一步提高，他们的想法也越来越现实和成熟，他们开始做继续求学、毕业、择业的各项准备工作，为自己毕业后的去向而忧心忡忡，第一次真正尝试着从事将自己的命运和社会的需要联系起来的活动。通过这种活动，大学生对社会和人生都有了新的认识，这种自我再认识本身将促进大学生的心理发展，使其真正走向成熟。

综上所述，大学生心理发展是有阶段性的，各发展阶段都有不同的心理特点和行为差别，但发展阶段的区分是相对的，它反映了心理发展水平的差异。各发展阶段是相互贯通、相互渗透的。阶段性和连续性相结合构成了大学生心理发展的过程。

五、大学生心理发展的矛盾

（一）大学生心理的闭锁性与交往需要的矛盾

大学生的社会知觉和情绪体验更关心别人和自己的内心世界，在分析他人的活动时更多地着眼于思想、情感和个性品质，并借助对他人的分析来认识自己的心理品质，从而意识到自己的思想、情感与他人的区别。自己具有了特殊的不同于他人的各种生活体验，这种思想和情感体验，又不能轻易地向不了解自己的人透露。不像青少年那样坦率和较少隐讳，大学生的内心世界是隐秘的，而且思想情感越成熟、自尊心越强烈。随着心理需要的增多，他们越来越感到自己的心理特点与别人存在差异，因而产生了心理的闭锁性，这种闭锁性往往造成他们与父母之间的距离拉大，许多父母抱怨儿女上大学后思想情感变了，不能倾心交谈了。当大学生感到没有知心朋友谈心或倾吐真情时，就把自己内心的感受隐藏起来，以致产生孤独感。但是大学生又迫切期望与人交往，希望得到成人的帮助或与同龄的知心者倾谈思想、感受、愿望和理想。

（二）大学生求知欲强与识别力低之间的矛盾

大学生渴求知识，求知欲强烈，对社会生活领域和自然环境领域中的一切，他们都感到新奇，都想了解和探求究竟。社会生活领域很复杂，各方面的影响纷至沓来，各种知识从不同的渠道涌到大学生的面前。随着大学生身体和个性的成熟，这种情况是符合他们渴求知识的要求的。但由于大学生的辨别力低，有时分不清哪些是积极的、有益的，哪些是消极的、有害的，以致良莠不分、瑕瑜不辨，把错误的、含有毒素的东西也接受下来。这样就产生了求知欲强和识别力低之间的矛盾。此外，大学生由于独立性较强，总是按照自己的需求与爱好汲取知识，以至于在多渠道的信息交流中，容易受到不良信息的影响。

（三）大学生渴望独立与仍然依赖的矛盾

在高校环境中，社会气氛很浓。大学生进入高校后成人感迅速增强，大学生渴望独立，强烈要求社会承认他们的成人资格。大学生活中有很多事情要他们完全靠自己的能力来处理，这使他们的独立意识迅速发展。但也不是事事都得自己来处理或者做决策，特别是他们的经济还没有独立，必须一靠父母二靠学校。所以，在大学生身上，一方面有强烈的独立意识，另一方面却又要依赖别人，这就使他们在心理上出现了独立性和依赖性的矛盾，此矛盾经常困扰着他们的心灵。

（四）大学生情绪与理智的矛盾

大学生的情绪很容易激动，往往因小事而发怒、怄气、争吵不休。振奋起来，非常热情；消沉下来，灰心丧气。他们的情绪在两个极端间摇摆，自我体验很复杂，不能冷静地控制自己的情感。这主要表现在有时烦闷不安、懊悔；有时由于对自己估计不足而产生优越感或自卑感；有时对别人的评价很敏感和生气；有时有强烈的竞争心、好胜心和嫉妒心。这一切都说明大学生容易感情用事，而难以用理智控制。这个时期的大学生对新的需要往往强烈地从情绪上反映出来。当激动的情绪平静下来时，他们在理智上完全能清晰地分析问题，但在事情发生的当时，他们不能抑制自己的情绪。这说明当大学生的认识与需要不一致时，理智上知道怎样行动，但不善于处理情绪与理智之间的矛盾，不能坚持正确的认识，难以控制自己的情绪。

（五）大学生理想的“我”与现实的“我”的矛盾

大学生的抽象逻辑思维已经发展到一个新的水平，这种思维能力使他们能从现实的具体条件出发，把自己所获得的感性印象，抽象地、概括地反复思考。同时，大学生对未来有热烈向往，想象力比较丰富，往往离开现实条件构想自己未来的前景，这样就形成一个理想的“我”。远大的理想为大学生的生活指明了奋斗目标，但是大学生理想的“我”与现实的“我”不一定完全相符，会发生矛盾。如果他们对这一矛盾不从自己本身的思想认识、智力特点考虑，就会把这种不切实际的幻想夸大，而对现实产生不满。这也是大学生爱思索、情感易于激动的一个原因。

（六）大学生性生理与性心理的矛盾

对大学生来说，性生理已经成熟，性心理正趋向成熟。大学生需要在大学校园里进行半封闭的学习，经济上不独立，他们的未来又有许多不确定因素，性心理成熟落后于性生理成熟的现实导致许多与性有关的心理矛盾产生。性方面的问题既多又隐蔽，使许多人默默忍受痛苦，却没有勇气去接受指教和疏导，这更加剧了大学生的心理困惑和心理冲突。

处于转变阶段的大学生出现以上心理矛盾是过渡时期的正常现象，这些矛盾中同时蕴藏着转变的真正起步。这些矛盾冲突交织在一起，对大学生的心理发展与心理健康产生深刻的影响。如果能将这些矛盾妥善解决，就会促进心理的进一步发展；反之，就可能产生心理问题，成为心理发展的障碍，影响心理健康。

第二节 大学生的认知发展

认知活动是人脑对客观现实的反映过程。大学生认知活动能力的发展，主要表现在观察力、记忆力、想象力、思维力、注意力和智力等方面。通过教学活动促进大学生的认知发展是高等教育的主要目标之一。

一、大学生观察力的发展

观察力是指大脑对事物的观察能力，如通过观察发现新奇的事物等。例如，大学生在完成各种实验项目的过程中，通过观察，对声音、气味、温度等认知对象有一个新的认识，并通过对现象的观察，提高对事物本质认识的能力。在对大学生的教育过程中，可以在学习训练中增加一些观察项目，通过训练来提高大学生的观察力。

（一）大学生观察的目的性和自觉性显著提高

观察的目的性表现为个体在观察前能否清楚地意识到观察的目的与任务，在观察的过程中能否排除干扰、有始有终地完成观察任务。观察目的强的人能主动、独立地提出观察任务，并能克服困难，持久专注地完成观察任务。反之，观察目的弱的人容易受到刺激物的特点和个人兴趣、情绪的支配，游离于观察的过程。

大学生进入大学校园后，由中学时期的被动学习转为主动学习，他们以明确的目标为导向，有意识、自觉地去探索与自己学习和生活密切相关的事物，从而促进了观察的目的性和自觉性的发展。他们在系统的专业学习和实践活动中，逐渐形成了本专业的认知结构，使他们喜欢从专业的角度去观察事物，对与所学专业有关的问题特别敏感，观察活动带有明显的专业特点。

（二）大学生的观察具有准确性和深刻性

大学阶段是学习高深专业知识的阶段，大学生必须根据学习目标进行认真的学习，在思维的积极参与下，仔细地观察、深入地发现问题，因此，大学生的观察更具准确性和深刻性。

大学生观察的准确性和深刻性取决于他们的观察是否有序以及是否动用了多种感官。大学生有序的观察更加系统，更能捕捉到事物的全部信息，表达也更加有条理；而大学生无序的观察则较凌乱，容易遗漏观察对象的重要细节，表达也较为混乱。善用多种感官进行观察的大学生，能获得事物的各种属性，观察深刻的大学生能透过现象看本质，发现事物内在的联系，表现出观察的准确性和深刻性。只动用视觉感官进行观察的大学生，往往只能获得事物的形状、颜色、大小等方面的属性，往往只能注意到事物的外在联系和表面特征，容易遗漏事物的特征，对有细微差别的事物常作泛化的反应。

（三）大学生的观察具有坚持性和敏锐性

大学生的学习目标明确，学习动机和意志力均达到了较高水平，他们能根据高难度学习任务的需要进行持久的观察，其观察力具有坚持性。在观察活动中，大学生因为受到专业的训练，思维力得到发展，他们开始根据自己所学的专业逻辑和体系，发现一般人所不易发现或容易忽视的重要细节和特征，其观察力也具有敏锐性。

二、大学生记忆力的发展

记忆力是指个体识记、保持、再认识和重现客观事物所反映的内容和经验的能力，也是智力结构的储存器和个人知识的仓库。例如，大学生在考试的时候将平时学习过的知识点再现在试卷上完成考试就是记忆在起作用。记忆力是人积累知识经验的能力，主要表现在记忆的敏捷性、持久性、精确性和准备性上。大学时期是人的一生中记忆力发展达到成熟和最旺盛时期，该时期记忆力发展的特点主要如下。

（一）意义记忆占主导地位

大学生的记忆力是在各类活动过程中尤其是学习活动中发展起来的。大学生需要学习和掌握系统、抽象的专业知识，这就要求他们善于对所学知识进行分析、综合，从逻辑体系、本质特征、内在联系等方面去把握知识，从而促使意义记忆能力的发展。同时，大学生知识经验的增多、思维能力和理解水平的迅速提高，使得他们在学习时有可能在理解的基础上进行意义记忆，因此，在大学阶段意义记忆占据了主导地位。

（二）记忆的敏捷性和准备性迅速增强

记忆的敏捷性和准备性是良好的记忆品质。敏捷性是指记忆速度的快慢，一般以一定时间内能记住多少事物或回忆多少事物来衡量；准备性是指能及时地、迅速地从记忆中回忆出所需知识。大学生学习的是有严密逻辑联系的专业知识，在理解基础上的意义记忆在他们的学习过程中占据了主导地位，这不仅有利于大学生形成良好的认知结构，而且有利于他们的新知识更容易被原有认知结构所同化，或使原有认知结构被改造后形成新的认知结构。

（三）记忆的持久性和准确性显著提高

记忆的持久性和准确性是记忆的重要品质，对人们掌握知识、积累经验有着重要意义。持久性是指记忆保持得长久，准确性是指记忆得精确。大学阶段以意义记忆为主，这有利于大学生形成良好的认知结构，良好的认知结构不仅促进了记忆敏捷性和准备性的发展，而且促进了记忆持久性和准确性的发展。

三、大学生想象力的发展

想象力是人对表象进行加工改造，在头脑中创造出新形象的能力，例如，大学生在创意设计比赛中设计出新概念汽车，通过判读各种等高线地图想象出实际的地貌构成和河流类型，等等。想象力集中表现在想象的主动性、丰富性、鲜明性和新颖性上。想象力是大学生认知发展中非常活跃的成分，随着大学生知识经验的增多、思维能力的发展，他们的想象力表现出下列特点。

（一）想象具有一定的现实性

想象力是个体在已有形象的基础上，创造出新形象的能力，因此，想象力一般需要一定的基础知识作为前提条件。限于种种原因，中学生的想象偏重“理想化”，具有天真烂漫、浮想联翩的特点。进入大学后，由于活动领域的拓宽，大学生与客观现实接触范围日益扩大，并且由于其独立思考能力也日益提高，在现实与理想、思想与行为、个人愿望与社会要求之间出现了各种矛盾，原来那种天真烂漫的想象不断受到冲击，使大学生变得注重从现实出发思考问题、憧憬未来、设计自己。大学生的想象正处在由理想转为现实的关键期。

（二）想象目的明确

绝大多数大学生的想象目的明确，他们能根据要求和需要朝着既定的目标进行想象。

（三）想象内容丰富

随着大学生生活范围的扩大和表象积累的增多，他们的想象内容也逐渐丰富起来。他们不仅对自己所学内容的有关问题展开想象，而且对专业学习以外的各种现象进行想象；不仅会想象与自己切身利益有关的问题，而且会想象与社会和国家的前途命运相关的问题。

（四）想象的创造性显著增强

随着大学生抽象逻辑思维迅速发展，其思维的批判性、独立性和创造性进一步增强，他们克服了少年时期想象力的局限性，想象中的创造性成分日益增多。

四、大学生思维力的发展

思维力是指人脑借助语言对客观事物的本质及其规律进行间接、概括反映的能力，或者说是以概念、判断、推理的形式解决问题的能力。主要表现在思维的独立性、广阔性、深刻性、灵活性、逻辑性和创造性上。当大学生在学会观察事物之后，会逐渐把各种不同的物品、事件、经验进行分类归纳，并进行抽象概括。

思维力在大学生认知发展中占有特殊的地位，它对观察力、记忆力、想象力以及获得的信息具有统筹加工的作用，是认知发展的核心内容。大学生智力发展特点集中体现在思维力的发展上。大学生思维力发展的特点主要表现在以下几方面。

（一）理论型逻辑思维和辩证逻辑思维逐渐占主导地位

人的思维发展一般要经历直觉行动思维—具体形象思维—抽象逻辑思维这样一个由低级到高级，由具体到抽象的发展过程。在大学阶段，随着知识经验的日益增加，大学生的抽象概括能力不断发展，专业学习需要他们掌握更多、更抽象的概念、原理、理论等，并利用它们解决实践活动中所遇到的问题。大学生在思考和讨论问题时，已不满足对一般现象和现成结论的探讨，而喜欢对问题进行多侧面、多层次的分析和认识，找出事物间的相互联系，揭示事物的内在本质特征。这就促使大学生的抽象逻辑思维迅速发展，使理论型逻辑思维和辩证逻辑思维逐渐占主导地位。当然，大学生抽象逻辑思维能力还未达到完全成熟的水平。

（二）创造性思维有了明显发展

创造性思维是指有创见的思维，该思维不仅能揭露事物的本质和规律，而且能产生新颖的、前所未有的思维成果。大学生在校期间不仅要学习知识，还要培养创造性思维和开拓能力，学会自己寻求知识的本领。只有这样，才能适应知识不断更新的变化。大学具有优越的教学条件，对培养学生的创造性思维十分有利。同时大学生经过长期的学习和实践，积累了更多的知识经验，他们的各种心理水平发展特别是良好的思维力和想象力的发展，都促使大学生的创造性思维有了明显发展。

（三）思维的独立性和批判性进一步增强

独立性和批判性是良好的思维品质。大学生的学习活动由被动转为主动、由依赖教师转为独立自主，因此在理论型思维发展的同时，大学生思维的独立性和批判性也进一步增强。他们喜欢用批判的眼光看待周围一切，对他人的意见不轻信和盲从，敢于大胆提出自己的独立见解，能对自己的思考结果进行检查和评价。

（四）思维的广阔性和深刻性显著提高

在独立性和批判性迅速发展的同时，随着大学生生活经验的日益丰富、掌握的知识日益增多，他们的视野迅速开阔起来，思考问题的范围明显扩大，喜欢在不同的知识和实践领域进行思考。大学生在考虑问题时，不停留在表面现象，不满足知其然，而是力求探索现象的本质和规律。这一切都表明大学生思维的广阔性和深刻性有了显著的提高。

五、大学生注意力的发展

注意是伴随着感觉、知觉、记忆、思维、想象等心理过程的一种共同的心理特征，是人的心理活动对外界一定事物的指向和集中。注意力是指人的心理活动指向和集中于某种事物的能力。注意力是一切智力活动的维护者。大学生注意广度的拓宽、注意稳定性的增强、注意分配能力的提高，是他们认识事物和提高学习效率的前提条件。例如，优秀的大学生能长时间全神贯注地看书或研究某一课题等，而对游戏和其他无关的活动等的兴趣大大降低，就是注意力强的表现。

注意有两个基本特征：一是指向性，是指心理活动有选择地反映一些对象而忽略其余对象，表现为对出现在同一时间的许多刺激的选择；二是集中性，是指心理活动停留在被选择对象上的强度或紧张度，表现为对干扰刺激的抑制。注意的产生及其范围和持续时间取决于外部刺激的特点和人的主观因素。大学生注意力的发展具有以下四个特点。

（一）大学生注意的稳定性增加

随着大学生的成长，他们能在一定时间内，比较稳定地把注意集中于某一特定的对象与活动。例如，在课程内容足够引起学生兴趣的情况下，多数大学生可以将注意集中在课程或者实验操作的时间持续 2～4 个小时甚至更长。

（二）大学生注意的广度有扩展

注意的广度是指人们在一瞬间清楚地觉察或认识的对象的数量。研究表明，在 1 秒钟内，一般人可以注意到 4～6 个相互间有联系的字母，5～7 个相互间没有联系的数字，3～4 个相互间没有联系的几何图形。不同的人具有不同的注意广度。一般来说，大学生能在一个时段内接受不同的学习内容，关注较多的学习内容。

（三）大学生注意的分配更合理

注意的分配是指一个人在进行多种活动时能够把注意力分配于各项活动当中。比如，大学生一边看书，一边记录书中的精彩语句。在注意的目标熟悉或不是很复杂时，大学生可以同时注意一个或几个目标，并且不忽略任何一个目标。能否做到这一点，也与大学生注意的持续时间有关，各种实验操作和课程讲座能逐渐培养大学生的注意力。

（四）大学生注意的集中与转移更灵活

注意的转移是指个体能够主动地、有目的地及时将注意从一个对象或者活动调整到另一个对象或者活动上。注意转移的速度是思维灵活性的体现，也是快速加工信息形成判断的基本保证。例如，某大学生在看完一个有趣的影片后，能迅速地把注意从影片转移到专业学习上，就说明该大学生的注意转移能力很好。

注意的集中和转移是同一事物的两个方面。大学生每天都在注意的集中和转移两种状态下学习或生活，每天要听很多不同的课程，参加不同的讲座和讨论，完成各种实验或者参与各种竞赛活动，如果大学生能将注意迅速地从一项活动转移到另一项活动并能全神贯注地投入该活动中的话，说明该大学生注意的集中与转移更灵活。

六、大学生智力的发展与测量

通过教学活动提高大学生的智力水平是高等教育的主要目标之一。高等教育对智力的促进作用须建立在大学生智力还有继续发展可能的基础上。智力（Intelligence）也叫智能，是指人认识、理解客观事物并运用知识、经验等解决问题的能力，主要包括理解、判断、解决问题、抽象思维、表达意念以及语言和学习的能力。智力也是人通过改变自身、改变环境或找到一个新的环境去有效地适应环境的能力。通常用智商来表示个体智力的发展水平。

智力测验是指对智力进行科学的测试，从而了解人们智力的水平。经过一百多年的发展，目前已经出现了几十种不同的智力测验，多数智力测验都包括很多项目，如常识、理解、算术、类同、记忆、字词、图像、积木、排列、拼图、符号等。

1905 年法国心理学家制定出第一个测量智力的量表——比奈 - 西蒙智力量表，1922 年传入我国，该智力量表主要用于测量小学生和初中生的智力。此量表后期在美国被修订为斯坦福 - 比奈智力量表，主要适用于 11 岁以上儿童和成人的智力测试。斯坦福 - 比奈量表将 140 分以上的个体定为非常优秀（天才），120～129 分定为优秀，130～139 分定为超常，110～119 分定为中上、聪慧，90～109 分定为中等，80～89 分定为中下，70～79 分定为智力不足，70 分以下定为智力缺陷。此外，美国心理学家还编制了韦克斯勒智力量表，此量表包含成人智力量表、儿童智力量表和幼儿智力量表，其中成人智力量表常用于对大学生的智力进行测量。通过智力测量，大学生可了解自己的智力水平、潜能所在，为充分发挥自己的优势提供科学依据。20 世纪 80 年代中后期，湖南医科大学（现中南大学）的龚耀先等学者将该量表引进我国，同时对其进行了修订并制定了中国常模，此后该量表在我国得到了广泛运用。总体而言，韦克斯勒智力量表与比奈 - 西蒙量表是智力测验的两种主要类型：韦克斯勒量表的主要特点是在一个量表中分若干分测验，每个分测验集中测量一种智力功能；而比奈－西蒙量表则是将测查各智力功能的测验项目混合排列。两种类型各有所长，研究者多采用前一类型的测验。

研究表明，人的智力在18—25岁水平最高。大学生正处在人生智力水平最佳的年龄段，成年期智力水平相对稳定。智力发展存在显著的个体差异，个体在智力结构上有不同的优势领域。

智力和学习成绩之间有中等程度的相关，不同年龄段存在差别。小学阶段学生的智力水平和成绩之间的相关系数为0.6～0.7，中学阶段两者的相关系数为0.5～0.6，而大学阶段两者的相关系数为0.4～0.5。这一结果表明个体的学习成绩和智力的相关系数存在随着年级的增加而逐渐降低的趋势，大学生的学习成绩更多地与后天努力、勤奋等非智力因素相关。

视窗2–2
流体智力与晶体智力

第三节 大学生的社会性发展

大学生的社会性发展主要是指大学生的情绪情感、自我意识、意志力和人生观等的发展。总体而言，大学生的情绪情感发展具有两极性、稳定性和波动性、丰富性和复杂性、阶段性和层次性的特点，同时他们更加关注爱情体验，以道德感为代表的高级情感日趋成熟和稳定。大学生的自我意识包括自我认知、自我体验和自我调控，他们的自我认知更加完整而深刻，自我体验日益丰富，自我调控明显提高但仍存在惰性。高等教育要促进大学生意志力的发展，培养他们积极向上、健康乐观的人生观，使得他们成长为人生目标清晰、具有强烈家国情怀和社会责任感的新时代社会主义建设者和接班人。

一、大学生情绪情感的发展

（一）大学生情绪情感的两极性

情绪情感的两极性是指情绪情感存在两个对立的方面，其基本表现形式有肯定与否定、积极与消极、紧张与轻松等。在一定的条件下，相反两极的情感可以相互转化。

大学时期是人生情感体验最丰富的时期，大学生易兴奋、易激动，情绪体验强烈，容易出现“急风暴雨”式的激情状态。大学生的激情状态具有两重性：积极的一面表现为热情奔放，豪情满怀，勇往直前，这可能成为做出惊人业绩的巨大动力；消极的一面则表现为易冲动、不冷静、盲目的狂热，常常会做出一些愚蠢的举动。[①]

① 何先友. 青少年发展与教育心理学［M］. 2版. 北京：高等教育出版社，2016：11–12.

（二）大学生情绪情感的稳定性和波动性

一方面，大学生普遍具有较高的智力水平和知识素养，加上社会和自我的高要求、高期望，在日常生活和活动中，他们具有一定的自我控制能力，一般能用理智约束冲动，对情绪情感进行自我调适。从总体上看，大学生的情绪情感比较稳定。

另一方面，大学生的情绪情感仍有不稳定因素存在，突出表现在情绪情感经常在两极之间变换、动荡，呈现出波动性的特征。这种波动性是由大学生在生理、心理和社会性三方面发展的特点决定的。大学生的生理发展已经成熟，由于性成熟和性激素分泌旺盛，易产生情绪情感波动。另外，从人体生物节律来看，人的体力、情绪和智力都有周期性的变化，也呈波动的特点。大学生的心理发展正处于由不成熟向成熟过渡的阶段，会产生各种内心矛盾并不断冲突，这些内心矛盾和冲突常会打破大学生的心理平衡状态，引起情绪情感的波动起伏。大学生的社会性发展尚未成熟，虽然他们对社会现象和政治事务极为敏感、活跃，但是人生观的不稳定、认识上的不成熟往往使他们不能对社会现实和现象进行全面的分析，容易以偏概全地加以肯定或否定，从一个极端走向另一个极端。

（三）大学生情绪情感的丰富性和复杂性

首先，大学生的情绪情感极为丰富，他们不论在日常生活、学习、交往中，还是在从事社会活动时，无不带有浓厚的感情色彩。

其次，这些情绪情感在表现形式上复杂多样，呈现出外显和闭锁、克制和冲动交错的特征。通常情况下，大学生对外部刺激的反应迅速、敏感，喜怒哀乐溢于言表，内心体验和外部表现一致，呈现出明显的外显性特点。然而，在一些特殊场景和事件上，大学生的情绪外在表现和内心体验往往并不一致，有时会把内心真实的情绪隐藏起来，表现出一种看起来的无所谓。

大学生正处在青年期，他们精力充沛、血气方刚，在外界刺激下，极易产生冲动性情绪和行为，尤其是在感受到挑衅和敌意时，容易情绪失控，呈现出冲动性的特点。但大多数情况下，大学生对自己的情绪情感有一定的自制力，能用理智克制冲动，能够自我约束、自我调节，因而冲动性与克制性并存。

（四）大学生情绪情感的阶段性和层次性

大学生情绪的发展呈现出明显的阶段性和层次性的特点。一方面，随着年龄的增长、知识的积累和阅历的增加，不同年级的大学生的情绪情感特点各有不同；另一方面，同年级的大学生由于成绩、能力等方面的差异，又表现出不同层次的情绪情感特点。

1. 不同年级大学生情绪情感的特点

低年级大学生的情绪特点是：刚刚跨入大学校园的新生，心中涌动着成为一名大学生的自豪感，对校园中的一切都感到新奇，体验到轻松和愉快；同时，由于种种原因，一些大学新生也会感到强烈的失望、迷惑和自卑。激烈的竞争、繁重的课程、不同于中学的教学方法使大学新生在短暂的轻松后，很快便感到压力和紧迫感；陌生的环境和人、生活上的不适应，使得低年级大学生产生恋旧感。因而，低年级大学生的情绪情感体现出自豪感和自卑感交织、轻松感和压力感交织、新鲜感和恋旧感交织的特点。

中年级大学生情绪情感的特点是：大二、大三年级的大学生经过一两年的调整后，已逐渐融入大学生活和学习之中，适应性情感增强。此阶段的大学生爱好广泛，积极参加各类社会活动和审美活动等，社会责任感、义务感、荣誉感和美感进一步发展并成熟，情绪情感总体看来较为平稳。

高年级大学生情绪情感的特点是：经过近四年的大学学习，高年级学生即将告别学校，走上工作岗位，此时他们的社会责任感明显增强，社会性情感日趋丰富。主要表现为更多地关心个人与社会的关系、思考人生价值和意义，同时也面临种种压力的考验，紧迫感和忧虑感十分明显。

2. 不同层次大学生情绪情感的特点

优秀大学生的情绪情感特点是：优秀生的独立感、自尊心和自信心较强，情绪大多积极、愉快、乐观，他们的求知欲强，学习兴趣浓厚，能体验到获取知识和有所创造的快乐，对班集体的责任感和荣誉感较强。

后进大学生的情绪情感特点是：后进生的内心充满了矛盾，一方面他们想努力学习、奋发进取，另一方面又常因缺乏毅力和恒心而感到苦恼、痛苦和自责。他们既有强烈的自卑感，又有一定的自尊心。

（五）爱情逐渐成为大学生情感体验的重要方面

爱情是人的一种高尚的情感，是异性友谊得到进一步发展的一种特殊情感，诚挚的爱情可以塑造和谐完善的人格。大学生的身体发育已经成熟，性意识已觉醒并趋向成熟，期望得到爱情的体验成为大学生情感发展的一个重要特点。在这种环境中，大学生的爱情会因不同的动机，蕴含着不同的内容，在不同的层次上发展起来。

大学生正处在求知的黄金时期，面临繁重的学习任务，必须处理好爱情与学业、爱情与事业的关系，如果处理不当，则会造成消极后果。对待大学生的恋爱问题既不能消极回避、放任自流，亦不应压制、横加干涉。正确的做法是对大学生进行正确恋爱观的教育，引导他们将爱情服从于学业、把主要精力用在学习上，并引导他们加强道德情操和性道德的修养，同时向需要帮助的大学生提供必要的爱情心理咨询。

（六）大学生的道德感、理智感和美感日趋成熟稳定

在高校教育环境中，随着大学生知识经验的增多和能力的提高，他们的道德感、理智感和美感获得了高度的发展，日趋成熟、稳定，并逐渐成为个性特征的一部分。在道德感的发展上，大学生道德认识的不断提高，使其道德情感进一步深化，符合社会准则和期望

的道德感逐步形成。大学生在理智感方面的发展更为突出，他们的求知欲望、认知兴趣趋向深刻和稳定，对社会、自然和自身的探索已变成一种自觉的要求。求知需要在大学生众多的需要中占据了首位。正是这种强烈的求知需要，为大学生理智感的高度发展提供了内在的基础。在美感发展方面，大学生的审美观和审美情感日益深刻。他们对美有着敏锐的感受，对美好事物有着强烈的需要和执着的追求，渴望良好和谐的社会风气和人与人之间的真挚友情，并不断从品德、心灵、语言、行为等方面加强修养以追求人格的完美。

二、大学生自我意识的发展

自我意识也称自我，指的是作为主体的个体对自己及自己同周围事物的关系，尤其是人我关系的意识。博恩斯认为，自我的心理作用主要有三点：保持一致性、决定个人对经验怎样解释、决定人们的期望。自我具有意识性、社会性、能动性、同一性等特点，它对大学生人格的形成、发展起着调节、监控和矫正的作用。

个体的自我意识由自我认知、自我体验、自我调控构成。自我认知是自我意识的认知成分，指个体对生理自我、心理自我和社会自我的认识，它包括自我感觉、自我观察、自我观念、自我分析和自我评价等层次。自我体验是自我意识的情感成分，在自我认知的基础上产生，反映个体对自己所持的态度，它包括自我感受、自爱、自尊、自信、自卑、内疚、自豪感、成就感、自我效能感等层次，其中自尊是自我体验中最主要的方面。自我调控是自我意识的意志成分，指个体对自己心理活动和行为的调节与控制，包括自我理想、自我监督、自我塑造、自我克制、自我教育等层次。自我认知、自我体验和自我调控是相互联系、相互影响、协调一致的。也就是说，个体有什么样的自我认知，就会有什么样的自我体验和自我调控。

（一）大学生自我认知的内容更加完整而深刻

自我概念中的自我认知主要解决“我是一个什么样的人”的问题，就个体对自我的认知来看，主要包括对生理自我、社会自我和心理自我的认知，从而构成一个统一的整体的自我认知，并在此基础上，进行自我评价。中学时期，学生忙于学业无暇顾及其他，进入大学以后，才开始全力探索自我，关注自我，确立自我概念。他们的自我认知内容逐渐变得完整而深刻，在关注“生理自我”的同时更加关注“心理自我”。社会和大学校园多元的文化氛围，多种价值观的并存，为大学生的自我认知和发展提供了广阔的空间。大学生较少运用具体的词语描述自己的人格特征，而是逐渐运用更加抽象的概念来概括自己的价值标准、意识形态及信念等。

（二）大学生的自我体验日益丰富

大学生的自我情绪体验日益丰富，社会性情感迅速发展，有高尚的爱国情操，他们爱国爱民、见义勇为，但情感上的两极性导致他们的情绪时而高涨、自豪、自负，时而低落、自责、自卑、自怨自艾。大学生在自尊心受到肯定或伤害的时候，会表现出特别强烈的情绪反应。大一新生最容易体验到自卑感和自负感交织的矛盾情绪。

（三）大学生的自我调控明显提高，但还存在惰性

大学生行为的目的性和自觉性有明显的提高，自我完善的愿望强烈。大学生在自我调控上有明显的独立性和反抗性，成人感强烈，渴望摆脱成人的约束与控制，但大学生的自我控制能力仍有待提高，表现为一定程度的惰性。自我调控是自我意识的最终体现，大学生的理想自我往往过高，而开发自我和行动自觉性还不够高，自我调控能力相对落后于自我认知能力。

随着大学生独立性的增强和自我意识的进一步发展，行为的目的性、自觉性有了明显的提高，主要表现在以下方面：第一，大学生对生活有明确的目的和追求，能够自觉地根据自身特点和有关实际情况，制订出合适的生活和学习计划以实现相应的目标，并在实现目标的过程中能够自觉调整自己的目标和计划；第二，大学生的自觉性还表现在能够在一定程度上抵制外界的干扰，大学生在学习和成才的过程中，难免受到来自外界的各种各样的干扰和影响，在这种情况下，大学生一般能够根据自己既定的目标支配自己的行动，而不受外界的干扰，保持较高的自觉性。

惰性在相当一部分学生身上存在。大学生的惰性通常表现为：无法将精力集中到学业中去、无法从事自己喜爱的某项工作、喜欢玩游戏或者白天睡大觉、许多事情一拖再拖。惰性是大学生实现目标的内部障碍，使心理潜能无法有效发挥，通常会带来低效能感和失败感。因此，克服惰性便成为大学生心理发展中必须加以解决的问题。

自我控制和自我教育是自我调控中最主要的方面，自我教育则是自我调节的最高级形式。自我控制是个体意志品质的集中体现。从某种意义上来说，自制力的强弱决定着大学生的学习、工作、生活的成败。自制力强的人，在控制方面就会表现出自觉、自立、自主、自制、自强、自信、自律，在任何阶段都有明确的追求目标，能够很好地克制自己的情绪，行为主动而有节制，有责任感，遇事沉着冷静，果断而坚毅，决不半途而废；自制力差的人，往往目标不清，易受暗示，缺乏主见，优柔寡断，对自己的情感和行为都缺乏控制能力，凡事都难以坚持到底。

三、大学生意志力的发展

（一）理智成分大大增强，但自制力仍显得薄弱

大学生个性成熟的标志之一在于能够用理智战胜冲动。一般而言，随着知识经验的增长，大学生在处理事情时理智成分大大增强，他们能够比较理性地思考和行动，努力地

调节自己的冲动。但是，大学生的知识经验毕竟有限，对社会生活的复杂性缺乏体验和认识，因此，对自己的情绪和行为的理智控制水平还不高，易受内在情绪和外在环境的影响，难以控制自己的情绪，自制力仍显得薄弱。

（二）有勇敢精神，但毅力相对不足

大学生血气方刚，富有正义感，敢想、敢说、敢做，内心充满勇于为真理而牺牲的大无畏英雄气概。但是，与勇敢精神相比，毅力则显得相对不足，对待事情缺乏韧性，持久力不够，容易随着时间推移和困难增多而失去信心。

（三）独立性明显提高，但同时伴有依赖性

年龄的增长和大学生活的特点，使大学生的独立性得到充分的发展。大学生有强烈的独立欲望，希望自强自立，成为一个有独立见解、能决定自己命运的人。他们反抗权威、不遵循传统的规矩，总想标新立异，他们希望自己能够为自己各方面做主。但是，要真正在社会生活中独立，必须要有丰富的社会生活经验和一定的物质条件，这样才能使自己具备基本的生活条件、有效驾驭复杂的社会局面。而从大学生的实际情况来看，他们不仅经济上难以独立，社会地位没有确立，而且心理上也没有完全成熟，这导致他们对许多问题无法有效驾驭，对家庭、朋友的依恋仍然十分强烈。

（四）果断性显著增强，但带有冲动性

由于独立性的提高和能力的增长，多数大学生的果断性品质有较大发展，他们愿意自己选择，自己对自己负责，因而一般情况下，喜欢自己作决定，表现得自信、果断。但有时这种果断带有轻率、冲动的特点，情绪色彩较重，容易事后后悔。

总的来说，大学生的意志品质已较中学生时期有明显的提高，主要的意志品质特征在多数大学生身上已基本形成，并逐渐趋于成熟，但大学生意志品质的发展呈现出差异性、不平衡性。就个体而言，其意志品质的各方面也存在差异，并且在不同情境下也会有不同的表现。因此，尽管大学生的意志品质正在逐步趋于成熟、稳定，但仍然会随个体的内外条件而起伏波动。

四、大学生人生观的发展

人生观是个体对于人生目的和意义的根本看法和态度，它决定着个体实践活动的目标、人生道路的方向和对待生活的态度。人生观主要通过人生目的、人生态度和人生评价三个方面来体现。人生目的是人为什么而活着，人生态度是指如何对待人生，人生评价是指怎样的人生才有意义。人生目的、人生态度、人生评价体现在一个人身上是相互联系的统一体，其中人生的目的是人生观的核心，犹如人生的航标，指引着人生的方向。幸福

观、苦乐观、荣辱观、恋爱观、生死观等是人生观的具体表现。

正确的人生观是明辨是非善恶、判断真假美丑的一把钥匙。大学生正处在人生观形成的关键时期，积极向上的人生观与人生追求的确立，对其科学思考和正确规划人生之路至关重要。人生观是大学生个性意识倾向性中的核心问题、处于个性结构中的最高层次，它指导、调节着大学生的行为。同时，大学生的学习和生活环境、社会地位与中学生相比较发生了很大变化，他们的视野更为宽广，所接触的社会生活范围更大，所了解的社会实质问题更为深刻，特别是大学高年级学生，步入社会、选择职业更为迫切地摆在他们面前，社会问题与个体的利害关系更加明朗，从而促使大学生开始集中思考人生观问题。大学阶段是形成人生观最重要的时期，尽管还没有像成人那样完全固定下来，但仍具有相当大的可塑性。

当前大学生人生观与人生追求总体呈现良好的发展态势。大学生群体有健康向上的人生价值取向，重奉献轻索取，在集体生活和服务社会中实现人生价值；有高尚的人生追求，勇担责任，将个人理想融入国家发展和民族复兴的伟业之中；有积极进取的人生态度，对未来发展充满信心，在奋斗中追逐青春理想。大学生的人生观具体表现出以下几个特点。

（一）人生价值取向积极健康，对主流人生观高度认同

人生价值作为人生观体系中的一个重要范畴，与个体人生发展的方向和道路密切相关。有调查显示，当前大部分大学生能正确看待和平衡“奉献与索取”“个人与集体”的关系。大部分学生具有强烈的奉献意识，能在奉献中感悟人生快乐，实现人生价值。

（二）人生追求高尚，家国情怀和社会责任感不断增强

崇高的人生追求总是与不懈的奋斗联系在一起的，总是把个人梦想与国家前途、民族命运融合在一起的。调查显示，绝大部分大学生有强烈的奋斗意识，并能够把勤于奋斗作为一种精神追求和一种生活方式。

（三）人生目标清晰明确，对未来发展的信心持续巩固

“志之所趋，无远勿届，穷山距海，不能限也。”（《格言联璧》）志向远大、目标明确，可使人无所畏惧、顽强拼搏。大学生需要有明确的人生目标，需要对未来发展有清晰的规划，并能在日常学习生活中为实现人生目标而努力拼搏。目标明确的大学生，会积极乐观地看待未来人生发展，对人生前途满怀信心。

【复习思考题】

1. 根据皮亚杰认知发展阶段论观点，儿童发现物体在水中受到的浮力与物体排水量

有关，而与物体的质地无关，说明该儿童的认知水平已处在（　　）。

A. 感知运动阶段　　B. 前运算阶段　　C. 具体运算阶段　　D. 形式运算阶段

2. 儿童能借助小玩具玩过家家的游戏，且他们手中的小玩具被收回，游戏就无法进行下去，这些儿童的思维处于（　　）。

A. 感知运动阶段　　B. 前运算阶段　　C. 具体运算阶段　　D. 形式运算阶段

3. 老师问妙妙，"你有兄弟吗？""有。""兄弟叫什么名字？""明明。""明明有兄弟吗？""没有。"按皮亚杰的儿童认知发展理论，妙妙的思维处于（　　）。

A. 感知运动阶段　　B. 前运算阶段　　C. 具体运算阶段　　D. 形式运算阶段

4. 结合我国的教育实际，如何培养大学生的创造性思维？

5. 举例说明大学生的社会性发展的特点。

【推荐阅读】

1. 何先友. 青少年发展与教育心理学［M］. 2 版. 北京：高等教育出版社，2016.

2. 林崇德. 发展心理学［M］. 3 版. 北京：人民教育出版社，2018.

3. 伯克. 伯克毕生发展心理学：从 0 岁到青少年（第 4 版）［M］. 陈会昌，等译. 北京：中国人民大学出版社，2014.

4. 彭聃龄. 普通心理学［M］. 4 版. 北京：北京师范大学出版社，2012.

5. 皮亚杰. 发生认识论原理［M］. 王宪钿，等译. 北京：商务印书馆，2017.

6. 许淑莲，申继亮. 成人发展心理学［M］. 北京：人民教育出版社，2006.

7. LOYALKA P, LIU O L, LI G, et al. Skill levels and gains in university STEM education in China, India, Russia and the United States［J］. Nature human behaviour, 2021, 5（7）: 892–904.

第三章　大学生学习心理概述

学而时习之，不亦说乎。

——《论语》

学习是人类生活中的永恒主题，是贯穿人类一生的重要活动。在教育过程中，学生是学习的主体。探讨学生学习的实质、了解学生学习的特点、发现学生学习的共同规律、提高学生的学习效果是教育心理学的核心任务。大学生的学习是个体学习过程中一个比较特殊与重要的阶段，高校教师只有理解与掌握学习心理相关的理论知识，对大学生的学习特点与规律有所认知，才能够更好地因材施教，促进大学生全面发展。

第一节　学 习 概 述

学习是教育心理学（高等教育心理学）的核心概念。了解学习的概念、分类及条件，能够帮助学习者和教育者更好地进行学与教。

一、学习的概念

人的一生处在不断的学习之中，学习现象相当普遍，学走路、学写字、学骑自行车、学外语、学计算机，等等，都是学习。对于心理学家和教师来说，学习是一个至关重要的问题。要弄清这个问题，首先要解决什么是学习。

（一）什么是学习

不同心理学家对学习下的定义也不尽相同，目前较为一致的看法是：① 从结果来看，学习是指个体由经验或练习引起的能力或倾向方面的较为持久的变化；② 从过程来看，学习是指个体获得能力或倾向方面持久变化的过程。心理学家使用“学习”一词，有时是指结果，有时是指过程。

学习的定义强调了以下几点：① 学习必然导致变化的发生。也就是说，个体身上只有产生某种变化，我们才能说发生了学习，光有练习不一定发生了学习。例如，儿童从不会叫爸爸到会叫爸爸，这是在学习；以后重复叫爸爸，这种重复的活动或练习就不是学习了。② 学习导致的变化必须依据外部行为来推测。也就是说，学习导致的是内在能力或倾向的变化，这种内部变化不能被直接观察，必须经过外部行为，通过作业或操作的变化来加以把握，从而作出学习是否发生的推论。但是，内在变化与外部反应有时是一致的，有时不完全一致，甚至有时内在变化很久也不显现出外部反应。所以，必须经过多次观察，多方面的测量才能准确地把握学习是否真的发生。③ 这种变化是能相对持久保持的。强调这一点的用意是要排除因适应、疲劳或药物引起的变化，它们往往是暂时的，事过境迁，变化也就逐渐消失了，所以这些变化不属于学习。④ 这种变化是由后天的经验或学习引起的，强调这一点的用意是要排除由基因制约的生长和成熟引起的变化，这些变化也不属于学习。

（二）学习的意义

学习之所以成为教育心理学的中心课题之一，是因为它在个体的生存和发展中具有重要的意义。

1. 学习的生物学意义

在一定意义上，一切高等级动物的生存都离不开学习，学习是有机体适应环境的手段。当然，学习在各种不同的物种之间有巨大的差异：动物的分类等级越高，它们的生存环境越复杂，通过学习形成的行为的后天成分越多，而行为的先天成分则相应减少，如图 3-1。

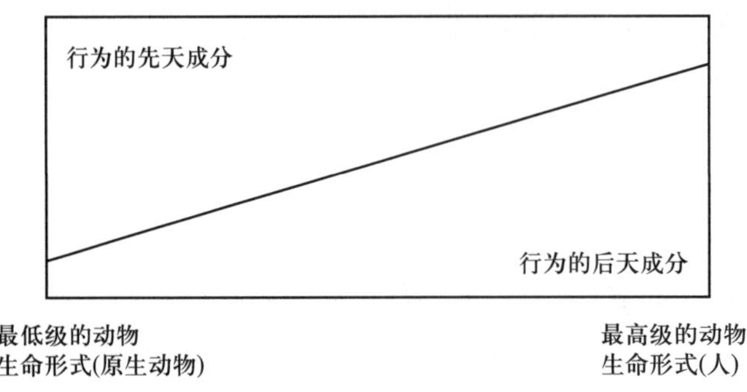

图 3-1　行为成分与动物分类等级之间的相互关系

作为动物界最高级的人，出生时在一切动物中是最无能的，行为的先天成分和本能反应最少，经历的婴儿期最长，受益于经验的好处最多。

2. 学习的社会学意义

人不仅是生物个体，也是社会个体。这决定了学习对人来说具有重大的社会意义。因为只有通过学习，才能逐渐完成人的生物性与社会性的结合，“生物的人”才能逐渐适应社会，成为“社会的人”。

对于教育而言，学习是它存在的先决条件，因为人能够学习，教育才成为可能的和必要的。当然，社会的各行各业也都离不开学习。

不管我们愿不愿意，对个体而言，学习是不可避免的，而且是不断发生的，因为离开了学习，生物的个体和社会的个体都将不复存在。

（三）人类学习与学生学习的特点

1. 人类学习的特点

学习是有机体适应环境的手段，人和其他动物在这点上相同。不同的是，人是主动适应，而其他动物是被动适应。之所以如此，是因为人类的学习具有三个特点。

第一，通过学习，人类不仅可以获得直接经验，还可以获得间接经验。其他动物的学习仅限于在当时当地的直接经验中，而人类却不受这种限制。我们能学习别人的经验，不受时间和地域的限制，我们不必事事躬亲，就能获得大量的知识财富。我们不但知道那些已被观察、推论的事物，而且能揭示事物的本质和规律。

第二，人类学习是以语言为中介的。人类的学习之所以具有获得间接经验的特点，是与人类的语言分不开的。人类的学习是借助语言媒介来进行和完成的。语言是人们交流思想和进行学习的工具，借助语言就能把人在实践活动中认识和改造主观世界和客观世界的过程、成果、经验记载下来，并传递出去。这样，通过学习，别人的经验就可以转化为自己的经验，自己的经验也可以转化为别人的经验，从而大大增强了人类的学习能力和范围。

第三，人类的学习具有主观能动性。人类的学习不是被动地接受，而是主动积极地掌握，体现着人的主观能动性，具体表现在以下方面：① 人类的学习是有目的、有计划的，具有自觉性；② 人类的学习可以反映事物的内在联系和本质特征，具有概括性；③ 人类的学习具有意识性，人可以意识到自己是否在学习，可以反省自己的学习，人可以通过意识来支配和调节自己的学习。

2. 学生学习的特点

学生的学习是人类学习的一种特殊形式，它具有以下特点。

第一，学生的学习以掌握间接经验为主。一个人的时间和精力是有限的，而知识是无限的。这就决定了学生在校的学习主要是掌握人类已积累形成的社会历史经验，即间接经验，包括文化科学知识、技能和社会生活规范及行为准则。学生学习的主要目的是要掌握这些知识，使之转化为自己的经验或财富，形成能力和品德。强调学生的学习以掌握书本的间接经验为主，并不意味着学生可以不学习掌握必要的直接经验。事实上，间接经验的掌握总是以一定的直接经验为基础的。

第二，学生的学习是有目的、有计划、有组织地进行的。不同于日常生活或其他方式的学习，学生的学习是在教师的指导下，有目的、有计划、有组织地进行的，教师在学生的学习中起着主导作用。教师的教学也是有目的、有计划、有组织地进行的。但是教与学并非一回事，两者之间并非一一对应关系，教得好并不必然导致学得好，教得差也不必然导致学得差；教的不一定都学到，学到的不一定都是教的。学习过程并不受制于教学过程，正好相反，教学过程受制于学习过程，有效地教才能促进有效地学。

第三，学生的学习不仅是为了适应当前的学校环境，更是为了适应以后走出校门的社会环境。这是学生学习最为重要的特点。无论在学校学什么，重要的是，所学的东西将来走进社会时有用，否则，学生就没有必要走进学校的大门，一读就是十几年。学校教育要真正重视学生学习的这个特点，真正解决好如何“学以致用”的问题。这个问题与教学内容和学习迁移有关，教学内容是教育学考虑的问题，心理学关注的是学习迁移。总之，学生学习的这个特点要求学校教育必须对学生的一生负责。

二、学习的分类与学习的条件

（一）学习的分类

学习是一种极其复杂的活动，范围广泛，形式多样，层次不一。学习的分类有利于揭示不同类型的学习规律，从而有助于有效地学与有效地教。许多心理学家都试图对学习进行分类，但由于出发点和分类标准不同，至今尚未形成统一的学习分类。下面介绍几种有代表性的学习分类。

1. 加涅的学习层次分类

1965 年，加涅根据学习情境由简单到复杂、学习水平由低级到高级的顺序，把学习分为八种类型，构成了一个完整的学习层级结构。[①] 这八类学习依次描述如下（见表 3–1）。

表 3–1　加涅的八种类型的学习

类型	简单描述
1. 信号学习	巴甫洛夫经典条件反射，在这类学习中，个体学习对一个信号做出弥散反应
2. 刺激—反应学习	桑代克的联结，斯金纳的辨别操作，有时称为工具性反应
3. 连锁学习	两个或两个以上的刺激—反应联结结合在一起
4. 言语联想学习	一连串属于言语的锁链
5. 辨别学习	对彼此相似、以致有时发生一定干扰的刺激做出识别反应
6. 概念学习	对一类刺激的共同属性做出反应
7. 规则学习	两个或两个以上的概念连锁，在规则中放映出来
8. 解决问题的学习	包括思维活动，按“较高级”的规则，将一些原理结合起来

（1）信号学习

学习对某种信号刺激做出一般性或弥散性的反应。经典条件反射便是一种信号学习，主要受个体先天神经组织的影响。

（2）刺激—反应学习

学习使一定的情境或刺激与一定的反应相联结并得到强化，学会以某种反应去获得某种结果。

（3）连锁学习

学习两个或两个以上的刺激—反应动作，以形成一系列刺激—反应动作的联结。它是各种技能学习的基础，其动作的熟练需经过反复的练习。

（4）言语联想学习

言语联想学习指形成一系列言语单位的联结，即言语的连锁化，实质是言语领域的连锁学习。

（5）辨别学习

辨别学习即学会识别多种刺激的异同并对之做出不同的反应。

（6）概念学习

概念学习指学会认识某一类事物的共同属性，并对同类事物的抽象特征加以反应。

---

① GAGNE R M. The conditions of learning [M]. New York: Holt, Rinehart and Winston, 1977.

（7）规则学习

规则指两个或两个以上的概念的联合，规则学习又称原理学习，即了解多个概念之间的关系。

（8）解决问题的学习

解决问题的学习指学会在不同的条件下，运用规则或原理去解决问题，以实现最终目的。

加涅的这种学习分类由简单到复杂、由低级到高级，几乎概括了心理学家所研究的一切学习类型。他认为，每一后继学习类型都是前一层次更加复杂的表现，也就是说，前者是后者的基础，后者是前者的继续和提高，高低学习层次之间彼此联系，从而构成一个越来越复杂、越来越抽象的累积学习模式。1971 年，加涅对这种分类方法进行了修正，将前四类学习合并为一类，并将概念学习扩展为具体概念学习和定义概念学习两类，这样这种学习分类成为：连锁学习、辨别学习、具体概念学习、定义概念学习、规则学习与解决问题的学习。

2. 加涅的学习结果分类

加涅根据学习结果的不同，将学习分为五类。①

（1）言语信息的学习

言语信息的学习即学生掌握的是以言语信息传递（通过言语交往或印刷物的形式）的内容或者学生的学习结果是以言语信息表达出来的，包括对字词知识的学习、对简单陈述性知识的学习、对复杂陈述性知识的学习等。这一类学习通常是有组织的，学习者得到的不仅是个别的事实，而且是根据一定的教学目标给予许多有意义的知识，信息的学习和意义的学习结合在一起，构成系统的知识。言语信息的学习至少有以下三个方面的意义：言语信息的学习是进一步学习的必要条件；有些言语信息在人的一生中都有实际的意义，比如对时钟的识别、四季变化的认识等知识；有组织、有联系的言语信息可以为思维提供工具。

（2）智慧技能的学习

言语信息的学习帮助学生解决“是什么”的问题，而智慧技能的学习要解决“怎么做”的问题，一般表现为使用符号与环境相互作用的能力，是学校中最基本、最普遍的教育内容。加涅认为，在各种层次的学习中都包含着不同的智慧技能，他认为，辨别技能是最基本的智慧技能，按照不同的学习水平及其所包含的心理运算的不同复杂程度依次可分为：辨别、概念、规则、解决问题等智慧技能。

（3）认知策略的学习

认知策略的学习表现为学习者用来调节和控制自己的注意、记忆、思维和问题解决过程的内部组织起来的能力。从学习过程来看，认知策略就是控制、激活和改变其他的学习

---

① GAGNE, R M. The conditions of learning[M]. New York: Holt, Rinehart and Winston, 1977.

过程。认知策略与智慧技能的不同在于，智慧技能定向于学习者的外部环境，而认知策略则支配着学习者在应对环境时自身的行为，即“内在的”东西。简而言之，认知策略就是学习者用来“管理”他的学习过程的方式。这种使学习者能管理自己思维过程的内在的、有组织的策略非常重要，是目前教育心理学研究中的热门课题，认知策略的培养也必将成为学校教育的重要任务之一。

（4）态度的学习

态度表现为个体对某种事物、人物及事件的选择倾向，态度的学习过程就是通过学习获得一种相对稳定的影响个人行为选择的内部状态的过程。态度可以从各种学科的学习中获得，但更多的是从校内外活动中和家庭中获得。加涅认为存在三类基本的态度：一是对家庭和其他社会关系的认识；二是某种活动，如跳舞、阅读、体育锻炼，等等，所伴随的积极的情感；三是个人品德的某些方面，如热爱祖国、关注社会需要、尽公民义务的强烈愿望，等等。

（5）运动技能的学习

运动技能又称为动作技能，表现为平稳而流畅、精确而适时的动作操作能力，如体操技能、写字技能、作图技能、操作仪器技能等。

加涅认为，上述五类学习不存在等级关系，它们是范畴各不相同的学习。他认为，把学习结果作为教育目标，有利于确定达到目标所需要的条件，通过对相关条件及结果的分析，可以为教师的教学设计提供可靠的依据，帮助教师更好地进行教学。

3. 奥苏贝尔的学习分类

1978 年，奥苏贝尔根据学习方式和学习材料与学习者原有知识的关系这两个维度对学习进行了分类，这两个维度互不依赖，彼此独立。奥苏贝尔根据学习方式的不同将学习分为接受学习和发现学习，根据学习材料与学习者原有知识的关系将学习分为机械学习和有意义学习。

（1）接受学习

接受学习是指在教学系统中，学习内容以某种定论或确定的形式呈现，学习者对传授者所传递的经验进行吸收加工，确立起相应的经验结构的过程。接受学习的实质是将别人的经验变成自己的经验，而不需要自己去独立发现。

（2）发现学习

发现学习是指在缺乏经验传授的条件下，学习者通过独立思考、探索来发现、创造经验的过程，它需要学习者充分发挥主观能动性。

（3）机械学习

机械学习是指学习的内容与已有的知识、经验等无实质性联系，学习者在缺乏先前经验的情况下完全靠死记硬背来进行学习的过程。

（4）有意义学习

有意义学习指学习者利用原有经验进行新的学习，建立新旧经验之间的联系，以便理解新的信息。

奥苏贝尔认为，接受学习既可以是机械的，也可以是有意义的。在理解基础上的接受就是有意义的，反之就是机械的。同样，发现学习也存在有意义的和机械的之分。动物通过盲目尝试获得某种经验属于机械的发现学习，而科学家的发明创造则属于有意义的发现学习。奥苏贝尔认为，将接受学习与发现学习对立起来是不恰当的，接受学习为高水平的发现与创造提供了必要的知识和技能储备。事实证明，历史上科学的重大发现与创造，都是在接受前人的经验与教训的基础上产生的。

4. 布卢姆的学习分类

布卢姆（Benjamin Samuel Bloom）以教育目标和教育任务为出发点，将教育目标分为认知领域的目标、情感领域的目标和动作技能领域的目标三大部分，每一领域的目标从低到高分为若干等级，其中认知领域的学习分为认识、理解、应用、分析、综合、评价六大类。这六大类学习从简单到复杂，从基本内容到抽象内容，每一项都是建立在先前获得的技能或能力的基础上的。对于这六大类学习，布卢姆又将其分为 17 个小类，具体见表 3–2。

表 3–2　布卢姆的学习分类

大类	小类	说明
认识	1. 认识具体事物 2. 认识处理具体事物的方法 3. 认识一般概念和抽象概念	指对知识的简单回忆（记忆），认识事实、法则或概念
理解	4. 转换 5. 解释 6. 推论	理解事实和概念
应用	7. 法则应用 8. 方法应用 9. 概念应用	在特殊情况下使用法则、方法或概念解决新问题
分析	10. 成分的分析 11. 关系的分析 12. 组织原理的分析	区别了解事物的内部联系，认识各个局部
综合	13. 交流 14. 计划 15. 抽象出关系	把一些思想重新综合为一种完整的思想，产生新的结构
评价	16. 使用内部证据 17. 使用外部标准	根据内部证据或外部标准做出判断

5. 我国心理学家的学习分类

我国教育心理学家冯忠良教授认为学生的学习是对教育系统中教师所传授的经验的接受，因而可以依据经验内容的不同对学习进行分类。[①] 他认为教育是通过知识、技能的传递来形成和发展学生的能力和体力，通过行为规范的学习来形成和发展学生的态度和品德的活动。因此，为促进学生德、智、体、美、劳的全面发展，他主张把学生的学习分为知识的学习、技能的学习和行为规范的学习三类。

（1）知识的学习

知识是客观事物的特征和联系在人脑中能动的反映，是客观事物的主观表征。主观表征指知识及其组织结构，标志着学习者对事物反映的不同广度与深度。知识的学习即知识的掌握，是通过一系列的心智活动来接受和占有知识，同时在头脑中建立起相应的认知结构的过程。具体来说，知识的学习是通过领会、巩固与应用三个环节完成的。知识学习要解决的是个体的认识问题，即知与不知、知之深浅的问题。

（2）技能的学习

技能是通过学习而形成的符合法则要求的活动方式，它来自活动主体所做出的行为及其反馈的动作经验。技能分为心智技能和操作技能两种。技能的学习比知识的学习更为复杂。学习者不仅要掌握、了解有关活动的法则与活动的结构、执行方式，同时还要获得各种动作的执行经验，即技能的学习不仅包括动作的认识问题，还包括动作的实际执行问题。技能的学习要解决的是“会不会”的问题。

（3）行为规范的学习

行为规范的学习也称社会规范的学习，行为规范是由一定的社会组织根据一定社会的生活方式提出并要求成员共同遵守的行为准则，是人类社会用以调节人们的社会行为、实现社会控制、维持社会秩序的思想工具。行为规范的学习就是对行为规范的接受过程，即把主体外部的行为要求转化为主体内在的行为需要的过程，通常包括对行为规范的依从、认同、信奉三个阶段。

总之，通过知识、技能的学习来发展学生的能力，可以使学生学会做事；通过行为规范的学习来培养学生的品德，可以使学生学会做人。教育的最终目的无非是使学生学会做人和学会做事，高等教育也不例外，只不过它所发展的能力除一般智力和学习能力外，更强调对大学生创造能力的培养，所培养的品德除一般的政治思想品德和道德品质外，更强调大学生良好自我概念的建立，以及良好人际关系的形成。

（二）学习的条件

学生学习的过程和结果都受许多条件（或因素）的制约，我们可以将这些学习的条件（或因素）分为学生自身的条件（或自身的因素）和情境条件（或情境因素）。前者又叫内

---

① 冯忠良，伍新春，姚梅林，等. 教育心理学［M］. 北京：人民教育出版社，2000：194.

部条件（内部因素），后者又叫外部条件（外部因素）。

1. 学习的内部条件（或影响学习的内部因素）

（1）认知结构

学生原有的认知结构是影响他们学习新知识的重要因素。以学生原有的知识基础开展教学，乃是教学中最重要的原理。良好的认知结构从三个方面来衡量：一是原有观念的抽象和概括水平，原有观念的抽象概括水平越高，便越适合同化新知识；二是原有观念的稳定性，原有观念越稳定，越有助于促进新的学习、保持与迁移；三是新旧观念的可辨别性，新旧观念之间的异同被辨析得越清楚，则越能防止新旧知识之间的干扰。

（2）认知发展的水平

认知发展是心理发展中极其重要的组成部分。它是指与大脑生长和获得知识、技能有关的发展，包括知觉、记忆、思维、言语和智力等方面的发展变化。个体的认知发展水平（特别是智力水平）直接影响学习的可接受水平和学习的深度与广度。教学必须针对学生原有的认知结构和认知发展水平来设计和分析教学目标、选择和运用教学方法。否则就会事倍功半，得不偿失。

（3）动机与态度

学生的求知欲、自我提高的需要和对特殊学科的态度等因素影响着他们的努力程度、坚持性、集中性和注意。教师在教学中如果很好地处理学生的动机与态度问题，充分调动学生学习的积极性，那么，学习就有可能成为一件愉快的事情，而不是一件非干不可的痛苦差事，教与学也就有可能获得良好的效果。

2. 学习的外部条件（或影响学习的外部因素）

（1）教学的媒介与方法

教学是影响学生学习的重要外部条件，它的实施离不开一定的教学媒介和教学方法。这两者之间有着密切的联系，一旦选定了某种教学方法，也就在很大程度上决定了可利用的教学媒介的范围。如选用讲授法，黑板等是必不可少的。当然，这种关系并不是一一对应的。

教学媒介指一切用来传播知识的手段，其中包括教材、教学参考资料、黑板、实物、模型、图片、幻灯片、录音机、录像、电视、电影等。教材是最重要的教学媒介，它在传播知识方面起着非常重要的作用。在教学中，教师必须认真考虑如何组织、呈现所采用的教材的内容。另外，还应根据教学目标、学生的特点、教学方法、学习环境、经济条件等来选择运用其他的教学媒介，发挥它们各自的作用。例如，选择录像来帮助学生纠正某一动作技能上的错误，利用录音和电视来帮助学生学习外语。

通常采用的教学方法有讲授法和发现法两种。前者的特点是教师主要以演讲的方式将要学习的内容以定论的形式呈现给学生；后者的特点是教师不直接向学生呈现学习的主要内容，只为学生创设一种问题情境，引导他们通过亲自探索来发现所要学习的主要内容或结论。讲授法的优点是经济实用，教师易于掌握此法，且通过它可以同时向许多学生传授知识；缺点是难以做到因材施教，也很难使学生的注意力长时间地集中和稳定在学习内容上。讲授法一般采用教材、黑板、实物、模型等为教学媒介。发现法的优点是能启迪学生的思维，使他们学会发现的技巧，培养自学能力和内在动机，促进知识的理解、保持与迁移；缺点是不经济，费时费力学生所获知识却不多，且教师难以掌握和灵活运用此方法。发现法除使用必要的教材外，还要围绕所设置的问题提供有关资料、数据和音像设备等教学媒介。

在实际教学中，教师应根据教学的要求和内容、学生的特点和需要、学习情境和经济条件等来灵活地选择合适的教学方法和教学媒介，以便扬长避短，相得益彰。

（2）集体与社会因素

学生的学习活动是在班集体中进行的，他们的学习动机、学习态度和学习行为等心理因素不可能不受到班集体的影响，如课堂气氛、班风、同学间的合作与竞争等都是影响学生学习的重要因素。另外，学生的社会接触和社会交往也使得社会性别角色、社会阶层、经济与文化背景等因素对学生的学习产生了持久而深刻的影响。

（3）教师

由于学校教学大都是在教师的组织下进行的，教师的心理和行为会直接或间接地影响到学生的学习。教师的期望、角色心理、认知能力、学科知识、教学能力、人格和行为品质，以及教师的管理风格和师生的人际关系等，不仅影响着学生的学习态度与学习效果，而且影响着学生学习的精神风貌与健康成长。

3. 不同学习类型的学习条件

分析学习的不同类型的主要目的是阐明不同类型的学习需要不同的学习条件。加涅进一步将学习的内部条件又分为必要条件和支持性条件。必要条件是学习必不可少的前提条件，缺少它，学习便无法发生。支持性条件是有助于学习的条件，缺少它，学习也可能产生，但其效率不高。例如，学习“功 = 力 × 距离”这一规则，必须先掌握什么是“力”和“距离”。只有先掌握了这两个概念，才能进一步掌握由这两个概念构成的规则。因此，这两个概念的掌握乃是该规则学习的必要条件，而动机、态度等条件，虽然有助于这一规则的学习，但不是非有不可的，它们属于支持性条件。加涅解释了五种学习结果的必要条件和支持性条件（见表 3–3），可供我们教学时参考。

表 3–3　五种学习结果的必要条件和支持性条件

学习结果分类	必要条件	支持性条件
言语信息的学习	一套有组织的有意义信息	言语信息 认知策略 态度
智慧技能的学习	较简单的智慧技能的构成成分（规则、概念、辨别）	态度 认知策略 言语信息

续表

学习结果分类	必要条件	支持性条件
认知策略的学习	某些基本心理能力和认知发展水平	智慧技能 言语信息 态度
态度的学习	智慧技能（有时） 言语信息（有时）	态度 言语信息
运动技能的学习	部分技能（有时） 操作程序规则（有时）	言语信息 态度

奥苏贝尔提出有意义学习必须满足下列条件：① 学习材料本身具有逻辑意义，教材知识一般符合这个条件，无意义音节、电话号码、孤立的历史年代等不符合这一条件；② 学习者认知结构中具有同化新材料的适当知识基础，也就是具有必要的基础能力；③ 学习者必须具有有意义学习的心向，即积极地将新旧知识相互作用的倾向。在教学中最不易处理的是第二个条件。

总之，对学习进行分类和对学习的条件进行分析，能够帮助教师针对不同的学习情况创设或安排适当的内部和外部条件，以帮助学生有效地学习，使预期的学习效果得以实现。

第二节　学习的基本理论

学习的实质是什么？这是一个古老却常青的问题，但心理学家的回答从未一致过。本节介绍 20 世纪以来部分学者对学习的主要研究和观点，以期帮助学习者和教育者更深刻地理解学习的本质与规律，更好地进行学与教。

一、联结派的学习理论

联结派又称为联结—行为主义。这一派理论继承了英国联想主义传统，重视环境和经验的作用。联结派从动物实验中揭示学习的基本原理，其基本观点是：学习是通过条件作用，在刺激（S）和反应（R）之间建立联结的过程，强化在 S—R 联结建立中起重要作用。在 S—R 联结中，个体学到的是习惯，而习惯是反复练习与强化的结果。习惯一旦形成，只要原来或类似的刺激情境出现，习惯性的反应就会自动出现。这些原理在教学设计和对个人及社会学问题行为治疗方面有深远影响。联结派的主要代表人物有巴甫洛夫（иван петрович павлов）、桑代克、斯金纳等。

（一）巴甫洛夫的经典性条件反射理论

巴甫洛夫是俄国著名生理学家，1900年前后，他在研究狗的消化腺分泌变化时（见图3-2），偶然发现了消化腺分泌量的变化与外在刺激的性质及刺激出现的时间有密切关系。对此，他做了大量的实验研究，提出了经典性条件反射理论。经典性条件反射理论的要点如下。

图3-2　巴甫洛夫的狗实验装置

1. 获得

条件反射的获得是条件刺激物与无条件刺激物的反复结合，从而使个体学会对条件刺激做出条件反应的过程。在条件反射获得的过程中，条件刺激与无条件刺激之间的时间间隔非常重要。两者呈现的时间关系可以有三种形式：一是同时性条件作用，条件刺激与无条件刺激同步出现，如巴甫洛夫实验中铃声与食物同时呈现并同时撤除的情形；二是延迟性条件作用，即条件刺激先出现一段时间，当它还未完全消失时，无条件刺激就出现；三是痕迹性条件作用，即条件刺激先出现并消失，一段时间以后，无条件刺激才出现。这三种时间关系相比较，延迟性条件最容易形成条件反射，同时性条件次之，痕迹性条件再次之。当然，如果在无条件刺激出现之后再出现条件刺激，很难形成条件反射。

2. 刺激泛化与刺激分化

刺激泛化，即在条件反射形成初期，不仅条件刺激会引起条件反应，与条件刺激类似的刺激也能诱发条件反应。泛化条件的作用取决于新刺激与原来刺激的相似程度，新刺激与原刺激相似程度越高，诱发的条件反应就越强。如戊、戌、戍、戎四个字就经常被写错或误读就是泛化现象。借助刺激泛化，可以将学习范围扩展到最初的特定刺激以外，例如，学会了英语的人再去学德语会比没学过英语而直接学德语的人感到更容易，这是因为英语的某些成分对德语起了泛化作用。

刺激分化，即通过选择性的强化和消退使有机体学会对条件刺激及与条件刺激相类似的刺激做出不同反应。在实际教育和教学过程中，也经常需要对刺激进行分化，如引导学生分辨“勇敢”和“鲁莽”、“谦让”和“退缩”，要求学生区分“重力”和“压力”、“质量”和“重量”等。

泛化和分化是互补的过程。泛化是对事物相似性的反应，分化是对事物差异性的反应。泛化可以使我们的学习从一种情境迁移到另一种情境，而分化则能使我们对不用情境做出不同的恰当反应，避免盲目行动。

3. 消退和恢复

条件反射形成以后，如果得不到强化，条件反射就会逐渐削弱乃至最后消失，这种现象叫作条件反射的消退。如人在新的情境下要改变旧的生活与工作习惯就有赖于这一过程，某项条件反射消退的原因是其中的条件刺激已经失去了信号的意义。一般认为，条件反射的消退不是原来形成的暂时联系的消失，而是暂时联系受到抑制。巴甫洛夫指出，消退是大脑皮层产生主动抑制的过程，在消退之后如果再重新给予强化，它还可以得到恢复。

4. 延缓与调整

在某些情况下，在条件刺激出现后，无条件刺激隔一段时间才会出现。此时有机体的条件反射就暂时被抑制，延迟到一定时间后再出现，这叫作延缓。延迟的时间同条件刺激与无条件刺激之间的时间间隔相当。在某些情况下，延缓可以使得有机体的活动变得更经济。调整指有机体调整条件反射的强度，使之与无条件刺激的强度相当。生活中“给多少钱干多少活”及“重赏之下，必有勇夫”就是调整的结果。

5. 高级条件作用

在条件作用形成以后，条件刺激可以像无条件刺激一样诱发出有机体反应，从某种程度上来说，条件刺激成了一种“替代性”的无条件刺激。这种用一个已经条件化了的刺激来使另一个中性刺激条件化的过程，叫作高级条件作用。在高级条件作用中，条件反射的发生不再需要无条件刺激的帮助，因而它极大地拓宽了经典性条件作用的领域和范围。在日常生活中，人们的很多行为往往都不是由无条件刺激直接引起的，而是通过高级条件作用，由与无条件刺激有着直接或间接联系的条件刺激所引起。以广告设计为例，一些广告上的产品本来并不能引起人们的注意，但由于广告设计者将这些产品与一些诱人的刺激形象以及一些赞赏性语言匹配在一起，就能很好地引起人们对这些产品的好感与青睐。

经典条件作用能有效解释有机体是如何学会在两个刺激之间进行联系，从而使一个刺激取代另一个刺激并与条件反应建立起联结的。例如，学生成绩优良获得快乐也会对学习产生喜爱之情。但经典条件作用无法解释有机体为了得到某种结果而主动做出某种随意反应的学习现象。例如，大学生为了报答父母的养育之恩、为了取得同伴的认同或为了在将来能找到一份好的工作而努力学习；工人为了得到加班费或希望被提升而主动加班等，这些需要借助操作性条件作用加以说明和理解。

视窗 3-1
经典性条件反射的教育含义

（二）桑代克的联结—试误说

桑代克是美国心理学家，教育心理学体系和联结—行为主义心理学的创始人。他设计了桑代克迷箱（见图 3-3），用猫等动物做了大量的学习研究。桑代克给动物的学习任务是拨开插销从迷箱中逃离，他发现动物是通过尝试错误而偶然获得成功的，他把动物这种尝试错误偶然成功的行为叫作学习。他认为动物的基本学习方式是试误学习。尽管人类的学习与动物的学习有所不同，但桑代克一直试图揭示普遍适用于动物和人类学习的规律。这里将联结—试误说的主要观点概括如下。

第一，学习的实质在于形成一定的联结。联结是指某情境能唤起某些特定反应，不能唤起其他反应的倾向。

第二，学习的本质是尝试与错误。联结的建立是一个尝试并不断减少错误的过程，简称尝试错误或试误过程。

图 3-3　桑代克迷箱

第三，联结的建立遵循一些学习规律。桑代克提出了三条主要的学习规律，分别是：① 准备律，即学习的动机原则，有机体是否有动机准备，决定了学习是否成功；② 练习律，指刺激与反应之间的联结因练习或使用而增强，因不练习或不使用而减退；③ 效果律，指情境与反应之间联结的加强与减弱，受到反应之后结果的支配。后来桑代克对练习律和效果律做了修改，认为练习并不能无条件地增强情境与反应之间联结的强度，只有伴随着满意感，练习才有作用。对于效果律，他认为烦恼的情绪对联结并无直接的削弱，只承认满意能增强联结。

（三）斯金纳的操作性条件反射理论

斯金纳，美国著名心理学家，操作性条件反射理论的创始人。斯金纳也喜欢用动物做实验，如老鼠、鸽子等，他设计了斯金纳箱（见图 3-4）来观察动物如何学会操控按钮以获得食物。他从实验中发现偶尔的成功会增加动物重复操控这个按钮的频率，他认为这种学习是被好结果所激发的，称之为操作性条件反射理论（亦称操作性条件作用理论）。操作性条件作用理论的基本观点如下。

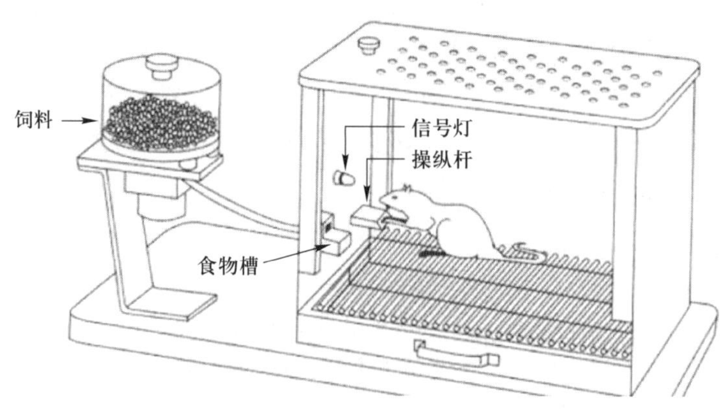

图 3-4　斯金纳箱

1. 应答性行为和操作性行为

斯金纳认为，人和动物的行为有两类：应答性行为和操作性行为。应答性行为由已知刺激引起，是不随意的反射性反应，又称为引发反应。操作性行为不与任何特定刺激相联系，是有机体自发做出的随意反应，又称为自发反应。应答性行为是经典条件作用的研究对象，而操作性行为则是操作性条件作用的研究对象。在日常生活中，人的行为大部分都是操作性行为，因此对操作性行为的研究更能揭示人在实际生活中的学习规律。斯金纳认为，操作性行为主要受强化规律的制约。

2. 积极强化和消极强化

斯金纳认为强化也是一种操作，强化的作用在于增加同类反应在将来发生的概率，而强化物则是一些能够增加反应概率的刺激和事件。强化有积极强化（正强化或称阳性强化）和消极强化（负强化或称阴性强化）之分。当有机体自发做出某种反应后，随即呈现一个愉快刺激，从而使此类反应在将来发生的概率增加，这种操作即为积极强化，也称正强化或阳性强化。积极强化表明了奖赏在塑造操作性行为中的重要作用，在日常生活中人们常常自觉地或不自觉地运用奖赏对他人的行为进行积极强化。例如，教师对上课守纪律的学生进行表扬，公司为表现优秀的员工加薪等。值得注意的是，奖励或奖赏虽然是塑造行为的有效手段，但必须运用得当，否则会强化不良行为，这一点在高等教育中尤为重要。

当有机体自发做出反应之后，随即排除或避免某种讨厌刺激或不愉快情境，从而使此类反应在以后类似的情境中发生的概率增加，这种操作即为消极强化，也称负强化或阴性强化。消极强化的条件作用分为逃避条件作用和回避条件作用两种类型：一是逃避条件作用，指当讨厌刺激或不愉快情境出现时，有机体做出某种反应，从而逃避了讨厌刺激或不愉快情境，则该反应在以后类似情境中发生的概率便增加。如看见马路上的垃圾后绕道走开，感觉屋内人声嘈杂时暂时离开等；二是回避条件作用，指当预示讨厌刺激或不愉快情境即将出现的刺激信号呈现时，有机体做出某种反应，从而避免了讨厌刺激或不愉快情境的出现，则该反应在以后类似情境中发生的概率便增加。回避条件作用是在逃避条件作用的基础上建立的，是个体在经历过讨厌刺激或不愉快情境的痛苦之后，学会了对讨厌刺激或不愉快情境的预示信号做出反应，从而免受痛苦。如过马路时听到汽车喇叭声后迅速躲避，违章骑车遇到警察时赶快下车等。

3. 无强化

当有机体自发地做出某种反应后，不对其施与任何强化，从而使该反应在将来发生的概率降低，称为无强化。在操作性条件作用中，无论是积极强化的奖赏，还是消极强化的逃避与回避条件作用，其作用都在于增加某种反应在将来发生的概率，以达到塑造行为的目的。而无强化是操作性条件作用的消退过程，其作用在于降低某种反应在将来发生的概率，以达到消除某种行为的目的。例如，对在课堂上用怪动作吸引他人注意的学生，若教师和其他学生不予理睬，则该类学生的此类行为以后就会逐渐减少直至消失。因此，无强化是减少不良行为、消除坏习惯的一种有效方法。

4. 惩罚

当有机体做出某种反应后，呈现一个讨厌刺激或不愉快刺激，以消除或抑制此类反应的过程，称作惩罚。惩罚与消极强化有所不同，消极强化是通过讨厌刺激的排除来增加反应在将来发生的概率，而惩罚则欲通过呈现讨厌刺激来降低反应在将来发生的概率。但是，将不愉快刺激作用于动物的实验表明，惩罚对于消除行为来说并不一定十分有效，讨厌刺激停止作用以后，原先建立的反应会逐渐恢复。所以惩罚并不能使行为发生永久性的改变，它只能暂时抑制行为，而不能根除行为。因此，惩罚的运用必须慎重，惩罚一种不良行为应与强化一种良好行为结合起来，方能取得预期的效果。

总之，根据操作性条件作用理论，在高等教育的过程中，教师应多用正强化的手段来塑造学生的良性行为，用不予强化的方法来消除消极行为。同时，教师应慎重使用惩罚，因为惩罚只能让学生明白什么不能做，但并不能让学生知道什么能做和应该怎么做。

二、认知派的学习理论

认知派的学习观与联结派的学习观针锋相对。认知理论认为，学习并不是在外部环境的支配下被动地形成 S–R 的联结，而是主动地在头脑内部形成认知结构。学习并不是通过练习和强化形成的，而是通过顿悟与理解获得的；学习不仅依赖当前的刺激情境，而且依赖个体已有的认知结构。认知派学习理论的主要代表人物有韦特海默（Max Wertheimer）、考夫卡（Kurt Koffka）、苛勒（Wolfgang Kohler）、布鲁纳、奥苏贝尔等。下面主要介绍格式塔学派的学习理论、布鲁纳的认知发现理论和奥苏贝尔的认知同化理论。

（一）格式塔学派的学习理论

格式塔学习理论被视为现代认知主义学习理论的先驱，它是 20 世纪初由德国心理学家韦特海默、考夫卡、苛勒在研究知觉问题时提出的。他们反对把心理还原为基本元素，把行为还原为肌肉和腺体的运动，认为思维是整体的、有意义的知觉，而不是联结起来的表象的简单集合；他们重视知觉组织、解决问题的过程以及创造性思维。其学习理论的主要观点如下。

第一，学习是对问题情境的整体知觉和理解，是对完整结构（完形）的组织，而不是形成刺激—反应的联结。任何事物都不能通过研究它的各个组成部分去理解，只有把它作为一个整体来研究才能理解。

视窗 3–2　一个顿悟的例子：魏格纳的大陆漂移说

第二，学习的过程是顿悟而不是试误。学习不是对个别刺激做个别反应，而是在对问题情境的整体知觉和理解的前提下做出的有组织的反应。这种理解和组织的反应常常是突然发生的，故称为顿悟。例如，魏格纳通过顿悟提出了大陆漂移说。

（二）布鲁纳的认知发现理论

布鲁纳是美国著名心理学家和教育学家，他强调认知学习和认知发展，提倡发现学习，倡导结构主义教育。其基本观点包括以下几个方面。

1. 学习的实质在于主动形成认知结构

布鲁纳认为，认知结构即表征系统，是指信息在头脑中的表现与记载方式，有动作表征、肖像表征和符号表征三种，它们相互作用、顺序发展，不可相互替代。学习就是通过认知获得意义和意象，从而形成认知结构的过程。认知结构在一个人的学习过程中是不断发展的，人们总是通过把新来的信息与原有的认知结构联系起来从而积极地建构其认知体系。

2. 学习包括新知识的获得、知识的转化和评价三个过程

布鲁纳认为，学习一门学科包含三个几乎同时发生的过程，即新知识的获得、知识的转化和评价。学习活动首先是新知识的获得，新知识可能是学生以前知识的精练或相反。例如在讲循环系统的时候，学生可能已经模糊地知道了血液循环；在讲牛顿的运动定律时，新知识会同学生已有的感性知识相违背。但不管新旧知识关系如何，新知识的获得都会使已有的知识进一步提高。获得了新知识以后还要对它进行转化，使它们变成另外的形式，以适应新任务。转化的作用在于获得更多的知识。评价是对知识转化的一种检验，通过评价可以核对我们处理知识的方法是否适合新的任务，或者运用得是否正确，因此，评价通常包含对知识的合理性判断。

布鲁纳认为，学生不是被动的知识接受者，而是积极的信息加工者。作为高等学校的教师，首先应明确学生的认知结构包含哪些组成要素，并最好能画出各组成要素的编码系统的图解。在此基础上，教师应采取有效措施来帮助学生获得、转化和评价知识，使学科的知识结构转化为学生的认知结构，使书本上的“死知识”变为学生自己的“活知识”。

3. 教学要使学生理解各门学科的基本结构

由于布鲁纳强调学习的主动性和认知结构的重要性，所以他主张教学的最终目标是促进学生对学科结构的一般理解。他要求不论我们选教什么学科，务必使学生理解该学科的基本结构。他所谓的学科基本结构，是指学科的基本概念、基本原理及其基本态度和方法。而所谓掌握事物的结构，就是允许许多别的东西以与它有意义地联系起来的方式去理解它。当学生掌握和理解了一门学科的结构，他们就会把该学科看作一个内容相互联系的整体。因此，布鲁纳把学科的基本结构放在设计课程和编写教材的中心地位，成为教学的中心。他认为，学生理解了学科的基本结构，就容易掌握整个学科的具体内容，就容易记忆学科知识，就能促进学习迁移，促进其智力和创造力的发展，并可提高学习兴趣。

4. 教学要掌握基本的教学原则

（1）动机原则

布鲁纳认为，几乎所有的学生都具有内在的学习愿望，内部动机是维持学习的基本动力。值得注意的是，他的动机概念不包括强化，他强调的是内在动机而不是外在动机。

（2）结构原则

为了使学习者容易理解知识，教师必须采取最佳的组织形式进行传授。布鲁纳认为，

任何概念、问题或知识都可以用一种极其简单的形式来呈现，以便任何一个学习者都可以用某种可认知的形式来理解它。

（3）序列原则

布鲁纳认为，教学就是引导学习者对问题或知识进行一系列有条不紊的陈述，以提高他们对所学知识的掌握、转化和迁移的能力。换句话说，序列是学习者在某个知识领域内所遇到的材料的程序，它影响着学习者在达到熟练掌握程度的过程中将会发生的困难程度的大小。

（4）强化原则

为了提高学习效率，教师要对学生的学习情况予以反馈，让学习者及时知道学习结果如何。因此，教学规定适合的强化时间和步骤是学生学习成功的重要一环。当然，布鲁纳也指出，教学是一种暂时状态，其目的是促进学生自我学习。所以，学习者不能总是依赖教师的反馈，必须逐渐形成自我矫正的能力。

5. 提倡发现学习

发现学习就是让学生独立思考、改组材料、自行发现知识、掌握原理和原则。布鲁纳认为，发现不只限于寻求人类尚未知晓的事物的行为，确切地说，它包括用自己的头脑亲自获得知识的一切形式或方法。一般来说，发现学习是没有固定模式的，要根据不同学科和不同学生的特点来进行。可以参考的步骤是：① 提出和明确使学生感兴趣的问题；② 使学生体验到问题某种程度的不确定性；③ 提供解决问题的各种假设；④ 帮助学生搜集和组织可用于下结论的资料；⑤ 组织学生审查有关的资料，得出应有的结论；⑥ 引导学生运用分析思维去验证结论，最后使问题得到解决。总之，在整个问题解决的过程中，要求教师向学生提供资料，让学生亲自发现应得的结论或规律。布鲁纳认为，发现学习有助于提高学生的智慧，培养学生的内部动机，有助于学生学会发现的技巧并保持记忆。

（三）奥苏贝尔的认知同化理论

奥苏贝尔是与布鲁纳同时代的一位美国教育心理学家，也是教育心理学现代认知理论的主要代表人物。他坚决反对把动物学习规律和人在机械条件下的学习规律不加分析地推论到学生课堂上的有意义学习中去，建立了有意义的言语学习理论，也称认知同化理论、认知接受理论、有意义接受学习理论。

1. 有意义学习的实质和条件

（1）有意义学习的实质

所谓有意义学习，就是将符号所代表的新知识与学习者认知结构中已有的适当观念建立起非人为的和实质性的联系。相反，如果学习者并未理解符号所代表的知识，只是依据字面上的联系，记住某些符号的词句或组合，则是一种死记硬背式的机械学习。所谓实质性的联系，是指新的符号或符号代表的观念与学习者认知结构中已有的表象或已经有意义的符号、概念或命题建立联系。这种联系是非字面的，表达的语词虽然不同，但却是等值的。如“等边三角形”与“三条边相等的三角形”就是等值的。所谓非人为的联系是指新知识与原有认知结构中有关的观念建立在某种合理的或逻辑基础上的联系，这种联系是有内在联系的，不是任意的联想或联系。

（2）有意义学习的条件

有意义学习的产生既受到学习材料性质的影响，又受到学习者自身因素的影响，前者为影响有意义学习的外部条件（客观条件），后者为影响有意义学习的内部条件（主观条件）。

从客观条件来看，有意义学习的材料必须满足能与学习者认知结构中有关知识建立实质性和非人为性联系的要求，也就是说，材料必须具有逻辑意义，对学习者来说是可以理解的，是在其学习能力范围之内的。一般来说，学生所学的教科书，是人类认识世界的概括，都是有逻辑意义的。

从主观条件来看，首先，学习者必须具有积极主动地将符号所代表的新知识与认知结构中的适当知识加以联系的倾向（心向）。其次，学习者认知结构中必须具有适当的知识，以便与新知识进行联系。如果学习材料本身有逻辑意义，而学习者认知结构中又具备了适当的知识基础，那么这种学习材料对学习者来说就构成了潜在的意义，即学习材料具有与学习者认知结构中的适当观念建立联系的可能性。最后，学习者必须积极主动地使这种具有潜在意义的新知识与认知结构中的有关旧知识发生作用，使认知结构或旧知识得到改善，使新知识获得实际意义即心理意义。有意义学习的目的，就是使符号代表的新知识获得心理意义。上述条件缺一不可，否则就不能构成有意义学习。

相反地，如果学习材料本身缺乏逻辑意义，或者虽然学习材料本身具有逻辑意义，但学习者认知结构中缺乏与新知识进行联系和沟通的原有经验，或者学习者缺乏主动地将符号所代表的新知识与认知结构中原有的适当的知识加以联系的倾向性，那么即便学习材料对学习者具有潜在意义，也无法使它变为心理意义，这必然导致机械学习。

2. 接受学习的性质与策略

（1）接受学习的性质

接受学习是在教师指导下，学习者接受事物意义的学习。接受学习也是概念同化过程，是课堂学习的主要形式。奥苏贝尔认为，接受学习适合于年龄较大、有较丰富的知识和经验的人。在接受学习中，所要学习的内容大多是现成的、已有定论的、科学的基础知识，包括一些抽象的概念、命题、规则等，通过教科书或教师的讲述，用定义的方式，直接向学习者呈现。这时不可能发现什么新知识，学习者只能接受这些已有的知识，掌握它的意义。学习者接受知识的心理过程表现为：首先在认知结构中找到能同化新知识的有关观念；然后找到新知识与起固定点作用的观念的相同点；最后找到新旧知识的不同点，使新概念与原有概念之间有清晰的区别，并在积极的思维活动中融会贯通，使知识不断系统化。

（2）接受学习的策略

奥苏贝尔认为，影响接受学习的关键因素是认知结构中是否有适当的、起固定作用的观念可以利用。为此，他提出了“先行组织者”的教学策略。所谓“先行组织者”，是先于学习任务本身呈现的一种引导性材料，它的抽象、概括和综合水平高于学习任务，并且与认知结构中原有的观念和新的学习任务相关联。其目的是为新的学习任务提供观念上的固着点，增加新旧知识之间的可辨别性，以促进学习的迁移。例如，奥苏贝尔曾研究过“先行组织者”对学习有关钢的性质的材料的影响。实验组学生在学习该材料之前，先学习了一个“先行组织者”，它强调了金属和合金的异同、各自的利弊和冶炼合金的理由。控制组学生在学习该材料之前，先学习一个有关炼铁和炼钢方法的历史说明材料以提高学习兴趣，但没有提供有助于理解钢的性质的框架性概念。结果发现，在学习钢的性质的材料之后，实验组的平均成绩明显高于控制组。后来的研究发现，“组织者”不仅可以是先行的，也可以放在学习材料之后呈现；不仅可以是陈述性的，也可以是比较性的，即比较新材料和认知结构中相类似的材料，从而增强似是而非的新旧知识之间的可辨别性。

事实上，接受学习是学习者掌握人类文化遗产及先进的科学技术知识的主要途径。在教师的讲授和指导下，学习者可以在较短时间内掌握大量的间接知识，所获得的知识是系统的、完整的、精确的，并且便于储存和巩固。在实际的高校教学过程中，有意义接受学习理论的“组织者”技术很有价值，教师应灵活地运用这一技术，以促进知识的学习和保持。

三、人本主义学习理论

人本主义学习理论产生于20世纪50年代末和60年代初，其主要代表人物有罗杰斯和马斯洛。人本主义的核心理念关注人的价值、人的潜力和人的个别差异，强调情感、兴趣在学习中的作用，重视学习的自主性等。人本主义学习理论的主要观点可以概括为如下几点。

（一）强调以学习者为中心

人本主义从人性本善的基本立场出发，认为在教育中应当充分相信学习者有能力、有责任教育自己、管理自己。学习者与生俱来具有向善、向上的资质。人本主义相信，学习者都具有自己选择学习方向、发现学习资源以及评价学习效果的能力。所以，学习主要是一个自我选择、自我指导的过程。教师的责任就是帮助学习者充分发挥自主性与创造性，为学习者充分发挥自主性与创造性提供帮助。

（二）关注学习者内在潜能的发挥

人类的学习是一种自发的、有目的、有选择的过程。教学的任务就是创设一种有利于学习者学习潜能发挥的情境，使学习者的学习潜能得以充分的发挥。人本主义的学习观把学习者看作一个有目的、能选择和塑造自己行为并从中得到满足的人。教师的任务主要是帮助学习者增强对变化的环境和对自我的理解，而不是像行为主义学习理论所主张的那样，用已经安排好的各种强化去控制或塑造学习者的行为。人本主义学习理论认为，学习过程对学习者来说应该是一个愉快的过程。

（三）尊重学习者的个别差异

个性意味着差异，意味着对创造性的尊重。人本主义非常重视个性的培养，强调要尊重每一个人，尊重和接受每一个学习者的学习目标、学习风格和学习方式。

（四）重视兴趣、情感在学习中的价值

认知主义所关注的是理性在学习中的作用，而对非理性的情感、兴趣重视不够。人本主义则给予非理性的情感、兴趣等因素以应有的地位。人本主义的重要价值在于突破了理性主义的思维范式，找回了兴趣、情感等心理因素应有的地盘。一般来说，学习者感兴趣并认为有用处的、有价值的经验或技能比较容易学习和保持；而那些学习者认为价值很小或效用不大的经验或技能往往学习起来很困难，也容易遗忘。如果某些学习内容需要学习者改变自己的兴趣或自我结构，那么对这些内容的学习就可能受到学习者的抵制。

人本主义学习观的提出唤起了人们对学习者个性和需求的尊重，使教师意识到，不仅要关注学习者的学习成效，也要关注学习者个性的完善和人的价值的实现。但人本主义学习观过分强调了学习者的自由和自主，甚至因此而否定整个教育制度存在的意义，否定教育的功能。

四、学习理论的新进展

从认知主义到人本主义，人们逐渐加深了对学习的认识，这是一个进步。认知主义持一种客观主义的立场，强调学习中客观性的一面，而忽视其主观性的一面；而人本主义则强调人的主观性，忽视学习的社会性、情境性特征。所以，从 20 世纪 70 年代开始，有一些学习理论家致力于拓展、加深研究领域，对学习进行更深入、全面的探讨，强调学习的主观性、社会性和情境性。这里简要介绍社会学习理论、信息加工学习理论和建构主义学习理论。

（一）社会学习理论

班杜拉（Albert Bandura）是社会学习理论的倡导者。他认为人的行为主要是后天习得的。人的行为习得方式有两种：一种是通过直接经验而获得行为反应的模式，行为主义所主张的刺激—反应联结式的学习就属于此类；另一种是通过观察示范者的行为而习得了相应的行为模式。班杜拉把前者称为“通过反应的结果所进行的学习”，把后者称为“通

过示范所进行的学习”。班杜拉指出，那种通过行为反应的结果所进行的学习是非常有限的，因而它不可能是人类学习的主要方式。也就是说，人类的大量行为都是通过对榜样行为的观察而习得的，这种学习就是观察学习或模仿学习。所谓观察学习，是通过观察他人所表现的行为及其结果而发生的替代性学习。

1. 观察学习的对象

班杜拉认为，凡是能够成为学习者观察学习的对象，就可以称为榜样或示范者。榜样不一定是活生生的人，它也可以是以符号形式存在的人（如影视中的人）或事物、动物等。班杜拉认为，榜样有三种形式：① 真实榜样，即具体的活生生的人；② 符号榜样，指通过语言或影视图像而呈现的榜样；③ 诫例性榜样，即以语言描绘或形象化方式表现某个带有典型特点的榜样，以告诫学习者学习或借鉴某个榜样的行为方式。

2. 观察学习的类型

班杜拉根据观察者观察学习的不同水平，把观察学习划分为三种类型：① 直接的观察学习，即学习者对示范行为简单的模仿；② 抽象的观察学习，即学习者从榜样的行为中获得一定的规则或原理；③ 创造性观察学习，即学习者从不同示范行为中抽取出不同的行为特点，并形成了一种新的行为方式。

3. 观察学习的过程

班杜拉认为，观察学习包括注意过程、保持过程、运动再现过程、动机过程四个子过程（见图 3–5）。

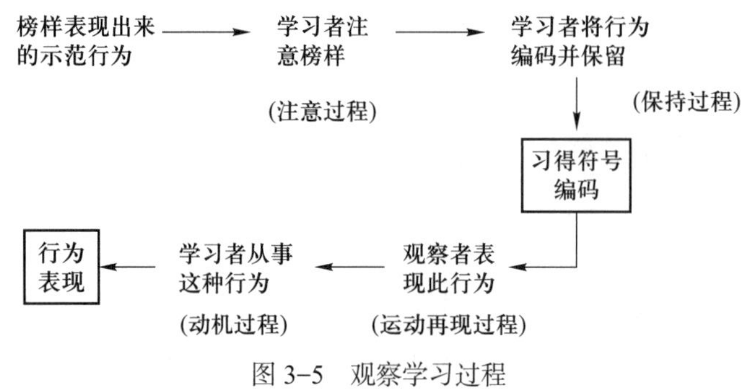

图 3–5　观察学习过程

（1）注意过程

观察学习起始于学习者对榜样行为的注意。如果学习者对示范行为的重要特征不予注意，或有不正确的知觉，就无法通过观察进行学习。因此，注意过程是观察学习的起始环节。班杜拉认为，在注意过程中有诸多因素影响学习的效果。其中，观察者与榜样之间的关系是至关重要的。个体交往的对象，不管是自己选择的还是被迫的，都限定了他所能学到的行为类型。“昔孟母”之所以要“择邻处”，就在于她担心孟子模仿邻居那些不好的行为模式。另外，榜样本身所具有的魅力也是影响学习者注意的一个重要因素。当然，示范行为的明确性和复杂性也是影响注意的因素之一。

（2）保持过程

保持过程即用言语和形象两种形式把所获得的信息转换成适当的表象保存起来的过程。显然，如果观察者不能记住示范行为，观察就失去了意义。观察学习对示范行为的保持依赖于两个储存系统：表象系统和言语编码系统。表象系统把示范行为以表象的形式储存在记忆中，这样在以后的某些场合，即使客观事物不存在，事物的表象仍可以被唤起。尤其对于表象系统已经与言语编码系统建立了联系的学习者而言，只要受到某一事物的言语信号刺激，就能唤起该事物的表象。言语编码系统在观察学习过程中的作用尤为重要。因为一些示范行为的特征转换成言语编码的形式，能更准确地保持和再现。对示范行为的保持，除了对示范行为进行编码和组织外，对示范行为的复述也会提高保持的效果。观察学习的最高水平是先用符号对示范活动进行组织和复述，然后再把它付诸外部行动表现出来。

（3）运动再现过程

把记忆中的表象转换成行为，并根据反馈来调整行为，以做出正确的反应。由于这一过程涉及运动再现的认知组织和根据信息反馈对行为的调整等一系列认知和行为的操作，班杜拉将这个过程又分解为反应的认知组织、反应的启动、反应的监察、依靠信息反馈对反应进行改进和调整等环节。事实上，示范行为能否再现，取决于学习者记忆中示范行为各部分是否完整以及学习者是否具备再现这些行为的技能，而学习者的监控和信息反馈能力则决定着示范行为的精确性。

（4）动机过程

能够再现示范行为之后，学习者是否能够经常表现出示范行为，还受到行为结果的影响。班杜拉认为，有三方面的因素影响学习者再现示范行为：① 他人对示范行为的评价；② 学习者本人对自己再现行为能力的评估；③ 他人对示范者的评价。班杜拉把这三种对行为结果的评价分别称为外部强化、自我强化和替代性强化。这三种强化都是示范行为再现的重要驱动力量，因此，班杜拉把它们看成学习者再现示范行为的动机力量。

观察学习是通过观察榜样的示范行为进行的，因而榜样的条件会影响学习。班杜拉认为，理想的榜样应具备五个条件：① 榜样的示范要特点突出、生动鲜明；② 榜样的示范要符合学习者的年龄特征；③ 榜样的行为对于学习者来讲要具有可行性，即学习者能够做得到，这是最基本的条件；④ 榜样的行为要具有可信任性，即相信榜样做出某种行为是出于自身的要求，而不是具有另外的目的；⑤ 榜样的行为要感人，使学习者产生心理上的共鸣，这样学习者才会表现出相类似的行为。

（二）信息加工学习理论

在本章的第一节，我们已经介绍了加涅的学习层次分类和学习结果分类。在这里，我们将进一步介绍加涅对学习过程的看法。加涅认为，学习是一个有始有终的过程，这一过程可分成若干阶段，每一阶段需进行不同的信息加工，在各个信息加工阶段发生的事件为学习事件。学习事件是学生内部加工的过程，它形成了学习的信息加工理论的基本结构。与此相应，教学过程既要依据学习者的内部加工过程，又要影响这一过程。因而，教学阶段与学习阶段是完全对应的。在每一教学阶段发生的事情，即教学事件，是学习的外部条件。教学就是由教师安排和控制这些外部条件构成的；而教学的艺术，就在于学习阶段与教学阶段是否完全吻合。

1. 信息加工学习模式

加涅认为，学习过程就是信息的接收和使用过程。学习是个体和环境相互作用的结果，学习者内部状况与外部条件是相互依存、不可分割的统一体。他将学习过程看作信息加工流程，将学习结构模式分为两个部分（见图 3–6）。

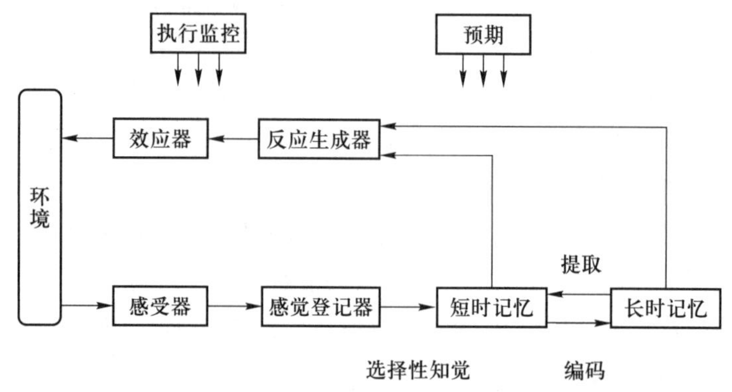

图 3–6　学习与记忆的信息加工模式

第一部分称为操作记忆，是一个信息流。来自环境的刺激作用于学习者的感受器，然后到达感觉登记器，信息在这里经过初步的选择处理，停留的时间还不到一秒钟，便进入短时记忆，信息在短时记忆部分可持续二三十秒钟，但短时记忆的容量非常有限，一旦超过存储容量，新的信息进来就会“赶走”先前存储的信息，如果想要保持信息就得采取复述的策略，但复述只有利于保持信息以便进行编码，并不能增加记忆的容量。当信息从短时记忆进入长时记忆时，信息发生了关键性转变，即要经过编码过程。所谓编码，不是把有关信息收集在一起，而是用各种方式把信息组织起来。信息是通过编码储存在长时记忆中的，一般认为，长时记忆是个永久性的信息储存库。当需要使用信息时，需经过检索提取信息。被提取出来的信息可以直接通向反应生成器，从而产生反应，也可以再回到短时记忆，对该信息的合适性作进一步的考虑，结果可能是进一步寻找信息，也可能是通过反应生成器做出反应。

第二部分是控制结构，包括预期和执行监控两个阶段。预期是指学生期望达到的目标，即学习的动机。正是因为学习者对学习有某种期望，教师给予的反馈才会具有强化作用。换言之，反馈之所以有效，是因为反馈能肯定学习者的期望。执行监控即加涅所讲的认知策略，执行监控过程决定哪些信息从感觉登记器进入短时记忆，以及如何进行编码、采用何种提取策略等。由此可见，预期与执行监控在信息加工过程中起着极为重要的作用。加涅没有把这两者与学习模式中其他结构联系起来，主要是由于这两者可能影响信息加工过程中的所有阶段，并且它们之间相互联结的关系目前还不是很清楚。

2. 学习阶段和教学设计

加涅认为学习的外部条件和内部条件应加以区别，发生在学习者大脑里（中枢神经系统）的内部活动是学习过程，它是在外界影响下发生的。教学是有目的、有计划地发动、激发、维持和提高学习者学习的一整套外部条件。在此基础上，加涅提出了与其学习过程的八个阶段相对应的心理过程，即动机产生阶段、领会阶段、习得阶段、保持阶段、回忆阶段、概括阶段、作业阶段、反馈阶段，并相应地提出了八个教学事件，即激发动机、告知目标、指导注意、刺激回忆、提供指导、增强保持、促进学习迁移、让学习者做作业提供反馈。

总之，加涅认为教师是教学活动的设计者和管理者，也是学习者学习效果的评定者。一个完整的学习过程是由上述八个阶段的系列教学事件所组成的。在每一个学习阶段，学习者的大脑内部都进行着信息加工活动，使信息由一种形态转变为另一种形态，直到学习者用作业的方式作出反馈为止。教学程序必须根据学习的基本原理来进行。在学习结果或能力（即言语信息的学习、智慧技能的学习、认知策略的学习、态度的学习、运动技能的学习）确定之后，教师必须按照教学工作目标的适当顺序安排教学程序。有效的教学要求教师根据学生的内部学习条件，创设或安排适当的外部条件，促进学生有效地学习，以实现预期的教学目标。普通教育是这样，高等教育亦然。

（三）建构主义学习理论

建构主义是学习理论从行为主义发展到认知主义之后的新发展。在皮亚杰和布鲁纳的早期思想中已经有了建构的思想。到 20 世纪 70 年代末，以布鲁纳为首的美国教育心理学家将苏联教育心理学家维果茨基的思想介绍到美国以后，建构主义思想有了极大的发展。建构主义更多地关注学习新旧经验的相互作用。尽管这些建构主义的观点不尽相同，但是他们在知识观、学习观、学生观等方面却达成了许多共识。这些共识主要有以下几种。

1. 知识观——知识相对论

建构主义强调，知识只是一种解释、一种假设，不是问题的最终答案，不是对现实的准确表征。课本知识只是一种关于各种现象的较为可靠的假设，而不是解释现实的模板。科学知识包含真理性，但不是绝对正确的答案。知识取决于具体学习情境的学习历程，它不是精确概括世界的法则，可以在具体情境中拿来便用、一用就灵，而是针对具体情境的再创作。总之，知识具有相对性、主观性、参与性、过程性等特点。

2. 学习观——意义的生成与构建

建构主义认为，学习不是由教师向学习者传递知识，而是学习者建构自己知识的过程。学习是个体主动建构意义的过程，这种建构不可能由他人代替。意义不是简单地由外部信息决定的，而是学习者通过新旧知识经验间反复的双向作用过程建构而成的。学习并不是简单的信息积累，而是包含新旧经验冲突而引发的观念转变与结构重组。

3. 学生观——有准备的头脑

建构主义强调，学习者并不是空着脑袋进入学习情境的。在日常生活和以往各种形式的学习中，他们已经形成了一定的知识经验，对任何事情都有自己的看法。即使有些问题他们从来没有接触过，没有现成的经验可以借鉴，但是当问题呈现在他们面前时，他们还是会基于以往的经验，依靠他们的认知能力，形成对问题的解释，提出他们的假设。教学不能无视学习者的已有知识经验，简单强硬地从外部对学习者实施知识的“填灌”，而应当把学习者原有的知识经验作为新知识的生长点，引导学习者从原有的知识经验中生长出新的知识经验。教师与学习者之间、学习者相互之间需要共同针对某些问题进行探索，并在探索的过程中相互交流和质疑。学习者各自经验背景的差异不可避免，对问题的看法和理解经常是千差万别的。其实，这些差异本身就是一种宝贵的现象资源。建构主义虽然非常重视个体的自我发展，但也不否认外部引导，即教师的影响作用。

第三节　大学生学习的特点

大学生的学习与中小学生和成人教育学生的学习相比，在学习目的、性质、内容、途径和方法等方面都有很大的不同，下面我们主要从学习内容和学习方法两方面探讨大学生学习的特点。

一、大学生学习内容的特点

大学生学习内容的特点，主要表现在专业化程度与职业定向性、实践知识与动手能力、学科内容等方面。

（一）专业化程度较高，职业定向性较强

高等教育的任务是为社会培养各类高级专门人才，今后绝大多数大学生要在社会各个实践领域从事与自己专业相关的职业活动，为社会服务。因此，大学一般要设置系、设置专业，使大学生得以在某一专门领域进行深入的学习和提高。他们学习内容的专业化程度较高，职业定向性较强。大学生的学习活动实质上是一种学习职业活动。它既不同于中学生的学习活动，因为中学生的主要任务是掌握各科基础知识，大学生则是要学习各专业的基本知识、基础理论，掌握从事各类职业活动的基本技能；又不同于一般劳动者的职业活动，因为大学生学习活动虽具有明确的职业定向性质，但它只是为毕业后参加职业活动做准备。在大学学习期间，大学生应培养自己对本专业的热爱，形成对本学科知识的浓厚

兴趣，树立献身专业的志向，既要在本专业所涉及的学科领域内博览群书，又要对本专业的某一方面有深入的了解和钻研。只有这样，才能将自己培养成国家所需要的高级专门人才，以适应生产、科研、教育、管理、服务等的需要，以及社会生活各个领域的要求。

（二）实践知识丰富，动手能力要求较高

由于大学生学习的职业定向性较强，因此在大学生的学习中，实践知识的掌握和动手能力的培养具有特别重要的意义。各级各类高等院校教学计划中都安排了实验、实习、社会调查、野外考察等环节，就是为了达到这一目的。例如，师范类专业的学生除了要懂得教育学与心理学的基本原理和相关学科的理论知识外，还应懂得中小学各学科教学法，熟悉我国现行的中小学教材，了解我国城乡的教育现状，制订教学计划、编排课程表、撰写教案，组织团队活动，等等。为了掌握本专业所需的实践知识和动手能力，单靠几个星期或两三个月的教育实习、临床实习、生产实习是不够的，还应在平时的学习中，经常同社会、同相关工作部门联系，如师范生在校期间，可以利用课余时间当家庭教师，既可以用自己所学的知识为社会服务，又可培养自己的实际工作能力。

（三）学科内容具有高层次性、争议性和选择性

大学生在专业学习中，不但要掌握本专业各学科的基础知识和基本理论，还要了解这些学科的最新研究成果及其发展趋势。高年级大学生许多专业课学习的内容起点较高，视野较宽，有些内容实质上已经处于本学科发展的前沿。与此有关的是大学生学习内容中包含一些有争议性的、没有定论的学术问题。教师在阐述某一学科内容时，经常向学生介绍一系列互不相同的理论和观点，但其中没有一种观点或理论目前已被证明是完全正确的。把这样一些有争论的问题引入大学生的学习内容之中，可以开拓学生的专业视野，激发学生智力活动的积极性，培养学生的科研动机，帮助学生认识发现真理的过程，培养他们攀登科学高峰的信心和勇气。另外，大学一般除了开设专业的公共必修课和基础课外，还会开设一些选修课，大学生可以根据自己的兴趣、需要、特长进行选择，并且有的知识需要牢固掌握，有的只需要做一般的了解，这些都给了大学生较多的自我选择空间，利于大学生个性的发展。

二、大学生学习方法的特点

（一）学习途径多元化

大学生学习的途径是多种多样的，课堂教学虽然仍是主要的学习途径，但已不像中学那样几乎是唯一的途径，除课堂学习以外，课外阅读、参与小组讨论、参加或协助教师的科研活动、听各种学术报告和讲座、参加学生会和社团协会的工作、利用影视和网络学习

等都是大学生学习、获取知识的重要途径。此外，大学生能不断地同校外社会现实相联系，进行社会调查或开展咨询服务，从社会实践中学习。这些活动不仅极大地增强了大学生学习的积极性，而且有效地提高了大学生独立学习和独立工作的能力，为他们走向社会获得职业的成功打下坚实的基础。

（二）自学日益占有重要地位

在中学阶段，学生学习是在教师直接组织和指导下进行的。进入大学后，自学在大学生学习中日益占有重要地位。在大学高年级，自学甚至成了大学生学习的主要方式。这表现在以下几个方面：第一，大学生的课程不是安排得满满的，而是留有较多的自学时间，使学生有可能把精力投入自己认为必要的或感兴趣的方面；第二，即使是在课堂教学中，教师也不可能讲授教材内容的所有方面，而是要布置各种参考书供学生课后自学；第三，大学生撰写学年论文、毕业论文、参加科研工作等，都是在教师指导下独立完成的。所有这些，都要求大学生注意培养自学能力，学会自己确定学习目标，自己安排学习时间，学会迅速地查找和阅读各种专业资料，学会做笔记、写摘要、作综述，学会独立自主地获取知识。

（三）学习的批判性、自觉性较强

大学生学习的批判性较强，总是以批判的态度对待学习。他们不轻信教师讲课的内容、书本上现成的结论，不迷信专家、学者的有关论述，相信自己通过独立思考、探索所得出的正确结论。大学生喜欢讨论问题，争辩问题，各抒己见，互不相让；喜欢向教师提问、与教师辩论，喜欢表达自己独到的见解和观点。多数大学生不需要教师的监督，就能自觉地、孜孜不倦地学习和思考。不论是炎热的夏天还是寒冷的冬季，许多大学生都是早起晚睡，在图书馆、阅览室、教室里专心致志地学习。近十几年来，大学校园里出现的考研热、搞科研写论文热、学习外语热就是大学生学习自觉性的生动例证。

【复习思考题】

1. 请根据学习的定义判断下列哪些行为属于学习，并说出理由。

（1）幼儿迈开第一步。

（2）少年被美貌吸引。

（3）儿童看到护士拿着针走来，感到害怕。

（4）小孩学了乘法后，发现 ×5 的另一种方法即 ×10÷2。

2. 请简述布卢姆的学习分类和我国学者的学习分类的异同。

3. 请简述经典性条件反射和操作性条件反射的区别与联系。

4. 请简述认知结构学习理论和认知建构学习理论的主要区别。

5. 请结合生活实际，谈谈大学生如何进行高效的学习。

【推荐阅读】

1. D. P. 奥苏伯尔，等. 教育心理学：认知观点［M］. 佘星南，宋钧，译. 北京：人民教育出版社，1994.

2. 阿尔伯特·班杜拉. 社会学习理论［M］. 陈欣银，李伯黍，译. 北京：中国人民大学出版社，2015.

3. 布鲁纳. 教育过程［M］. 邵瑞珍，译. 北京：文化教育出版社，1982.

4. R. M. 加涅. 学习的条件和教学论［M］. 皮连生，王映学，郑葳，等译. 上海：华东师范大学出版社，1999.

5. 吴庆麟. 教育心理学：献给教师的书［M］. 上海：华东大学出版社，2003.

6. 刘儒德. 学习心理学［M］. 北京：高等教育出版社，2010.

第四章　大学生的学习动机

路漫漫其修远兮，吾将上下而求索。

——《离骚》

动机是影响学习的一个重要的内部因素。如何培养和激发学生的学习动机是心理学家和广大教师普遍关心的问题。解决好这一问题，可以使学生从“要我学”的被动处境中解放出来，转变成为具有“我要学”这种主动精神的真正的学习主体。本章首先介绍动机及学习动机的相关概念、构成与分类等，然后介绍学习动机的相关理论，最后分析如何有效地培养和激发学生的学习动机。

第一节　学习动机概述

人的任何行为表现都是受一定的动机所驱使的，要全面了解一个人，就必须深入了解其背后的动机，对于教师而言，深入了解学生的学习动机是非常有价值的。

一、学习动机的概念

人类的各种活动都是在动机的作用下，向着某一目标开展的，学习也不例外，要了解学习动机，首先要明确动机的含义。

（一）什么是动机

所谓动机，是指由一定的目标引导、维持和激发个体活动的内在心理过程或内部动力。

它具有以下三种功能。① 激活功能，即动机会促使人产生某种活动。如为提高自己的某种技能而去参加培训。② 指向功能，即在动机的作用下，人的行为将指向某一目标。如在参加技能培训时规定自己要通过资格认证考试。③ 强化功能，即当活动产生以后，动机可以维持和调整活动。如尽管取得技能资格证书会遇到很多困难，但个体为达到目标也愿意积极克服。

（二）动机的产生

动机的产生一般受内外两种因素的共同影响。个体内在的某种需要是动机产生的基础和根本原因；外在环境中的刺激，由于能够满足个体的需要，会引导个体趋向于某个特定的目标而成为行为的诱因。

1. 需要

个人行为的动机是在需要的基础上产生的。需要是人体组织系统中的一种不平衡状态，它表现为有机体对内部环境或外部生活条件的要求：如血液中水分缺乏，个体会产生喝水的需要；血糖成分下降，个体会产生进食的需要，等等。当个体有了某种需要时，体内就会产生一种力量，推动人们去寻找满足需要的对象，从而产生活动的动机。当需要推动着人们去进行活动，并把活动引向某一特定目标时，需要就成为人们活动的动机了。

视窗 4–1
马斯洛的需要层次理论

2. 诱因

动机的产生除了有机体的某种需要这一内部条件外，还常常需要一定的外部条件，这就是诱因。所谓诱因即是指能够满足有机体某种需要的外部条件或外界刺激物，它也能够激发起有机体的某种定向行为，是有机体企图得到的目标或试图回避的目标。诱因有两种：正诱因和负诱因。正诱因是指人们试图得到的目标或刺激情境，如好成绩、高收入、教师和家长的赞许、同学的友谊等都能发挥正诱因的作用，驱使个体采取行动；而负诱因则是人们试图逃避的目标或刺激情境，如考试不及格、教师的批评、同学的讥笑、父母的责难等都能发挥负诱因作用，使个体避而远之。

其实，动机产生的内外部条件是紧密联系着的。没有需要，就不会有行为的目标；反之，没有行为的目标或诱因，也就不会有某种特定的需要。在实际生活中，人的行为往往取决于需要与诱因的相互作用（见图 4–1）。

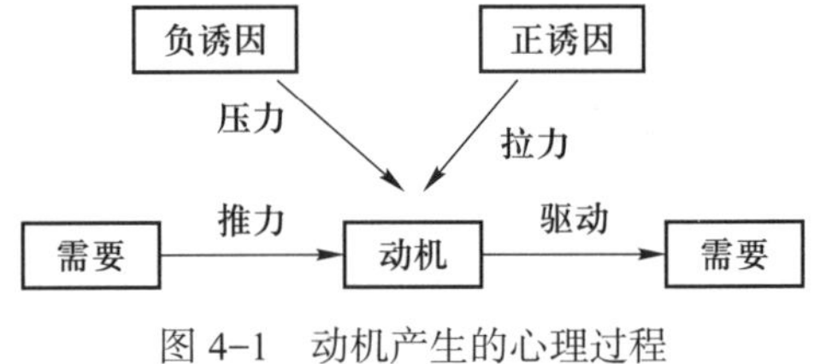

图 4–1 动机产生的心理过程

（三）什么是学习动机

学习动机是在动机的基础上将对象指向学习活动，激发个体进行学习活动、维持已引起的学习活动，并致使行为朝向一定学习目标的一种内在过程或内部心理状态。学习动机与学习活动相辅相成。当学生缺乏学习动机时，可以先组织他们开展学习活动，然后通过学习活动逐步地引发和形成学习动机。学习动机一经形成，会自始至终贯穿于某一学习活动的全过程。因此，学习动机可以促进学习活动的进行，学习活动可以增加学习动机的强度。

二、学习动机的种类

学习动机是在学习需要和学习期待的基础上发展起来的，由于个体学习需要和学习期待的多样性导致了学习动机的复杂性。对广大高校教师而言，了解和掌握学生学习动机的特点和类型有利于其进行有效的教学；对于大学生而言，拥有良好的学习动机是进行学习活动的重要前提。基于此，许多教育心理学研究者都对学习动机做了大量研究，根据不同的标准进行了以下几种有代表性的分类。

（一）主导性学习动机与辅助性学习动机

根据学习动机对学习所起作用的大小可以把学习动机分为主导性学习动机和辅助性学习动机。

在通常情况下，学生的学习动机是多种多样的，它们可能同时存在，共同对学习产生影响。但它们所起作用的大小是不同的，其中，居于支配地位、发挥主导作用的动机称为主导性学习动机，与其他动机相比，它对学习的影响最为强烈、最为稳定。在同一时间内，主导性学习动机只有一个。那些居于从属地位、发挥辅助作用的动机就是辅助性学习动机。相对而言，辅助性学习动机对学习的影响是比较微弱、不够稳定的。在同一时间内，辅助性学习动机可能有几个，它们的强度与稳定度也是不一样的。

这种对学习动机的划分不是绝对的，主动性学习动机与辅助性学习动机的地位与作用也不会一成不变。实际的情况是，在学习活动中，在一定时期内起主导作用的动机，到另一时期可能转化为辅助性动机；反之亦然。如“为了获得教师好评”这一学习动机在小学阶段是主导性的，进入大学阶段便成为辅助性的；社会责任感这一学习动机在小学阶段是辅助性的，进入大学阶段便成了主导性的。

（二）近景的直接性学习动机和远景的间接性学习动机

根据学习动机的作用与学习活动的关系，可以将学习动机分为近景的直接性学习动机和远景的间接性学习动机。近景的直接性学习动机与学习活动直接相联，来源于对学习内容或学习结果的兴趣。虽然这类动机作用的效果比较明显，但稳定性比较差，容易受到环境或一些偶然因素的影响。远景的间接性学习动机与学习的社会意义和个人的前途相联。其中那些高尚的、正确的间接性学习动机的作用较为稳定和持久，能激励学生努力学习并取得好成绩；而那些低级的、错误的间接性学习动机的稳定性和持久性相对较差，容易受到情境因素的冲击。

（三）内部学习动机和外部学习动机

根据学习动机的动力来源，可以将学习动机分为内部学习动机和外部学习动机。内部学习动机是指由个体内在的需要引起的动机。外部学习动机是指个体由外部诱因引起的动机。这种划分对教育实践具有相当重要的应用价值。

内部学习动机和外部学习动机的划分不是绝对的，因为任何外部学习动机都只有在转换为内部学习动机后才能真正成为学习的推动力，从这个意义上说，外部学习动机的实质仍然是一种学习的内部动力，所以我们在教育过程中不仅要强调内部学习动机，也要重视外部学习动机的作用。也就是说，高校教师在教学实践中，一方面应逐渐使大学生的外部学习动机转化成为内部学习动机，另一方面又应利用外部学习动机的作用使大学生已经形成的内部学习动机处于持续激起状态。

三、学习动机的构成

学习动机的两个基本成分是学习需要和学习期待，两者相互作用形成学习的动机系统。

（一）学习需要与内驱力

学习需要是指个体在学习活动中感到有某种欠缺而力求获得满足的心理状态。它的主观体验形式是学习者的学习愿望或学习意向。这种愿望或意向是驱使个体进行学习的根本动力，它包括学习的兴趣、爱好和学习的信念等。从需要的角度来看，学习需要就称为学习的内驱力，而学生学习的价值观作为对学习目的、意义、作用的认识是激发学生学习动机的内驱力。发动和维持学生学习行为的内部动力常常是由几种力量所构成的。要了解学生的学习动机，首先必须了解在学校情境中，哪些力量可以促使学生把自己的行为指向学习。美国心理学家奥苏贝尔认为学生学习的主要动机是成就动机。

在《学校学习》一书中，奥苏贝尔认为学校情境中的成就动机，至少应包括三方面的内驱力，分别为认知内驱力、自我提高内驱力和附属内驱力。

1. 认知内驱力

认知内驱力是指理解事物、掌握知识，系统地阐述并解决问题的需要。它以求知作为目标，从知识的获得上得到满足，直接指向知识和学习任务本身，是一种内部动机。

2. 自我提高内驱力

自我提高内驱力是指个体由自己的学业成就而获得相应的地位和威望的需要。它把学业成就看作赢得地位和自尊的根源，是一种间接的学习需要，属于外部动机。

3. 附属内驱力

附属内驱力是指个体为了获得长者（如教师、家长等）的赞许和同伴的接纳而表现出来的把工作、学习做好的一种需要，同样属于外部动机。

学习动机三个部分的结构会随着年龄、性别、个性特征、社会地位和文化背景等因素的变化而发生相应的变化。在儿童早期，附属内驱力最为突出，他们努力学习获得学业成就，主要是为了实现家长的期待，并得到家长的赞许。到了儿童后期和少年期，来自同伴、集体的赞许和认可逐渐替代了对长者的依附。在这期间，赢得同伴的赞许成为一个强有力的动机因素。而到了青年期，大学生学习的主要目的在于满足自己的求知需要，并获得相应的地位和威望，认知内驱力和自我提高内驱力就成为大学生学习的主要动机。

（二）学习期待与诱因

学习期待是个体对学习活动所要达到目标的主观估计，是学习目标在个体头脑中的反映，就其作用来说就是学习的诱因。

诱因是指能够激起有机体的定向行为，并能满足某种需要的外部条件或刺激物。凡是使个体产生积极的行为，趋向或接近某一目标的刺激物都称为正诱因，例如，在激发学生学习积极性的教育措施中，教师所提供的物质奖品和口头表扬等。相反，使个体产生消极的行为，离开或回避某一目标的刺激物则称为负诱因，例如，对在课堂上对违反纪律的同学进行口头批评和警告等。

（三）学习需要和学习期待的关系

学习需要和学习期待是学习动机的两个基本成分，二者密切相关。学习需要是学习动机结构的主导成分，学习期待是组成学习动机结构的必要成分。学习需要是个体从事学习活动的最根本动力，如果没有这种自身产生的动力，个体的学习活动就不可能发生，所以学习需要在学习动机结构中占主导地位。学习需要是产生学习期待的重要前提，它指向学习需要的满足并促使个体去达到学习目标。因此，学习期待也是学习动机结构中必不可少的成分。

四、学习动机与学习效果的关系

（一）学习动机在学习中的作用

学习动机具有加强学习的作用。学习动机在学习活动中的作用表现在三个方面。

1. 发动学习行为

特定的学习行为总有一个开端，或在休息之后开始，或在娱乐之后开始，或在劳动之后开始，或在学习英语之后开始学习物理，等等。有的学生能积极主动地开始学习，有的学生则必须在外部监督下被迫开始学习，这种差异正是由学习动机的差异所致的。有强烈学习动机的学生即使没有休息好，即使有娱乐的诱惑，也能积极主动地开始学习；缺乏学习动机的学生总是被迫开始学习，甚至在外部压力下仍拒绝学习。对学生的学习来说，当学生有了学习需要、获得了学习动机后，就会在学习前做好准备，集中精力在学习上，从而较易发动学习行为。

2. 确定学习目标

由某种学习动机激起的学习行为出现后，学习动机就像指南针一样指引着学生的学习行为，使已被激起的行为始终朝着既定的学习目标进行。学习动机使学生将心理活动和行为朝向特定的学习任务，而不是朝向与学习无关的事情。具有不同学习动机的学生在学习中追求不同的学习目标：具有内部动机的学生在学习中以增长知识和提高能力为目标；具有外部学习动机的学生以获得家长赞许、逃避惩罚为目标。

3. 维持和调整学习行为

学习动机还有维持和调整学习行为的作用。在实际教学情境中，学生的学习动机和由之而激起的学习行为可能经常要受到来自学生自身和外部各种因素的影响，如学习目标的改变、学习兴趣的转移、外界要求的变化、诱因价值的变化等，都会影响随后出现的学习行为，影响学生学习专注的程度，影响其注意分配，影响其付出努力的程度等。如果学生具有正确的、水平适合的学习动机，那么，由之而引起的学习的各个环节都会受到它有意或无意的调节和监控，排除来自内外因素的干扰，朝着既定目标做出不懈的努力，直到目标实现。研究证明，动机水平高的学生能够在较长时间的学习中保持认真的学习态度，具有坚持不懈的毅力。而缺乏动机的学生的学习则是松弛的、散漫的、效率低下的。学习动机的这一作用主要是通过增强注意力来实现的，它使人的注意力及时从分心的刺激物上收回，使人集中注意力思考没有解决的问题。

（二）学习动机与学习的关系

第三章中已经强调，学习动机是影响学习的一个重要因素，它能够促进学习，但学习动机与学习的关系还需作进一步说明。

1. 学习动机不是学习的必要条件

有些学习可能在没有动机的情况下发生。比如，仅仅依靠条件刺激与无条件刺激在时间上的接近，就能建立巴甫洛夫的条件反射。人类生活中也可以在没有任何明确学习意向的情况下偶然发生大量的学习。此外，对于某些无组织的、短期的知识接受学习而言，学习动机也不是必需的（因为这类学习同机械学习和系统的有意义学习相比，不必付出多大的努力，也不大需要学生的内驱力、诱因条件和外部的奖励）。

2. 学习动机也不是学习的充分条件

学习动机是影响学习的一种因素，但不是唯一的因素，学生的学习还受到知识经验、智力水平、学习方法等多种因素的影响。同时，在实际学习过程中，既存在着学习动机好而短时间内学习成绩不理想的现象，也存在着学习动机差（如得过且过，只求不受罚）而成绩较好的情况。这是因为学习动机对学习的影响并不是直接参与学生的认知过程，而只能是间接地通过许多中介因素如知识基础、智力水平、学习方法、教学方法、教学设备等而实现的。

3. 对于长期的认知领域的学习，学习动机绝对是必要的

虽然从总体上说，学习动机对于学习既非必要条件，也非充分条件，但对于长期的学习，尤其是认知领域的学习，学习动机却是绝对必要的。对大学生学习而言，要完成复杂的学习任务必须有较强的学习动机。

4. 学习动机与学习之间的关系是相辅相成的

在过去的教育心理学领域，心理学家常常只注意到动机对学习的促进作用，而忽视了动机与学习之间的另一关系。奥苏贝尔明确指出，动机与学习之间的关系是典型的相辅相成的关系，绝非一种单向性的关系。动机与学习之间的这种相辅相成的关系表现为：一方面，学习动机可以促进学习；另一方面，学习又反过来增强学习动机。

5. 中等强度的动机水平学习效率最高

研究表明，学习动机的强度与学习效果之间也存在一定的关系。在一定范围内，学习动机的增强与学习效率呈正相关。但并不是学习动机无限增强，学习效率和学习成绩就无限提高。一般来讲，中等强度的动机水平有利于学习，过强或过弱的动机都不利于学习成绩的提高。耶克斯和多德森（Yerkes & Dodson）的研究表明，动机不足或动机过分强烈，都会使成绩下降；最佳的动机强度与任务难度有关。对于简单的任务，要取得最佳的成绩就要求有较强的动机；对于难度适中的任务，取得最佳成绩要求有中等强度的动机；而对于很难的任务，要取得最佳的成绩则要求有较低强度的动机。这一研究结果被称为“耶克斯—多德森定律”（见图 4–2）。

五、大学生学习动机的特点

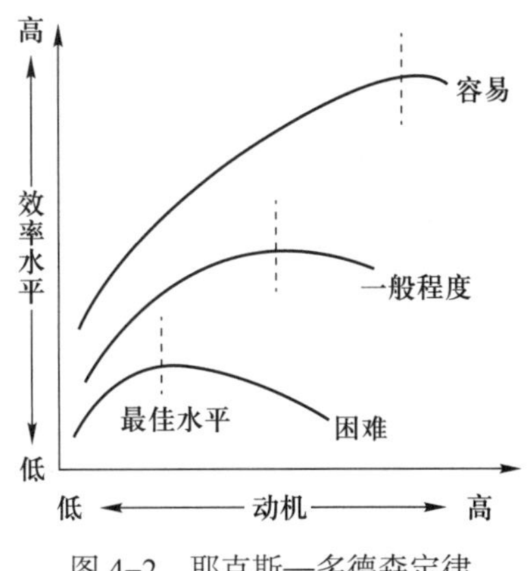

图 4–2　耶克斯—多德森定律

大学生的学习动机随着社会生活条件、教育实践影响和个人生活经历的不同而发生变化，表现出自身的年龄发展特点。

（一）学习动机的多样性

大学生的学习动机是多种多样的，这意味着在同一个大学生身上，其学习动机不受某一单个动机的支配而是有主有从的，并且表现出不同的层次和水平。学习动机的多样性主要包括：① 报答性和附属性学习动机，即为取得父母、教师等长辈和同伴的赞许和支持而学习；② 自我实现和自我提高的学习动机，即为满足荣誉感、维持自尊心、求知欲等而努力学习；③ 谋求职业和保证生活的学习动机，即为了获得一个理想的职业或为了满意的物质生活而学习；④ 事业成就的学习动机，即希望自己在专业上有所建树，为奉献社会而学习。

（二）学习动机的间接性

大学生学习动机的间接性是指随着年级的升高，学生对直接性的学习动机如分数、赞赏、奖励、避免受到惩罚等重视程度减弱，对间接性学习动机，如求知、探索、成就、创造、贡献等重视程度逐渐增强的特点。根据肖前瑛等学者的调查数据来看，从大一到大四学生由直接兴趣和直接结果引发的学习动机呈逐级下降趋势，即侧面说明随着年级的升高，间接性学习动机成为大学生的主要学习动机。

（三）学习动机的社会性

大学生学习动机的社会性是指随着大学思想政治教育工作的开展，学生逐渐形成了正确的世界观、人生观和价值观，树立了远大理想，从而增强了学习动机的社会性意义。山东某大学在对学生开展学习动机调查的研究中发现，随着年级的升高，学生们越来越看重自己是否能做一个对社会有贡献的人或者是否能在某方面有所建树而不仅仅是不辜负自己或者父母的期望。可见，大学生的学习动机由个体意义向社会意义发生转变，从而产生实现更远大目标的动力。

（四）学习动机的职业性

大学生学习动机的职业性是指随着年级的升高，学生逐渐认识到所学专业在社会主义建设中的作用，从而明晰对自己的职业规划。虽然绝大多数大学生是按其报考志愿录取，但这些志愿会受到很多外部因素的干扰，如父母的建议或分数的限制等，具有很大的盲目性，不少大学生入校后对专业的认同感很低，但随着大学四年专业课程的逐渐深入，他们对所学专业的喜爱程度会有所提升，职业化的学习动机也开始逐渐形成。

可见，大学生的学习动机会因为生活中内外部因素的影响而呈现年龄发展的特点，但在这个过程中，大学生的自我意识对学习动机的发展起着关键作用，高校教师应抓住这个关键点，根据实际情况对教学工作进行调整以促进大学生学习动机的形成与发展。

第二节　学习动机理论

由于学习动机的多样性，对学习动机作用的解释也多种多样，由此派生出多种不同的学习动机理论，这些理论分别从不同的侧面强调了学习动机对学习的促进作用。

一、强化动机理论

强化动机理论是由联结—行为主义学习理论家提出来的，他们不仅用强化来解释学习的发生，而且用它来解释动机的产生。行为主义心理学是强化理论的基础。联结主义心理学家用 S—R 的公式来解释人的行为，认为动机是由外部刺激引起的一种对行为的冲动力量，并特别重视用强化来说明动机的形成与作用。其主要观点及教育启示如下。

（一）学习行为通过强化而建立

人的某种学习行为倾向完全取决于先前这种学习行为与刺激因强化而建立起来的稳固联系，强化可以使人在学习过程中增强某种反应重复的可能性。与此相应，联结学习理论的中心概念是刺激与反应之间的联结，而不断强化则可以使这种联结得到加强和巩固。

（二）外部激励可以增进学习动机

在学习活动中，采取各种外部手段如奖赏、赞扬、评分、等级、竞赛等，可以激发学生的学习动机，引起其相应的学习行为。

（三）强化可以是外部强化，也可以是内部强化

外部强化是由教师施予学生身上的强化手段；而内部强化是自我强化，是学生在学习中由于获得成功的满足而增强了学习的成功感与自信心，从而增强了学习动机。

（四）外部的或内部的强化，都有正强化与负强化之分

正强化和负强化都起着增强学习动机的作用，适当的表扬与奖励和获得优秀成绩等是正强化的手段，而取消讨厌的频繁考试等是负强化的手段。

（五）惩罚会降低学习动机

惩罚一般起着削弱学习动机的作用，但有时也可使一个人在失败中重新振作起来，如频繁的惩罚、考试不及格等便是惩罚的手段。

在学习中如能合理地增强正强化，利用负强化，减少惩罚，将有助于提高学生的学习动机水平，改善他们的学习行为及其结果。

（六）教育启示

从刺激物的使用和安排来激发学习动机，强化理论有一定的积极意义。但过于强调强化的作用，忽视甚至无视人的学习主观能动性和学习兴趣的作用是机械的、片面的。强化理论只是强调了外在影响，忽视了学生内在因素的作用。

二、成就动机理论

成就动机这一概念源于 20 世纪 30 年代默里（Henry Murray）的有关研究，他把成就动机定义为一种努力克服障碍、施展才能、力求又快又好地解决某一问题的愿望或趋势。20 世纪四五十年代，麦克里兰（David McClelland）和阿特金森（John William Atkinson）等接受默里的思想，并将其发展为成就动机理论。1963 年阿特金森将麦克里兰的理论作了进一步深化，提出了具有广泛影响的成就动机模型。他认为，成就动机强度是由动机水平、期望和诱因的乘积来决定的，其中动机水平是指一个人稳定地追求成就的个体倾向，期望是某人对某一事件是否成功的主观概率，诱因是成功时得到的满足感。成就需要（*Ms*）表示一个人长期的、稳定的追求成功的需要；获得成功的概率（*Ps*）表示认知的目标期望、对导向目标手段的预料，或影响学习者实现任务和获得成功信心的任何信息、刺激；成功的诱因值（*Is*）是成功的诱因价值。

在阿特金森的理论中，个人的成就动机（*Ts*）是成就需要（*Ms*）、获得成功的概率（*Ps*）和成功的诱因值（*Is*）三者的乘积的函数，用公式表示为：

$$Ts = Ms \times Ps \times Is$$

Is 和 *Ps* 是一种相反关系，即 $Is = 1-Ps$，成功的可能性降低，诱因值就增大。如在易学的科目上得高分，并不感到自豪；但在难学的科目上得高分，就会体验到自豪和胜任感。

成就动机理论的主要观点及教育启示如下。

（一）成就需要是成就动机的基础

成就动机是在人的成就需要的基础上产生的，它是激励个体乐于从事自己认为重要的或有价值的工作，并力求获得成功的一种内在驱动力。例如，大学生想获得优良的学业成绩，想为社会主义现代化建设做出更多的贡献等都是其成就动机作用的表现。这种动机是人类所独有的，它是后天获得的具有社会意义的动机。在学习活动中，成就动机是一种主要的学习动机。

（二）成就动机高低影响个体选择

麦克里兰的研究发现，成就动机高的人，倾向于承担自己的责任，能从完成任务中获得满足感。成就动机的高低还能影响个体对职业的选择：成就动机低的人，倾向于选择风险较小、独立决策较少的职业；成就动机高的人喜欢从事具有开创性的工作，并且在工作中勇于做出决策。

（三）成就动机分为力求成功的动机和避免失败的动机

个体成就动机可以分成两类，一类是力求成功的动机，另一类是避免失败的动机。力求成功的动机，即人们追求成功和由成功带来的积极情感的倾向性；避免失败的动机，即人们避免失败和由失败带来的消极情感的倾向性。

根据这两类动机在个体的动机系统中所占的强度，可以将个体分为力求成功者和避免失败者。力求成功者即在其动机成分中，力求成功的成分比避免失败的成分多一些，他们目的是获取成就，所以会选择有所成就的任务。成功概率为 50% 的任务是他们最有可能选择的，因为这种任务能给他们提供最大的现实挑战。当他们面对完全不可能成功或稳操胜券的任务时，动机水平反而会下降。而避免失败者，即在其动机成分中，避免失败的成分比力求成功的成分多一些。他们倾向于选择非常容易或非常困难的任务，如果成功的概率大约是 50% 时，他们会回避这项任务。因为选择容易的任务可以保证成功，使自己免遭失败；而选择极其困难的任务，即使失败，也可以找到适当的借口，得到自己和他人的原谅，从而减少失败感。在面临任务时，这两种倾向通常会同时起作用，力求成功倾向占据优势就会使人奋发向上，避免失败倾向占据优势就会使人行动迟疑退缩，两种倾向势均力敌则会造成激烈的心理冲突（见图 4–3）。

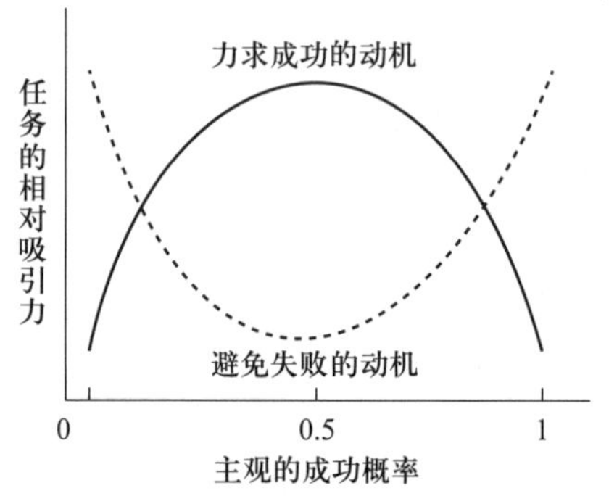

图 4–3　成就动机与任务选择

（四）教育启示

在高等教育实践中，对于力求成功者，应通过给予新颖且有一定难度的任务、安排竞争的情境、严格评定分数等方式来激发其学习动机；而对于避免失败者，则要安排较少竞争或竞争性不强的情境，如果取得成功要及时表扬给予强化，评定分数时可以适当放宽，并尽量避免在公众场合下指责其错误。在高等教育实践中应注意的是，虽然成就动机对学习具有重要影响，但不能片面地只讲个人的成就和个人的自我提高。高校教师必须引导大学生认识学习的社会价值，把追求个人成就和追求社会进步结合起来，并使个人成就服从于整个社会进步的需要。

视窗 4–2
人是否也恐惧成功？

三、成败归因理论

人们做完一项工作之后，往往喜欢寻找自己或他人取得成功或遭受失败的原因，这就是归因。归因是一种非常普遍的现象，指人们对自己或他人行为结果的原因做出的解释或推论。海德（Fritz Heider）最早对人们的归因的心理倾向提出自己的观点，指出情境归因和性格归因。罗特（Julian Bernard Rotter）提出控制点概念并据此把人分为内控和外控两类。教育心理学家发现，对学习行为结果的归因会影响人们随后的学习行为，归因实际上成为学习行为的一种动因。

（一）海德的归因理论

归因最初是社会心理学的研究领域，海德是这一领域的开创者。他认为，人们具有理解世界和控制环境两种需要，使这两种需要得到满足的最好方式之一就是寻找事件发生的原因，并预言人们将如何行动。其具体观点如下。

1. 寻求理解是行为的基本动因

在各种有影响力的动机理论中，归因理论最为强调认知的观点，其指导原则和基本假设是：寻求理解是行为的基本动因。学生们试图去解释事情发生的原因，他们试图去为他们的成功或失败寻找能力、努力、知识、运气、帮助、兴趣等方面的原因。

2. 行为的原因可分为内部原因和外部原因

内部原因（个人原因）是指存在于行为者本身的因素，如需要、情绪、兴趣、态度、信念、努力程度，等等，如果把行为的原因归于个人，则个人对其行为结果应当承担责任。外部原因（环境原因）是指行为者周围环境中的因素，如他人的期望、奖励、惩罚、指示、命令，天气的好坏，工作的难易程度，等等。如果把行动的原因归于环境，则个人对其行为结果可以不负什么责任。

3. 归因时通常使用不变性原则

海德认为，人们进行归因时，通常寻找某一特定结果与特定原因间的不变联系。如果某特定原因在许多条件下总是与某种结果相联，即特定原因不存在，相应的结果也不出现，就可把特定结果归结于那个特定原因。用这种方法常常可找到某种行为或其结果的关键原因。

（二）韦纳的成就归因理论

归因研究虽然一直相当活跃，但归因理论真正对教育领域产生影响始于美国心理学家韦纳（Bernard Weiner）。20 世纪 70 年代初，韦纳尝试用归因解释成就动机，从而创造性地将这两者有机地结合在一起，形成了至今仍颇有影响力的动机归因理论。在海德的基础上，韦纳对行为结果的归因进行了系统探讨，其观点及教育启示如下。

1. 活动成败原因归为六个因素

在学校情境中，学生常提出诸如此类的归因问题："我为什么成功（或失败）""为什么我生物测试总是考不过人家"，等等。韦纳认为，人们对行为成败原因的分析可归纳为以下六个因素：① 能力，根据自己评估个人对该项工作是否胜任；② 努力，个人反省检讨在工作过程中是否尽力而为；③ 任务难度，凭个人经验判定该项工作的困难程度；④ 运气，个人自认为此次成败是否与运气有关；⑤ 身心状况，工作过程中个人当时身体及心情状况是否影响工作成效；⑥ 外界环境，个人知觉此次成败因素中，除上述五项外，尚有其他事关人与事的影响因素（如别人帮助或评分不公等）。韦纳认为，每一个维度对动机都有重要的影响。

2. 归因分为三个维度

同一种活动情境中的原因知觉是多种多样的，不同情境中的原因知觉更是千差万别，为了寻找众多的原因知觉内在的共同特性，韦纳通过逻辑和经验分析、数理统计分析确定了原因的三个维度：① 原因源，是指原因是行动者自身内部原因还是外部环境的原因，如考题难度是外部原因，能力是内部原因；② 可控性，是指原因能否受行动者主观意志的控制，如努力的可控性较高，能力、运气的可控性较低；③ 稳定性，稳定性是指原因是否随时间而改变，如运气很不稳定，而能力较为稳定。韦纳进而提出了归因的三维结构模式：原因源 × 可控性 × 稳定性。他认为对任何一种原因知觉都可以从这三个方面进行分析（见表 4–1）。

表 4–1　韦纳的成就归因理论

	原因源		可控性		稳定性	
	内在	外在	可控	不可控	稳定	不稳定
能力高低	√			√	√	
努力程度	√		√			√
任务难度		√		√	√	
运气好坏		√		√		√
身心状态	√			√		√
外界环境		√		√		√

3. 每一个维度对动机都有重要的影响

在原因源维度上，如果把成功归因于内部因素，会产生自豪感，从而提高动机水平；归因于外部因素，则会产生侥幸心理。如果将失败归因于内部因素，则会产生羞愧的感觉；归因于外部因素，则会对外部环境产生抱怨、生气。在稳定性维度上，如果把成功归因于稳定因素，会产生自豪感，从而提高动机；归因于不稳定因素，则会产生侥幸心理。如果将失败归因于稳定因素，将会产生绝望的感觉；将失败归因于不稳定的因素，则会生气。在可控性维度上，如果将成功归因于可控因素，则会积极地去追求成功；如果将失败归因于不可控因素，则会绝望。

4. 学习成败归因于努力比归因于能力更能产生强烈的情绪体验

如果归因分析的结果获得的是积极信息，就会更加自信，学习投入更多；如果归因分析的结果是消极的，且这些消极的原因是难以控制的，则可降低自信心和成功的期望值，甚至自暴自弃，即习得性无助。所谓习得性无助指学习者认为无论自己怎样努力，也不可能取得成功，并由此产生沮丧，丧失动力，甚至不去避免失败，放弃学习的无助行为。柯维顿称之为接受失败者。习得性无助者往往将失败归因于内部的、稳定而不可控的因素（如能力）。可见，引导大学生客观正确地进行归因很重要。

视窗 4-3 习得性无助感

（三）教育启示

归因理论是从结果来阐述行为动机的，因此它的理论价值与实际作用主要表现在三个方面：一是有助于了解心理活动发生的因果关系；二是有助于根据学习行为及其结果来推断个体的心理特征和个性差异；三是有助于从特定的学习行为及其结果来预测个体在某种情况下可能产生的学习行为。正因为如此，在高等教育实践中运用归因理论来了解大学生的学习动机，帮助大学生进行积极归因，对于改善大学生的学习行为，提高其学习效果也会产生一定的作用。

视窗 4-4 归因训练是否有效

四、自我效能感理论

社会学习理论的创始人班杜拉从社会学习的观点出发，在 1977 年提出了自我效能感理论，用以解释在特殊情景下动机产生的原因。自我效能感，指人们对自己是否能够成功地从事某一行为的主观判断。判断的结果如何，将直接影响到一个人行为动机的强弱。也可以说，个人在面临一项特殊工作时，对该项特殊工作的动机强弱取决于个人对其自我效能的评估。自我效能感理论一经提出，就引起了动机心理学家们的极大兴趣。其主要观点如下。

（一）自我效能感的评估取决于四个方面的经验

班杜拉的研究表明，个体对自我效能的评估取决于四个方面的经验：① 直接经验，即以往自己从事同类工作时的成败经验；② 间接经验，即间接地观察学习别人的经验；③ 书本知识或别人意见，指由阅读或与他人交往获得的经验；④ 身心状况、情感的激发等，高兴、悲伤、恐惧、愤怒等情绪都可能改变自我效能感，过去成功或失败的情绪体验都可能影响自我效能感的判断。

（二）人的行为受强化的影响

班杜拉在他的动机理论中指出，人的行为受行为的结果因素与先行因素的影响。行为的结果因素就是通常所说的强化，但他对强化的看法与传统的行为主义不同。他把强化分为三种：① 直接强化，即通过外部因素对学习行为予以强化，如奖励与惩罚便是学习中常用的两种强化形式；② 替代性强化，即通过一定的榜样来强化相应的学习行为或学习行为倾向；③ 自我强化，即学习者根据一定的评价标准进行自我评价和自我监督，来强化相应的学习行为。班杜拉认为，在学习中没有强化也能获得有关的信息、形成新的行为，强化的作用在于激发和维持学生的学习行为。因此，他认为行为的出现不是由于随后的强化，而是由于人认识了行为与强化之间的依赖关系后，形成了对下一个强化的期待。

（三）期待分为结果期待和效能期待

班杜拉理解的“期待”也不同于传统的期待概念。传统的期待概念指的只是对行为结果的期待，而班杜拉认为除了结果期待外，还有一种效能期待。结果期待指的是个体对自己的某种行为导致某一结果的推测。如果个体预测到某一特定行为会导致某一特定的结果，那么这一行为就可能被激活和被选择。例如，学生认识到只要上课认真听讲，就会获得他所希望的好成绩，那他就很可能认真听课。效能期待则指个体对自己能否实施某种成就行为的能力的判断，即人对自己行为能力的推测。当个体确信自己有能力进行某一活动时，他就会产生高度的自我效能感，并会去实施该活动。例如，学生不仅认识到注意听课可以带来理想的成绩，而且还感到自己有能力听懂教师所讲的内容时，才会真正认真听课。

（四）影响自我效能感的因素

班杜拉指出，影响自我效能感的因素主要有以下几个：① 个体自身行为的成败经验。一般来说，成功经验会提高效能期待，反复的失败则会降低效能期待。② 归因方式，其直接影响自我效能感的形成。如果个体把成功的经验归因于外部的不可控的因素（如运气、难度等）就不会增强自我效能感，把失败归因于内部的可控的因素（如努力）也不一定会降低自我效能感。

（五）自我效能感的功能

自我效能感在学习活动中主要具有四大功能：① 决定人们对学习活动的选择及对学习活动的坚持性；② 影响人们对待学习困难的态度；③ 影响新行为的获得和习得行为的表现；④ 影响学习时的情绪状态。

自我效能理论克服了传统心理学重行轻欲、重知轻情的倾向，把个体的认知、需要和情感结合起来研究人的动机，具有较大的科学价值。

五、自我价值理论

自我价值理论是美国心理学家科温顿（Martin Covington）提出的。该理论在充分借鉴阿特金森的期望—价值理论（即成就动机理论）和韦纳的归因理论的基础上，立足于学生的自尊，从实际的角度来解释学生的动机问题。自我价值理论主要从学习动机的负面着手，试图探讨“为什么有些学生不肯努力学习”这一问题。该理论主要观点如下。

（一）个体具有维护自尊和自我价值感的需要

学习动机的自我价值理论认为，逃避失败、维护自我价值感是学生学习动机的一个重要方面，学生自身的能力观和充满竞争的教育环境是造成学生逃避失败的主要原因。当一个人的自尊和自我价值感受到威胁时，他就需要用各种措施来维护以保持自我的价值感和能力感。为了有效地逃避失败，学生经常会采取假努力，设置自我障碍等策略进行自我保护。

（二）根据学习动机，将学生划分为四类

自我价值理论澄清了阿特金森关于成就动机可分为追求成功和避免失败的两个独立维度的描述，不再以简单的趋避两级模型来解释，而采用四象限模型将动机类型划分为四种，同时将学生也分为以下四类。

1. 高驱低避型

高驱低避型学生拥有无穷的好奇心，对学习有极高的自我卷入水平。他们通过不断刻苦努力发展自我。他们自信、机智、又称作“成功定向者”，或者“掌握定向者”。

2. 低驱高避型

低驱高避型学生又被称为“逃避失败者”，对于这类学生，逃避失败要重于对成功的期望。他们对学校和生活感到持续的厌烦和无聊，大部分时间里表现得无精打采，懒洋洋的。但是他们并不一定存在学习问题，他们的成绩可以是很好的。他们可能会用短时间里的“猛攻”来换取更多时间的悠闲。

3. 高驱高避型

高驱高避型学生同时感受到成功的诱惑和失败的恐惧，被称作“过度努力者”。他们对任务既追求又排斥，但焦虑引起并加强了他们对学习的注意，所以他们会想办法取得成功来避免失败。为了成功同时又要掩饰自己的努力，他们中就出现了“隐讳努力”的现象。他们在同学中尽量表现得贪玩，不在乎考试，但私下里却偷偷努力。

4. 低驱低避型

低驱低避型的人又被称作“失败接受者”，他们没有对成功自豪的期望，也没有对失

败羞耻感的恐惧。他们内心很少有冲突，同时学习的机会和时间也非常有限。他们放弃了通过能力的获得来保持其身份地位的努力。这些学生在面临学业挑战时表现出退缩，至少是被动的反应。

（三）自我价值感是人们追求成功的内在动力

在经济社会中，人们一向看重成功，个体从小就知道，努力学习能取得优秀成绩，进而感到满足、自尊心提高、自我价值感增强。在多次经历之后，能力—成功—自我价值感三者之间就形成前因后果的连锁关系，而追求自我价值感就成为个人追求成功的内在动机。而事实上，大学生努力学习，除为获得良好成绩和奖学金之外，更多的是为获得更高的自我价值感。

（四）个体区别对待成功与失败来维护自我价值感

科温顿通过研究发现，成功的学生倾向于将成功的原因解释为自己的能力，而非自身努力的结果。因为成功归因于自己的能力，能获得更大的自我价值感，努力人人可为，但能力却唯我仅有。而在长期追求成功却无法获得的情况下，学生们为逃避失败后的痛苦，维持自我价值，他们既不承认自己能力不足，又不认同努力学习就可获得成功的看法。因此常会看到有学生能力不差但总不努力学习的情况。

（五）学生对能力与努力的归因随年级的变化而变化

科温顿研究发现，随着学生年级的升高，学生们的学习动机强度随之减弱。低年级学生最看重努力，而高年级学生则认同能力而非努力。当代大学生受社会浮躁风气的影响，家庭背景、人际关系网、交际手段等潜规则对于取得成功的巨大影响不断在大学生心中得以强化，部分大学生对努力学习的作用产生不同程度的怀疑，并极大地影响了他们的学习动机。

（六）教育启示

科温顿的研究结果显示，学校教育中存在两个严重问题：其一是有能力的学生不肯读书；其二是学生们接受教育时间愈久，读书机会愈多，反而愈不喜欢读书。我们应该反思学校教育中存在的这些反常现象，促使学生产生持久的学习动机。我们经常强调教育目的，如发展品格、启迪心智、强健体魄、实现德智体美劳的全面发展，只是教育者的目的，是远景目标。而作为受教育者的大学生最直接的目的就是要在每一门科目上获得成功的学习，因为学习动机原本就是“因知而进一步求知的内在动力”，学生只有连续地在课程科目上取得成功，学习动机才能不断强化。所以，辅导大学生认识近期学习目的，培养学习动机，提高学生自信心，应该被视为教育的重要方面。

第三节　大学生学习动机的培养与激发

在学生产生学习需要以后，要使它真正变成学习中经常起作用的有效的动力，还必须采取相应的措施，培养和激发学生的动机。也就是说，要利用一定的诱因使已经形成的学习需要由潜伏状态转入活动状态，使它成为实际上起推动作用的内部动因，从而能调动学习的积极性来解决当前的学习任务，并使已形成的学习动机不断地得到巩固、加深和提高。大学生学习动机的培养和激发是在学习过程中进行的，它主要依赖教师的教学内容、教学方法以及教学组织。

一、培养和激发学习动机的原则

第一，要正确对待学生的多种需要，人有多种多样的需要，学生也是如此。除了搞好学习外，学生还需要得到爱和关心，需要有安全感，需要有成功的体验，需要赞扬和鼓励，需要有独立自主的经验，等等。如果压抑学生的这些需要而不予满足，就可能导致学生学业失败，能力低下，甚至精神失常；需要被压抑还会不断积累紧张感，削弱学习动机水平，甚至使之消失。因此，教师应承认并尽力满足学生的多种合理需要。

第二，要努力帮助学生形成以内部动机为主、外部动机为辅的学习动机结构，因为内部动机能更好地促进学习。为此，一方面要促进外部学习动机向内部学习动机转化，另一方面要阻止相反的转化。年幼的学生不能理解学习的意义，难以培养内部动机而易于培养外部动机。可以在外部动机推动学生积极学习的基础上，逐步形成内部动机。一旦形成内部动机，则应适当减少外部奖励，以防止内部动机向外部动机转化。

第三，要适当控制学习动机的水平，使之保持在适当的强度上。要不断增强学习动机，但又不能没有限度，也就是促进学生产生尽可能大的学习动力，又不致诱发学生难以承受的紧张和焦虑。

第四，要把建立以内部动机为主的高水平学习动机作为教育目标，因为学习动机不仅是学习的促进因素，也是人格的重要部分，深远地影响着学生的学习、工作和身心健康。由此，培养学生高水平的学习动机是教师不可忽视的任务。

二、主要的学习动机源

学习动机源是可以用来培养激发学习动机的因素。了解学习动机源，就知道从哪些方面培养和激发学生的学习动机。

（一）学生本人是学习动机的重要来源

学生有各种各样的需要。好奇心、审美需要、认知需要都直接指向学习活动。使学生意识到这些需要，并积极寻求满足，就可以培养学习动机。安全、归属与爱、自尊等方面的需要有时并不直接指向学习活动，但如果这些需要的满足是以学生在学习上的努力和进步为前提的，就可以发展成为外部学习动机。

使学生意识到不确定性，如不理解的现象、不能控制的事物、不确定的学业成败、不确定的个人前途、社会变迁等，会使学生的安全感与自尊心受到威胁。这些不确定性都可与学习联系起来，激发学习动机。

（二）教师是学习动机的主要来源

教师是学生动机的主要指导者和管理者，控制着对学生的奖励与惩罚，如果将奖惩同学习上的努力与成绩联系起来，就可以激发学生的学习动机。而且教师特有的权威性地位使教师的学识、才能与人格成为学生模仿的对象。教师的博学多才、勤奋好学本身就能诱发学生的学习动机。教师对学生的关心爱护会赢得学生的爱戴，使学生愿意满足教师的要求。此时，教师在学习上对学生提出的要求就可以激发学习动机。

（三）同学也是学习动机的来源

心理学家费斯汀格认为，人有一种将自己和他人进行比较的基本内驱力。学生也喜欢与同学比较和竞争。当他发现自己学习不如同学时会努力赶上去，当他发现自己的成绩好于同学时会努力保持优势。因此，同学之间的信息交流和恰当的竞争可以激发学习动机，尤其是自我提高内驱力。

（四）其他学习动机来源

社会期望也可以成为学习动机的来源，社会制度、社会舆论中也常有激发学习动机的因素。

三、培养和激发学习动机的措施

（一）建立良好的师生关系

教师是重要的学习动机源，但能否发挥作用取决于师生关系。如果教师不负责任，不关心学生，就会使师生关系紧张，使学生对教师讲授的内容产生逆反心理，甚至会为逃避教师而逃避学习。只有教师真正关心、爱护学生，恰当地给予赞许、认可和帮助，才能使学生为了让教师满意而努力学习。

（二）要恰当地运用奖励和惩罚

教师正确地评价学生，恰当地运用表扬与批评，是激发学习动机的重要手段之一。因为这种表扬与批评是对学生学习态度、学习成绩进行肯定与否定的一种强化方式。正确运用表扬与批评，可以提高学生的认识水平，激发其上进心、自尊心、荣辱感和集体主义精神等。一般说来，表扬、鼓励比批评、指责能更有效地激励学生学习的积极性。前者让学生获得成熟感，增强自信心，而后者恰恰起相反的作用。

在运用表扬与批评这一手段时应注意：第一，以表扬为主；第二，实事求是地根据每个学生的实际进步和努力情况，使每个学生都能得到适量的表扬；第三，要考虑学生的年龄特点和人格特点；第四，要注意培养和保护学生的自尊心，不宜使用嘲讽、羞辱的办法。

虽然表扬和奖励对学生学习具有促进作用，但使用过多或者使用不当，也会产生消极作用。许多研究表明，如果滥用外部奖励，不仅不能促进学习，而且可能破坏学生的内在动机。因此，教师应尽量利用教学内容来激起学生的内部学习动机，避免使用不必要的物质奖励。但是当确实需要外部奖励时，也不必回避使用。一般来说，在学生刚开始从事一项学习活动时，需要使用外部奖励；当学生体验到活动的乐趣并取得成功时，可以逐渐减少甚至停止使用外部奖励。

视窗 4-5 外部奖励会削弱内在兴趣？

（三）及时反馈学习结果

学习反馈是指学生对学习结果的了解和知悉。让学生了解其学习结果，不论是成功的还是失败的，都能提高学生的学习热情，增强进一步努力的动力，对学习起到一定的激励作用。要使反馈成为一个有效的激励因素，必须要注意两点。

1. 反馈要及时

反馈要及时，即反馈必须紧跟在个体的学习结果之后。及时反馈对学习结果的激励作用，得到了许多实验的证明。罗西和亨里（Ross & Henry）把一个班级的学生随机分为三组，每天学习以后进行测验。主试对第一组学生每天告知其测验结果，对第二组每周告知其测验结果，对第三组则不告知其测验结果。这样实验进行 8 周以后改换实验条件，将第一组与第三组进行对调，即第一组不再告诉他们测验结果，对第三组则每天告诉他们测验结果，第二组的条件不变。这样实验再进行 8 周。实验结果见图 4–4。

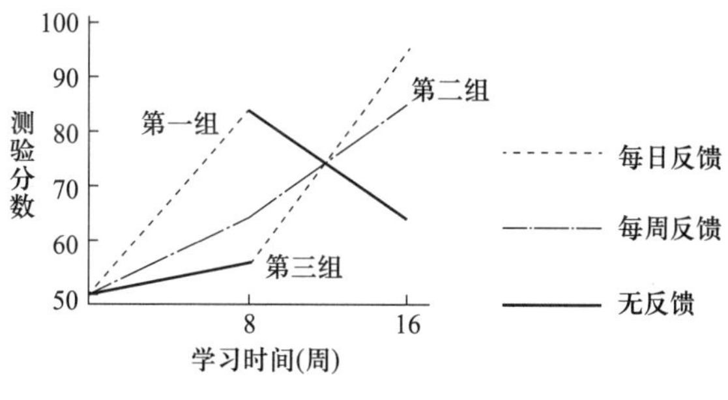

图 4–4 不同反馈的效应

从图 4–4 中可见，在前 8 周，第

一组的成绩迅速上升，第三组进步很小；在实验的后 8 周，第三组的成绩迅速上升，第一组的成绩迅速下降；而第二组的成绩自始至终保持良好的上升势头。这一实验说明，反馈越及时，它所起的激励作用就越大。

2. 反馈必须是具体的

具体的反馈兼具信息性和激励性。它告诉学生对在哪里，错在哪里，这样通过反馈学生就知道以后该怎么做。具体的反馈还可以帮助学生形成对成功努力的归因。相反，如果学生仅仅受到表扬或得到一个高分，还没有得到任何具体说明，那么就难以从中获知以后如何做才有可能获得成功，并容易形成能力归因或外部归因。例如，小明这回考试取得了好成绩，此时，作为老师，就应该及时给予表扬和鼓励，并且表扬一定要具体。如："小明，通过你这学期持之以恒的努力，你这次考试取得了优异的成绩！"而不能泛泛而谈，如："小明，你考得不错！"

（四）合理组织竞赛活动

有学者发现，学习竞赛以竞赛中的名次或胜负为诱因，可以满足学生的自尊和自我提高的需要，从而在一定程度上提高其学习积极性，影响学习效果。但是，也有研究表明，学习竞赛对于不同水平的学习者的影响不同：对于成绩中上的学生影响最大，对成绩极优或极差者影响甚微。但过多的竞赛会造成过度紧张，成绩差的学生会因经常失败而失去学习信心与兴趣。而且，学习竞赛是以个体为单位，往往容易形成嫉妒与对立，不利于团结协作的集体主义精神的建立。因此，在组织学习竞赛的实践中，要科学设计内容，积极探索形式，最大范围地调动和发挥每个大学生的潜能和优势，激发学生的成功感，提高他们的自尊心和自信心。

【复习思考题】

1. 一般而言，把学习成败归因于何种因素对学习动机的激励作用最大？（ ）

A. 努力程度　　B. 能力高低

C. 任务难度　　D. 运气好坏

2. 学习动机的强化理论是由（ ）学习理论家提出来的。

A. 格式塔派　　B. 认知派

C. 联结派　　D. 建构派

3. 根据班杜拉的理论，简述自我效能感的含义以及影响自我效能感形成的因素。

4. 请根据奥苏贝尔提出的学校情境中的成就动机，判断下列哪些属于内部动机，哪些属于外部动机，并说出理由。

（1）自我提高内驱力

（2）附属内驱力

（3）学而优则仕

（4）为中华崛起而读书

5. 请根据强化动机理论判断下列哪些属于正强化，哪些属于负强化，并说出理由。

（1）考试及格，可以免去一天的家务活

（2）写完作业，可以去逛街

（3）认真听课了，老师停止了对他的批评

（4）小明如果期末考试进前十名，妈妈就给他买他一直想要的电脑

【推荐阅读】

1. 边玉芳，等. 教育心理学［M］. 杭州：浙江教育出版社，2009.

2. 冯忠良，伍新春，姚梅林，等. 教育心理学［M］. 北京：人民教育出版社，2000.

3. 罗伯特·斯莱文. 教育心理学：理论与实践［M］. 吕红梅，姚梅林，等译. 北京：人民邮电出版社，2016.

4. 张积家. 高等教育心理学［M］. 北京：高等教育出版社，2009.

第五章　大学生的认知领域学习

判天地之美，析万物之理。

——《庄子·天下》

知识的学与教是学校的重要任务，也是学校智育的核心内容，因此，知识的学习与教学历来是教育心理学研究的一个中心问题。如何根据大学生认知学习的特点进行教学，应是高校教师关注的问题。本章从知识学习概述、陈述性知识学习和程序性知识学习三个部分着手，探讨了大学生认知领域学习的相关问题。

第一节　知识学习概述

知识是一个使用频率极高的概念，也是一个复杂的概念。本节着重从认知心理学广义知识的角度分析了知识的表征问题。所谓表征或心理表征，指的是信息在人脑中记载和呈现的方式。著名认知心理学家安德森（John Robert Anderson）指出，理解知识应用的前提是知道知识在人脑中是如何表征的。

一、知识的概念

人类对知识的含义和本质的探索由来已久，不同学科从不同角度来定义知识。知识历来是哲学认识论研究的对象。我们常见的知识定义往往是从哲学认识论中的反映论来定义的，认为知识是客观事物的属性和联系在人脑中的反映。《现代汉语词典》对知识的解释是："人们在社会实践中所获得的认知和经验的总和。"教育学也常把知识定义为"对事物属性与联系的认识"。这些界定肯定了知识的稳定性和明确性，特别在教育领域中各门学科所涉及的知识，基本上是该学科中较为确定、接近共识的内容，是人类积累下来的较为可靠的经验体系。但是，只从这个角度认识知识是不全面的，这样定义知识，不能揭示出认知活动中主体与客体的动态，容易把知识固定化。

认知心理学家认为：知识是个体头脑中的一种内部状态，即人脑对客观事物的特征与联系的反映，是客观事物在人脑中的主观表征。在20世纪50年代以前，心理学不研究心理活动的内部状态，很难对知识下定义。认知理论产生以后，对知识作出了较为确切的定义。如著名心理学家皮亚杰认为，知识是主体与环境或思维与客体相互交换而导致的知觉建构，知识不是客体的副本，也不是由主体决定的先验意识。现代认知心理学把学习活动看作信息加工过程，认为知识（广义的知识）是个体通过与环境相互作用后获得的信息及其组织。人在与外界相互作用的过程中，获得来自客体的各种信息，用一定的方式对这些信息进行加工和组织，形成对事物的理解，从而形成知识。存在于个体头脑中的是个体知识，存在于个体之外的是人类的知识。

一般认为，"知识"的定义有狭义和广义之分。狭义的知识就是能储存在语言文字符号或言语活动中的信息或意义，如各门学科的事实、概念、公式、定理等。上述认知心理学对知识的定义是广义的知识，它既包括个体从自身的生活实践和人类的社会历史实践中获得的各种信息（狭义的知识），也包括在获得和使用这些信息过程中所形成和发展而来的种种技能、技巧和能力。

知识在人的头脑中是如何储存并运作的呢？这就涉及表征这一概念。表征也称为知识表征或信息表征，指信息在头脑中记载和呈现的方式。一个外在的信息在头脑中可以以具体形象、概念或命题等形式记载和呈现。不同类型的知识，其表征方式是不同的。

知识是人对行为进行定向和调节的基础，是个体适应环境的重要因素。它有三项基本的功能：一是辨别功能，人们可以根据有关知识对感受到的事物进行辨认归类，纳入知识结构；二是预期功能，在具备了相应的知识时，人就可以通过推论对事物形成一定的预期，推知事物的其他属性以及变化趋势；三是调节功能，个体总在以自己的知识为基础来确定活动的程序，并对活动的实施过程进行监控和调节。

二、广义的知识分类

安德森根据知识的状态和表现方式把个体的知识分为两类：陈述性知识和程序性知识。[①]

（一）陈述性知识

陈述性知识，是指有关人所知道的事物状况及事物之间关系的、能够被人陈述和描述的知识，或者说是关于“是什么”的知识，包括名称、事实、事件、态度等。从某种程度上讲，陈述性知识所反映的是一种静态的（不变的）事实信息，信息的组织对人们来说是显而易见的，也就是说，个体大脑中有明显的提取线索。例如，我们平时在文章中所陈述的某些事实或现象、所描述的某些事件和人物、所阐明的某些观点和事理即运用此类知识的结果。

陈述性知识是个人具有有意识的提取线索而能直接陈述的知识。这类知识是关于世界的事实性知识，包括关于事实是什么的知识和关于事物及其关系的知识，主要回答“是什么”“为什么”的问题，如回答“中国的首都在哪里？”“第二次世界大战的原因是什么？”“为什么太阳从东边升起而从西边落下？”等问题，都需要陈述性知识。

（二）程序性知识

程序性知识是一种以操作步骤为基础的知识，是个体不具备有意识的提取线索，只能借助某种作业形式来间接推测其存在的知识。它是关于完成某项活动的知识，它表现在活动中，是一套办事的操作步骤和过程，因此程序性知识又称为步骤性知识或过程性知识，它主要回答“怎么做”的问题。由于程序性知识与实践操作密切联系，因而具有动态性质。例如，回答“1/3 + 3/4 = ？”“将主动语态变成被动语态”“用心理学中强化理论中的强化程序来设计一个行为矫正方案”，等等，都需要程序性知识。

---

① 吴红耘. 修订的布卢姆目标分类与加涅和安德森学习结果分类的比较［J］. 心理科学，2009，32（4）：994-996.

三、知识的其他分类

（一）显性知识和隐性知识

英籍犹太裔哲学家波兰尼（Michael Polanyi）依据知识与言语的关系，将知识分为显性知识与隐性知识。前者也称明言知识，是能用语言文字（包括数学公式、图表）等诸种符号表达的知识；后者也称默会知识，是只能意会而不能言传的知识。[①] 例如，幼儿在受正规教育之前，能用合乎语法的句子表达自己的思想，但是他们未清晰地意识到自己的话语中暗含的语法规则。实际上，信息加工心理学的两类知识划分与波兰尼的两类知识划分存在着很大的一致性。陈述性知识也就是显性知识，是个体能够意识到并能用言语表达的；程序性知识中有些是个体完全不能意识和用言语表达的，也就是隐性知识。

（二）结构良好领域知识和结构不良领域知识

美国心理学家斯皮罗（Rand Spiro）等人依据知识及其应用的复杂多变程度，将知识划分为结构良好领域知识和结构不良领域知识。[②] 结构良好领域的知识是有固定答案的知识，如算术运算的某些规则、需要背诵的课文中的语言知识；结构不良领域的知识是指生活中比较复杂的知识，它们不是简单回答就能理解解决的知识，如解决问题中的知识。结构不良领域知识是普遍存在的，例如，听了一次讲座后，你很受鼓舞，可是当你想把讲师的方法也运用到自己的课堂中时，就要处理大量带有结构不良特征的情境和知识。

第二节　大学生陈述性知识的学习

按照第一节中知识的广义分类，知识可以分为陈述性知识和程序性知识，其中，陈述性知识被认为是狭义上的知识。在大学生的学习过程中，接触到的知识很大一部分是陈述性知识，比如对于学科历史的认知、专业理论的学习和拓展文献的阅读等，陈述性知识的学习在文科性质的学科中尤为重要。故本节将从陈述性知识的表征与分类、大学生陈述性知识的学习过程、促进大学生陈述性知识学习的一般条件和大学生陈述性知识的学习指导四个方面介绍大学生陈述性知识的学习。

---

① 石中英. 波兰尼的知识理论及其教育意义［J］. 华东师范大学学报（教育科学版），2001（2）：36-45.

② 陈琦，张建伟. 建构主义与教学改革［J］. 教育研究与实验，1998（3）：46-50，72.

一、陈述性知识的表征与分类

（一）陈述性知识的表征

知识在学生的头脑中是如何储存和运作的呢？要解决这个问题，就要进一步研究知识的表征。认知心理学家认为，表征是信息在人脑中呈现和储存的方式。不同类型的知识，其表征方式是不同的。现代认知心理学研究结果表明，陈述性知识是以表象、命题和命题网络来表征的，这些表征形式整合起来构成一种综合的表征形式——图式。

1. 表象

表象，也称意象或心象，是外界事物与空间有关的连续信息在人的大脑中的表征。人们对曾经体验过的事物形态或经历过的情景多少有所记忆，例如，有关儿时某个伙伴的记忆，有关故乡的记忆，有关母校的记忆，等等。我们在描写事物或记叙事件时，往往要回忆或想象这些不在眼前的人物或情景，这些人物、事物和情景浮现在我们的脑海之中，我们感到“好像在头脑中看到它们似的”。这种关于人物、事物和情景的知觉特征的记忆便是表象。综合现代心理学家的研究成果，我们可以归纳出表象所具有的如下一些特征。

（1）表征空间上的立体信息和时间上连续的且不断变化的信息

表象的结构具有与其所表征的对象（客体）相类似的结构特征，因而，表象不仅能够具体地表征客观对象的三维空间上的立体特征，而且能够表征各个维度上连续的细节特征及其变化的形态特征。表象的这一特点是构成个体形象思维的基石，是学生进行想象的心理基础。

（2）进行多种形式的心理运作

认知心理学家对个体运用表象进行心理运作做过很多实验，如心理的“三维旋转”实验、“心理行走”实验等。这些实验的结果揭示，个体在运用表象时可以对自己心目中的表象进行旋转、扫视或有层次地组织与分割等多种形式的心理运作。这些心理运作就可以使个体在大脑中通过想象不断改变与一定的客观事物相类似的结构。这种心理上对客体结构形态的改变即我们通常所说的创造性想象，是学生过程学习中常常涉及的心理过程。

（3）具有一定的模糊性和概括性

表象是大脑对客体的反映，它与真实的事物和事件毕竟有一定的区别。在生活中，尽管人们已无数次地知觉过一元硬币，可是，绝大多数人平时并不去留意它的图案的细节，人们所记忆的只是它的模糊的、大概的结构特征。个体可以运用视觉表象进行记忆，但这种记忆不一定是知觉对象的细节。因此，与实际事物相比，人的视觉表象通常是比较模糊、比较概括的，往往不够完整、不够精确。

（4）具有一定的歪曲性

对复杂的物象或图像所形成的视觉表象具有一定的结构层次，这种结构层次的存在往往会对人的心理表象造成一定程度的歪曲。有研究证明，人们的大脑已经储存的高层结构的表象信息会影响与之相关的低层结构的表象信息，从而导致人们产生回忆的混淆和歪曲。这同时又说明，人的大脑中的表象并非照相似地对客体进行反映，有时甚至是错误的反映。

2. 命题

认知心理学家一般认为陈述性知识所反映的是事物的意义（通常是语言信息），在人的记忆中关于事物意义的知识通常是以命题的形式来表征的。“命题”这一概念原本来自逻辑学和语言学，一般以句子为其表现形式，指一个独立的断言，通过它可以使我们了解某个判断的真假。在认知心理学中，命题是指词语表达意义的最小单元。一个命题大致与我们头脑中的一个观念相当。例如，“这（那）个学生写好了论文”就是通过把几个概念（学生、写、论文等）联系起来表达了一个比较完整的观念。而这则短语便是一个命题。在大多数情况下，一个句子可含有一个以上的观念，所以一个句子通常包含几个命题。例如，“这（那）个学生写好了论文交给了老师离开了教室”就含有三个观念：“这（那）个学生写好了论文”“他把论文交给了老师”“他离开了教室”。这就意味着在这个句子中含有三个命题。

认知心理学家的研究表明，人脑归根结底是一个信息加工系统，也是命题操纵的机器，因此，命题是知识的基本存在形式。词、短语和句子虽然是知识的物质载体，但是在人脑中储存的是命题所反映的句子或短语的意义，而非某一特殊的词或句子。他们把命题看作陈述性知识的最小单元，认为它是一种陈述，可以是一个语句，可以是一个方程式或其他任何一种符号的有意义的组合。认知心理学家在研究陈述性知识的表征时，将词、短语、句子看作观念的形式，而命题则代表了观念的本身。无论安德森，还是其他一些心理学家的研究都从不同侧面表明，个体是用命题而不是句子来储存语言信息的。换句话说，在个体运用语言进行学习或交流时，词、短语或句子这些语言单位只是学习和交流思想的工具，是思想观念的物质外壳或载体；而人的思想观念在头脑内不是用词语而是用命题记录下来的。人记忆和思考的对象不是词语，而是命题，命题是思想的单元。

视窗 5-1　命题表征的实验

3. 命题网络

现代认知心理学家认为，在人的长时记忆中储存的任何信息单位，并不是孤立地存放在那里的，各个信息单位之间往往有千丝万缕的联系，特别是那些分享着同一主题的若干命题相互之间会存在这样或那样的联系。正是命题与命题之间的这种相互联系，使得人们大脑中储存的知识能被有效地提取利用。有学者认为，信息组合之间的关系是智力的关键方面，这种关系的知识支配着我们进行类比推理和洞察其他类型联系的能力，而这些能力对于解决新情境中的问题是十分重要的。那么，命题与命题是如何联系起来的呢？认知心理学家认为，命题与命题之间有共同成分，这种共同成分通过一定的动词、名词或介词等关联词语连接起来便构成了命题网络。事件的抽象意义信息就是以命题网络形式储存在人的记忆之中的，人们运用语言表达自己的思想观念就是对记忆中已有的命题网络的组合和提取，听话和阅读也是通过对句子中所包含的命题及其组合关系的分析来理解话语中的思想。命题之间有三种基本的联系方式：① 并列，通过并列连词表示两个或两个以上命题间的关系；② 关联，表示一个命题对另一个命题的限制或修饰；③ 补充，表示用一个命题填补另一个命题的空位。

认知心理学家柯林斯和奎利恩（Collins & Quillian）认为命题网络的结构是存在一定的层次的，处于结构低层的单位与处于上位的高层单位以一定的方式联结起来。一定单位所具有的某一特征与该单位的属性及其属性值相联结。例如，“一只小麻雀停在树枝上”。在此，下位概念“麻雀”与上位概念单位“鸟”相联结，“鸟”又与其更高层的概念“动物”相联结。有关这些概念所具有的属性，有可能分别储存在不同的概括水平上。“小”储存在“麻雀”这一水平上；“有翅膀”“有羽毛”等属性储存在“鸟”这一水平上；而“有皮肤”“能呼吸”等属性则储存在“动物”这一水平上。当我们要证明“黄鱼有皮肤”这一句子的真伪时，搜寻工作将从“黄鱼”这一水平开始；若在这一水平未发现该属性，搜寻工作将上升到“鱼”这一水平；如果在这一水平仍然未搜寻到该属性，就进一步上升到“动物”这一水平搜寻。证实这些句子为真所需要的时间，可能取决于句中所涉及的两个概念在这一层级中的距离的远近，距离越远，所需要的时间越长；反之，则越短。当提出一个语句要求验证时，人们就从主项名词和宾项名词进入命题网络，并寻找这两个结点联结起来的通道，核对通道上的标记与句中所断言的关系是否一致。由于搜索的过程存在差别，因而验证一个句子所需要的时间可能是不同的。如果两个单位之间只有一个联结，所需要的时间相对来说比较短，这两个单位之间的子集关系是直接储存在语义记忆之中的。如果两个单位之间有两个联结，验证该句子所需要的时间就要长一些，人们必须从已经储存的两个单位之间的关系中进行推断。这充分表明，大脑中的各种观念（命题）不是杂乱无章地存放着的，而是根据一定的线索、按照一定的层次严密地组织在一起的。人们可能是根据不同的概括水平来储存事实或概念的，也可能是按照一种最能区分有关事实和概念的标准来储存它们的属性的。需要指出的是，人们可以将“有皮肤”这一属性储存在“鸟”这一水平上，但是，如果人们将这一属性储存在“动物”这一水平将更加有益，因为按照这种办法进行储存，我们可以利用对观念上下位关系的理解来减少某一水平需要直接储存的知识量。这样不仅大大减轻了记忆的负担，而且便于提取，还使推理成为可能。

4. 图式

在人的长时记忆中，表象与命题、情节知识和语义知识并不是彼此孤立地分别进行储存的，相反，它们往往围绕一定的主题组成具有一定结构层次的大的知识单元。早先，在奥苏贝尔的理论中，这种知识单元称为认知结构。现代图式理论对此做了具体的描述和解释，从而丰富和发展了奥苏贝尔的认知结构说。安德森认为，对于表征小的意义单元，命题是适合的，但是对于表征有关一些特殊概念的较大的有组织的信息组合，命题是不适合的。在人的大脑中，这种较大的有组织的信息组合是用图式表征的。图式这个概念最早由巴特利特（Frederic Charles Bartlett）提出。他认为，图式是一个人用于加工新信息和引起对信息回忆的已有知识。后来，皮亚杰、安德森、鲁姆哈特（David Everett Rumelhart）和梅耶（Richard Mayer）等人对图式进行了系统研究，使图式理论日趋完善和成熟。尽管这些心理学家对图式的理解有所不同，但他们普遍认为，图式是由信息组成的单元，是大的知识结构，它能够运用于范围广泛的情境之中，是加工信息的基本框架。虽然图式的形式多种多样，但是图式一般都具有以下特点。

（1）图式由恒定部分和可变部分组成

恒定部分是图式的主题，是比较固定的；可变部分的一个重要特性就是有许多空位"槽"，它们可以与环境的不同方面相联系，即可以被新的学习填补，使图式能够在具体化的时候千变万化。如在"人过铁路"的图式中，人和铁路就是恒定部分，谁过、在哪过、怎样过则是可变部分。

（2）图式具有层次性

图式的层次性有两层意思，一是指一个图式是由一组亚图式组成的。例如，关于人物形象的图式由头部、四肢、身体等亚图式组成，而头部图式又由头发、眼睛、鼻子、眉毛、嘴巴、耳朵等不能再分的亚图式组成。二是指图式具有不同的抽象水平，可以表征各级水平的知识。就人物形象的图式而言，就存在不同抽象水平的图式。例如，关于少女形象的图式，既包括一般的或笼统的相对于儿童、中老年来讲的年轻女性的形象，也包括某种职业的如女大学生、某个地区的如南方姑娘或某个民族的如维吾尔族少女等特定的形象，还包括某种性格、相貌、修养、地位等具体的形象，如《红楼梦》中的薛宝钗、林黛玉、晴雯等人物形象。

（3）图式包含着多种信息

图式是一个大的知识单元或者说是一个信息包，在图式中既包括命题类的语义知识，也包括表象类的情节性知识。可以这么说：我们所具有的围绕某一主题的全部知识都可以包括在图式当中。与写作相关的图式也是如此。例如，写一篇介绍建筑物的说明文，有关的图式既包括命题知识（如字、词、句、语法、修辞等语言方面的知识，说明文的文体结构、特点、写法等方面的知识，建筑物的特征、功能等方面的知识），也包括人们关于各类具体建筑物的外形、色彩、高矮、大小、位置构造等表象方面的知识。

（4）图式不仅是储存信息的静态结构，而且是加工信息的动态过程

当我们阅读朱自清的《春》时，图式既是评价我们的知识与课文中的信息是否具有适合性的过程，又是对自身的可变部分赋予一定值的过程。因而，在人们运用语言符号信息的过程中，图式不是静止不动的，而是总处于运动变化状态中。一方面，与文中的文字信息进行比较，找出自身储存的有关春天的信息与课文中所提供的信息之间存在哪些相同点和不同点；另一方面，又要不断填充自己的"缺失值"，使文中具体描写的花味之香、花色之艳、花类之多、花间之闹等信息依次进入图式的可变部分之中。可见，图式不仅是一

幅幅图画，而且是一座座加工厂，其加工的产品，就是对课文的记忆、理解和评价。

（二）陈述性知识的学习分类

陈述性知识的学习可以分为三个阶段。第一阶段，新信息进入短时记忆，并与长时记忆中被激活的相关知识建立联系，继而出现新的意义的构建。第二阶段，新构建的意义储存在长时记忆中，如果没有复习或者进行重新学习，这些意义会随着时间的延长而出现遗忘。第三阶段，意义的提取和运用。下面以加涅的陈述性知识学习分类①为背景，来阐述陈述性知识学习的分类。

1. 符号学习

符号学习指学习单个符号或一组符号的意义，或者说，学习它们代表的意义。符号学习的心理机制是符号和它们所代表的事物或观念在学习者认知结构中建立相应的等值关系。例如，“蚂蚁”这个符号，对新生儿是完全无意义的，在儿童多次同蚂蚁打交道的过程中，儿童的长辈或其他年长儿童多次指着蚂蚁说“蚂蚁”，儿童逐渐学会用“蚂蚁”（语音）代表他们实际见到的蚂蚁。我们说“蚂蚁”这个声音符号对某个儿童来说获得了意义，也就是说，“蚂蚁”这个声音符号引起的认知内容和实际的蚂蚁所引起的认知内容是大致相同的，同为蚂蚁的表象。

2. 概念学习

概念学习是意义学习的另一类较高级的形式。概念学习实质上是掌握同类事物的共同的关键特征。例如，学习“圆”这一概念，就是掌握所有圆共同的关键特征，而与它的大小、形状、颜色等特征无关。同类事物的关键特征可以由学习者从大批的同类事物的不同例证中独立发现，这种获得概念的方式叫概念形成。也可以用定义的方式直接向学习者呈现，学习者利用认知结构中原有的有关概念理解新概念，这种获得概念的方式叫概念同化。获得概念，不论是经过概念形成方式还是概念同化方式，其最终结果都是理解一类事物的共同的关键特征或本质特征。同一个概念可以用不同符号代表，同一符号表示的概念也可以发生变化，如“圆”这个符号，对于未学过平面几何相关知识的学生来说，他们没有将平面上的图形和立体的球形分化，只有圆的模糊概念。在学过有关圆的几何知识以后，掌握了圆的本质特征，即“圆在同一平面上而且圆周到圆心的距离处处相等”。经过系统的平面几何知识学习后，他们才有圆概念的精确定义，即“圆是一动点绕一定点等距离运动一周的轨迹”。

3. 命题学习

意义学习的第三种类型是命题学习。命题可以分为两类：一类是非概括性命题，只表示两个以上的特殊事物之间的关系，如“北京是中国的首都”，这个句子里的“北京”

---

① 吴红耘. 修订的布卢姆目标分类与加涅和安德森学习结果分类的比较［J］. 心理科学，2009，32（4）：994-996.

代表特殊城市，“中国的首都”也是一个特殊对象的名称，这个命题只陈述了一个具体事实；另一类命题表示若干事物或性质之间的关系，这类命题叫概括性命题，如“三角形的面积等于底乘以高除以二”，这是普遍的结论。不论表示特殊关系的命题还是表示一般关系的命题，它们都是由单词联合组成的句子代表的，所以在命题学习中也包含了符号表征学习。由于构成命题的单词一般代表概念，所以命题学习实质上是学习若干概念之间的关系，或者说，学习由几个概念联合所构成的复合意义。命题学习在复杂程度上一般高于概念学习。如果学生没有掌握一个命题中的有关概念，他就不可能理解这一命题。命题学习必须以概念学习为前提。

4. 图式学习

图式是一种大的知识单元，它将一些小的知识单元如命题、表象组织起来，使个体形成对一定的客体范畴、事件范畴的一种定型或定格的知识表征，是一种学习结果。认知心理学家有关图式形成的研究结果表明，图式是在例子的基础上形成的。学生要在头脑中形成一定的图式，必须学习两个以上的例子并且有意识地寻找和抽象出不同例子之间的相同和相似之处。心理学家吉克（Gick）和霍利奥克（Holyoak）认为图式学习主要包含三个过程：一是排除过程，从例子的表层描述中排除了不重要的细节，使得储存的信息量减少；二是概括过程，概括也会减少储存的信息，同时又会对信息进行改造；三是建构过程，建构不再是减少信息而是增加信息，包含了对未直接表述的蕴含的信息的推断。在认知心理学家看来，尽管图式的种类各不相同（如自然范畴图式、角色图式、事件图式和文本图式等），但所有图式的形成均经过上述基本过程。换言之，尽管形成的图式各不相同，但个体的心理运作过程基本上是一致的——都是抽取出某一范畴中最为典型的特征并加以组合。

二、大学生陈述性知识的学习过程

陈述性知识的学习是一个复杂的心理活动过程。这一过程是怎样发生的？其内在机制是什么？心理学家们从不同角度进行过大量的探讨并提出了各种观点。

奥苏贝尔在对有意义的言语材料的学习心理机制进行深入研究的基础上提出，意义学习的全过程可分为三个阶段：① 意义的获得阶段即新信息进入短时记忆，与长时记忆中被激活的相关知识建立联系，从而出现新的意义的建构；② 保持阶段，即新建构的意义储存于长时记忆中，如果没有复习或新的学习，这些意义会随着时间的延长而出现遗忘；③ 意义的再现阶段，即意义的提取和运用。

信息加工心理学把陈述性知识的学习看作信息的编码、储存和提取的过程。

综合以上观点，我们认为，陈述性知识的学习可以划分为三个阶段：习得阶段、保持阶段和提取阶段。

（一）陈述性知识的习得

陈述性知识的习得，也叫陈述性知识的理解，是学习者把输入的信息同认知结构（长时记忆）中的有关知识相联系，从而建构事物的意义并把它纳入认知结构（长时记忆）中的过程。关于陈述性知识理解的过程和内部机制，具有代表性的是奥苏贝尔的认知同化理论。

同化一词来自生理学，其基本意义是接纳、吸收、合并为自身的一部分，德国教育家赫尔巴特最早用这一概念来解释知识的学习，认为学习的过程是新观念进入原有观念内，使原有观念得到丰富和发展，从而为吸收新观念作好准备的过程，即原有观念同化新观念的过程。皮亚杰用同化来解释儿童的认知发展，他认为，心理同生理一样，也有吸收外界刺激并使之成为自身一部分的同化过程。奥苏贝尔用同化的思想系统地说明知识的学习。他认为，知识的同化就是把新观念纳入学生已有的认知结构，使已有的认知结构发生变化（重组、修改、扩充、深化等），形成新的认知结构的过程。

奥苏贝尔的有意义接受学习理论是用同化思想来解释外在的逻辑意义怎样向个体的心理意义转化的过程和条件的学说。在奥苏贝尔看来，同化就是新旧知识的相互作用。有意义言语学习理论强调，在新知识的学习中，认知结构中的原有的适当观念起决定作用。这种原有的适当观念对新知识起固定作用，故称之为起固定作用的观念，也叫固定点。新意义的获得是通过新材料与起固定作用的观念进行相互同化而获得的。

奥苏贝尔详细论述了符号意义的同化过程及概念和命题意义的同化过程。

1. 符号意义的同化过程

奥苏贝尔把这一过程称作表征性学习，指学习单个符号或一组符号的意义，或者说，学习它们代表什么。表征性学习的心理机制，是符号和它们所代表的事物或观念在学习者认知结构中建立相应的等值关系。

言语符号与所指对象的代表性关系具有很大的任意性，也就是说，为什么用某一个词来代表它所指的客体或观念，这是没有什么充足的理由的。所以，表征性学习很接近机械学习。但是，它仍然是一种意义学习，因为儿童在早期就形成了任何事物都有名称这样的一般观念，新符号的学习是在同这一观念的关联或相互同化中进行的。随着儿童词汇量的增加以及对组词法的掌握，新旧意义的同化更成为表征性学习的一个重要方面。

2. 概念和命题意义的同化过程

概念学习和命题学习是意义学习的高级形式，也是陈述性知识学习的核心内容。

知识同化理论认为，学生认知结构中原有的适当观念在新知识的学习中起着决定性作用，这种原有的适当观念对新知识起固定作用。认知结构内的观念是按照网络层次结构组成的，处于上层的、概括水平高的观念叫上位观念，处于下层的叫下位观念。根据新观念和认知结构中起固定作用的观念之间的层次结构关系，知识同化可以有三个模式，如表 5–1 所示。

表 5-1　三种知识同化模式

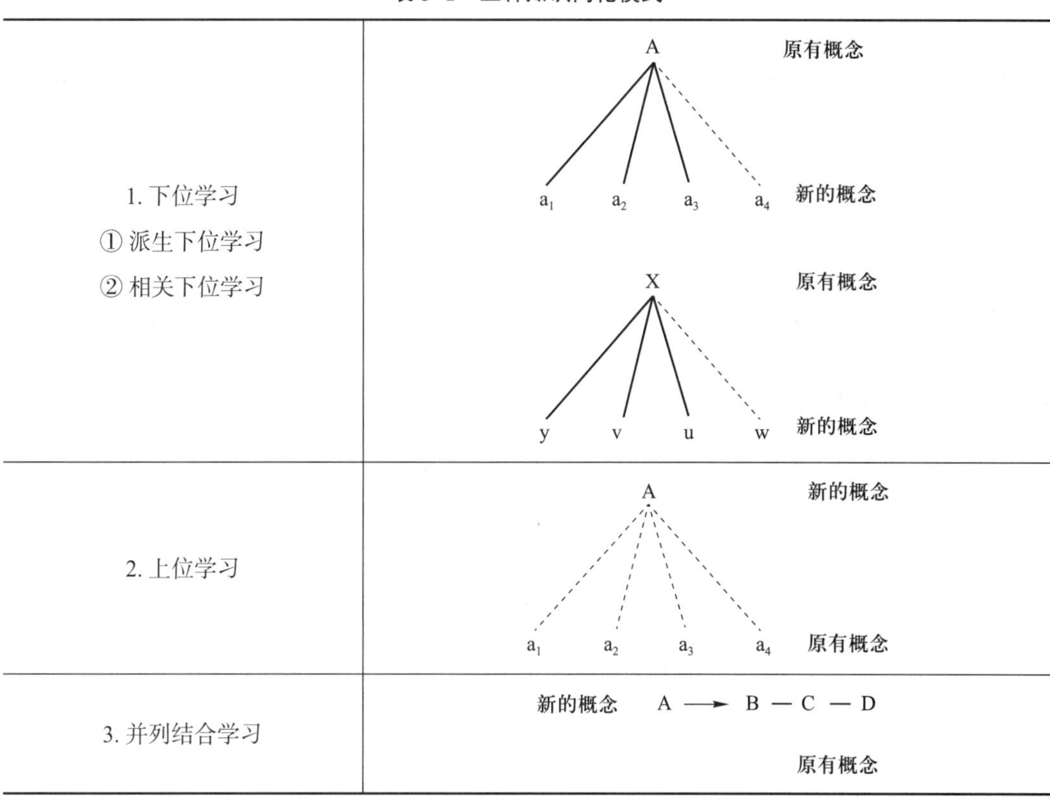

1. 下位学习 ① 派生下位学习 ② 相关下位学习	A 原有概念 a_1 a_2 a_3 a_4 新的概念 X 原有概念 y v u w 新的概念
2. 上位学习	A 新的概念 a_1 a_2 a_3 a_4 原有概念
3. 并列结合学习	新的概念　A ⟶ B — C — D 原有概念

（1）下位学习

认知结构本身在观念的抽象、概括和包容水平方面，倾向于按层次组织。新的概念或命题意义的出现，最典型的形式是新旧知识之间构成一种类属关系，即认知结构中原有的有关观念在包容和概括的水平上高于新学习的知识，新学习的知识因类属于旧知识而得到理解。新知识与旧知识所构成的这种类属关系，又称下位关系，这种类属学习的同化过程便称为下位学习，也叫类属学习。下位学习是最常见的一种同化形式，有两种形式：派生下位学习和相关下位学习。

派生下位学习是指新的学习材料仅仅是原先获得的概念或命题的例子、证据或例证，或是能从已有命题中直接派生出来。通过新旧知识的相互作用，新知识获得意义，原有的上位观念也得到了充实或证实。如原有上位概念“认知”，已有下位概念是“感觉”“知觉”“记忆”，新概念是“思维”，把“思维”纳入到“认知”的概念之下，新概念“思维”获得了意义，而原有的“认知”概念的本质特征不变，但外延扩大。这种学习中的下位概念完全可以从上位概念派生出来，因此叫作派生下位学习。在派生下位学习中，所要学习的新材料可以直接从认知结构中原有的具有更高包容性和概括性的概念或命题中推断出来，或者蕴含于其中。也就是说，新知识只是旧知识的派生物。所以，派生材料的意义出现很快，学习比较省力。

相关下位学习是新的下位观念不能从旧的上位观念中派生出来，新观念纳入旧的认知结构中之后，使原有的上位观念得到限制、补充、修饰等，新观念也获得意义。例如，原有上位概念是“短跑技术”，原有下位概念有“起跑技术”“起跑后的加速技术”，新概念是“终点冲刺技术”，同化的结果是使“短跑技术”这一上位概念的本质属性得到补充、加深和完善。这种学习中的下位概念与原有的上位概念是相关的关系，故称为相关下位学习。在相关下位学习中，新知识虽然被看作原有知识的下位观念，但是前者的意义并非完全蕴含在后者之中，也不能为后者所充分代表。

区分这两类下位学习的关键是新知识纳入原有认知结构之后，原有的上位概念或命题是否发生本质属性的改变。在派生下位学习中，新知识纳入原有的旧知识中，原有的上位概念或命题只是得到证实或说明，本质未变。但在相关下位学习中，新知识的纳入使原有的上位概念或命题得到扩展、深化或修改。

（2）上位学习

当认知结构中已经形成了几个观念，新学习的观念就是在这几个原有观念的基础上形成一个包容程度更高的命题时，这种学习就是上位学习。即新学习的观念是原有观念的上位观念。如原有“桌子”“柜子”“椅子”“凳子”等概念，现在形成一个上位概念“家具”。再比如，在语文课学习用拟人化手法写作的范文后，总结拟人化写作方法的特点。由于上位学习是一个舍弃下位概念或下位命题中的非本质特征、抽取其本质特征的概括过程，因此较之下位学习的难度更大，对学生的抽象概括水平要求更高。学生学习公式、定理、定律、原理、各种理论知识都必须通过上位学习模式进行，通过抽象概括的理性思维而总结概括出来。上位学习在概念学习中比在命题学习中更为普遍。

（3）并列结合学习

当新学习的观念与认知结构中原有观念既不能产生类属关系，又不能产生总括关系，但它们之间又具有某种联合意义，即都具有某种共同的本质特征时，这种学习称为并列结合学习。许多新命题和新概念的学习都是并列结合学习的同化模式，而且随着学生年级的升高，这种同化模式越来越多。因为学生所学的命题和概念是有潜在意义的，它们是由一些已经学习过的观念合理结合而构成的，并且与学生已有的整体的有关认知内容是吻合的，因而能与认知结构中的有关内容的一般背景联系起来。如学习质量与能量、热与体积、遗传结构与变异、需求与价格等概念之间的关系，质量与能量、热与体积、遗传结构与变异为已知的关系，现在要学习需求与价格的关系，这个新学习的关系虽然不能类属于原有的关系之中，也不能概括原有的关系，但它们之间仍然具有某种共同的关键特征，如后一变量随前一变量的变化而变化等，根据这种共同特征，新关系与已知的关系并列结合，新关系就具有了意义。

在学习知识时，下位学习和上位学习是知识的纵向联系，并列学习则是知识的横向联系。通过三种学习，学生的认知结构就会不断分化，并得到进一步的整合协调，从而在头脑中建立完整精确的认知结构。当然，我们应该看到，对于许多知识的理解并不是单纯利用某一种同化模式的结果，而是通过对各种模式的综合运用而实现的。

（二）陈述性知识的保持

理解了新学习材料的意义只是陈述性知识学习的第一阶段，学生原有认知结构发生改组与重建、新的认知结构建立之后，必须把它们保持和巩固下来。这一心理过程就是记忆过程。

1. 记忆及其加工过程

记忆是对记忆材料的识记、保持、再认或回忆的过程。现代信息加工心理学认为，记忆过程是信息加工过程，是人脑对外界输入的信息进行编码、储存和提取的过程。心理学家根据编码方式不同及信息在头脑中保持时间长短，把记忆过程分成三个阶段：瞬时记忆、短时记忆和长时记忆。

瞬时记忆：又称即时记忆、感觉记忆。外界信息进入感觉登记器，保持很短时间，大约为 0.25～2 秒，这种短暂的记忆就是瞬时记忆。在瞬时记忆阶段，信息如果受到注意就会进入短时记忆系统，不被注意就会消失。瞬时记忆的特点是信息保持时间极短，信息按物理特征编码，具有鲜明的形象性。

短时记忆：又称工作记忆或操作记忆，是记忆的操作平台。从瞬时记忆中进入的信息，与从长时记忆中提取的信息，在短时记忆中进行的加工。短时记忆的保持时间只有 1 分钟左右。短时记忆容量也有限，只有 7 ± 2 个信息单元。短时记忆中信息的编码方式主要是听觉编码，当然还有其他编码方式。通过复述，短时记忆中经过编码的信息便进入长时记忆永久保存，也可以直接提取出来到反应发生器进行反应；如不复述便会遗忘。

长时记忆：短时记忆中经过复述加工的信息进入长时记忆储存，保存时间长，容量无限大，所以又被称为永久性记忆。

瞬时记忆、短时记忆和长时记忆是统一的记忆系统中三个不同的加工阶段，没有瞬时记忆的登记，短时记忆不可能加工、编码信息，没有短时记忆的加工、编码，信息不可能被长期储存在头脑中。储存在长时记忆中的信息，又要在短时记忆中加工提取。

2. 知识的遗忘及其原因

知识的保持和遗忘是矛盾的两面，记忆内容不能再认、回忆或再认、回忆错误就是遗忘。德国心理学家艾宾浩斯对遗忘的进程作了经典的实验研究，结果表明遗忘的进程是先快后慢，即学习完知识的最初时间遗忘最多，以后随着时间的推移，遗忘的量越来越少（见图 5-1）。

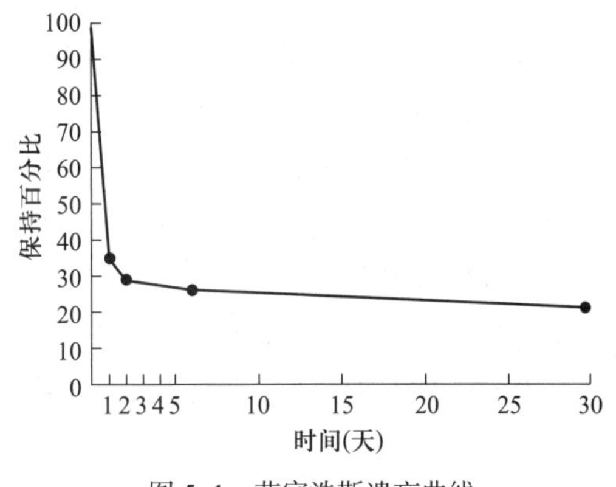

图 5-1　艾宾浩斯遗忘曲线

关于遗忘的原因，心理学家提出了一些不同的理论来进行解释，影响较大的有衰退说、干扰说、检索困难说和同化说。

衰退说认为，识记信息时大脑会留下痕迹，痕迹如不加深就会消退，记忆痕迹随时间推移而消退，表现为遗忘，即用进废退，日久淡忘。这是一种比较古老的观点，缺乏实验证实。

干扰说认为，遗忘是由于在记忆过程中受到其他信息材料的干扰所致的。一旦干扰排除，记忆就恢复了。

检索困难说认为，储存在长时记忆中的信息是永久保存的，之所以提取不出来，是因为原有信息没有组织好，提取时缺乏线索。

同化说认为，陈述性知识获得并储存在长时记忆中的命题网络后，如果长时间不再被激活和运用，则可能被遗忘。奥苏贝尔认为，遗忘可分为积极遗忘和消极遗忘。积极遗忘是指当新的知识或上位命题习得后，一些下位的命题和具体的事例或细节的遗忘不会导致知识的实质性损伤，反而减轻了记忆的负担；消极遗忘是指新的知识或上位命题发生了遗忘，或与同化它们的原有观念发生了混淆，从而使知识发生了实质性的损伤。

陈述性知识的巩固与保持过程实际上是同消极遗忘作斗争的过程。一般来说，克服消极遗忘的基本途径是主动复习。当知识获得时的外部刺激再次被选择性注意到时（例如复习课文、反复听录音等），它能够激活该知识的命题表征，甚至激活与此有关的其他命题，并使它们之间的联系更为牢固。另外，在对其他知识进行精加工时被激活，也能起到复习和巩固作用。

（三）陈述性知识的提取

提取就是从记忆库中把所需的知识寻找（即检索）出来，这是陈述性知识学习的目的所在。

1. 陈述性知识提取的基本过程

认知心理学认为，知识提取的过程并不是把输入头脑中的东西原封不动地单独再现出来，而是对命题网络或图式进行搜索并作出决策的过程，这一过程包括对知识的重新建构。

柯林斯等人对语义网络中的知识的提取过程进行了详细的描述。首先要激活存储在头脑中的有关知识，使长时记忆中的有关知识由静息状态变成活跃状态。当储存的知识被激活后，要从一个知识网络中把所需的知识提取出来，还要进行搜索和决策。

如果信息仅以命题网络来储存，而对信息的搜索需要沿每一个连线（即命题）来进行，其速度将是很慢的。另外，随着信息量的增加，提取的速度就会越来越慢。实际情况并不是这样，大量的知识是以图式的方式储存的，而图式对知识的提取具有重要的作用。图式是大的信息组块，这样就可以大大提高信息激活的速度。

2. 提取线索

从长时记忆中提取信息时，需要依据一定的线索：① 依靠提取线索提取信息离不开联想，各种联想，如接近联想、相似联想、对比联想都是基本的提取线索；② 知识的层次组织是一种最重要的提取线索；③ 学习情境和主体状态也是提取知识的重要线索；④ 学习者在学习时的姿势也可以成为提取线索。

三、促进大学生陈述性知识学习的一般条件

陈述性知识的学习包括知识的习得、巩固和提取等一系列复杂的过程，要完成知识的学习需要很多条件。以下从内部条件和外部条件两方面分析。

（一）内部条件

1. 对新知识的积极关注

新知识在学习之初是作为一个问题呈现在学习者面前的，这一外部刺激如果得不到学习者的选择性注意，就不可能进入工作记忆，同样，被注意到的呈现新知识的刺激（言语或符号），如果不被学习者积极地进行表征转化，并主动复述，它也不可能长久地储存在工作记忆中。它也可以看作有意义学习的心向问题。学生对新知识的积极关注常常来源于对知识本身的兴趣、良好的学习习惯和教师的有效提示。

2. 对原有旧知识主动、有效的提取

学生在学习新知识前应该对原有旧知识做出清晰、准确的提取准备。新命题如果激活了不适当的旧命题，或者所需要的适当的旧命题被延期激活以至于不能与新命题同时处于工作记忆中，则新知识显然是不可能与旧命题互相作用、发生联系，并通过精加工与旧有的命题网络之间形成广泛的新的共同联系的，新知识的意义也就难以建立。

3. 合理使用工作记忆的有限容量

由于工作记忆的容量有限，而信息的联结、精加工及信息组织等的发生均要求被加工处理的命题同时处于激活状态，因此，必须充分合理地利用工作记忆有限的容量。激活的速度过慢，能同时提取的信息量就会太少，必然限制了同时加工的命题的数量和质量；但同一时间内激活的命题多而杂，仿佛胡思乱想时头脑中出现的相去甚远的千头万绪，也不利于信息加工的顺利进行。

4. 充分的精加工

精加工是有效学习陈述性知识的必要条件，除了少数机械性较强的知识之外，绝大多数有意义的陈述性知识都需要进行充分的精加工处理才能获得较好的理解和掌握。精加工也不限于用抽象符号表征知识，对所学陈述性知识进行相关的想象、列表、绘图等都是精加工。事实上，如果学生能够用多种表征方式来储存同一知识，他们对知识的掌握和运用就会更加完整和灵活。因此，平时能够积累大量的感性经验会有利于知识的精加工。

5. 必要的复习

新知识编入命题网络之后，在保持的阶段并不是原封不动的，命题网络中的新、旧命

题之间会继续发生相互作用，导致认知结构和知识的改变与重构，在改变和重构的过程中，新知识会发生遗忘和改变。因此，对于陈述性知识而言，因久不温习而变得模糊、错误、混淆甚至忘记的现象屡见不鲜。只有经常复习，采用科学的、多样化的方式复习，才能保证所学的知识记忆准确牢固。

6. 及时组织和系统化

建构合理、结构清晰、组织优化的命题网络不仅是学习新知识的良好工具，也是知识能够顺利高效地提取和运用的有力保障。大量研究证明：有效的组织能促进学习。约森（Yussen）等人研究了小学生对图片的再现成绩与他们运用组织策略的能力的关系。让学生分别识记属于动物、交通工具和家具的 15 张图片，根据被试再现时是否将同一类属图片聚类来看其组织的程度。结果发现，随着组织程度的增高，他们的再现量逐渐提高。及时组织所学的知识，可以有效地防止知识间发生混淆，增加知识的可辨别性、清晰性和稳定性。

系统化是组织的高级阶段，经过系统化的某一领域的知识不仅结构稳定清晰，易于检索和巩固，而且完成系统化的工作需要对该领域内所有的知识和命题进行大量的分析、对比、归类、综合等整合工作，这本身也是一次重要的精加工和全面完整的复习，有利于知识的融会贯通。

（二）外部条件

1. 学习材料本身具有逻辑联系

只有新知识与旧知识有逻辑联系才能组成新的完整精确的认知结构。学习材料内容本身具有逻辑联系、系统而完整，学生依学习材料内容来学习，就能达到这一外部条件。

2. 新知识要以一定方式呈现

如果能引起学生注意，激活学生头脑中原有的命题网络，激活原有认知结构中的有关命题，就易于同化新知识。[①] 因此，教师进行教学之前，要对教学内容的呈现进行精心设计。教师为学生呈现学习材料主要通过教科书和讲课（口头讲述）两个渠道，另外还有一些直观材料。

四、大学生陈述性知识的学习指导

知识的学习是要具备一定的条件的，教师在教学过程中可以利用一些策略和措施有意识地指导学生的学习。

---

① 李同吉，杜伟宇，吴庆麟. 复杂陈述性知识学习过程中学习活动对学习成绩影响研究［J］. 心理科学，2009，32（4）：980-982.

（一）激发学生学习动机

学习心理学研究表明，对信息的注意是学习的前提，所以在学生的知识学习过程中教师应学会使用各种手段激发学生的学习动机。学习动机主要是学生在学习上的自觉性和对学习的浓厚兴趣，是激发学生进行学习活动使其行为朝一定的学习目标正常发展的内在过程或心理状态。正确的学习动机既是掌握知识的必要条件，又是形成高尚的道德品质的重要组成部分。创设问题情境是激发学生学习动机的有效方法和手段，成功的教学应不断创设问题情境，激起学生的好奇心、求知欲，激发学生的内部动机。这种方法要求教师不仅要熟悉教材，掌握新旧知识的联系，还要充分了解学生，也就是我们常说的要“备教材，还要备学生”。

（二）引导学生建构意义

知识学习的关键在于建构命题的意义，而意义建构的实质就是运用已有的知识对新的知识信息进行适当的解释。所以，教师讲课时要让学生顺利激活和合理利用旧知识。例如，教师讲授新课程前可以通过使用提问的方式引导学生会用相关已学知识，在讲解过程中可以随时引导学生利用旧知识来理解新知识。新知识的学习也需要重述，在讲述新知识之后引导学生复述新知识的含义不仅可以巩固学生所学的新知识，也是检验学生是否真正掌握了新知识的有效工具。

（三）促进学生应用知识

知识学习的最终目的是使学生能够根据任务情境需要顺利提取知识，解决实际问题。要实现这个目标，教师在教学过程中要注意以下几点。一是要引导学生尽可能多地建立通往新知识的途径和通道，使学生具有更多提取新知识的线索。二是要引导学生用不同的具体语言形式来表达同一个命题。这样做不仅能使学生灵活地从各种角度来理解新知识，进行精加工，也能使学生真正掌握新知识的深层含义，而不是停留在字面的、机械的理解上。三是要指导学生合理安排复习时间和内容，挖掘复习的深度是获得良好复习效果的关键。让大学生明白复习不是简单的重复，而是对所学新知识的再加工、再组织、再系统化。知识能否有效运用依赖命题网络的良好组织和结构，因此，教师要有计划地引导学生对所学知识进行归类、组织和系统化，才能使新旧知识融会贯通，构建出最优化的命题网络。

第三节　大学生程序性知识的学习

程序性知识又可分为认知技能与动作技能，其中，认知技能由智慧技能和认知策略构成。本节将从程序性知识的表征与分类、大学生程序性知识的学习过程、促进大学生程序性知识学习的一般条件、促进程序性知识学习的教学策略、智慧技能的学习和大学生认知技能学习的指导六个方面对大学生程序性知识及智慧技能的学习进行介绍。动作技能的学习参见第八章。

一、程序性知识的表征与分类

（一）程序性知识的表征

在人脑中，程序性知识是以“产生式”和“产生式系统”这种动态的表征形式来储存或记忆的。产生式或产生式系统原来为计算机科学的术语，后被认知心理学家引入信息加工理论，用以说明人类对操作性知识的程序表征。

1. 产生式的结构特征

产生式表征与表象、命题和命题网络表征有很大的区别。表象、命题和命题网络是有明确的提取线索并且可以用语言加以表述的，而产生式则难以用语言加以表述。概括起来产生式具有以下结构特征。

（1）一个产生式由两个基本因素构成

产生式的两个基本因素是：条件因素和行动因素。条件因素即对执行一套特定的操作步骤必须满足或必须符合的条件所作的规定；行动因素列出了在符合这些条件时将要执行或激活的操作行动。条件因素中的语句代表了必须满足的条件数目；而行动因素中的语句数目代表了将要发生的行动数目。产生式中含有的语句数量越多，意味着操作步骤越多、越复杂，所以想要弄清楚某个产生式是否复杂，主要看其条件因素和行动因素中含有的语句数量。

（2）产生式是描述个体内部认知活动过程的重要手段

在产生式中的条件因素有两种：一种属于外在条件，一种属于内在条件，同样，产生式中的行动因素也有这种区别。例如在“鉴别三角形”这一产生式中（如果目标是鉴别三角形，且图形为两维图形，且该图形有三条边；且该图形为一封闭的图形；将该图形划归三角形；且说出“三角形”），第一个行动属个体内部的行动即心理活动，即此时个体对所看到的特定图形而作出的某种心理表述（分类）；而第二个行动“说出三角形”则属于个体外部的行动，即个体向环境输出的某种信息。认知心理学家把产生式中的内外条件和内外行动区分开来，其目的是便于弄清那些仅仅属于内部条件和仅含内部行动的产生式规则。也就是说，有些产生式只负责处理别人不可观察到的心理操作过程。当我们将这一系列产生式连接起来时，就有可能模拟个体执行技能过程中所经历的一系列心理操作步骤。

（3）产生式具有鲜明的目的性

在产生式的条件部分往往蕴含着行动的目的，这就使得产生式规定的行动步骤成为受到一定目的指引的行为系列。例如，在人们观看房屋内东西的产生式中（如果目标是观看房间的东西；且房间是暗的；且电灯开关就在身边；那么打开电灯开关；然后观看房内的东西），它的第一个条件是以观看房间里的东西为目的。这一目的对产生式的条件作了限制，即只有个体具有这一愿望或需要的时候才使用这一产生式。如果在产生式中排除了目的语句，其结果必然是：一个人只要在一间黑暗的房间里，而且只要他的身边有灯的开关，他就会按下开关去观察房间中的一切。如果此时一个人刚走进一家已开映的昏暗的电影院，并且灯的开关就在他的身边，他也会按下灯的开关，而这显然是一种愚蠢而古怪的举动。

2. 产生式系统的结构特征

产生式通常只能表示人的复杂行为中的局部行为或行为的片段，在现实生活中，人们的某种行为往往是由一系列连续的片段构成的整体。例如，在实际生活中，人们一般不局限于对某个图形进行鉴别，也不局限于对某个儿童的注意行为予以表扬。也就是说，人的行为通常包含着若干个产生式，正是由于多个产生式连接起来才构成了具有高度复杂性的操作步骤，这也就是构成程序性知识最为典型的特征。那么，这种构成一定操作步骤的几个甚至几十个产生式之间是如何联系起来的呢？

认知心理学家认为，产生式之间的相互联系是通过两个产生式的“链接”而形成的，即在两个先后依次出现的产生式中，前一个产生式的行动将构成后一个产生式出现所需要满足的条件。也就是说，当一个产生式的输出成为另一个产生式的输入时，这两个产生式就有可能建立相互连接的关系。每一个产生式均含有一个目标或子目标，并以此作为自己的一个条件；这些目标和子目标能使所有的产生式相互联结成一个有组织的富有整体性的目标层级，产生式通过这种方式相互之间联结起来，便形成了认知心理学所说的“产生式系统”或“产生式集合”。

实际上，一个产生式系统代表了人在从事某一特定任务时的一系列复杂的行为步骤。在各个产生式之间或者在一个产生式集合之中存在着目标与子目标之间、子目标与子目标之间的联系，因此，在一个特定产生式系统中，人的认知监控可以从某一个产生式顺利转换到另一个产生式。换句话说，在任何时候，人的大脑对行为的控制总是处于目标或子目标被激活且又能满足其条件的某个产生式之中。一旦这个产生式被执行后，大脑对行为的控制将转移到现在能满足其条件的另一产生式之上。这种认知控制流的观点具有如下重要的含义：人的认知加工系统并不需要一个独立的、与之分离的执行控制机制，因为这种控制已直接融合在有关的程序性知识之中了。这一观点与信息加工的某些观点似乎形成了鲜明的对比。这一观点揭示了技能的学习或获得过程的本质。如果说，个体对行为的控制必须一丝不苟地建立在代表这种技能的产生式系统中，那么在获得程序性知识的过程中，也许应当有某种方式来保证所获得的产生式集合既准确又可靠。

（二）程序性知识的分类

可依据两个维度对程序性知识进行划分。

1. 根据知识与领域相关的程度来划分

根据知识与领域相关的程度，可分为特殊领域的程序性知识与一般领域的程序性知识：前者仅适用于特殊领域之内，但通常由一些能够有效地用于特殊领域的产生式组成，因此也称为“强方法”，如数学问题和英语问题的解答等；而后者则广泛适用于各个领域，如事先作出计划、探讨各种可能性、尝试与错误等方面的程序性知识，既可用于解答几何证明题、下棋，也可用于资金预算、筹划庆典等，但它对于要达到特定目标来说并不十分有效，多数时候只能起到一种指导作用，因此又称为“弱方法”。

2. 根据程序性知识执行的自动化程度来划分

根据程序性知识执行的自动化程度，可分为自动化的程序性知识和有意识的（受控制的）程序性知识。例如，专家在阅读他所熟悉的领域的文章时，对一些较简单的词汇或术语无需刻意探讨它的意思，往往是一看便知，而对一些较难的语句，则需要通过查字典或联系上下文才得知。值得注意的是，这两种维度的划分是相对的，而不是绝对的。例如，特殊领域的程序性知识可以是自动化的（称为自动化基本技能），也可以是有意识控制的（称为特殊领域的策略）。综合两个维度，程序性知识的分类可用图 5-2 表示。

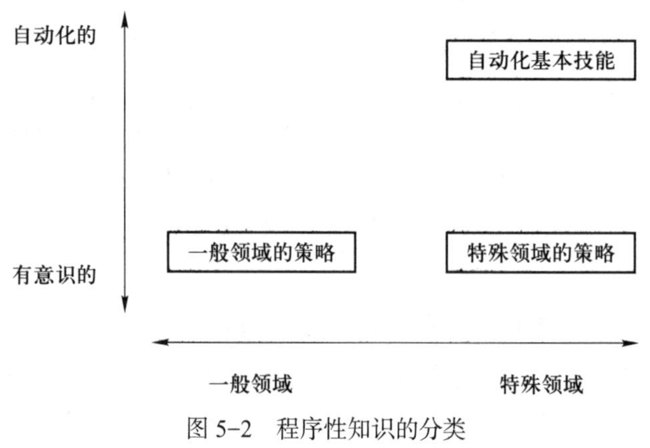

图 5-2　程序性知识的分类

二、大学生程序性知识的学习过程

大学生程序性知识的学习过程包括陈述性知识的习得阶段、转化阶段和自动化阶段。

（一）陈述性知识的习得阶段

陈述性知识的习得阶段即学习概念、规则（原理）阶段，这一阶段学习者习得概念、规则（原理）的意义。在这一阶段行为程序以陈述性知识的形式被学生学习，其过程与陈述性知识的学习过程相同。比如陈述分数加法的规则或者能够描述在驾驶汽车时该如何换挡。从这个意义上讲，它属于陈述性知识学习，只有掌握了概念、规则的含义，才可能转化为操作活动，即程序性知识。

（二）转化阶段

通过应用概念和规则的变式练习，使概念和规则的陈述性形式向程序性形式转化。变式练习是陈述性知识学习向程序性知识学习转化的关键。所谓变式就是在保持事物本质属性不变的条件下，有计划地变化事物的非本质属性，帮助学生更好地掌握本质属性的方法。实际上可以看成概念或规则的肯定例证在无关特征方面的变化。例如学习“果实”的概念，既要选苹果等可食的果实，也要选棉籽等不可食的果实；既要选西瓜等结在植物枝茎上的果实，也要选花生等长在地底下的果实，以便突出“一切果实都有种子”的本质特征，从而舍弃其“可食性”等非本质特征。在这一阶段，学习者仍需思考各个步骤的规则，但经过练习和接收到的反馈，学习者已能将各个步骤联合起来，流畅地完成有关的活动。

（三）自动化阶段

随着进一步的练习，学习者最终进入自动化阶段。[①] 在此阶段，学习者常常无需意识的控制或努力就能够自动完成有关的活动步骤。例如，一个人在开车时可以一边说话，一边流利地换挡，在交通拥挤的路面上连续地改变方向，这表明他们已达到自动化阶段，即获得了有关的程序性知识或技能。这一阶段是程序性知识发展的最高阶段，是一长串动作相对不需要注意的自动进行，是熟练操作的阶段。例如，大学生学习标准分数运算法则，理解 Z 分数的计算规则是程序性知识学习的第一阶段，然后通过大量练习，能用此规则解题是第二阶段，最后达到自动化程度，几乎不加思考地快速地正确解题，这是程序性知识学习的第三阶段。

视窗 5-2
智慧技能的
学习过程

由以上分析可见，程序性知识学习的基本特点有：第一，以陈述性知识学习为基础；第二，变式练习是陈述性知识学习向程序性知识学习转化的关键；第三，能运用规则解决新问题才是程序性知识学习获得的标志，即学生获得了按规则解决问题的能力。

三、促进大学生程序性知识学习的一般条件

由于程序性知识学习的第一阶段是对陈述性知识的学习，因此，促进陈述性知识学习的一般条件也会适用于程序性知识的学习。除此之外，程序性知识的学习还需要以下另一些条件。

---

① 吴吉惠. 程序性知识的获得与学生能力的发展［J］. 西南师范大学学报（人文社会科学版），2005，31（5）：116-119.

（一）例证和比较

正例和反例的提供是学习模式识别的必要条件，没有对大量适合的正、反例的分析和比较，概括化和分化的过程就无法完成，也就难达到对同类和不同类刺激模式的准确判别和区分。模式识别如无法完成，动作步骤也不可能被正确运用到该用的问题情境中来。人把动作步骤所必需的模式识别程序叫作条件性知识，如果没有形成有关的模式识别程序，即使知道了动作步骤，也可能不知道如何合理使用。

（二）练习和反馈

无论是模式识别还是动作步骤，无论是程序化还是程序组合，都需要大量的练习和反馈。练习在程序性知识的学习中是必不可少的，没有练习，程序性知识只能永远以陈述性规则的命题及命题网络表征和储存在人脑中，既无法实现程序化，又无法达到自动化地熟练运用。有练习就必须有反馈，练习的效果在很大程度上取决于反馈。与练习一样，反馈也因程序性知识的不同而不同。比如，对于模式识别练习，在反馈时，要注意讲清哪些地方是正确的，哪些地方是错误的。对于动作步骤学习，在反馈时，促进程序化的重点在于正确性，促进程序组合的重点在于速度。

四、促进程序性知识学习的教学策略

根据促进程序性知识学习的一般条件，可以采用以下教学策略。①

（一）展开过程策略

在程序性知识的教学中，应该重视向学生演示程序操作的展开的、完整的、精细的过程，以帮助学生明确操作及其操作步骤。示范及练习的讲解应注重程序性知识的执行过程的演练、分析和评价。即教师在示范时，要把程序的各个步骤充分展开，使学生准确地把握操作的结构与特点，更好地观察、理解与模仿。

（二）合理使用变式策略

变式是促进概括化的最有效方法。但它的运用并不是越多越好，而是要注意选择典型的、特殊的变式。教师在为学生讲解各种新的概念和规则时，可以给学生提供具体事例，或通过举例子的方式促进学生的理解和掌握。无论是模式识别的学习还是动作步骤的学习，只有能在各种不同的情境中加以运用才算是真正被掌握了。

---

① 周志平. 论程序性知识及其教学［J］. 教育理论与实践，2001，21（4）：50-53.

（三）比较策略

比较是指在呈现感性材料或例证时，与正例相匹配呈现一些较易混淆的典型反例，以促进分化的顺利进行，并提高其准确性。反例尽可能选择那些与正例具有较多共同的非本质特征、仅有少数本质特征不同的例子，或是能直接矫正学习者原有的错误经验的例子。教师在教学中应引导学生回忆过去学过的有关技能，分析新技能与原有技能的共同之处，这样不仅可以使学生更好地理解新技能，而且有利于在下一阶段实现原有技能向新技能的迁移。

（四）辅助辨别策略

教师运用一些独特的、形象的、能给人深刻印象的辅助方法，如借助形象化的讲述、顺口溜、谐音等，也能较好地促进学生对容易混淆的刺激模式的辨别学习。例如，有的教师这样总结做统计学假设检验的方法："先算标准误，再求 Z 分数，查找临界值，算大就显著。"据此，学生很快就会习得并运用假设检验处理实际问题。

（五）练习和反馈策略

在学习之初，练习的速度要慢，问题要精，要具有典型性，一次练习的时间不宜过长，采取短间隔分散练习较为合适。等一个新动作完全程序化之后，再用较大量的练习来进行加深、巩固、提高和熟练化的训练，这时练习要变换多种题型，逐渐加大难度，以增进程序性知识的灵活性和熟练性。总之，教师设置的练习应该数量充分，难度多样，合理安排，并且对学生的练习结果要及时提供反馈信息。大量研究表明，及时向学生提供反馈是提高练习效果的一种基本的教学策略。

五、智慧技能的学习

（一）概念学习的过程与条件

1. 概念的心理学含义

概念在心理学上指的是反映客观事物共同特点与本质属性的思维形式，是高级认知活动的基本单元，以一个符号，就是词的形式来表现。包括在每个概念下的事物一般都具有共同的属性或特性，比如"笔"虽然多种多样，但不论铅笔、毛笔、钢笔还是水性笔，都是用作书写的工具。总的来说，概念拥有四个方面，分别是：概念名称、概念定义、概念例子和概念属性。

概念是具有不同的等级的，如"猫"是一个概念，"哺乳动物""动物""生物"也都是概念，但这些概念处于不同的层次上，"动物"在概念层次上比"生物"低，而其又比"哺乳动物"的概念层次高。

2. 概念的分类

概念有诸多分类方法，如“日常概念与科学概念”“难下定义的概念与易下定义的概念”“自然概念与人工概念”“具体概念与定义性概念”等，在这里着重介绍的是“具体概念与定义性概念”这个分类。

具体概念是只经过一级抽象的概念，它指的是一类事物的共同本质特征，是直接从具体实例中抽象概括出来的，一般是不下定义的概念。其学习过程是从大量实际的例子中进行学习，并从中发现共同本质特征，即概念形成。其学习条件是同时呈现若干例子（包括正例和反例），学习者提出共同本质特征的概念假设，外界提供假设正确与否的反馈信息。

定义性概念是经过二级抽象的概念，其本质特征可以通过下定义来揭示。它的基本学习形式是概念形成和概念同化。

3. 概念的获得与学习

概念的获得方式是概念形成与概念同化，其中，概念同化是学生获得概念的最基本和最主要的方式。

促进大学生概念学习的有效方法或途径主要有以下几个方面：① 提供必要的感性材料；② 突出本质特征，控制非本质特征；③ 正例与反例的运用；④ 变式与比较的运用；⑤ 适时下定义；⑥ 纳入概念体系。

（二）原理或规则学习

规则与规则学习的心理学含义是指，人们在实践中认识事物的内在联系，得出一般结论、原理等。这样的结论和原理原先作为命题知识被储存在人的记忆中，是陈述性知识。如果经过一定的练习，使结论和原理以产生式的形式表征，那么原先的结论和原理就转化成人们的办事规则。也就是说，当规则支配人们的行为时，规则就转化成做事的技能。

规则与概念一样，也有适合它应用的情境，这些情境就是能体现规则的例子和情形。例如，处理原始实验数据的规则是：“大于或小于平均数 3 个标准差的数据要被剔除。”那么，当样本数据平均数为 10，方差为 1 时，根据数据处理规则，值 14 应当被剔除，而值 12 应当被留下。

规则作为一种智慧技能，其学习的实质是学生能在体现规则变化的情境中适当地应用规则。规则学习也存在着两种基本形式：“规—例法”（接受学习）与“例—规法”（发现学习）。

六、大学生认知技能学习的指导

依据加涅对学习结果的分类，认知技能包括智慧技能与认知策略。认知心理学认为，人要想成为任何领域的专家，就必须使自己的有关认知技能得以程序化和自动化，只有这样才能做到行动准确、思维敏捷。实现认知技能的程序化和自动化可以从以下三方面进行指导。

（一）使学生掌握认知子技能

现代学习心理学研究表明，要掌握某项复杂的认知操作技能，其前提条件是熟练掌握构成认知技能的各个部分技能，即所谓子技能，使之达到自动化运用的程度。加涅的学习层次论提出，一种技能的学习以相关的先前技能的获得为条件。

安德森曾指出，加涅从需要传授的技能中分解出它的子技能，从这些子技能中又再次分解出它们的子技能。例如，可以将代数看作微积分的子技能，而算术又是代数的子技能，基本的计算技能又是算术的子技能。在加涅看来，成功的教学设计关键在于确定这类子技能的层级，教学的宗旨就是分别传授这些层次中的各种子技能。

布卢姆的“掌握学习法”也渗透了这一思想。在运用“掌握学习法”进行教学时，教师让学生按各自的学习速度开展学习活动，并针对学生在各个教学目标上的掌握情况提供测验。如果在教学之后学生尚未达到目标，便提供另外的教学时间直到学生能够掌握该目标为止。这种教学同样旨在保证让每个学生学会必要的前提知识，并为掌握新的复杂的技能提供所需的子技能。

（二）帮助学生实现认知子技能的组合

教师帮助学生实现基本技能自动化的第二种方式是给学生提供机会，让他们将一些小程序合成为大程序。在引导学生将基本技能合成起来的过程中，练习和反馈是两个十分重要的因素。因为每次练习和尝试都给两个具有潜在联系的产生方式在工作记忆中同时被激活提供了机会，因而也就给它们的合成提供了机会。研究者关于间隔练习和集中练习谁更有利于技能的形成的研究表明，间隔练习似乎比集中练习更能促进技能的学习。关于反馈对技能形成的作用存在不同的研究结果：有研究结果表明及时反馈相当重要，它有助于学生及时纠正学习中出现的错误，避免把错误变成编辑好的自动化程序中的一个成分；也有研究结果表明，及时反馈可能会导致学生过分依赖反馈，在一定程度上对技能的获得起干扰作用。

（三）帮助学生实现认知技能执行的程序化

现代认知心理学家指出，受意识控制的产生式知识是由一系列未达到自动激活程度的产生式构成的，自动化的产生式知识是由经过充分练习而能自动激活的产生式系统构成的，而帮助学生实现技能执行的程序化是实现受意识控制的产生式知识向自动化的产生式知识转化的关键途径。在解决具体问题时，不管是操作技能还是认知技能，其活动都是按一定的、合理的和完善的程序和方式进行的，程序化知识的形成有助于学生发展智力技能，为了促进学生智力技能的形成，教师要利用讲解和示范，引导学生分析、综合、概括、抽象，并在此基础上，掌握解答各类课题的原则、方法、途径和步骤，克服盲目的尝试和猜测，促进学生形成一定的程序化知识。

在进行程序化的整体练习过程中，往往存在如下突出问题。首先，学生可能会对过多单调的练习感到厌烦。心理学家施奈德（Schneider）曾经建议：教师可以使用达标式反馈技术，即在学生每完成一组练习之后就提供外部强化。如进行写作技能练习时，在学生完成审题、构思、表达、修改各个环节的任务之后，都要及时地对学生予以强化。其次，学生虽然学习了各个部分技能的合成，但是对各部分技能的关系以及何时适当地使用往往并不了解。这就需要教师在引导学生实现某一组合的技能的程序化的同时，还要引导学生识别与特定的行动相联系的条件图式，了解各子技能的关系及合成的技能与总目标的关系，只有这样才能有效实现技能的程序化，产生正确的技能操作。

第四节　大学生认知策略的学习

授人以鱼，不如授人以渔。作为一种特殊的程序性知识，策略性知识指的是学习者在学习情境中对任务的认识、对学习方法的选择和对学习过程的调控。它是由学习方法、学习调控和元认知等要素构成的监控系统。策略性知识控制着学习者的学习、记忆与思维，其实质是如何学习。认知领域的策略性知识就是加涅所说的认知策略。在学会学习、创造性学习的大背景下，策略性知识或认知策略日益引起心理学家和教育家的关注。

一、认知策略概述

（一）认知策略的性质

心理学家认为应从以下两个方面理解认知策略的性质。

第一，从学习的信息加工过程来看，信息加工心理学家一般将学习的信息加工过程区分为加工过程和执行控制过程，前者指信息的输入，如短时记忆、长时储存和提取等过程；后者指对信息加工过程起监测与控制作用的过程，如通过复述、精细加工和归类组织等活动，使短时记忆中的信息在长时记忆中持久保存。所以，从过程来看，认知策略是指对人的心理加工过程起控制和调节作用的执行控制过程。

第二，从学习的结果来看，信息加工的结果是学习者获得广义的知识，包括陈述性知识和程序性知识。认知策略的知识在本质上是一种特殊的程序性知识。这种知识是在认知活动中习得的。在心理学家对认知策略教学开展广泛研究之前，儿童或学生的认知策略多数是自发习得的。

人们可以在实践中自发地习得认知策略，但往往没有明确意识到支配这些策略的规则。这样的程序性知识被称为默会知识。

（二）认知策略的分类

1. 根据适用的范围分类

根据加涅的程序性知识两维分类，认知策略可分为专门领域的认知策略和一般领域的认知策略。专门领域的认知策略是指适合特殊领域的认知策略，如适合物理概念和原理的学习的推理策略：通过操作实验变量，推导出物理概念和原理的策略；适合语文学科中写作的特殊策略：通过具体描写人物语言、行动和外貌特征，揭示人物内心世界的策略；在解决几何问题时通过作辅助线把未知图形与已知图形联系起来，从而使问题得以解决的策略。一般的认知策略是指跨学科领域的认知策略。心理学家研究较多的有“目的—手段分析法”“爬山法”“倒溯法”等。这些方法可以广泛地适用于自然科学、社会科学和日常生活的问题解决。

2. 根据所支持学习过程的阶段分类

认知策略可以根据不同标准划分为许多类型，加涅根据信息加工阶段将认知策略划分为不同的类别（见表 5–2）。

表 5–2　根据信息加工阶段对认知策略的分类

学习过程	支持学习过程的策略
选择性知觉	集中注意 划线 先行组织者 附加问题 列提纲
复述	解释意义 做笔记 运用表象 形成组块
语义编码	概念示图法 类比法 规则 / 产生式 图式
提取	记忆术 运用表象
执行控制	元认知策略

二、认知策略学习的一般过程和特点

既然智慧技能和认知策略同属于程序性知识范畴，那么上述有关概念和规则学习的规律也应该适合认知策略学习。但是也不能把一般概念和规则学习的规律简单地推论到认知策略学习上。因为认知策略是一种特殊的程序性知识，其学习有自身的特点。下面先说明认知策略学习的一般过程，然后说明其特点。

（一）认知策略学习的一般过程

认知策略即策略性知识，其在实质上又是一种特殊的程序性知识，它的学习过程可以分为以下三个阶段。

1. 理解认知策略阶段

教师通过具体的教学案例向学生呈现与认知策略相关的概念、规则及操作程序等，让学生理解有关认知策略的知识，并纳入个体自身的知识结构。由于认知策略非常隐蔽，通常很难通过外显的行为表现出来，因此，教师可以实际示范，或者出声地说出他是如何执行策略的，还可以通过体现策略运用的例子进行指导、讲解、评论等，让学生理解这些认知策略。同时，在这一阶段，教师还要向学生描述为什么要使用某一策略，该策略要实现什么目的，以及该策略所适用的具体情境。例如，可以让学生在学习学科知识的同时，阅读一些有关策略方面的书籍，掌握一些认知策略的运用实例，以供更好地形成策略性知识。

2. 知识转化阶段

教师向学生提供大量练习的情境和机会，让学生通过反复练习，将策略性知识以陈述性形式向程序性转化。在练习的初期，教师应给学生提供简单的练习材料，因为学生要学习构成策略的程序，随着学生对策略的逐步掌握，可以给他们提供更复杂的练习。在练习的过程中，教师要负责监控学生练习的进展情况，诊断学生练习中遇到的困难并相应地调整认知策略的教学。教师应让学生达到每当遇到同一类的学习任务和情境时就能立即根据习得的同一认知策略解决当前的学习任务和学习情境的程度。

对策略的练习可能会持续较长时间，在这一练习的过程中，对策略运用的控制权可逐步由教师转移给学生。在练习的初期，教师可承担较多的控制权，在练习的后期，学生可承担起对策略执行的主要控制权。此时，认知策略已经能够自觉地支配学生的学习行为，学生也可以内化策略性知识，外在的策略开始向内在的、个性化的、自己的策略性知识转化。

3. 熟练应用策略阶段

在持续的学习活动中，学生通过反复大量的练习，习得的策略性知识可以完全地支配他们的行为，达到相对自动化的水准。这里的练习即变式练习，让学生判断在什么情况下使用某一策略，例如，可以用语文、科学、历史、地理等学科的文章来练习写文章概要的策略。如果学生在各科的学习中遇到了某一策略适用的情境，那么教师就要促进学生对该策略的使用。通过在不同科目中运用某一策略，学生逐渐熟练应用该策略，对该策略的运用会达到泛化和灵活化。优秀学生的学习已经策略化，他们能够明确在学习的每个阶段怎么学、如何学、用什么手段学、时间如何分配、怎样达成学习目标等，认知策略应用得自如、恰当，自我监控和调节环节也时刻贯穿在学习的始终。

（二）认知策略学习的特点

从上述分段策略的教学可见，认知策略的学习具有不同于一般智慧技能学习的特点。

1. 支配认知策略的规则具有内潜性

根据加涅的学习结果分类，支配智慧技能的规则是对外的，而支配认知策略的规则是对内的。对外办事的规则易于通过实物或其他媒体进行演示。而由于人的认知活动潜藏于人脑内部，无法直接观察到，所以难以把支配人的认知活动的规则用演示的方法告诉学生。

2. 支配认知策略的规则具有高度概括性和模糊性

学生要学习的认知策略主要是思维与解决问题的策略。支配这些策略的规则一般具有高度的概括性。支配认知策略的规则的高度概括性也给它带来了模糊性。

3. 支配认知策略的规则多数是启发式的

例如，按时间分段的三条规则是启发式的。运用这三条规则进行阅读，有助于学生分段，但不能保证学生分段的成功。

由于这些特点，认知策略的学习一般比智慧技能的学习更困难，需要接触的例子更多，需要变式练习的机会更多，需要从外界得到更具体的反馈和纠正，还需要元认知的参与。

三、认知策略学习的条件

（一）内部条件

1. 原有知识背景

根据信息加工过程理论，认知策略对整个信息加工过程起调控作用，使用策略的目的就是提高信息加工的效率。这就使得策略的应用与它加工的信息有着十分密切的关系。研究表明，策略的应用离不开被加工的信息本身，大学生在某一领域的知识越丰富，就越能应用适当的加工策略。即学生的原有知识背景是策略学习与应用的一个重要条件。

2. 元认知发展水平

认知策略中的反省认知成分是策略运用成败的关键，也是影响策略可迁移性的重要因素。而反省认知成分的掌握情况则主要取决于个体自我意识发展水平的高低。有些心理学家主张，认知策略学习应与反省认知训练结合进行。

3. 动机水平

任何认知策略或学习策略都可以用一套规则来描述。早期研究学习技能的心理学家以为，告诉学生某些有关学习方法的规则，就可以使他们掌握该策略，提高学习成绩。后来的研究表明，简单地教学生执行某一策略，决不能保证学生理解运用策略所带来的效益。这种理解是学生在教学之后继续运用策略的关键因素。这一理解能起激励作用，激励他运用学过的策略。

（二）外部条件

1. 教学和训练方法

教学和训练方法长期以来存在很大的争论，可归纳为三种对立的观点和方法：① 直接训练还是间接训练的问题，也就是单独进行方法训练还是结合学科内容进行方法训练；② 一般策略训练与特殊策略训练的问题，也就是重视弱方法训练还是强方法训练；③ 通过规则运用还是实例运用进行策略训练的问题，我们主张通过实例，结合学科内容加强方法的训练。

2. 认知策略的教学

（1）若干例子同时呈现

在学生的自发学习中，例子未经过精心选择，未预先考虑呈现的时间安排，支配策略的规则的发现具有很大的偶然性。这样的外部条件只对极少数聪明的学生有利，不利于绝大多数学生习得策略。为了帮助大多数学生习得策略的规则，教学提供的例子要精心选择，而且必须同时呈现两个以上的例子。越是高度概括的规则，越要提供更多的例子。有的教学理论强调学生的自发学习，反对将例子作系统安排。这种理论只看到了极少数聪明的学生自发发现的能力，忽视了大多数学生缺乏这种能力。

（2）指导规则的发现及其运用条件

传统教学论不强调同时呈现多个例子，当然也谈不上强调指导学生从多个例子中发现支配策略的规则。在自然学科教学中，教材和教师通过呈现若干例子，让学生发现自然规律。在社会科学教学中，单篇文献就是一个例子。但从例子习得什么呢？传统的教学论强调学生自己“悟”，而对于悟什么，则说不清楚，有人甚至强烈反对将“悟”的结果明明白白地教给学生。现代认知心理学的研究与这种观点刚好相反，不仅要明明白白地把支配策略行为的规则告诉学生，而且要使学生体验到运用策略带来的效益。为了在新情境中应用习得的策略，教学中还应使学生清楚地知道策略运用的条件。只有在给学生提供该策略在何时何处运用的信息的条件下，迁移才会出现。这说明特殊策略的学习必须达到反省认知水平才可迁移。

（3）提供变式练习的机会

变式练习不是简单的重复练习。重复练习只适合动作技能学习，不适合智慧技能学习，更不适合认知策略学习。变式是适合规则的情境的变化。只有在变化的情境中应用习得的规则，学生才能深刻理解习得的规则。在变式练习的初期，学生可能会出现错误，教师应注意发现学生的错误，针对错误提供反馈和纠正。

几乎没有教学理论否认练习中反馈信息的作用，但是在实际教学中，因为学生人数多，学生实际受到的反馈少。这不仅不利于一般技能的学习，也不利于认知策略的学习。

（4）练习的系统化

加涅指出："许多人以其自身的经验认识到，思维策略很少在短时内获得，而是需要数年的实践方能达到精炼水平，从而可迁移至新的问题解决情境。认知策略的习得有多快以及需要多少概括化的经验才能使其具有广泛的可迁移性，这显然与直接的指导有关。"[①] 加涅强调的是练习的系统化问题。

【复习思考题】

1. 请判断以下说法是否正确，并说明理由。

（1）干扰说认为储存在长时记忆中的信息是永久保存的，之所以提取不出来，是因为原有信息没有组织好，提取时缺乏线索而导致的。

（2）短时记忆的编码方式只有听觉编码。

（3）将主动语态变成被动语态需要的是陈述性知识。

（4）程序性知识的表征方式是命题和命题网络。

2. 请结合专业学习，谈谈陈述性知识与程序性知识的不同作用。

3. 请结合自己的学习经验，谈谈如何教大学生学会学习。

【推荐阅读】

1. 李同吉，杜伟宇，吴庆麟. 复杂陈述性知识学习过程中学习活动对学习成绩影响研究［J］. 心理科学，2009，32（4）：980–982.

2. 石中英. 波兰尼的知识理论及其教育意义［J］. 华东师范大学学报（教育科学版），2001，20（2）：36–45.

3. 吴吉惠. 程序性知识的获得与学生能力的发展［J］. 西南师范大学学报（人文社会科学版），2005，31（5）：116–119.

4. 吴红耘. 修订的布卢姆目标分类与加涅和安德森学习结果分类的比较［J］. 心理科学，2009，32（4）：994–996.

5. 周志平. 论程序性知识及其教学［J］. 教育理论与实践，2001，21（4）：50–53.

① 皮连生. 教育心理学［M］. 3 版. 上海：上海教育出版社，2004：75.

第六章　大学生的问题解决与创造性培养

苟日新，日日新，又日新。

——《礼记·大学》

大学生学习的主要目的是运用所学的知识、技能和策略解决实际问题或进行创造性的应用。问题解决是高级形式的学习活动，创造性则是问题解决的最高形式。培养大学生的问题解决能力，激发和提高大学生的创造性是当代高等教育的重要任务。由是，高校教师有必要深入了解问题解决和创造性的实质、过程、影响因素与培养措施等问题。

第一节 问题解决和创造性

人掌握知识的目的在于解决问题，人类文明的发展历程就是一部问题解决的史诗。创造性思维作为一种高级的问题解决活动，在教育教学过程中起着十分重要的作用。本节主要介绍问题解决和创造性的构成和影响因素。

一、问题与问题解决

所谓问题就是疑难、疑惑或难题，就是个体所遇到的不能用已有知识经验直接加以处理的疑难情境。从不同角度可以把问题划分为不同的类型。莱特曼（Walter Reitman）根据问题的明确程度将其分为界定清晰的问题和界定模糊的问题；[①] 格林诺（James Greeno）根据问题的结构形式将其分为排列问题、结构推导问题和转换问题；[②] 建构主义心理学家们根据解决问题中知识应用的复杂程度将问题分为结构良好的问题和结构不良的问题。

所谓问题解决是由一定问题情境引起的，需要用一系列的认知操作对这一情境予以顺利排除的过程。它通常具有四个基本特点：问题情境性、目的指向性、操作序列性和认知操作性。其形式主要有两种：常规性问题解决和创造性问题解决。前者解决的是有现成方法和固定答案的问题，后者解决的是没有现成方法和固定答案的问题。

（一）问题解决的实际过程

从信息加工视角研究人类问题解决的开创者是纽厄尔（Allen Newell）和西蒙（Herbert Simon）。[③] 他们认为，问题解决就是搜索问题空间，寻找一条从起始状态通向目标状态的道路，或应用算子使起始状态逐步过渡到目标状态。据此，他们将问题解决过程划分为问题表征、选择操作、实施操作和评价当前状态四个阶段。而我国心理学界则在他们的基础上，倾向于把解决问题的思维过程分为发现问题、明确问题、提出假设和检验假设四个阶段。

1. 发现问题

问题解决是从发现问题开始的。问题只有在被发现以后，才能引起人们解决问题的思

① REITMAN W R. Heuristic decision procedures, open constraints, and the structure of ill-defined problems[M]// SHELLY M W, BRYAN G L. Human judgments and optimality. Hoboken: Wiley, 1964: 282–315.

② GREENO J G. Natures of problem-solving abilities[M]// ESTES W K. Handbook of learning & cognitive processes. Hillsdale: Lawrence Erlbaum & Associate, 1978: 239–270.

③ SIMON H A, NEWELL, A. Human problem solving: the state of the theory in 1970[J]. American psychologist, 1971, 26(2): 145–159.

维活动。问题本身是客观存在的，有的问题较为明显，容易被发现；有的问题则比较隐蔽，不易被人发现。有人善于提出问题，有人则对问题熟视无睹。研究表明，发现问题的能力是个体思维发展水平的重要标志。一个人能否敏锐地发现问题，往往决定着他活动的水平和效率，甚至是事业的成败。

能否发现问题，和三个因素有关：① 主体活动的积极性，主体活动的积极性越高，接触面越广，就越能发现常人发现不了的问题；② 主体的求知欲望，有强烈求知欲望的人，不满足于对事物的一般了解，喜欢刨根问底，常能在别人习以为常的现象中发现问题；③ 主体的知识经验，知识经验愈丰富，视野就愈开阔，就愈容易发现问题。

2. 明确问题

明确问题是指认清问题的关键。只有认清问题的关键，思维活动才会有明确的目标，才能有条不紊地围绕问题的核心展开。要明确问题，就必须分析问题。任何问题都包括要求和条件两个方面，这是问题构成的最普遍的形式。要求是指问题解决要达到的目标，条件是指问题解决过程中所能利用的因素和必须接受的限制。分析问题就是要分析问题的要求和条件，找出它们之间的联系，把握问题的实质，确定解决问题的方向。

3. 提出假设

提出假设就是提出解决问题的可能途径、方法和策略。学生提出的解题设想、教师制订的教学计划、医生选定的治疗方案，在正式实施之前都具有假设的性质。提出假设是具有创造性的阶段，也是解决问题的关键步骤。没有假设，问题就无法解决，提出假设是科学发展的必由之路。一般来说，对同一个问题，个体往往会提出多种假设，这就需要进行选择，以确定最佳方案。最佳方案的产生不在于假设的数量，而在于假设的合理性，即假设的质量。不过，质量和数量是紧密地联系在一起的。良好的假设常常是从众多的假设中挑选出来的。所以，思路开阔、能够提出多种假设的人，一般是善于解决问题的。

提出假设的数量和质量取决于两个条件：① 个体思维的灵活性，思维越灵活，越能多角度地分析问题，就越能提出众多合理的假设；② 个体已有的知识经验，与问题解决相关的知识经验越丰富，就越有利于扩大假设的数量并提高其质量。

4. 检验假设

检验假设就是通过一定的方法来确定假设是否合乎实际，是否符合科学原理。检验假设的方法有两种：一种是直接检验，即通过实践来检验。实践是检验真理的唯一标准。一个假设在付诸实施之后，如获得预期的结果，它就是正确的；否则，它就很有可能是不正确的。另一种是间接检验，即通过推论来检验。直接检验虽然可靠，但局限性很大，有些假设不可能或不允许进行直接检验。例如，军事指挥员的作战计划、外科医生的手术方案、教师课前对教学程序的安排，等等，都不能采取实践检验的策略。在确定这些计划、方案和安排的时候，都必须进行可行性检验。这种间接检验是在当事人头脑中用推论的方式进行的。通过推论，淘汰错误的假设，保留合理的假设，选择最佳的假设，这是人们在解决问题过程中最常用的检验方法。当然，间接检验的结果是否正确，最终还是要由直接检验的结果来证明。

问题解决的上述阶段，在解决简单问题的时候可能并不明显，这是因为在发现问题的同时就明确了问题，在提出假设的时候就进行了间接检验。但是，在解决比较复杂的问题时，特别是解决创造性问题时，它们是明显存在的。就像科学家们进行研究的过程中存在着大量的提出假设与验证假设的阶段。不过，它们的出现不是简单的、线性的，而是反复的、交错的，并可能会出现多次的反复循环。

视窗 6-1
什么是科学家们关注的问题?

（二）问题解决的影响因素

1. 情绪和动机状态

情绪和动机状态影响问题解决的效果。在一定限度内，情绪和动机强度与问题解决的效率成正比，但动机太强或太弱，情绪过于高昂或过于低沉，都会降低问题解决的效率（参见第四章耶克斯—多德森定律）。一般来说，中等强度的动机和相对平和的心境有利于问题的解决。同时，情绪的性质也影响问题解决。一般来说，积极的情绪状态有利于问题解决，消极的情绪状态不利于问题解决。

2. 问题情境与表征方式

（1）问题情境

问题情境是个体面临的刺激模式与其已有知识结构所形成的差异。一般来说，如果呈现的刺激模式能直接提供适合于解决问题的线索，那就有利于找到解决问题的方向、途径和方法；反之，如果刺激模式掩蔽或干扰了问题解决的线索，那就会增大解决问题的困难。

（2）知识的表征方式

表征方式能影响问题的解决。例如，著名的 9 点连线问题（见图 6-1），要求将图中的 9 个点用不多于 4 条的直线一笔连在一起。人们常常不能成功地解决这一问题，其原因在于 9 个点在知觉上组成了方形，人们总是试图在这个方形的轮廓中连线，知识的表征方式阻碍了问题的解决。如果在实验前告知连线时可以突破方形的限制，被试的成绩就会得到很大的提高。

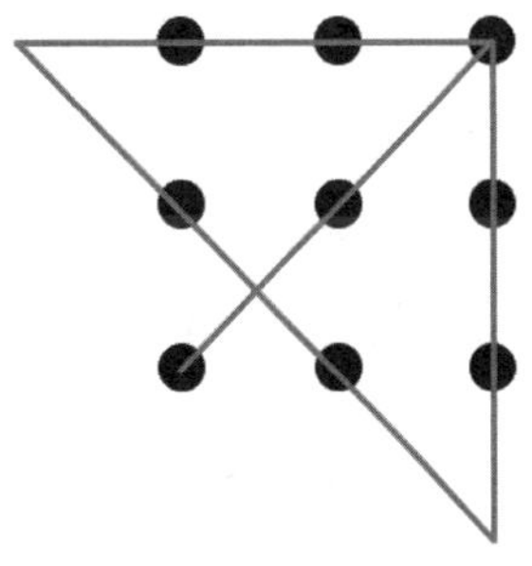

图 6-1　9 点连线问题

3. 习惯定势与功能固着

（1）习惯定势

定势是在先前的活动中形成的影响当前问题解决的一种心理准备状态。研究表明，在问题情境不变的条件下，定势能使人应用已掌握的方法迅速地解决问题；在问题情境发生变化的情况下，定势会妨碍人采用新的解决方法。

（2）功能固着

功能固着是一种从物体正常功能的角度来考虑问题的定势。也就是说，当一个人熟悉了一种物体的某种功能后，就很难看出该物体的其他功能。而且最初看到的功能越重要，就越难看出其他的功能。在解决问题的过程中，人们能否改变事物固有的功能以适应新情境的要求，常常成为解决问题的关键。在功能固着的影响下，人们不易摆脱事物用途的固有观念，因而直接影响到人们能否灵活地解决问题，如邓克的蜡烛实验。

视窗 6–2
蜡烛实验

（3）有关的知识经验

任何问题解决都离不开一定的知识、策略和技能，知识经验的不足常常是不能有效解决问题的重要原因。有些问题的解决需要专门领域的知识、技能和策略，专门的知识经验对于问题解决至关重要。这方面的研究集中体现在专家（具备某一领域的丰富知识经验并经过长期专业训练的人）和新手（具备某一领域的必要知识经验但未经过长期专业训练的人）差异的研究上。研究发现，专家和新手的知识结构特征不同。专家记忆中的知识是经过很好地组织的，在搜寻解决问题的途径时能很好地使用，而新手的知识组织和提取无论是在数量上还是在复杂程度上都远不如专家。

4. 酝酿效应

当一个人长期致力于某一问题的解决而又百思不得其解的时候，如果停止对这个问题的思考去做别的事情，几小时、几天或几周之后，他可能会忽然想到解决的办法，这就是酝酿效应。我们有时发现，在遇见难题的时候冥思苦想半天，不如睡一觉等待灵感的到来，这就是酝酿效应在其中起了作用。酝酿之所以有利于问题的解决，可能与对定势的克服有关。在解决问题的初期，人们往往以某种方式或依靠某种知识结构思考。如果最初的这种心理状态是适当的，被试就可能解决问题；但如果不适当，那么被试的解决步骤将始终是不恰当的，就不能解决问题。如果暂时停止对那个问题的思考，那么人们就有可能打破原来不恰当的思路，从而找到解决问题的合理步骤。

视窗 6–3
睡眠和酝酿效应

5. 原型启发

在问题解决的过程中，原型启发具有很大作用。所谓启发，是指从其他事物那里发现解决问题的途径和方法。对解决问题起启发作用的事物叫原型。原型启发在创造性问题解决过程中的作用特别明显。

原型之所以能起到启发作用，是因为原型与要解决的问题之间存在着某些共同点或相似处。通过联想，人们可以从原型中找到解决问题的新方法。某一事物能否充当原型起到启发作用，不仅取决于该事物的特性，还取决于问题解决者的心理状态。当问题解决者的思维活动处于积极但又不过于紧张的状态时，最容易产生原型启发。所以，原型启发常常发生在酝酿时期。

当然，除了上述因素外，个体的智力水平、性格特征、认知风格和世界观等个性心理特性，不但直接影响着解决问题的动力，而且还制约着问题解决的方向和效果。

二、创造与创造性

英国著名哲学家穆勒（John Stuart Mill）在其《论自由》一书中指出："现在的一切美好的事物，无一不是创新的结果。"这体现了创造和创造性的重要性。什么是创造与创造性呢？影响创造性的因素又有哪些呢？

（一）创造与创造性的本质及构成

1. 创造与创造性的本质

创造一词最初来源拉丁希腊语"heurisko"，意思是"发现"。创造性在学术界是一个颇有争议的概念。由于研究者所持的观点和研究的侧重点不同，因而所下的定义亦有所不同。有人侧重创造的过程，有人侧重创造的结果，亦有人强调其发生与发展的来源。目前比较趋于一致的看法是：创造是根据一定目的，运用各种信息，生产出某种新颖、独特、有社会或个人价值产品的能力。这里所说的产品，是指以某种形式存在的思维成果。它既可以是一种新概念、新设想、新理论，也可以是一项新技术、新工艺、新商品。

此处所说的"有社会价值"，是指对人类、国家和社会的进步具有重要意义，这类创造无论对创造者个人还是对社会都是前所未有的，如重大发明、创造和革新。而"有个人价值"，则指对个人的发展有意义。即对个人来说是前所未有的，对整个人类来说却是已知的。有人将那些无论对人类还是对个人来说都是前所未有的、有社会价值的创造称为真创造；而把那些对个人来说是前所未有的而对人类来说却是已知的创造称作类创造。类创造与真创造的本质是相同的，其思维的过程和思维的方式也都是相同的。所不同的是产品的层次差别。真创造的产品对整个人类来说是全新的、前所未有的，而类创造仅对个人来说是全新的、前所未有的。这实际上只是视野和研究问题的层次不同而已。一个学习者完全可以通过类创造积累经验而获得真创造。一般来说，在教学中最多的是类创造（当然也不否认某些真创造），但通过教学活动和学生日后的实践可能产生真创造。从整个人类的视角看，类创造是手段，真创造是目的。从大学的教学来看，真创造的比例远远高于中小学。

2. 创造性的构成

昆特（Guenter）把美国有关创造性的研究理论分成三大类：智力与能力、人格特质以及教学和训练。虽然各种研究创造性的理论看法不同，但各有其根据，以下就教学和训练的观点来介绍创造性的构成。

（1）敏锐力

敏锐力是指敏锐地观察事物，并能够发现缺漏、需求、不寻常及未完成部分的能力，也就是对问题的敏感度。

（2）发散力

发散力是指产生观念的多少，即产生许多可能的构想和答案。发散力本质上属于记忆的过程，如果长时记忆中储存了大量资料，就可以在发散时提取利用。我们常形容某人“口若悬河”“滔滔不绝”等都是发散力高的表现。

（3）变通力

变通力是指从一种思想转换到另一思想的能力，或是以一种不同的新方法、新观念去分析解决问题的能力。具备变通力的人能适应各种状况，同时不会用僵化的思维方式去看问题。我们常以“穷则变，变则通”等来形容一个人的变通力。

（4）独创力

独创力是指反应的独特性、观点的独到性、方法的新颖性和方式的新异性，见人所未见，想人所未想，做人所未做。独创力是由某一项反应在全体反应中所占的比例来决定的，与别人雷同越少，独创力越高。

（5）精致力

精致力是一种在原来的构想或基本观念上再加上新思想和新观念，增加有趣的细节和组成相关概念群的能力，即“精益求精”“锦上添花”的能力。

（二）创造性的影响因素

1. 知识与创造性

知识是人们对客观事物的意义、结构和规则的认识成果。掌握系统而全面的知识是学生学习和教师教学的一项主要任务。那么知识与创造性具有怎样的关系呢？在教学中如何通过知识教学来发展学生的创造能力呢？无数事实表明，知识经验与人的创造活动是相关的。这种相关包括两个方面：一是正相关，二是负相关。所谓正相关，是指知识经验可以促进创造活动的顺利完成；所谓负相关，是指知识经验对创造活动产生阻碍和干扰，致使创造活动无法顺利完成。

一般来说，知识经验与创造性是呈正相关的。人们的大脑绝不会无缘无故地产生创造，也就是说，人脑不能无中生有。知识经验为创造提供原材料，丰富的知识是创造性的源泉。只有在丰富的知识经验基础上，我们的大脑才能开出智慧之花，结出创造之果。事实上，创造不过是对人脑中已有知识经验在较深层次上的改组或重建。知识越丰富，越完整合理，越有利于改组或重建。一个人创造性无论怎样发达，如果缺乏必要的知识准备，也不可能获得创造性的成果。在人类历史上，经常有一些科学家、艺术家在进行创造的过程中，因缺乏某方面的知识而不得不中途停顿，弥补知识后再进行创造，甚至边创造边补充知识。

无数事实证明，只有在丰富的知识基础上，创造性才能发挥其应有的功能。但在某些条件下，创造性的发挥与人的知识经验是呈负相关的，即知识越丰富对人创造思维的束缚就越大。最低限度的知识或信息，却可产生最大限度的创造。在人类历史上，许多大的发明创造常常由某种知识甚少的“外行”做出来，其原因就在于此。因为相比起知识甚多者，知识甚少者更容易摆脱习惯思维（或思维定势）的束缚，产生创造性成果。

由于创造活动与知识经验可能存在正相关，也可能存在负相关，因此在教学中，教师要帮助学生形成正相关而避免负相关。为达此目的，首先要努力提高学生知识的准备性水平。那么在教学中如何培养学生知识的准备性水平呢？一般可以从三个方面入手：① 要为学生摄取利用率高的知识提供条件；② 要帮助学生形成为迁移、创造而学习的意识；③ 要让学生懂得学习知识的目的不仅仅是为了考试或简单记住这些知识，而更重要的是为了运用、为了创造。有了这种创造意识，就会大大提高知识的准备性水平，不断帮助学生改组和运用知识。

2. 智力与创造性

对于智力与创造性的关系，学术界有两种截然不同的看法：一种观点认为，创造性不仅是智力的组成部分，而且是智力的最高层次，苏联学者及西方大部分学者大都持这种观点；另一种观点认为，智力与创造性的相关程度很低，二者关系不大。

出现上述分歧有两方面的原因。一是由于目前智力测验的项目狭隘，还主要局限于判断语言和逻辑方面的是非正误，较少测验想象、理解和创造方面的水平。换句话说，创造性还有一些智力测验无法测出的品质，正是由于这些品质的参与，才能实现单纯智力无法完成的创造。二是与智力相比，创造性受兴趣、爱好、情绪、意志、动机等意向的制约更大，受客观环境的影响也较深。

目前比较一致的看法是，智力与创造性的关系是一种相对独立、在一定条件下又相关的非线性关系。这种非线性关系可概括为：① 低智商不可能有高创造性；② 高智商可能有高创造性，也可能有低创造性；③ 低创造性智商水平可能很高，也可能很低。④ 高创造性必须有高于一般水平的智商。

这种非线性的关系表明，高智力只是创造性的必要条件，而不是充分条件。反之，高创造性却是高智力的充分条件，因它本身已体现出高水平的智力。既然创造性是高智力的充分条件，体现着高水平的智力，在教学中，就应当从培养创造性入手，特别是通过培养大学生的创造思维入手，从而培养、开发大学生的智力，这比笼统谈培养、开发智力更有实际意义和可操作性。

3. 人格与创造性

创造人格对创造思维及创造性有巨大影响。一般认为，与智力相比，创造性在更大程度上依赖人格因素。巴隆（Barron）发现创造型科学家的共同特征为：高度的自我力和情绪的稳定性，对独立资助的强烈需要，高水平的控制冲动，在人际关系中喜爱独处，爱好次序、精确，对矛盾、预期和明显的障碍表现出极大的兴趣等。①

既然创造性、创造与人格有如此密切的依赖关系，我们在教学和教育中可以通过培养学生的人格来培养其创造思维和创造性。甚至可以说，培养良好人格的过程，就是培养创

① BARRON F B, HARRINGTON D M. Creativity, intelligence, and personality[J]. Annual review of psychology, 1981, 32(1): 439–476.

造性、创造思维的过程。大量研究表明，在个体的各种特质中，责任心、自信心、宽容性、独立性、坚韧性和合作精神对创造是最为重要的。

（1）责任心

责任心对创造性活动具有激励作用。不仅如此，责任心能促使人将学习或工作做得尽善尽美，因而能够创造性地开展工作，出类拔萃地完成任务。再有，责任心会促使人主动寻找和创造机会。只有具备强烈责任心的人，才会不断寻找发挥自己创造潜能的机会。

（2）自信心

自信心也是影响创造性发挥的一项重要人格特质。只有具有自信心的人才能创造奇迹。第一，自信心决定创造性所达到的高度。第二，自信心是克服困难、排除障碍最可靠的资本。第三，只有有自信心的人，才能充分发挥自己的潜能。

（3）宽容性

宽容性是指个体对各种人、各种观点、各种事物，特别是与自己观点相对立的人的包容程度。只有具有宽容性人格的人，才能悦纳各种与自己兴趣、爱好不同的观点和见解，才能容忍与自己不同的意见。只有对各种观点、意见都能接纳和消化的人才可能获取更多的有利于创造的信息。

（4）独立性

独立性是个体人格意志特征的反映。具有独立性人格特征的人，在智力活动中才能独立自主地发现问题和解决问题。创造尤其需要独立人格。凡事总喜欢自己动手、自己思考、乐于标新立异，不唯上、不唯书、不唯权威、不唯定见，依靠自己独立思考就是独立人格的表现。而缺乏独立性的人，往往循规蹈矩，人云亦云，服从和依赖他人。具有独立性的人往往有很强的质疑精神，这种质疑精神正是创造所必需的。独立性不仅是创造性所必需的人格特征，也是个性成熟的重要标志。

（5）坚韧性

坚韧性是非智力因素结构中最核心、最关键的深层硬核。坚韧性是创造性人才独有的特质和人格魅力。它是对一个人的意志品质、持续能力、勇气、心理承受能力、抗压能力和坚韧度进行综合评价的指标。它代表着人们为达到既定目标而自觉努力的程度，坚韧性并非与生俱来或不可改变的，而是在社会实践活动中逐渐培养、不断磨砺出来的。坚韧性在培养创造力的过程中，起着举足轻重的作用。

（6）合作精神

合作精神是集思广益的操作系统。以往人们较多地把创造力同独立性联系起来，便往往忽略了创造力同合作性的联系。过去心理学家对创造力的研究大多集中于对个体创造力的研究上，注重对创造力的复杂认知过程及具有创造力的个体的人格特质进行研究。目前，越来越多的心理学家提出创造力也是一种社会现象，他们在不否认影响创造力的个体因素的同时，肯定了社会影响的重要性。通过合作，能最大限度地发挥群体成员相互弥补与促进的作用，使群体中产生交流的气氛，并使成员之间相互得到启发。群体中的个体一起解决问题也可以激发个体对问题的兴趣和投入的水平，使思维达到积极、活跃的高激活状态。这种作用作为解决问题的预热性准备，可以直接起到推动创造性思维的作用，最终使个体提出更多的问题解决方法，更具有创造性。了解合作精神对创造力的影响，将有助于更多的人注意培养自己的合作精神，激发更强的创造力。

第二节　大学生问题解决能力的培养

为了解决圆珠笔漏油的问题，人们循着常规思路，即从圆珠笔的漏油原因入手来寻找解决方法，一直在笔珠上寻求突破，但漏油问题一直没有得到解决。而中田藤三郎利用逆向思维的方法，巧妙地解决了圆珠笔头漏油的问题。他强大的问题解决能力帮助了整个圆珠笔行业，而这种问题解决能力是可以通过学习提高的，通过适当的教学策略，可以帮助我们有效提高学生解决问题的水平。

视窗 6-4 是什么挽救了即将夭折的发明？

一、问题解决能力训练的步骤

通常，问题解决能力的训练需要以下几个步骤。

（一）识别问题与条件

任何问题解决都是从仔细审题、识别问题开始的，教师要通过具体实例向学生示范如何分析问题，如何抽取重要信息、剔除无关信息，让学生知道他们面临的问题是什么，可利用的条件有哪些等。

（二）界定目标，表征问题

学生在试图解决问题之前，必须正确理解问题。教师应鼓励学生对问题进行简要的陈述和明确的界定，并让学生进行练习，检查他们对问题的目标状态、已知条件及其相互关系是否理解，以培养学生仔细界定问题的习惯。

（三）探索可能的问题解决方案

首先，鼓励学生多角度提出假设。教师应鼓励学生从不同的角度，尽可能多地提出各种假设，而不要对这些想法进行过多的评判，以免过早地局限于某一解决问题的方案中。

其次，引导学生评价每种假设的优缺点。学生提出多种假设后，教师应引导他们考虑各种假设的意义，评价其可行性。当几种解决问题的方案都可行时，它们之中必定有一个是最优的，此时要引导学生把时间价值、金钱投入和道德要求结合起来考虑，以帮助学生选择最好的方案。

（四）预测结果并实施方案

确定了最终的方案之后，要指导学生进行结果预测，即方案将达到什么样的结果，并将方案付诸实践。

（五）提供解决问题的机会并给予反馈

问题解决能力是在实践活动中形成和不断提高的，因此，教师应提供各种机会，让学生在现实生活和学习中解决问题，使学生在成功解决问题的过程中得到满足。同时，教师对学生问题解决的情况给予反馈，帮助学生分析存在的障碍，并教给他们克服障碍的方法，以促进其问题解决能力的提高。

二、问题解决训练的策略

现代认知心理学研究认为，问题解决活动一般包括两类思维搜索策略：算法式和启发式。算法式要逐个尝试解决问题的各种方法，以尝试错误的方式来解决问题，它可以保证问题得到解决，但费时费力，而且往往不容易实现；而启发式以一定的以往经验为基础，采用选择方式搜索解决问题的方法，这类方式简单省事，效率高，但不能保证问题的成功解决。人类在解决问题时大多运用启发式策略，这类策略也是教学中要着力培养的重要思维策略。目前常用的启发策略主要包括手段—目的分析方法、爬山法、逆推法、联想法、类比法等。

（一）手段—目的分析法

手段—目的分析法是指人们认识到当前问题解决与所要达到的目的间存在着差异，把要解决的问题划分为一系列子目标并明确达到子目标的手段，通过逐个解决子目标而减小问题的初始状态与目标状态之间的差异，最终达到问题解决的目的。

（二）爬山法

爬山法是指对当前问题状况进行评价之后，因条件限制，不能直接采取缩小距离，而是采取增加当前状况与目标状态的差异，经过迂回前进，最终达到总目标，从而解决问题的方法。这是一种以退为进、退一步进两步、迂回解决问题的办法。

（三）逆推法

逆推法是从目标状态出发，考虑如何达到初始状态的问题解决方法。当同目标状态相联系的解决途径明显少于同初始状态联系的途径时，采用逆推法比较适合。

（四）联想法

联想法是指根据当前的问题，充分联想自己以前解决过的相同的或类似的问题，并借助该问题的解决思路来解决当前问题的方法。联想法非常强调充分激活、调用以往的解题经验来对当前问题的解决产生启发作用，这是一种使用范围非常广泛的启发式策略。

（五）类比法

类比法是将先前解决问题的经验运用到解决新问题上的策略。有学者认为这种方法是人们在解决不熟悉问题时的主要策略。运用类比法时，首先要对问题进行表征，然后到与当前问题有关而我们又比较熟悉的领域中提取相关的解题方法，最后再评价方法的适当性。虽然类比法和联想法都涉及使用以往的经验，但类比法往往是跨领域的，而联想法则大多是在同一领域内发生，例如声呐技术的发明就是类比的产物。

三、训练大学生问题解决能力的原则

大多学者认为，训练大学生问题解决能力应从十个原则入手：① 在实际解决某问题前，对问题进行简洁的陈述，并规定界限；② 将注意力局限于问题的一个方面；③ 超越显见的现象，深入问题的本质；④ 警惕与避免产生功能上的固定性和负迁移可能性；⑤ 抛开很少有希望的那些先入为主的想法，另作其他的考虑和选择；⑥ 思考提出的论据有多大的可靠性与代表性；⑦ 弄明白任何前提所凭借的假设；⑧ 清楚地区分开数据和推论；⑨ 利用未经证实的假设中推衍出来的信息；⑩ 谨慎地接受与自己意见一致的结论。

四、问题解决训练的过程

美国著名心理学家布卢姆认为，培养问题解决能力要在具体的问题解决过程中进行。为此，他提出了如下几条在问题解决全过程中进行教学的具体建议。①

（一）在解决问题之前

在解决问题之前，要帮助学生真正理解题意，分析问题。

教师要注意：① 先看学生能否区分问题中的有关信息和无关信息；② 问学生是否意识到了他们所作出的假设；③ 鼓励学生对问题进行分解，借助图示来分析问题；④ 要求学生向别人解释问题的意思；⑤ 鼓励学生从不同角度来看问题；⑥ 提供几种看问题的角度、方式，再给学生提供一些其他的理解角度；⑦ 引导学生思考平常物体的不平常用途，

① BLOOM B S. Taxonomy of educational objectives[M]. New York: David Mckay Company, 1956.

突破定势和功能固着对问题解决的影响。

（二）在解决问题的过程中

在解决问题的过程中，要帮助学生真正思考问题，提出建议。

教师要注意：① 最重要的是对问题的分析思考，而不只是所获得的最后答案；② 让学生在思考问题时“自言自语”，随时说出自己头脑中所出现的全部想法；③ 让学生为他们所采取的每一步推理提供解释，即自己的思路是什么，所依据的原理、规则是什么，为什么要这样做，这可以促进学生对解题思路的深层理解；④ 常常问学生“如果……会发生什么？”，以此促进学生的推理；⑤ 在必要时向学生提供一些解决问题的建议，但不要因此而剥夺了学生独立思考的机会；⑥ 引导学生联想类似的问题是怎样解决的，运用类比法去思考问题；⑦ 引导学生运用反推法分析解决问题；⑧ 如果学生对自己错误的解答“振振有词”（有充足的理由），让学生看到反面的证据，引导学生看到自己的错误所在；⑨ 如果学生在解决问题时陷入了僵局，暂时没有任何思路，可以考虑暂时搁置一下。

（三）在问题解决之后

在问题解决之后，要帮助学生真正反思问题，总结经验。

教师要注意：① 先引导学生反思自己的解决过程，看看从这个问题中受到了什么启发，对知识有什么新理解；② 思考这个问题的其他解决方法；③ 组织学生讨论、交流解题的思路和方法，特别是让想法不同的学生“交锋”。

五、培养学生迁移与运用知识的习惯

通过教学活动养成学生迁移与运用知识的习惯，对于培养他们问题解决的能力是非常有帮助的。迁移与运用知识的过程不仅帮助学生不断改组知识、重建表征知识，而且它本身就是问题解决的过程，甚至是一种创造过程。许多创造其实不过是对已有知识的改组或重建；不过是将此领域的知识运用于彼领域，或将彼领域的知识运用于此领域。因此，教师在教学中不仅要将知识准确系统地传授给学生，而且要帮助学生改组和重建自己的知识，不断地扩大知识迁移和应用的领域或范围。

六、搭建学生合理的知识结构

合理的知识结构是有效解决问题的基础。现代心理学认为，合理的知识结构有利于同化旧的知识和概念，形成新的观念或概念。合理的知识结构一般包括这样几个特点。

（一）具有高度准确、紧密联系的概念

创造离不开概念的结合，概念越明确、联系功能越强，新的观念就越容易形成，创造性思维就越容易展开。

（二）具有双重知识结构

包括按逻辑关系建立的微观结构和在此基础上建立起来的以主题为中心的从一般到特殊的宏观结构。这样的结构因加强了联系的可能，更有利于创造。

（三）具有大容量的知识功能单位

知识功能单位指的是一组在内容上有必然逻辑关系的信息。知识功能单位容量越大、思维的跨度越大、跳跃性越强，创造的可能性也就越大。

（四）具有大量程序性而不是陈述性的知识

陈述性知识往往就事论事，而程序性知识则要求明确条件的线索，因此相对来说，程序性知识实用性较广，迁移性较强，既有助于问题解决，也有利于创造。由此可见，个体的知识结构越合理，知识的质量越高，解决问题的能力就越强，创造力也就越高。因此，在教学中，教师应当通过不断改进教学，促进学生形成合理的知识结构。

第三节　大学生的创造性培养

近二三十年来，培养学生的创造性已经成为世界高等教育的趋势。“为创造而教”已经成为当今和今后我国高等学校应该实现也必须实现的教育目标和理想。那么，如何培养大学生的创造性呢?

心理学有关创造性培养的研究，基本上是探讨如何通过教师（创造的引导者）运用创造性思维教学策略，创造有利于学生创造性发挥的环境。激发学生（创造者）的创造动机，培养学生创造的人格特质，激发学生的创造潜能，使学生具备一定的创造行为和创造成果。概括起来，要培养大学生的创造性，应该从以下几个方面着手。

一、创造有利于大学生发挥创造性的环境

世界著名的创造学专家奥斯本（Alex Faickney Osborn）认为：“人人都有创造力。”大量研究也表明，虽然创造性并非少数天才具有的特殊能力，但并不是每个人的这种潜力随时都可以自动地表现出来。人本主义心理学家罗杰斯认为，“心理的安全”与“心理的自

由”是发挥创造性必备的两个重要条件，而学生能否具有心理的安全和自由，与其所处的社会环境状况密切相关。如果让学生在自由、宽松、愉悦、和谐的环境中学习和生活，那么他们就会产生心理上的安全感和自由感；相反，如果时时处处限制他们的自由、束缚他们的思想，他们也就不会有心理上的安全感和自由感。

为学生创造一种适宜他们创造性发挥的环境，要注意以下方面。第一，要改革人才评价的标准和方式。要改变评价中过分强调知识技能掌握的现状，把创造性作为衡量人才的重要标准；要摒弃以考代评的单一做法，淡化考试的功能，强化创造性作品和创造性活动的作用，使学生有机会充分施展自己的创造才能；各类考试本身也要强调运用知识创造性地解决问题能力，摒弃过分强调理论知识记忆和简单提取的测量方式。第二，课程设置上要为学生留下更多自由支配的空间和时间。要大力增加选修课的比例，每周都要为学生安排一定时间的自修课、活动课、实验课、实践课或研究性学习课，使有创造性的学生有时间干自己想干和喜欢干的事。第三，教学内容要体现基础性和开放性的统一。各个学科的教学内容在反映本学科基本框架的同时，要强调向其他学科渗透或其他学科向本学科的渗透。例如，社会科学理论的教学要联系自然科学的有关成果或自然科学的有关研究方法；自然科学理论的教学则要渗透社会科学的思维方式和研究成果。

二、激发大学生的创造动机

心理学家认为，创造性并非聪明人的专利，一般普通人都有创造潜能，只是由于缺乏一定的创造动机，大多数人的创造潜能不能有效地发挥出来。因此，激发大学生的创造动机是非常重要的，这是培养大学生创造性的前提。

（一）要以学生为主体，树立正确的学生观

托兰斯（Euis Paul Torrance）研究发现，学生的创造动机能否被激发起来，与教师和家长的态度密切相关。[①] 如果教师或父母态度民主，支持学生或孩子发表不同的意见，鼓励他们积极探索、尝试用不寻常的方式理解事物，不赞成依赖与顺从，那么学生或孩子的创造性就会主动发挥出来。当代大学生接收信息渠道多，兴趣广泛，思维灵活，应该说具备创造的主观条件。教师要看到大学生的多方面优势，打破“教师万能”及“唯我独尊”的传统观念，树立民主宽容的态度，尊重学生，信赖学生，与学生建立民主和睦的师生关系，允许学生独立思考，自主探索，容纳学生各种不同的意见，放弃权威式的发号施令，让学生能够自我展开思维活动，能够按照他们的兴趣进行学习。只有这样大学生才想创造、愿创造、乐于创造，创造的潜能才能得到充分的发挥。

① TORRANCE E P. Longitudinal study of the E. P. Torrance Tests of Creative Thinking[J]. Revue de psychologie appliquée, 1972, 22(4), 203–218.

（二）要充分发挥主导作用，改进教育教学方法

学生创造性发挥的先决条件是教师的启发和引导。因此，高校教师的教学过程应该做到以下几点。① 创设问题情境，诱导学生展开探究。可以通过讲述、提问、演示练习方式向学生提供生动有趣的问题情境，激发学生的探究欲望。② 创设丰富多彩的活动情境，激发学生的创造兴趣。富有变化的教学活动多可引起学生的创造兴趣，所以，教师在教学中不要搞满堂灌，而要尽量组织学生开展各种类型的研究性学习活动。③ 改进评价方式，激励学生创新。教师命题时应减少记忆性的试题，应偏重应用、分析、综合和评价等高难度的题目，并利用多种方式评价大学生的学习结果，特别是以主观性、形成性为特征的表现性评价对促进大学生创造性的发挥大有裨益。

三、塑造大学生的创造性人格

创造性人格是创造性的重要组成部分，培养大学生的创造性人格是培养创造性的重要内容。如何培养学生的创造性人格，心理学家提出了种种建议。概括说来主要有以下几点。

（一）保护学生的创造欲

浓厚的创造欲望是创造活动的原动力，它促使学生对未知的东西进行主动的尝试与探索。不过，学生的创造欲如果未得到教师、家长和社会的肯定、强化和激励，就会衰减甚至夭折。因此，高校教师要保护好大学生的创造欲，对大学生在学习过程中所发表的不同见解甚至奇怪的想法、创作的作品乃至一些另类的作品、展开的各种探索活动（即使是那些表面上看来没有多大价值的活动）等，都要予以鼓励和奖赏。要支持他们以自己独特的方式理解事物，鼓励他们用多样的方式方法处理问题，促进他们个性和独创性的发展。

（二）引导学生进行想象和幻想

想象和幻想是创造活动的前奏。历史上那些著名的艺术作品都融入了艺术家超乎寻常的想象力。因此，教师在教学中要鼓励学生充分发挥想象力，引导学生张开幻想的翅膀，对有关事物和有关问题的解决办法进行大胆的想象和幻想，即使学生的想象和幻想在一般人看来是离奇甚至稀奇古怪的，也要予以肯定。当然，在学生进行想象和幻想时，要注意引导他们将想象世界与现实世界有机结合起来，不要把幻想变成乱想和妄想。

（三）消除学生对错误的畏惧心理

学生恐惧犯错误的心理会严重阻碍创造力的发挥。因为，学生怕犯错误，就会为“保险”起见，放弃新的探索与尝试而循规蹈矩，乃至因循守旧，不思进取。因此，教师对学

生日常学习中出现的错误，如错误的观点、错误的做法等，不要批评指责，而要在肯定学生探索精神的同时，帮助他们寻找错误的原因和正确的观点与方法。

（四）鼓励学生与有高创造性的人接触

与有高创造性的人接触，可以使学生受到创造者优良人格的感染和影响。如果学生能够有机会直接与有高创造性的人对话，会有意无意地在创造意识、创造精神和创造方法等方面获得启迪，收到“听君一席话，胜读十年书”的效果。不过这种与有创造性的人进行零距离直接接触的机会毕竟是有限的，因此，教师需要为大学生创造更多的间接接触的机会，如组织大学生听科学家、发明家、艺术家等关于他们创造性活动的报告，介绍学生阅读这类人物的传记或有关他们创造发明的故事等。这对激发大学生的理智感，激发他们的创造热情，树立远大的创造志向等都有极大的作用。

四、帮助大学生掌握一定的创造技巧

（一）缺点列举法

缺点列举法的基本假设是：世界上任何事情都不可能十全十美，都存在这样或那样的缺点，都有值得改进的地方。缺点列举法就是通过发现事物的缺陷，列举缺点，加以改进而产生创新的方法。缺点列举法既可以个人运用，也可以集体运用。个人运用，首先是寻找目标，然后发现缺点进行改进。集体运用，也是先要寻找缺点，然后集体攻关。其具体步骤是：① 围绕某一主题开一次小型会议，集体列举缺点，列举得越多越好，会议的成员一般在 5～10 人之间；② 对列举缺点进行编号、记录并分出主次；③ 提出改进措施。

（二）希望点列举法

希望点列举法是从人们的希望出发，并依据希望进行创造的方法。它与缺点列举法的根本区别是：缺点列举法从事物的原型出发进行列举，而希望点列举法从创造者的愿望出发进行列举，因而后者比前者具有更大的主动性和灵活性。希望点列举法既可以个人运用，也可以集体运用。

在集体运用时可遵循下列步骤：① 按照事先认定的主题召开希望点列举会（每次 5～10 人）。倘若与会者会前有所准备当然更好。② 发动与会者提出各种各样的希望点，并即时记录公布于众，以便避免重复，促进相互启发。时间可由主持会议的人依据具体情况而定。③ 列举的希望点越多越好。④ 会后整理希望点，从中选出当前可能实现的若干项进行研究，制订出具体的革新方案。

希望点列举法应用的范围很广。但在集体应用时应当注意，切忌批评指责别人的观点。只要是自己希望的，都可列举，多多益善。

（三）特性列举法

特性列举法是指将事物的属性和特征全部列举出来，从而对其中某一部分进行改进而产生创造的方法。此方法在面临较大问题而不得要领时，尤其适用。

特性列举法通常把事物的特性分为三个方面：①名词特性，指事物的组成部分、材料、要素等；②形容词特性，指事物的性质、形状、颜色、状态等；③动词特性，指事物的功能。其程序主要包括四个步骤：①选取改进对象（如某项技术）；②分析改进对象的组成部分，编制成表；③分析改进对象组成部分的本质特征，编制成表；④找出需要改进的问题（特性），通过联想，提出解决问题的新设想。在采用该方法的过程中，要特别注意抓住特性分析这个关键环节，一要做到从各个角度全面进行分析，二要做到具体分析，使各种特性越明确越好。

（四）逆向思考法

逆向思考法亦称反向思考法，是指从对立的、颠倒的、相反的角度去思考问题、获得创造成果的方法。使用逆向思考法可沿两条途径进行：① 先沿着已有事物相反的结构和形式去设想，具体可进行上下、前后、左右、大小四个方面的颠倒思考；② 通过倒转现有事物的因果关系来引发新的思考。需要指出的是，逆向思考法所得的结论并不具有必然性。在许多情况下，逆向思考并不能得出结果。采用逆向思考法要注意：① 逆向思维必须以客观原型为依据，以客观规律为准绳，不能以主观意志为转移，不要认为“对着干”就是逆向思维；② 要防止走极端；③ 既要有魄力，又要谨慎从事，做到既胆大，又心细。

（五）扩加法与缩减法

扩加法是通过夸大对象的某种性质或特征或在原有对象中加入某种成分或特征而产生创造的思考方法。它有两种方式：一种是夸大或增加对象某种特征的尺寸和数量而产生的创造；另一种是在对象中加入不同成分而产生的创造。缩减思考法是通过缩小对象的性质、特征或减去它的某些部分或某些性质而产生创造的方法。它包括简化、缩小、减低、减短、减轻、节省、相除、分割等多种具体形式。

（六）类比思考法

类比思考法是根据两个或两类事物某些方面的相同点或相似点而类推出它们在其他方面也可能相似或相同的方法。具体包括：直接类比法、间接类比法、因果类比法、象征类比法和综合类比法。

（七）联想思考法

联想思考法就是由一件事物而想到另一件事物的思考方法。联想思考法是以某一事物、某一词汇或某一个问题为焦点，然后分析这一事物或问题的周围环境，以此为启发所进行的强制联想。

（八）移植思考法

移植思考法是将事物或事物的特征、原理和方法，从此处移向彼处而产生创造的方法。移植思考法的具体操作方式有：① 同一领域的移植，包括从一个物体的这一部分移向另一部分，从一个物体移向另一个物体。② 不同领域的移植，包括原理、方法、技术手段和功能的移植。使用移植思考法最重要的是克服功能固着和心理定势。

（九）组合思考法

组合思考法又称形态综合法、形态方格法或棋盘法，是将事物的不同元素重新加以组合或排列而产生创造的方法。具体有：成对组合、同物自组、重新组合、内插组合、用途组合、方便组合等。组合法的优点在于，它能利用有限信息进行无限创造。

（十）头脑风暴法

头脑风暴法，又称“智力激励法”，是奥斯本提出的一种激发创造性思维的方法。其做法是鼓励解决问题的人提出各种各样的想法，甚至包括离奇、荒唐可笑的想法，只要它还有一点合理的成分，有一线导致创造的希望，都不拒绝。其基本原则是，在集体解决问题的课堂上，暂缓作出评价，以便于学生踊跃发言，从而引出多种多样的解决方案。为此，教学活动要遵守以下规则：① 禁止提出批评性意见（暂缓评价）；② 鼓励提出各种改进意见或补充意见；③ 鼓励各种想法，多多益善；④ 追求与众不同的、关系不密切的、甚至离题的想法。

（十一）戈登技术

美国学者戈登（Gordon）提出了一种与头脑风暴法不同的培养创造力的技术。运用头脑风暴法时，主持人在讨论问题之前会向与会者或学生提出完整和详细的问题，但在使用戈登技术时，只提出一个抽象的问题。例如，当要讨论停车的问题时，先只提出“如何存放东西”之类的问题，要求学生思考存放东西的各种方法。随后，主持人缩小问题范围。

应强调的是，上述训练方法的指导思想是将创造性当作像游泳或射击一样的技能，可以通过直接训练来获得和提高。这种指导思想本身就是片面的，它把创造性看作某种独立的技能或能力，而不是以发散思维为中心的、发散思维与聚合思维相结合的一种智慧活动。同时，它只注意到认知活动的方式而忽视了认知活动内容的积极作用，忽视了已有认知结构的可利用性。

国内外对于创造性思维培养的理论和方法一直在发展进步，并不局限于上述的训练方法。这不仅反映出创造性思维是一种复杂的活动，需要人们对其不断进行理论更新，同时也体现了社会对人才的需求。

【复习思考题】

1. 请回忆一个生活中解决问题的例子，试着说说当时解决问题的过程是怎样的，在解决问题的时候受到了哪些因素的影响？

2. 河内塔问题：如图所示，在一块板上有三根柱子，在第一根柱子上有从上到下大小递增的三个圆盘A、B、C。现在请你试着将圆盘移动到第三根柱子上，且保持圆盘原来的顺序不变。请注意，每次只能移动一个圆盘，大盘不能放在小盘上，在移动的时候可以利用第二根柱子。请你试着解决这个问题，解决之后，试着回忆自己解决这个问题的过程，思考所使用的是哪种问题解决的策略。

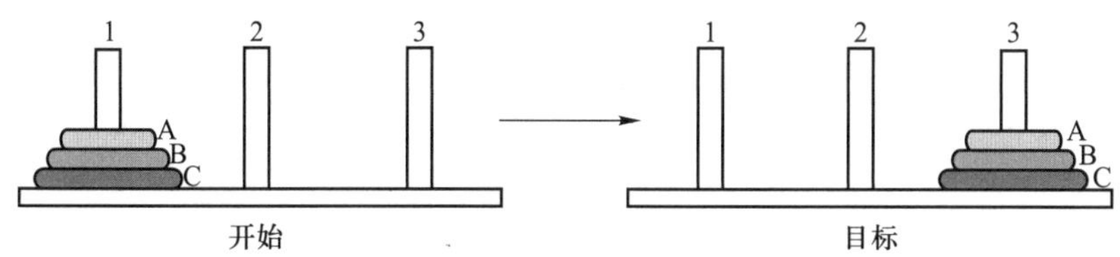

3. 请联系自己的经验，谈谈高校专业课教学如何“为创造而教”。

【推荐阅读】

1. 斯滕伯格，威廉姆斯. 斯滕伯格教育心理学［M］. 姚梅林，等译. 北京：机械工业出版社，2012.

2. 基思·斯坦诺维奇. 这才是心理学：看穿伪科学的批判性思维（第11版）［M］. 窦东徽，刘肖岑，译. 北京：人民邮电出版社，2020.

3. 吉尔福特. 创造性才能：它们的性质、用途与培养：第2版［M］. 施良方，等译. 北京：人民教育出版社，2005.

4. 科丝婷·罗卡. 现象式学习［M］. 葛昀，译. 北京：中信出版社，2021.

5. 司马贺. 人类的认知：思维的信息加工理论［M］. 荆其诚，张厚粲，译. 北京：科学出版社，1986.

第七章　大学生的品德心理

才者，德之资也；德者，才之帅也。

——《资治通鉴·周纪》

国无德不兴，人无德不立。大学生是中华民族伟大复兴的建设者，是社会主义现代化建设的后备军，大学生的道德修养影响着中华民族的思想道德素质和社会的文明水平。品德学习是大学生道德修养的基础，也是高等教育立德树人的核心内容。所以，高校教师必须了解大学生的品德心理。

第一节　品德心理概述

什么是品德？品德的心理结构如何？品德与道德有什么联系和区别？了解这些问题，有助于教育者更好地理解品德心理，更好地实现教书育人。

一、品德概述

（一）品德的界定与特征

品德，即道德品质的简称，又称为德性或品行、操行，等等，它是个体的道德面貌，是个体依据一定的社会道德原则和规范做出行为时所表现出来的稳定的心理特征或倾向。在大学生教育中，品德多与思想品德联系在一起。思想品德是一定的社会思想道德原则和规范在个人思想和行为中的体现，是一个人在一定思想动机支配之下，在一系列的道德行为中所表现出来的比较稳定的特征和倾向。

品德有如下几个基本特征。

第一，品德必须以某种社会道德意识或道德观念为基础，个人的道德行为不会脱离社会道德而独立存在。品德不是个体先天的禀赋，而是在一定的社会生活中通过后天学习获得的。道德行为是在道德观念的控制下，进行某种活动、参与某件事情或完成某个任务的自觉行为，如果没有形成道德观念，即使个体的行为（不）符合社会规范，也不能称之为（非）道德行为。

第二，品德与道德密切联系。没有无道德的道德行为。人的道德行为不同于一般的行为习惯，它具有明显的自觉性、主动性和创造性。在社会生活中，人们通过对道德准则和规范的审慎选择和实践，不仅能够形成品德，而且能够在复杂的道德情境中，凭借一定的判断，自觉自愿地、积极主动地、创造性地调节自己的行为。

第三，品德具有稳定的倾向性。实际上，品德把外在于个体的社会准则、规范内化为个体内在的道德观念，并通过个体的道德价值取向稳定地调节个体外在的道德行为。个人的品德不是表现于某时某事，而是体现在一系列行为中，甚至体现在他的一生之中。品德不只是指个体具有某种道德观念或道德认识，而是指个体具有某种观念并表现在行为之中，道德行为是判断品德的客观依据。品德是稳定的，偶尔表现出来的道德行为代表不了品德，只有在不同时间、不同地点都表现出来某种一贯的道德行为时，才标志着品德的形成。

（二）品德的心理结构

品德有一个完整的结构，包含道德认识、道德情感、道德意志、道德行为四种既相互联系又相互制约的心理成分，简称品德结构的知、情、意、行。

1. 道德认识

道德认识是指个体对于道德行为规范中的是非、善恶、好坏及其执行意义的认识，是人的认识过程在品德上的表现。道德认识是社会上的道德要求转化为个体需要的第一步，道德认识的结果是获得相关的道德概念、原则，以及运用这些认识去分析道德情境，对人、对事做出是非、善恶的道德判断，继而形成道德信念，引导自己从社会义务和社会责任出发，有效地实行道德的自我控制，履行自己的职责，并对自己的行为做出自我评价。道德认识是整个品德形成和发展的基础与前提。

道德认识包括道德知识的掌握、道德评价能力的发展和道德信念的产生三个方面，与个体思维发展水平相关联。[①] 道德认识经历了从道德观念到道德概念、道德信念，再到道德评价的过程。道德观念是道德认识的感性阶段，即积累感性道德经验的过程。道德概念、道德信念是道德认识的理性阶段，是道德认识的概括化过程。道德评价是将已掌握的道德经验、道德知识运用于实践的过程，是道德认识的具体化过程。

道德观念是对社会道德规范的最初的认识，是道德认识形成和发展的最初基础。道德观念的形成主要来自社会和个体两个方面：一是社会生活中的一切，特别是与个体的生活密切联系的家庭生活方式、学校教育方式、师生关系、同学关系等社会关系和大众传媒；二是个体对自身行为是否符合社会道德规范要求的感受、体验。

道德概念是对社会道德现象的一般特征和本质特征的反映。它是个体在最初的社会生活中积累道德经验而形成道德观念的基础上进行思维的抽象与概括，认识社会道德现象的一般与本质特征而形成的。个体掌握一定的道德概念，以此帮助自己进一步理解和把握道德规范和道德原则，形成道德观点，进而指导自己的行为。

道德信念是个体对某种道德义务的正确性真诚信服并怀有强烈的责任感而存在于自己意识中的根深蒂固的道德观点。个体的道德信念是在社会和教育的影响下，通过个人所掌握的道德知识，逐步内化而形成的道德认识。道德信念对人的道德行为有预先的决定作用，因而它往往以动机的形式，使人的道德行为表现出决定性和一贯性。正是因为如此，道德信念成为品德形成的关键因素。

道德评价即道德判断，是个体将已掌握的道德经验、道德知识、道德标准运用于实践，对自己和他人行为的是非、善恶进行分析判断的过程。这是一个运用道德概念、进行道德推理、作出道德判断的思维过程，是道德认识的具体化。道德评价能力是在社会生活过程中，在社会舆论和教育的影响下，随着个体道德认识的发展而逐步培养起来的。

2. 道德情感

道德情感是个体的道德需要是否得到实现及其所引起的一种内心体验，也就是个体在心理上所产生的对某种道德义务的爱憎、喜恶等情感体验。道德情感可以表现为人们根据

---

① 徐地龙. 大学生品德心理形成的内化机制及其教育对策［J］. 江苏高教，2007（2）：115-117.

道德观念来评价他人和自己行为时产生的内心体验，也可以表现为人们在道德观念的支配下采取行动的过程中所产生的内心体验。它在道德认识的基础上形成，渗透在个体的道德观念和道德行为中，并且在社会实践中不断发展。

道德情感是具有不同层次的内心体验。

（1）直觉的道德情感

直觉的道德情感是由某种情境直接引起的、迅速发生的道德情感。在它的影响下，个体可能做出高尚的道德行为，也可能做出卑劣的不道德的行为。这种道德情感看上去似乎缺乏明显的自觉性，但实质上它是已有道德认识和道德经验的直接反映，与人们过去在道德实践中行为成败的经验直接相关。

（2）形象性的道德情感

形象性的道德情感是与具体的道德形象相联系的情感体验，分为由直接感知的具体道德形象（如身边的榜样）所引起的情感体验和由想象某些具有道德意义的人或事而激起的情感体验。由于这些道德形象具有鲜明、生动的特点，能够引起人们心灵上的激荡，产生深刻、久远的印象，成为引发道德行为的动力；同时，这些具体生动的道德形象又体现了社会道德标准的典范，容易引起个体情感上的共鸣，使个体能够更加深刻地领会道德要求及其社会意义。

（3）伦理性的道德情感

伦理性的道德情感是一种以清楚地意识到道德概念、原理和原则为中介的情感体验，具有清晰的意识性和明确的自觉性，具有较大的概括性和较强的理论性，是一种深厚的、坚定有力的高级形态的道德情感。它的形成是一个渐进的过程，一般到青年期才能形成这种情感水平。

道德情感是产生道德行为的内在动力，它以爱与恨、亲与疏等体验感受某种道德关系和道德行为，以肯定或否定的方式调节和控制人的道德认识与道德行为。

3. 道德意志

道德意志是个体在产生道德行为过程中表现的意志品质，是个体自觉克服履行道德义务过程中的困难和障碍的能力与毅力，是为达到既定的道德规范而自觉努力的心理过程。道德意志是道德意识向道德实践转化的过程，是主观见之于客观、观念付诸行动和实践的过程。

道德意志在人的品德结构中意义重大，它是品德结构的精神支柱，原因如下：① 它自觉地确定道德行为的目的，使个体能够清楚地认识到道德规范的社会意义，按照道德规范的要求经历内心冲突，抵制各种不良动机的诱惑，战胜非道德动机，确定自己行为的目的，并以此目的来指引自己的行为。② 调节与控制消极的情绪。在道德认识向道德行为转化的过程中，当个体产生消极的情绪或与理智发生冲突情绪的时候，道德意志会控制和调节个体的情绪，使之服从于理智。③ 克服道德行为中的困难。个体在进行道德活动的过程中，往往会遇到各种干扰和困难，具有坚强道德意志的人，敢于排除干扰，克服各种困难，坚持达到道德目标。

4. 道德行为

道德行为是个体在一定道德意识支配下和道德情感激励下表现出来的对他人和社会的行为。道德行为主要包括道德行为方式和道德行为习惯。道德行为方式是通过练习或实践而掌握的道德行为技能；而道德行为习惯则是一种自动化的道德行为，是人们在道德规范的调节下，在行动上对他人、对社会所做出的习惯性反应。

人的道德行为是一个极其复杂的过程。美国心理学家雷斯特（James Rest）详细研究了特定道德行为产生的过程，把它概括为解释道德情境、做出道德判断、进行道德抉择和履行道德行动计划四个成分。解释道德情境，即弄清当前发生的事件及估计个体可能采取的行动；做出道德判断是个体进一步考虑行动方针，对于行为是否符合道德进行思考和评判；进行道德抉择是个体分析判断各种因素和可选择途径后决定道德行动计划；履行道德行动计划是个体经过道德抉择后将道德意向转化为实际行动。在现实道德行为过程中，个体并不一定依据这种线性决策模式，往往每种因素相互影响和作用。道德行为是品德的外在表现，是评判人的道德品质高低的依据。

品德结构中道德认识、道德情感、道德意志和道德行为四种组成成分是彼此联系、互相促进的，处在一个互动的、开放的统一体中。其中，道德认识是基础，是道德情感和道德意志产生的依据，并对道德行为具有定向调节的作用；道德情感是产生道德行为的动力；道德意志是道德行为的精神支柱、重要环节，尤其在道德情感受阻、道德行为不能实现时，道德意志的作用更加明显；道德行为是品德的综合表现和检验依据。在品德发展中，品德结构中各种成分不断发展和变化，使得个体的品德结构由表层向深层，由不稳定状态向稳定状态逐渐发展。在品德教育中人们提出“晓之以理，动之以情，持之以恒，导之以行”的原则，就涵盖了知、情、意、行四个方面的因素。

二、品德与道德的关系

品德与道德既有联系又有区别。品德是一种个体现象，品德依赖具体人的心理活动规律，依赖具体人的存亡，是社会道德在个体身上的反映。道德是一种社会现象，受社会发展的制约，是社会历史的产物，它不以具体人的存亡和品德的有无为转移。道德是指由社会舆论力量和个人内在信念系统驱使支持的行为规范的总和。人们按照这些行为规范来支配和调节自己的言行，并以此来要求和评价他人的举止。品德和道德固然都受社会发展规律制约，但是却不能相互等同。

（一）品德与道德的区别

1. 品德与道德所属的范畴不同

品德是一种个体现象，是社会道德在个体头脑中的主观映象，其形成、发展和变化既受社会规律制约，又受个体的生理、心理活动规律制约。品德支配和调节着个体的道德行为，属于个体意识形态范畴。道德是一种社会现象，是调整人们相互关系的各种行为规范和准则。人们依据道德规范来辨别是非、善恶、美丑，指导或调节行为。它的产生、发展和变化服从于整个社会的发展规律，属于社会意识形态的范畴。

2. 品德与道德所反映的内容不同

品德的内容是社会道德规范局部的具体体现，是社会道德要求的部分反映。道德的内容则是社会生活的总体要求，是对一定经济基础的反映，它是调节社会关系的行为规范的完整体系。从反映内容上看，道德反映的内容比品德反映的内容广阔得多，概括得多。

3. 品德与道德产生的力量源泉不同

品德产生的力量源泉是个体的社会性需要。个人为了归属于一定的社会群体，为社会所接纳，就需要遵守一定的社会道德规范，协调个人与社会、个人与集体、个人与他人的关系，正是个体的这种社会性需要促使人们自觉地按照道德要求发展与完善自我品德。道德产生的力量源泉是社会需要。在社会生活中，人们为了维护共同的利益，为保障社会稳定、和谐的发展而制定道德行为规范，社会生存和发展的需要赋予了道德力量。

（二）品德与道德的联系

1. 品德是社会道德的具体化

品德是一定的社会道德规范在个体头脑中的反映和在个体实践活动中的具体体现。

2. 社会道德影响着品德的形成与发展

品德不是与生俱来的，它是个体在社会化的过程以及社会道德舆论的熏陶和道德教育的影响下，通过自己的实践活动逐步形成和发展起来的。因此，社会道德的发展变化会在某种程度上影响着个人品德面貌的变化，优良品德的形成、发展以一定良好的社会道德为前提。

3. 个人品德构成和影响着社会道德面貌和社会道德风气

某些具有代表性的人物的品德可以作为社会道德的典范，对社会风气产生深远的影响。如果离开了社会中具体人的品德表现，道德就只能成为无实际意义的行为规范。

三、大学生品德的功能

品德是思想品德教育的重要组成部分，也是个体完善心理构成的重要内容。在大学生自身发展的过程中，品德起着积极的作用。

（一）品德决定大学生成才

从广义来说，“才”包括德、智、体、美、劳等多方面。成才应该是个体在这五方面都能全面发展与完善，达到一定的标准或水平。品德的成熟与发展是大学生成才的重要基础，只有大学生具备良好的品德才能谈成才。如果大学生品德不良，其他方面发展得再好，也不能称为成才。

（二）品德引导大学生成才

品德不仅关系到人才发展的结构、结果，也决定着“为谁服务”的根本问题。大学生的培养需要思想品德的引领，社会对大学生道德修养的基本要求会影响大学生培养计划的制定。大学应有学生思想品德、道德修养等方面的基本培养要求，这会影响学生的学习过程，最终制约着大学生的成才方向。

（三）品德保障大学生成才

良好的思想道德使个体有着最好的精神状态、吃苦耐劳的品质，这都是个体成才过程中必须有的内部保证。成才之路是充满艰辛与挫折的，正如孟子所言：“天将降大任于是人也，必先苦其心志，劳其筋骨，饿其体肤，空乏其身，行拂乱其所为，所以动心忍性，曾益其所不能。”如果在这个过程中没有坚强的意志、强大的内心、有效的调适，个体很难立业成才。

第二节　品德形成与发展的理论

个体在品德的发展水平上呈现不平衡性和差异性。同时，个体的品德发展具有阶段性，即不同的年龄阶段呈现不同的品德水平。此外，品德是个体在一系列道德行为中所表现出来的比较稳定的特征和倾向。也就是说，品德一旦形成，就具有相对稳定性。因此，把握了品德的发展特点有助于形成良好的品德。对于品德发展的相关问题，皮亚杰、科尔伯格（Lawrence Kohlberg）、艾森伯格（Nancy Eisenberg）、弗洛伊德等心理学家展开了一系列研究，并形成了一些道德发展理论。

一、皮亚杰的道德认知发展理论

皮亚杰是第一个系统地追踪研究儿童道德认知的心理学家，他在 1932 年发表的《儿童的道德判断》是研究儿童道德发展的里程碑。他认为，道德是由各种规则体系构成的。儿童道德判断的发展有一定的序列，是一种合乎逻辑的模式。道德发展与儿童思维的发展有着密切的关系，它根植于以逻辑思维的出现为特征的阶段。皮亚杰认为，教儿童道德准则并不比教儿童数量守恒更容易。随着儿童在智力上越来越能够应对同他们相互作用的环境，他们就自然地发展了新的更高层次的道德准则。通过主动理解周围世界和组织自己的社会经验，产生出是非观念，儿童的认知发展进入一个新的阶段，儿童的道德认识也会进入一个新的层次。

视窗 7-1
皮亚杰的对偶故事举例

皮亚杰首次采用临床研究法（谈话法）来考察儿童道德推理的发展。首先讲述有道德价值的故事，然后向儿童提出有关道德方面的难题。利用这种难题测定儿童是依据对物品的损坏结果还是依据主人公的行为动机做出道德判断。由于皮亚杰每次都以成对的故事测试儿童，因此，此方法被称为对偶故事法。

通过儿童的反应，皮亚杰认为儿童的道德判断是从早期的注重行为结果的评价向注重行为的动机发展的，其道德认知水平从“他律”向“自律”发展。另外，他还考察了儿童对游戏规则的认识和执行情况，对过失和说谎的道德判断以及儿童的公正观念等方面的问题，并据此概括出儿童道德认知发展的四个阶段。

自我中心阶段（2—5 岁）。自我中心阶段是从儿童能够接受外界的准则开始的。儿童在游戏中总是自己玩自己的，按照自己的想象去执行规则。这是因为儿童还不能把自己同外在环境区别开来，而是把外在环境看作他自身的延伸，规则对他们来说，还不具有约束力。

权威阶段（6—8 岁）。这一阶段的儿童绝对地尊重和顺从外在权威。儿童尊重道德的权威，认为服从有权威地位的人就是好的。正因为这样，他们把人们规定的准则看作固定的、不可变更的。

可逆性阶段（8—10 岁）。这一阶段的儿童已不把准则看成不可改变的，而把它看作同伴间共同约定的。儿童已经意识到一种同伴间的社会关系，且相互尊重。准则对他们来说已具有一种保证他们相互行动、互惠的可逆特征。同伴间的可逆关系的出现，标志着品德由他律开始进入了自律阶段。

公正阶段（11—12 岁）。这一阶段儿童的公正观念是从可逆的道德认识脱胎而来的。他们开始倾向于主持公正、平等。公正的奖惩不是千篇一律的，而是根据各人的具体情况进行的。

皮亚杰认为，品德发展的阶段不是绝对孤立的，而是连续发展的。儿童品德的发展是一个连续的统一体，应用时加以界说只是为了研究的方便，并不表明发展的连续统一体的中断。皮亚杰认为，一个人道德上的成熟，主要表现在尊重准则和社会公正感两个方面。他同时揭示了儿童道德判断发展的进程，并得出了一些规律性的结论。他认为儿童道德判断的发展可区分为他律和自律两种水平。他采取对偶故事法，研究了儿童对规则的态度的发展过程。研究结论如下。

第一，儿童对规则的态度是从单纯的规则到真正意义上的准则。早期儿童虽然已认识到规则的存在，但并没有意识到规则是他们应该遵循的行为准则。

第二，责任的认识是从客观责任到主观责任。儿童往往是根据行为的客观结果判断，而青少年则往往根据行为者的主观意向判断。

第三，对公正的看法是从服从的公正到公平和公道的公正。幼儿对公正的认识往往以成人的是非为是非，随着进一步的发展，他们已经能以公平、公道作为判断是非的标准。

第四，对惩罚的认识是从抵罪性惩罚到报应性惩罚。幼儿往往认为，谁犯过错，谁就应该受到惩罚以抵罪。年长儿童认识到谁犯过错，就会受到同伴的嫌弃，即遭到应有的报应。

第五，总的趋势是从他律到自律的水平发展的。皮亚杰认为，6—10 岁的儿童，在道德判断方面具有强烈的尊重准则的倾向。在他们的心目中，道德准则是权威人物制定的、神圣的、不可改变的。皮亚杰称之为“他律道德”。10—12 岁的儿童就进入自律阶段，这时他们已经认识到，社会准则是共同制定的，不是绝对的，是可以改变的。儿童只有达到自律水平，才可能具有真正的道德。在品德心理研究中，皮亚杰所关注的正是儿童对规则态度的变化问题。皮亚杰认为，儿童的道德认识是从他律道德向自律道德转化的过程。

二、科尔伯格的道德发展理论

像皮亚杰一样，科尔伯格描述了个人在不同的生命阶段是如何进行道德问题的推理的。他采取两难故事法研究了儿童道德判断的发展，提出了新的道德发展理论。

（一）道德发展与认识发展

科尔伯格的道德发展理论认为：① 道德的发展是认识发展的一部分；② 道德判断能力与逻辑判断能力的发展有关，逻辑判断能力的发展是道德判断能力发展必不可少的条件，同时也是不充分的条件；③ 社会环境对道德发展有巨大的刺激作用，人的道德发展在很大程度上受社会环境的支配。

（二）应用道德两难论方法可研究道德的发展

科尔伯格采用一系列两难推理故事来研究儿童道德的发展，代表性的道德两难故事是“海因茨偷药”。科尔伯格真正关心的不是儿童做出哪一种回答，而是儿童证明其回答时提出的理由。因为在他看来，儿童的理由是根据其清晰的内部逻辑结构而来的，所以根据这些理由就能确定出其道德判断水平。

视窗 7–2　道德两难故事——海因茨偷药

（三）道德发展的三水平六阶段模式

道德发展的三个水平是前习俗水平、习俗水平和后习俗水平。六阶段是指每个水平中又可划分为两个阶段。

1. 前习俗水平

大约在学前至小学低中年级阶段。该时期的特征是儿童遵守规范，没有个人主见，行为好坏由行为结果来确定。此水平又分两个阶段。

第一阶段：惩罚和服从的取向。凡不受到惩罚的服从规范和顺从权威的行动都被看作对的。

第二阶段：工具性的相对主义取向。能够满足本人需要的行为是正确的行动。虽然发生了互惠关系，但主要表现为实用主义和个人主义观念。

2. 习俗水平

大约自小学高年级开始，此时期他们遵守团体的规范。此水平又分两个阶段。

第三阶段：好男孩－好女孩的取向。好的行为是使人喜欢或被人赞扬的行为。这一阶段的儿童十分重视顺从和做“好”孩子。

第四阶段：法律和秩序取向。此阶段关注权威或规则，以完成个人职责、服从团体规范、尊重权威和维护社会的秩序为价值标准。

3. 后习俗水平

大约自青年末期接近人格成熟时开始，此时期重视具有责任感和义务感，达到完全自律的境界。此水平又分两个阶段。

第五阶段：社会契约的取向。此阶段看重彼此的权利与义务，重视法律效力，但同时认为法律规定是可以适时改变的。

第六阶段：普遍的道德原则的取向。此阶段的行为根据个人良心及人类普遍适用原则和规范进行，每个人都有其独特的价值标准。

在科尔伯格看来，要达到高级阶段都需要通过前面几个阶段，而且后续阶段高于前面的阶段。个体可能停留在这个固定顺序的某个阶段，但是也能够促使他向上进步。教育的基本目的是促进这些阶段的发展。

科尔伯格认为，道德发展不是通过直接的生物成熟，也不是通过直接的学习经验，而是通过机体与环境相互作用的心理结构的重新组织而实现的。科尔伯格还认为，发展的各阶段形成一个不变的序列，发展不是跳跃式的，运动也总是向前发展而不是向后退的。但在极度的压力下，个人可能会暂时后退。

科尔伯格提出，在品德发展的过程中也存在一个关键期。他认为，品德发展的关键期是因人而异的。但一般地，个体的品德发展中存在两个关键期：一是少年期（9—13 岁），最经常发生的是从前习俗水平向习俗水平的转变；二是青春期（15—19 岁），最容易发生的是从习俗水平向后习俗水平的转变。

三、艾森伯格的亲社会道德发展阶段理论

艾森伯格是美国当前较有影响力的儿童心理学家。她的理论被称为亲社会道德判断的发展阶段理论。艾森伯格及其合作者利用亲社会两难故事进行了许多横向和纵向研究，在此基础上归纳、总结出了关于儿童亲社会道德判断的五个阶段。

第一阶段：享乐主义的自我关注的推理。助人或不助人的理由包括个人的直接得益、

将来的互惠，或者是由于自己需要或喜欢某人才关心他（她）。

第二阶段：需要取向的推理。当他人的需要与自己的需要发生冲突时，儿童对他人身体的、物质的和心理的需要表示关注。

第三阶段：赞许和人际取向、定型取向的推理。儿童在证明其助人或不助人的行为时所提出的理由是好人或坏人、善行或恶行的定型形象，以及他人的赞扬和许可等。

第四阶段又分为两个阶段：① 自我投射性的移情推理。儿童的判断中出现了自我投射性的同情反应或角色采择，他们关注他人的人权，注意到与一个人的行为后果相连的内疚或情感。② 过渡阶段。儿童选择助人或不助人的理由涉及内化了的价值观、规范、责任和义务，对社会状况的关心及对保护他人权利和尊严的必要性的认识等。

第五阶段：深度内化推理。儿童决定是否助人的主要依据是他们内化了的价值观、规范或责任，个人和社会契约性的义务及改善社会状况的愿望等。此外，还有与实践自己价值观相联系的否定或肯定的情感。

四、道德情感的发展

弗洛伊德认为，人格由彼此相关的本我、自我和超我构成。这三部分相互作用形成的内动力支配个体的行为，而个体行为中的道德行为原动力则来自超我的支配。

弗洛伊德认为，儿童道德发展的过程是一个逐步内化的过程。父母很早就向儿童提出了社会化的要求。儿童将父母的批评和社会的批评内化成超我（俗称“良心”）。良心或超我是相当严厉、具有惩罚性的，代表内化了的父母。良心的发展可以帮助儿童在父母不在跟前时也能按照道德规范行动，抵制外界的诱惑。如果个体的行为违反了超我的意向，就会有自责和内疚的心理压力。因此，在弗洛伊德看来，自居作用、自我惩罚、内疚是儿童道德发展的强大推动力。

从构成看，凯根（Kagan）认为焦虑、移情、责任、厌倦与困惑是五种基本的道德情感。[①] 国内学者明确指出当代大学生应具备爱国感、责任感和公德感等三种基本的道德情感。此外，还有学者将道德情感与能力联系在一起，提出道德情感能力的概念：它是一种内隐的程序性能力，与个体的道德行为有密切关联；它的中心为道德情感，另外包含道德直觉与美德。

第三节　大学生品德的形成与培养

关于大学生品德的形成，国内外心理学家进行了大量的研究，出现了很多研究成果，

① 戴艳，郑日昌．小学生道德情感量表的编制［J］．中国健康心理学杂志，2006（4）：456-459.

这些成果对揭示品德形成规律有很重要的意义。只有把品德横向结构的剖析与纵向发展规律的揭示结合起来，才能获得对品德完整的、全面的认识。只有对品德及其形成发展具有了科学的认识，才能培养学生优良的品德。

一、大学生品德心理的形成

道德是在社会生活中调整人们相互关系的行为规范和准则，社会的稳定发展离不开道德规范。人的品德是社会道德在个体头脑中的反映。因此，大学生品德的形成、发展必然受社会发展的影响，同时又受个体的生理、心理活动的影响。大学生品德的形成是在社会生活过程中，在社会舆论和教育的影响下，以及在个体的不断成长中，道德认识、道德情感、道德意志和道德行为等四种道德基本成分相互作用的动态过程。

社会心理学家凯尔曼（Herbert Kelman）认为，个体品德是从他律到自律的发展，因此，品德的形成也是社会规范及其价值原则内化的结果，经历了从外向内的转化过程。这一过程一般有三个阶段：第一阶段，社会规范的依从，即表面上接受规范，按照规范的要求来行动，但对规范的必要性或根据缺乏认识；第二阶段，社会规范的认同，即在思想、情感、态度和行为上主动接受他人影响，使自己的态度和行为与他人接近；第三阶段，社会规范的内化，即在思想观点上与他人的思想观点一致，将自己所认同的思想和自己原有的观点、信念融为一体，构成一个完整的价值体系。大学生品德的形成也遵循这一过程。

二、大学生品德培养的原则

我们将更多地从心理学的角度讨论大学生的品德培养。就大学生而言，品德培养应注意六个原则。

（一）道德认知、道德情感、道德意志和道德行为并重的原则

从道德认知、道德情感、道德意志和道德行为的关系来看，品德的这四个基本组成部分缺一不可，在品德培养中都要兼顾。过分重视任一成分而忽视其他成分，都不能培养出完善的品德。例如，唯智论者仅过分强调道德认知部分；道德动机论者不注意道德行为方式的训练；习惯论者则只注重行为习惯的训练，而忽视意志力的培养。对大学生品德的培养，可以从某一个方面着手，但不能割断四者的联系，也不能对任一方面有所偏颇。

（二）切合大学生实际的原则

在教学活动中，只有从大学生的角度出发，以他们切身感受到的问题为主，以书本知识为辅，提出一些符合大学生实际生活情境的问题，才能让大学生产生亲切感，从而培养他们积极思考并做出合理判断的能力，使道德教学取得满意的效果。在具体实施教学的过

程中，不妨借用社会上偶发的重要事件作为题材，如见人落水不救、勇斗歹徒、帮助孤寡老人等，或者从社会道德观点中找出争议的焦点，以小组为单位进行讨论，或以角色扮演的方式进行辩论，让大学生自己澄清观念，从争议中领悟正确的道德观，学习并矫正不足。

（三）注重个别差异的原则

个体的年龄不同，发展状况不同，其道德认知水平也存在差异。另外，其他如习惯、经验、家庭背景以及父母管教方式等基础因素也存在差异。在进行道德教育时，教师应首先分析和了解大学生的道德发展水平，然后提出有关的道德判断问题，给出道德情境，并逐渐提高问题的难度和情境的复杂度，使他们在心理上产生认知冲突，让他们思考、辩论，然后得出结论。这样，既可以培养道德认识，又可增强道德判断的能力。

（四）由外控转为内化的原则

社会道德在外部控制上有充分的约束机制，可以从外在赏罚控制入手，通过规则的约束，使大学生不敢做违反社会规范的事，在外部控制阶段，许多个体的道德是被动的，一旦外在赏罚消失，个人行为很可能会失去导向。只有达到内化境界，大学生才能真正建立起个人道德观念，社会规范才能成为他们始终坚定的道德信念，他们也才能进行独立判断和自我导向。

（五）家庭和学校教育互相配合的原则

学校和家庭必须按照社会道德的要求进行配合教育。学校需要依靠家庭的合作，只有家长按学校建立的行为规范和道德标准去要求大学生在校外的生活，才有可能使大学生有所适从，不至于产生规范冲突困难。家庭也需要依靠与学校的合作，约束大学生接受社会规范和道德标准，让大学生全面学习正确的道德行为，建立规范的道德观念。

（六）树立榜样的原则

学校制定的大学生行为规范和准则，不仅应符合大学生的理解能力和经验，而且应具有切实可行性。同时，教师和家长要以身作则，为大学生提供认同的榜样，这样才能使大学生耳濡目染、潜移默化，在不知不觉中养成良好的道德情感和行为习惯。

三、大学生道德认知的培养

（一）道德认知的获得

人们要把社会的客观要求反映到头脑中来，并且真正变成自己的道德认知，需要经历一定的发展过程。

在日常生活中，我们逐步地将一定的行为同表扬、赞许、认可或惩罚、斥责、脱离联系起来，懂得了行为的好坏、是非，产生了初步的道德认知。随着年龄的增长，我们开始步入社会，广泛的社会交往以及充分的思想品德教育使我们的道德认知得到了进一步的丰富和发展。这个不断学习的过程，也就是不断积累道德认知和经验的过程。最初获得的道德经验是具体的特殊的，反映的是受社会肯定和赞扬的比较具体的特殊的行为方式，虽然它们还很肤浅，但却是发展道德认知的基础；抽象的一般的道德认知，反映的是社会道德中带有原则性的方面，它们是在前者基础上不断丰富和发展的。

另外，理解在道德认知形成中有重要作用。理解是以旧经验、旧知识为基础的智力活动。道德认知所反映的并不只是一定的行为方式与其他人的反应之间的简单联系，在其发展过程中还包含着对行为的社会作用，即对道德行为方式的社会意义的理解。这种理解也就是要从不同角度去揭露道德行为准则的性质以及它对各方面的作用与影响。离开了理解，人们往往只能了解一些表面的道德条文，它们既不能构成个人牢固的道德认知体系，也不能在道德实践中充分发挥调节作用。

（二）道德认知的内化与道德信念的形成

道德认知的形成和发展要经过道德的概念化与具体化两个过程。其中，概念化过程包括两个阶段：个体了解一定的道德观念、积累一定的道德感性经验是道德认知能力形成的感性阶段；个体逐渐形成道德概念、道德信念，是道德认知能力的理性阶段。而个体运用已掌握的道德经验、道德知识于实践活动中，判断与分析个体的道德，则是道德认知能力的具体化过程。因此，每个人的道德认知都是基于一定的道德概念和道德感性经验，理解社会道德规范并形成一定的道德概念，再进行道德判断的一个思维过程。道德认知能力是个体道德行为和习惯的先导，是人的道德品质形成的最基本的条件，它发展得愈全面客观，愈能形成明确的道德观念，并有助于转化为道德信念与道德行为。

然而，道德认知转化为道德信念的问题非常复杂，信念并不一定都以科学的和理论的知识为基础。只有用科学知识去丰富经验，通过人的理智和情感去理解、加工，才能使知识本身和以它为基础的信念达到需要的深度。意识的深度、思维加工所领会的知识的质量，决定信念的强度和教育的效果。

同时，人们的态度问题也不容忽视。人们对知识所反映的生活事实以及相应的利益问题的态度（肯定的或否定的）决定着他们对某种知识和所接收的信息的相应评价，而评价始终有情感体验相伴随。苏联心理学家米亚西舍夫（Mjasishchev）指出：情感是态度的基本特征上的最重要因素，是对它的肯定的或否定的选择，与它的能动性有密切的联系……态度被称作思想转化为信念的“变压器”。在情感体验的过程中似乎产生着理性（知识）和情感（情感、情绪）相融合的过程。在这个过程中，对知识的态度和评价相互补充，从而加强情感体验。由此可见，肯定的态度、肯定的情感评价，是把知识变为信念的必要条件。

（三）妨碍道德认知获得与形成的因素

在道德教育的实际工作中我们常常会碰到这种情况，人们虽然领会了某种思想和要求，但是并不立刻接受，甚至完全拒绝接受。有关研究表明，这是由他们头脑中产生的某些“心理障碍”造成的。这里的“心理障碍”是指在人们的头脑中存在的，阻碍对道德认知的理解，从而不能将其转化为个人信念的心理因素。

1. 意义障碍

意义障碍是指学生头脑中已存在的某些心理因素阻碍了对道德认知的接受，或者说当前获得道德认知与先前心理状态形成矛盾而造成了心理障碍。它是最常见的心理障碍，即通常所说的思想问题。品德发展中的心理障碍可能是多方面的，摸清它们的具体表现以及形成的原因，对我们采取适当的预防或消除措施，促进道德教育是非常必要的。

2. 不正确的教育要求

不正确的教育要求是造成心理障碍的主要根源。常见的情况有这样几种：第一，教师的要求脱离了学生原有的需要；第二，提出要求时采取了强制的或触犯学生个性的方式；第三，要求过于频繁而又不严格执行；第四，教师在处理某些问题时不公正；第五，教育者本身言行不一。为了更好地完成教育活动，应当特别注意避免上述情况的发生。如出现了上述情况，教育者就应当正视自己的缺点或错误，并且积极设法与学生沟通，清除师生之间的障碍。

（四）道德评价能力的发展

道德评价是一种智力活动，它是人们在社会生活中依据一定社会或阶级的道德标准，对自己或他人的行为所作的是非、善恶的道德判断。在日常生活中人们常把进行道德评价活动的能力称为明辨是非的能力。道德评价能力的发展是道德认知形成的重要组成部分，它是随着道德认知的发展逐步培养起来的。学生是一个社会实体，他们在学习、劳动和生活中与其他人结成了密不可分的社会关系。为了能有效地参加各种社会活动，并且正确地调节个人与他人以及个人与社会之间的相互关系，学生不仅要了解社会公认的道德行为准则，还必须学会正确地认识自己、认识外界和他人，学生的道德评价能力正是在这个基础上形成和发展起来的。

四、大学生道德情感的培养

（一）道德情感的表现形式

1. 直觉的情感体验

直觉的情感体验是由于对某种道德情境的直接感知而迅速、突然产生的积极或消极的情绪体验。由于产生得非常突然，因而个体往往对道德准则的意识不明显，缺乏自觉。例如，某人正准备过马路，这时一辆车飞速驶来，他发现一个老人正在马路中央，在这万分危急的情况下，他果敢地冲上去拉开老人，老人无大碍，可他自己却被汽车撞倒而受伤。当时直接驱使这位行人采取行动的并不是被清晰意识到的某种道德认知，正是由危急情况引起的直觉的道德情感。

2. 想象的情感体验

这种体验是通过对某种道德形象的想象而发生作用的。例如，周恩来的名言“为中华之崛起而读书”，激发了无数青年的学习热情，鼓舞青年为建设祖国而努力奋斗。道德形象之所以能引起人们的情感体验，首先在于这种直观的形象是作为社会道德标准的化身而存在的，它可以使人们更好地认识到道德要求及其深刻的社会意义，扩大个人的道德经验。其次，生动具体的道德形象常常给人以强烈的感染，使人更好地理解道德规范，从而成为产生道德行为的强大动力。

3. 伦理的情感体验

这是一种能清楚意识到的以道德认知、道德理论为中介的情感，它具有较大的自觉性与概括性，把道德认识予以升华。例如，爱国主义情感是一种自觉性较高的情感体验，它是在爱母亲、爱家乡、爱母校、爱老师、爱人民、爱党，以及对现代化建设远景的盼望、对工作的高度责任感等情感的基础上逐渐形成的，它也是最概括的高级道德情感。爱国主义情感之所以成为高级的道德情感，不仅在于它的重要意义，还在于它同个人清楚地认识到对祖国应尽的义务与忠诚等道德理论密不可分的联系。因此学校应切合学生实际，注重学生爱校、敬师和尊友的情感的培养，使之清楚意识到学生与学校、学生与教师的深厚情感与个人的道德理论是不可分割的。

（二）道德情感的培养

对学生而言，道德情感从发生到趋于成熟并不是一帆风顺的，需要教育工作者满怀热情，通过多种方式与途径积极地予以引导和培养。

1. 以理育情

道德理论能产生道德情感，丰富学生的道德认知，并且使这种观念与一定的情绪体验联系起来。在一些情况下，教育者可以通过言语启示激起学生的情绪，使他们在领会道德要求的同时，有积极或消极的情绪体验。例如，在讲述维护集体利益时，教育者如果能持积极肯定的态度，满怀情感地使用赞扬、颂扬的词句，那么就会使学生意识到这种行为会给集体、个人带来荣誉，从而产生羡慕、向往、愉快的情感；反之，如果教育者持否定的态度，气愤地使用某些批评指责的词句讲述不守纪律、破坏集体利益的行为，则会使学生把这种行为与羞耻、愤慨或不愉快的情绪联系起来。在另一些情况下，教育者应该积极创造条件，充分利用集体舆论的作用批评或表扬学生的某些行为，使他们及时获得道德上的满足或产生否定性的情绪体验。

2. 以情动情

以情动情，即充分发挥优秀文艺作品与具体、生动事例的感染作用，引起学生情感的共鸣，从而扩大他们道德实践的间接经验与情感内容。学生能否受到它们的感染取决于文艺作品和事例本身是否生动、具体而又富有意义。这一点固然重要，但是如果它们远离学生的生活、远离学生原有的道德需要，甚至毫不相干、互相矛盾，恐怕也很难起到积极的作用。

3. 以境生情

以境生情，即要在具体情感的基础上阐明道德要求的概念与观点，引导学生的情感体验不断概括、不断深化。例如，培养学生的爱国主义精神，如果仅仅停留在爱家乡、爱学校、爱老师、爱同学等具体情感上，那么不仅爱国主义情感很难培养起来，而且还会滋长温情主义等狭隘情绪。为了发展学生的道德情感，既要注意到发展的广度，同时也应注意到发展的深度，提高学生的道德理论水平。

4. 以行固情

以行固情，即在道德实践中巩固道德情感，这一点我们将在道德行为的培养中着重论述。

另外，培养学生的道德情感还要注意他们情感的自我调节能力。一个人因成功而高兴，因失败而难过是很自然的。但因此就得意忘形、趾高气扬，或者垂头丧气、悲观消极就不好了。为了帮助学生学会调节自己的情感，要考虑到以下几点：① 不要采取简单禁止的办法；② 应尽量避免臆测和猜疑，防止学生消极的情感反应；③ 利用积极情感克服消极情感，增强学生的行为预见性，提高情感的控制力。

视窗 7-3
身教重于言教

五、大学生道德意志的培养

道德意志在由道德认识转化为道德行为的过程中起着精神支柱的作用。有的学生有了道德认识，也有了道德行为的愿望，但由于意志薄弱，不能做出相应的道德行为。有的学生虽能将道德行为付诸实施，但由于缺乏毅力或不能抵制诱惑而不能坚持到底。所以，进行道德培养必须加强道德意志的锻炼。

（一）树立榜样，激发道德意志锻炼的自觉性

提供良好的道德意志榜样，向学生进行关于道德意志锻炼必要性的宣传或讨论，可以激发学生道德意志锻炼的愿望和自觉性。为此，教师应经常向学生介绍一些模范人物的事迹、科学家的传记，或请优秀学生谈他们自己锻炼道德意志的体会和收获。通过这些生动的范例，强化学生对锻炼道德意志意义的认知，并引导学生在学习和生活中模仿榜样，自觉锻炼道德意志。

（二）参与实践活动，激发道德意志锻炼的主动性

意志是在克服困难的实践过程中发展起来的，教师不仅应让学生在体育锻炼中磨炼道德意志，更应该有意识地为学生创设一些困难情境，积极组织大学生深入社会参加社会实践和志愿者服务，使学生了解国情、民情，帮助大学生感悟艰难，引起动机斗争和意志行动上的努力，主动磨炼道德意志，培养优秀的品德。

（三）培养学生抗诱惑的能力

大学生常有明知故犯、管不住自己的现象，在外界一些条件的诱惑下会出现一些不符合道德要求的行为。为此，要采用一些措施来增强学生的抗诱惑能力。① 说理。在抵制诱惑的情境中，告诉学生禁令的理由，会产生对行为控制的效果。② 强化。引导学生从他人不道德的行为及其后果中吸取经验教训，学会抵制不同诱因的方法，增强抗诱惑能力。③ 引发和维持学生积极的心境，使学生在积极的心境中增强抗诱惑能力。

六、大学生道德行为的培养

学校德育不仅是以教师为主体的传播道德知识，培养学生道德情感、道德意志和道德行为的过程，而且是以学生为主体的获取道德知识、体验道德情感、磨炼道德意志、养成良好道德行为的过程，也即学生将教师传授的知识技能通过实践转化为自身的内在道德知识系统和道德能力系统并形成自身成熟稳定的道德心理结构的实践过程。

如果把道德行为放到个性的控制系统中加以分析，则可以将其内部过程划分为三个连续的阶段。

（一）提取知识阶段

在当前的道德情境中，从个人的知识总库中提取与个人的道德需要以及主体情绪状态有关的成分，即提取适当的知识。每个人在学习和生活中不断积累着大量的知识，其中既有应该如何认识自然与社会的知识，也有应该如何对待自然与社会的知识，有人将其统称为信息场。当人感知当前的道德情境时，个性的控制系统也会随着活跃起来，并且从信息场中提取与当前情境和个人道德需要有关的信息资料。

（二）认知—情绪阶段

认知—情绪（或情绪—认知）纽带的形成是控制系统进一步发挥作用的一个新阶段。认识—情绪纽带的形成并非相关知识与当前情境和需要之间的单一的简单的联结。例如，当看到一位年逾花甲的老人昏倒在路边时，我们会首先判断究竟发生了什么状况，是摔倒了，或冠心病发作了，还是有其他的原因；接着我们会想到，对因走路不小心而摔倒的老

人，应根据他的伤势，慢慢扶他坐起来，或者是送往医院，或者是尽快设法通知家属，而对冠心病发作的老人不要随意搬动，应尽快找医生，或者帮助他服急救药；继而还会考虑这一切是由我去做还是让别人去做……可见，在某种道德情境中最初形成的认识—情绪纽带是很复杂的，在众多的纽带中，最终哪些将成为主导性的纽带，取决于个人的知识结构对客体和活动情境的综合分析水平，特别是受道德价值观支配的情绪特点。

（三）行动准备阶段

在这一阶段形成以相应计划或行为程序为形式的行动准备。在比较简单的道德活动中形成的是情境性的行为准备，而在更为复杂的道德情境中，则需做出相应的计划或行为程序为行动做准备，它包括达到一系列具体目标及完成一系列具体行动。例如，准备调查学生品德教育的现状，就必须根据学校的教学情况制订调查的方法，深入学生中了解情况并做出相关的调查报告。这些都是最终达成调查目标的一个个子目标的行动，只有完成了具体的行动达到了具体的目标才能最终实现总目标。从局部与整体的关系来说，具体的行动不仅与具体的情况有关，而且更为总计划或总的行为程序所调节。道德动机的激发与行为准备也并非一次完成的，人们的道德意识实现着对实际道德行为的反复调节。

第四节　大学生品德不良的矫正

所谓品德不良，是指大学生存在违反某种道德准则、甚至犯有严重的道德过错，但尚未达到违法犯罪程度的行为表现。品德不良的形成受到很多因素的影响，只有了解这些影响因素才能更好地对品德不良行为进行矫正。

一、大学生品德不良的原因

作为教育者，我们要更多关注学生的品德。因为学生的品德是社会生活环境与其个体内部心理活动相互作用的产物，所以分析大学生品德不良形成的影响因素时，要从以下两个方面入手。

（一）社会环境的消极影响

1. 家庭因素

影响大学生品德的家庭因素有以下方面：① 错误的教养方式影响其品质形成。例如，有的父母默许或包庇子女的不良行为；有的父母对子女要求过高、管教过严；等等。② 家庭结构的突变使大学生产生适应不良进而导致不良行为。③ 对家庭成员本身恶习的仿效使大学生养成不良行为。④ 家庭教育理念。例如，有的家长自身素质不高，不重视子女的教育问题；有的家长重智育而轻德育；等等。

2. 社会因素

社会上的歪风邪气是造成大学生品德不良与违法犯罪的重要社会因素。具体而言，社会文化中的不健康因素（如黄色书刊、音像作品等）都给大学生造成了潜移默化的影响；此外，社会上坏人的教唆诱导也是导致大学生品德不良的一个不容忽视的原因。

3. 学校因素

学校教育工作的缺点或错误，加之教育工作者在教育观念与方式上的不当，也会造成大学生的不良行为的形成。主要表现在以下方面：① 教师缺乏正确的教育思想与方式。如教师不公正、讽刺学生，等等。② 教师本身的榜样行为。教师的言行对大学生品德的形成有很大影响，教师通常是学生重要的学习对象。③ 教育方法不当。教师对大学生过于松散放任或过于严厉苛刻，对大学生的发展都是不利的。④ 缺乏与学生的沟通交流。教师过分注意事后解决（如惩罚），而不注意平时与大学生的交流与沟通，会造成与大学生思想的脱节。

（二）造成品德不良的心理因素

1. 受不良道德观的影响

大学生由于缺乏社会经验，道德发展水平较低，认识能力不强，因而不理解或不能正确理解有关的道德及其准则，很难分辨和选择社会倡导的道德价值观，对复杂的社会现象也难以抓住其本质。可见，在提高大学生道德意识的同时，必须引导他们抵制不良思想的腐蚀，提高其辨别是非和分析批判的能力。

2. 道德意志薄弱

一些品德不良大学生违反社会道德要求，并不是由于道德上的无知，而是在动机斗争中，他们个人的直接需要比他们的道德意识表现得更强大，因而犯了道德过错。还有一些大学生了解道德规范，但经不起坏人的教唆，走向堕落。这说明道德意志的薄弱是导致品德不良的关键因素。

3. 性格上的缺陷

性格制约着人的行为，大学生的孤僻、自满、自大等消极性格特点，会通过不良行为加以表现。

4. 精神空虚，缺乏理想

如果大学生没有丰富的精神需要，没有远大的理想，便会关注眼前的利益，很难抗拒丰富的物质诱惑。在许多品德不良和违法犯罪大学生身上看到的正是这种情况，他们为了满足眼前的欲望，往往不择手段，置道德、法律于不顾，结果使自己坠入了“罪恶的罗网”。

5. 不良行为习惯

行为习惯是以某种行为方式满足个人的需要，并且经过多次的重复形成的。习惯一旦形成，个体就会无意识地采取类似的行动，并且在行动中产生愉快的情绪体验。大学生的不良行为若不能得到及时制止与纠正，便会重复出现，形成习惯。习惯可以形成也可以改变，但是坏习惯形成的时间愈长愈牢固，矫正起来也就愈难，所以不良的习惯也是品德不良行为的温床。

二、大学生品德不良的转化过程

品德不良是在社会因素影响下，经过长期的错误认识、体验、实践形成的。品德不良大学生无论是道德认知、道德情感、道德意志和道德行为，还是同周围人的社会关系，都发生了深刻的变化。因此，他们的转化必然要经历一定的过程。这个过程的难易、长短与他们品德心理结构发生变化的深浅和变化的时间长短密切相关：变化越大、形成的时间越长，转化越难，转化的过程也越长。许多调查表明，品德不良大学生的转化过程大体可以划分为醒悟、转变与自新三个阶段。

（一）醒悟阶段

品德不良大学生的醒悟，即开始认识到自己的错误，从而产生改过自新的意向。这种意向可能在两种情况下发生：一是教育工作者帮助品德不良大学生树立改过自新的真诚愿望，并表现出无微不至的关怀和爱护及耐心的说服教育；二是品德不良大学生开始认识到继续坚持错误的危害性。前一种情况在教育品德不良大学生工作中是常见的，但是，这种改过自新的意向往往带有“感恩”的特点，如果不把这种意向与认识到继续坚持错误的危害性结合起来，那么，改良的效果可能会随着时间的推移而逐渐减弱以至消失。

品德不良大学生对继续坚持错误的危害性的认识，可能由于下列情况而产生，即感受到社会舆论对其错误的谴责、耳闻目睹其错误所造成的严重后果和理解了必须改正错误的道理。而且，品德不良大学生对继续坚持错误的危害性的认识，开始时常常是同自己的切身利害联系在一起的。如果我们不了解这个特点，只是一味地制止或讲大道理，往往难以收到预期的效果。品德不良大学生难以听进大道理，这是由他们的道德认识水平还不高造成的。因此，提高他们的认识必须从他们原有的认识水平出发，逐步加深他们对继续坚持错误的危害性的认识。

（二）转变阶段

当品德不良大学生产生了改过的意向，初步对自己的错误有所认识之后，在行为上会发生一定的转变。发生转变是一种可喜的进步，但是必须清醒地看到这仅仅是开始，在整个转变阶段必然要经过不断的螺旋式的发展才能最终成功。在不断的矛盾的转变中，有时可能道德的动机战胜了不道德的动机、新的行为方式克服了旧的行为习惯，因而继续前进；但有时也可能旧病复发。由此可见，探索品德不良大学生在转变中出现反复的规律，对帮助他们彻底改过自新具有非常重要的意义。

在转变过程中，品德不良大学生出现反复的情况有两种。一种情况是，前行中的暂时后退，这是正常的反复。错误的道德认知、不良的行为习惯都是长期形成的，不能说只要决心改就会立即见效。在没有彻底转变以前有反复是自然的。但是这种反复不能同转变之前相提并论，无论是出现错误的次数还是严重程度都应该有所不同。另一种情况是，由于教育的失败出现的大倒退。品德不良大学生在大倒退中的表现同转变之前相比没有明显的区别。出现反复总是不好的，但是我们如果不区别反复的具体情况、不查找原因，放弃了一切努力，那么将使品德不良大学生丧失转变的机会。

（三）自新阶段

品德不良大学生经过较长时期的转变之后，如果不再出现反复或很少有反复，就逐步进入了自新阶段。进入自新阶段的品德不良大学生以崭新的道德风貌出现在社会生活中，他们对前途充满着希望，在学习、工作和生活中有很强的上进心，以便进一步恢复自己的名誉和人格，其表现往往比一般学生还要积极。对那些已经转变的品德不良大学生要倍加关心和爱护，给予充分的信任、热情和鼓励，并要根据其自身情况，对他们逐步提高要求、不断引导前进，注意避免任何歧视与翻旧账的言行。

三、矫正大学生品德不良的策略

（一）帮助大学生消除疑惧心理与对立情绪，建立正常的人际关系

品德不良大学生的人际关系状况是不正常的。由于品德不良大学生本身的不道德行为危害了自己或其他人，因而经常处于自责或被批评、训斥，甚至严厉惩罚的情形下，他们在心理上会阻抗学校和教师给他们的关注与帮助，反而会把对他们的教育看成“吹毛求疵”“整他们”“压他们”。他们过度使用自我防御机制，对周围人的言行非常敏感，有戒心、有敌意。每当犯错误之后，都会做一定的心理准备，如准备好怎样掩饰错误行为，怎样对抗教师的帮助教育，等等。不恢复正常的人际关系，不克服这种心理上的障碍，就很难使教育工作收到成效。有些教育工作者在总结帮教品德不良大学生的工作经验时，常常把“动之以情”，即用感情打动大学生，使其恢复与教育者的正常关系放在首位，这是不无道理的。

要消除品德不良大学生的疑惧心理和对立情绪，教师应该首先用发自内心的爱、尊重以及无微不至的关心和帮助，使他们体验到教师的善意和真心。要注意工作方法，一个有经验的教师，当发现品德不良大学生已经产生疑惧心理与对立情绪时，总是很巧妙地在品德不良大学生的心灵上下功夫，使他们对教师、同学和学校产生依恋的感情，这样才能使品德不良大学生从情感上开始变化从而引起态度的转变，从而认真地思考自己的问题。只有建立良好的师生关系，才会为有效地矫正提供可能。

（二）恢复与培养大学生良好的自尊心和集体荣誉感

自尊心是个体要求得到社会和集体尊重的感情。它使人珍惜自己在集体中的合理地位，保持自己在集体中的声誉，形成努力改正缺点积极向上的内部动力。但是个人自尊心的片面发展，也可能造成只顾个人利益而不考虑集体利益或拒绝别人意见的情况。为此，必须在建立大学生个人自尊心的基础上，培养他们的集体荣誉感，这种情感使大学生意识到自己是所在集体的一员，促使大学生珍视集体的荣誉，愿意根据集体的、社会的要求与利益去行动。集体荣誉感是推动大学生团结互助、创立功勋的力量，同时也是促进大学生克服个人缺点和错误的巨大动力。

在矫正大学生不良品德的过程中，要注意引导他们将寻求尊重与归属感的心理需要与符合社会道德要求和集体荣誉感协调统一。除了进行正确的道德认知教育以外，在工作中要尽量避免过多的指责与惩罚。教师和同学都要从尊重、爱护、团结的真诚愿望出发，尽量发掘品德不良大学生身上的优点，多采用赞许、表扬、信任、奖励等办法激励他们，并且相信他们完全有力量改正自己的缺点与错误。

（三）帮助大学生形成正确的是非观念，增强道德判断能力

大学生的品德不良，绝大多数是由于缺乏正确的道德认识，对是非、善恶缺乏正确的判断，因而在不良的社会因素影响下导致违反道德的行为发生。矫正大学生的不良品德必须从根本上矫正他们的是非观念，增强他们的是非感。

提高品德不良学生的是非观念与是非感，靠空洞的说教是无济于事的。必须从他们现有的实际认识水平出发，密切联系他们自身的利害。即先从小道理说起，比如，首先讲做人的一般道理，使他们了解起码的社会道德标准；其次，用“设身处地”“将心比心”的办法，讲不道德行为对人、对己、对社会造成的危害，使他们增强社会性，恢复道德理智。

（四）帮助大学生增强与诱因作斗争的意志，巩固新的行为习惯

品德不良大学生在接受教育并有所改变后，某些与旧习惯有直接联系的诱因还可能引起他们重犯过失。因此，在行为改变之后的一段时间内，适当地控制外部条件，帮助他们避开某些直接的诱因还是有必要的。例如，变换生活环境，有意地组织一些表现较好的大学生经常同品德不良大学生在一起参加一些生动有趣的活动。更重要的是，要通过教育与鼓励，使他们产生并且不断加强与错误行为作斗争的决心与信心，并创造一定条件，使正确的动机和行为得到不断的巩固，不断克服错误的行为习惯。例如，让已有一定进步的品德不良大学生担任一些比较重要的工作，使犯有过失的大学生得到锻炼的机会，使他们感到集体对他们是信任的，从而激发他们奋发向上的强烈愿望。但这种通过实践的考验与锻炼来培养新的、高尚的动机的方法，必须在有了一定的教育效果时采用，同时，还需要配

合经常的监督与指导。

（五）把握大学生的身心变化，注重个别差异

品德的形成与发展，同其他心理现象一样，具有一定的年龄特征，而且也存在个别差异。正确地把握这种年龄特征与个别差异可以帮助我们正确认识学生不良品德的性质，并采取适当的教育方法，便于有的放矢地解决问题。不道德行为的性质不仅与学生心理发展的年龄特征有关，而且性别的差异以及初犯与屡犯的不同也将带来不同的影响。因此在帮助教育品德不良大学生时，应该强调“一把钥匙开一把锁”。

总之，矫正品德不良大学生的策略是多种多样的，关键在于教育者对学生的深厚感情和与学生之间建立相互信任与尊重的关系。只有在这种关系的基础上进行矫正工作，才可能有所成效。此外，教育者要及时主动地发现问题、掌握情况、耐心沟通、热心扶助。

四、矫正大学生品德不良的方法

结合大学生的特点，可以采用说服性沟通、价值观辨析、角色扮演、群体引导等方法。

（一）说服性沟通

在学校教育中，教师经常通过言语说服学生改变态度。在说服过程中，教师向学生提供对其态度的支持性或非支持性的论据，使学生获得与教师要求的态度有关的事实和信息，以改变他们原有的不正确态度。有效的说服技巧主要有以下方面。

1. 提供单面证据与双面证据

在说理时，我们常常采用两种方法，一种是仅仅提出所赞成观点的材料来论证自己观点的正确，另一种是除了列举赞成观点的材料之外，还提到反面的观点及其论据，经过反驳这些论据和观点，来证明自己的论据成立和观点正确。前者叫作单面证据，后者叫作双面证据。社会心理学家通过大量研究发现，对于受教育程度较高的说服对象来讲，提供双面证据易于改变态度，而提供单面证据更有助于受教育程度较低的说服对象改变态度。因此，对于中小学生，教师主要应提供单面证据；而要说服大学生，则可以考虑提供双面证据。

2. 以理服人与以情动人

教师的说服有些是以理服人，有些则主要是以情动人。那么说服的情感因素与理智因素哪一个有利于大学生的态度改变呢？有研究发现，说服的情感因素对态度的改变容易收到立竿见影的效果，但这种影响往往不能持久，而说服的理智因素则容易产生长期的说服效果；说服的情感因素与理智因素对态度改变的影响还受到大学生成熟度的制约。要让大学生改变态度，充分说理以及逻辑性强的说服内容有更大的影响力。对于一般的学生来说，开始说服时，加强情感感染会有助于引起学生的兴趣，然后再用充分的材料进行说理

论证，会产生长期的说服效果。

另外，在教师说服大学生转变态度的过程中，也可以利用情感的震慑力来增强说服效果。教师的说理可能引起大学生的恐惧情绪，心理学家称其为“恐惧唤起”。在学校里，教师经常告诫大学生要好好学习，否则会不及格等，这样做有助于大学生形成对学习的良好态度。研究发现，在多数情况下，恐惧唤起能够提高说服的效果，但太强的恐惧也可能适得其反。能唤起恐惧情绪的说服有助于学生改变对考试作弊、吸烟酗酒、抄袭作业等比较简单的不良行为的态度，但不利于改变比较复杂的态度。如果教师的说服能将恐惧唤起与明确的指示结合起来，就能最有效地改变学生的态度。

3. 信息的适当重复

几乎没有一家广告商的广告不重复。有些广告的重复产生了态度改变的效果，使人们对其的认同感更强；而另一些广告的重复却引起了人们的厌烦，效果不佳。社会心理学家做过大量实验研究，结果发现，内容涉及词汇、花草、蔬菜、照片、音乐、图书等范围广大的事物，只有适当的重复才可以增加人们的接受性。近年来更进一步的研究发现，对于较为复杂的事物，重复可以增加人们的好感；而对于较为简单的事物，重复则没有积极的效应，过度的重复还会增加人们的厌恶倾向。重复的真正意义是使人们获得积极的熟悉感，从而更倾向认同和选择。但重复之中必须有变化的成分参与，不能单调机械地重复。教师在说服大学生的过程中，也要注意适当地、有变化地重复有关信息，避免超限逆反。

4. 逐步提高要求

大学生原有态度与说服者态度之间的距离是影响态度改变的一个重要因素。如果个体原有态度与说服者态度之间的差距小，容易发生同化判断，即具有不自觉地缩小自己与说服者之间态度差异的倾向，其态度容易改变。如果个体原有态度与说服者态度之间的差距大，则个体具有不自觉地扩大与说服者之间态度差异的倾向，即容易产生异化判断，使态度难以发生改变。

因此，为了有效地改变大学生的态度，教师必须先了解大学生原有的态度，估计其与自己的态度的距离。若两者过于悬殊，就要逐步提高要求，将态度改变的总目标分解为不同层次的子目标，即先向大学生提出要求较低的目标，达到此目标后再提出更高一些的目标，使说服者与被说服者的态度差距不断缩小，从而促进大学生态度的改变。如果急于求成，一开始就提出过高的要求，不但难以改变学生的原有态度，而且还容易使学生产生对立情绪。

（二）价值观辨析

大学生的不良态度与品德大多起因于自身不正确的价值观念导向，或价值观念模糊、混乱，因此有必要引导大学生利用自己的理性思维和情感体验来分析和思考自己的价值观念，这就是心理学家提倡的价值观辨析。

在德育心理学领域中，价值观辨析理论自 20 世纪 60 年代以来，受到了德育心理学家的高度重视。这一理论主要通过价值观辨析与赋值策略来促进道德品质的培养和教育。

价值观辨析理论以人本主义为哲学基础，认为人的价值观是人所固有的潜能，它不能一开始就被人清醒地意识到，因而难以指导人的行动。为了让这些潜在的价值观念发挥作用，就必须在环境影响或成人帮助下对它们一步步地进行辨析。辨析的基本形式是使个体在他们的直接生活中思考一些价值选择途径，同时使他们对学校生活和周围人产生积极的态度。它的根本点就是帮助个体利用理性思维和情绪体验来检查自己的行为模式，辨析和实现他们的价值观念；开展交流，鼓励学生辨析自己的价值观念及这些价值观念与其他价值观念的关系，揭示并解决自己的价值冲突，以及根据自己的价值选择来行事。

价值观辨析理论在对个体价值观进行辨析的过程中，发展了许多应用性赋值策略。这些方法大致可归纳为：大组或小组讨论；个别作业和团体作业；假定的、设计的与真实的两难问题；排序与选择；敏感性训练与倾听技术；歌唱与美术；游戏与刺激以及个人日记与交谈等。以上方法中最基本、最主要的技术是针对个体的“辨析反应法”，即教师抓住个别学生表示某种态度、志向、目的、兴趣及活动的时机，作适当而简短的言语反应，以促使学生对自己的所说所为作进一步的省察与探讨，达到辨析或养成价值观的目的。

不论应用什么策略，任何一种观念要想真正成为个人的道德价值观，须经历三个阶段和七个子过程（见图 7–1）。

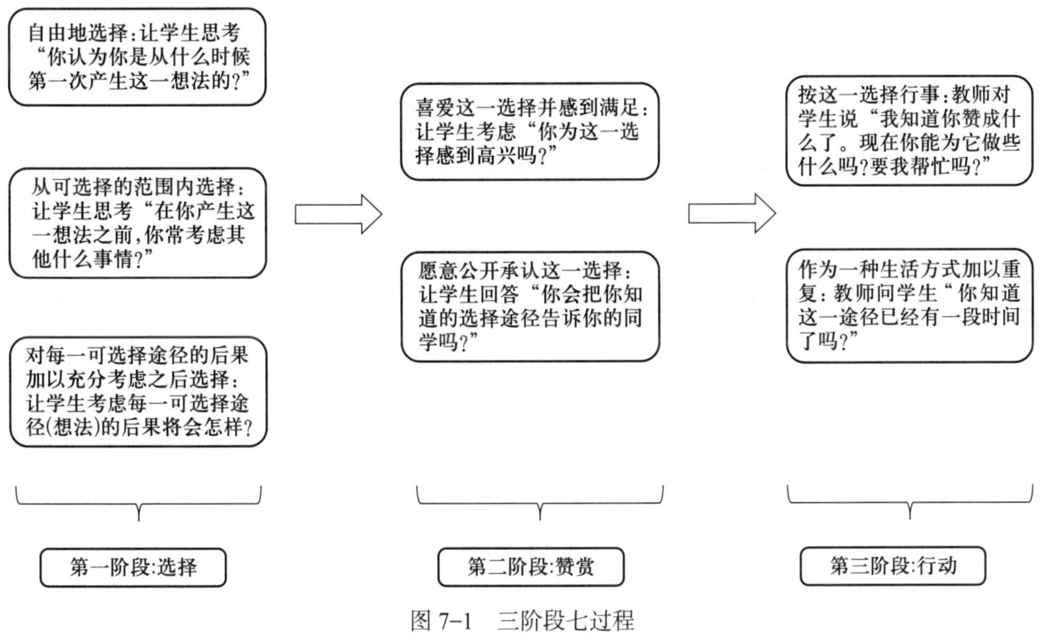

图 7–1　三阶段七过程

这整个过程实际上就是一个价值观辨析的过程，也是一个赋值的过程，个体只有从头到尾地完成这一过程，才能说其具有了某个价值观念。从以上七个过程来看，首先，教师必须诱发大学生的态度和价值陈述；其次，教师必须无判断地、无批判地接受大学生的思想、感情、信念和观念；最后，教师必须向学生提出问题或组织集体讨论以帮助他们思考自己的价值观念，而一切抉择都得由大学生自己做出。

总之，价值观辨析是一种不靠强硬灌输、死板说教的诱导性的品德教育方式，它是通过提问、讨论与练习鼓励大学生自己去发现、考虑、检验、选择或更新其已有的价值观念，从而形成积极的道德价值观念的道德教育方法。他们所提出来的具体策略和技术，不仅教师易于掌握，而且学生也乐于接受。从价值观辨析的效果看，它可以直接导致道德行为发生积极的变化。实验证明它在促进课堂行为、提高自我认识、改变社会态度等方面都有着明显的成效。

（三）角色扮演

角色扮演是个体处于一定的地位并产生与此地位相适应的行为模式的过程。据心理学家沙夫特（F. Shaflet）等人的研究，角色扮演法是让一部分学生当演员，另一些学生当观众。演员和观众都处于一种真实的情境中，形成解决问题的愿望和对参与的理解，产生移情、同情、愤怒及爱慕等情感，再在此基础上进行分析、讨论。这样，演员与观众都形成了一定的看法、态度和价值观。因为角色扮演设置了一个与真实生活类似的学习情境，可以使学生学到真实、内外夹攻的态度和情感。同时，角色扮演的群体情境能使个体融入群体中，也有助于形成新的态度和情感。研究证明，角色扮演是人们日常生活中稳固态度与行为的很好方法。

（四）群体引导

人在社会之中不是孤立存在的。人际关系及个体与群体的关系在个体态度改变方面发挥着重要的作用。因此，利用人际关系及个体与群体的关系来改变大学生的态度，是一个有效的途径。大量社会心理学实验研究证明，如果使人们从属于一定的群体，群体的规范会在其成员身上产生明显的参照效应，使人们在各种内外因素的作用下，倾向于选择与群体相一致的态度与行为。

【复习思考题】

1. 请联系教育实际，应用品德心理发展的理论与研究，谈谈高校应如何有效地进行品德教育。

2. 请结合案例，谈谈如何消除大学生的品德不良行为。

【推荐阅读】

1. 刘艳春. 大学生思想道德品质与修养［M］. 北京：中国财富出版社，2017.

2. 王向华. 大学的道德责任［M］. 北京：北京师范大学出版社，2017.

3. 林崇德. 品德发展心理学［M］. 西安：陕西师范大学出版总社有限公司，2014.

4. 班荣鼎. 大学之道：高校学生道德养成的理论与实践［M］. 北京：人民出版社，2009.

第八章　大学生的动作技能学习

我亦无他，惟手熟尔。

——《卖油翁》

技能是指通过练习而形成的、能顺利完成活动任务的操作方式。例如，游泳、写字、弹琴、阅读、解题等均是技能。依据技能的性质和特点，我们可以将技能分为动作技能和认知技能。第五章我们探讨了认知技能的学习，本章我们着重分析动作技能的学习。

动作技能是大学生学习的重要内容之一，动作技能的掌握对大学生知识的学习以及能力的培养具有积极的促进作用。

第一节　动作技能概述

动作技能是人们工作生活所必需的一种技能。例如，幼儿获得坐、站、走、伸手和抓握的基本技能，从而可以不断增加对环境的控制；在日常生活中，人们需要开车、烹饪、打扫卫生等满足自己生活需要的技能；在工人需要熟练操作工厂中的各种生产设备；医生需要精细控制自己的动作从而完成手术；音乐家通过演奏乐器来完成音乐作品。这一切都离不开人们对动作技能的学习。

一、动作技能的概念

动作技能又称运动技能或者操作技能，是通过自主控制关节和身体部分的运动以实现特定目的或目标的活动或任务。我国学者一般将其定义为：在练习的基础上形成的，按照某种程序或者规则顺利完成身体协调任务的能力。动作技能通常与认知技能区分开来，认知技能是需要心理（即认知）活动的活动或任务，如决策、解决问题、记忆等。但是有时这两种技能也会被同时使用。人们可能会使用动作技能来执行认知技能（例如，使用计算器来解决加法问题），并且他们可能会在执行运动技能时使用认知技能（例如，在弹钢琴时阅读乐谱）。

二、动作技能的分类

根据不同的标准可以把动作技能划分为不同的类型，动作技能的类型是相对的。

（一）连续性动作技能和非连续性动作技能

根据主体对外部刺激的调节方式，动作技能可分为连续性动作技能和非连续性动作技能两种。

连续性动作技能是指需要完成的动作序列比较长，在完成活动任务的过程中，需要根据复杂的内外刺激进行连续的、不间断的调节和校正的动作技能，如骑车、跑步、游泳、打字、弹琴等。其特点是动作的持续时间长，动作与动作间没有明显可以直接感知的开始和结束，难以精确计数。

非连续动作技能是指完成的动作序列比较短，在完成过程中，能够对一个特定的外部刺激做出一个特定反应的运动技能。它是由突发性动作组成的，如射箭、举重、投篮、紧急刹车等。其特点是动作延续时间短，动作与动作间可以直接感觉到开始和结束，可以进行精确计数。

（二）封闭性动作技能和开放性动作技能

根据动作执行过程中环境的稳定性，动作技能可分为封闭性动作技能和开放性动作技能。

封闭性动作技能是指在相对稳定的外界环境中进行的运动，在运动的过程中不需要配合环境和其他人与物的变化。例如，钢琴独奏，独自一人在篮球场上练习投篮，在实验室中操作显微镜等都属于封闭性动作技能。

在开放性动作技能执行的过程中，外界环境是变化的、不稳定的。例如，在海面上冲浪，在闹市区驾车等。

封闭性动作技能和开放性动作技能的区别在于个体是否需要调整自身的动作来适应环境的变化。一个人在空旷的街道上行走是封闭性动作技能，而在人群中穿梭就是开放性动作技能。

（三）精细型动作技能和粗放型动作技能

根据执行技能所需主要肌肉组织的大小，动作技能可以分为精细型动作技能和粗放型动作技能。

精细型动作技能需要更好地控制小肌肉群，尤其是那些涉及手眼协调的肌肉，并且需要高度精确的手和手指运动。手写、打字、绘图、弹琴都是典型的精细型动作技能。虽然大肌肉群也可能参与执行精细型运动技能，但小肌肉群是实现该技能目标的主要肌肉。

粗放型动作技能需要使用大肌肉群的运动来实现。与精细型动作技能相比，这些技能需要更少的运动精度。人类的许多基本运动技能，都被归类为粗放型动作技能，如步行、奔跑、跳跃、投掷等。

（四）工具型动作技能和非工具型动作技能

根据完成活动时是否需要凭借一定的工具，动作技能可以分为工具型动作技能和非工具型动作技能两种。

工具型动作技能是指需要操纵某种工具才能完成活动的技能，如写字、绘画、雕刻等，其特点是需要操纵现成的工具。

非工具型动作技能是指不需要操纵工具，只需要利用机体一系列的骨骼、肌肉运动就能完成活动的技能，如跳舞、走路、唱歌等，其特点是不需要操纵任何工具。

三、动作技能的作用

（一）动作技能是变革客观现实所不可缺少的心理因素

人类在历史的发展过程中，不仅积累、传递着关于现实的认识方面的经验，即知识，同时也积累、传递着用于直接适应和改造现实的动作经验。动作技能是一种操作性经验，它使人类能够通过有效的、合理的活动，来直接与环境相互作用，从而更好地适应和改造环境，变革现实。从日常生活中的衣食住行到计算机、人造卫星等高科技领域，其中各种产品的产生中无不包含着多种多样的动作技能。正是如此多样的动作技能，才使得人类社会发生了巨大的变革。传授和掌握动作技能应当成为学校教育的重要内容之一，尤其在各种职业教育中，动作技能的掌握应占有特别重要的地位。

（二）动作技能是操作能力形成和发展的重要构成因素

动作技能的掌握就是要使大学生形成顺利地完成某种实践任务的熟练的行动方式，这是培养或造就大学生的技术能力和才能不可缺少的一个重要因素。事实表明，要造就某种技术人才，除了要掌握有关科学知识外，更需要掌握有关的操作技能。没有掌握吹、拉、弹、唱等基本动作技能的人，难以想象他会具有很高的音乐才能。人的操作能力是由操作性知识与操作性技能两种因素影响的，通过操作性知识与操作性技能的掌握及其广泛迁移，操作能力才有可能形成。虽然个体固有的生理素质在动作技能形成中起到非常重要的作用，但它们仅是操作能力形成发展的自然条件，并不能完全脱离操作性知识与操作性技能的掌握与迁移而形成操作能力。

四、动作技能的结构模式

（一）辛普森的动作技能七层次结构理论

辛普森（Elizabeth Jane Simpson）于 1996 年提出了动作技能的七层次结构理论，其具体内容如下：① 第一层次为自觉，这是完成某种动作的第一步；② 第二层次为定势，它为某种特定行动的进行做出预备性调整和准备状态；③ 第三层次为指导下的反应，这是形成技能的最初一步；④ 第四层次为机制，它是指已成为习惯的习得性反应；⑤ 第五层次为复杂的外显反应，它是指个体已形成所需要的动作模式，能进行相当复杂的动作；⑥ 第六层次为适应，它是指改变动作活动以适应情境；⑦ 第七层次为创作，它是指根据已形成的理解力、能力和技能，创造新的动作和操作方式。

（二）克拉蒂的知觉—动作技能三层次理论

克拉蒂（Bryant Cratty）于 1964 年提出了知觉—动作技能的三层次理论，根据这一理论，动作技能的模式如下：① 第一层次为动作技能的一般支柱，它包括唤起或动机水平、抱负水平、毅力水平、分析工作的能力、各种知觉能力等，这些因素稳定程度较大，但仍可能受个体经验的影响；② 第二层次是能力品质，包括力量、耐力、伸缩性、速度、平衡和协调，它是每个人都能发展的潜能，而且也影响其动作技能水平的品质；③ 第三层次是工作和情境所特有的各种因素，如工作所需能量的要求、操作者赋予工作的价值，以往的经验和操作情境的社会特征等，在生活实践中，实际可以观察到的动作技能是在这个层次上出现的。

（三）蔡斯的信息加工模式

蔡斯（Chas）运用动作信息加工的观点分析了动作技能的结构，并提出动作技能的信息加工模式（如图 8–1 所示）。该模式把动作技能看作由感受器系统、中枢加工系统和效应器系统构成的一个完整的信息加工系统。

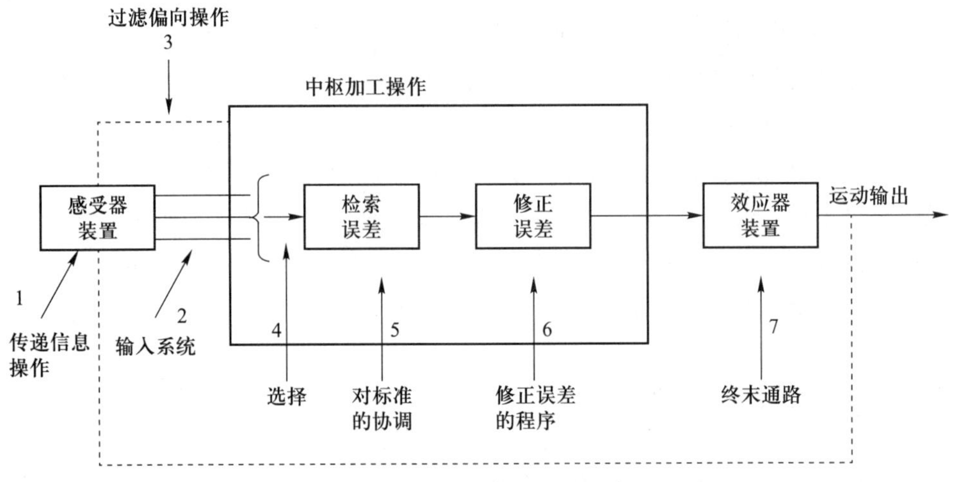

图 8–1　动作技能的信息加工模型

其各部分的功能如下：① 感受器装置接收和传递信息；② 信息通过视、听、机体感觉等通道而输入；③ 中枢加工系统向感受器装置输入信息，并以适当的信息进行反馈，把感受器内的信息引向一定的方向；④ 选择特定的信息；⑤ 输入的信息与内在的标准作比较，并检索其误差；⑥ 通过修正误差的程序修正误差；⑦ 修正的信息经效应器装置变成机体运动的功率，这种功率通过运动输出对感受器装置进行反馈，并控制输入的信息。

第二节　动作技能形成的过程

动作技能由不会到会、由初会到熟练，是一个逐渐发展的过程，而促进这种发展的基本条件则是练习。动作技能的学习一般要经历习得、保持和迁移的过程，动作技能的形成是指通过练习而逐渐掌握某种外部动作方式并使之系统化的过程。

一、动作技能形成的理论

对动作技能的形成有多种解释，其中最有代表性的是行为派的理论解释和认知派的理论解释。

（一）行为派的理论

行为派的理论认为，动作技能的学习本质上就是形成一套刺激—反应的联结系统，用刺激—反应来解释人的行为，特别重视用强化概念来说明有机体的塑造、保持与矫正。例如，儿童学会用钥匙开门的连续动作：首先用手拿钥匙，对准锁孔，确认插入的位置是否正确，将钥匙完全插入并按正确方向旋转，最后开门。如果最后环节上缺少强化物，儿童使用钥匙开门的行为就会发生消退。

（二）认知派的理论解释

自 20 世纪六七十年代以来，越来越多的心理学家偏向于用认知的理论来解释动作技能的学习。认知派理论强调动作技能的学习必须有感知、记忆、想象、思维等认知成分的参与。动作水平越高，越是需要学习者有较高水平的认知。代表性的理论有韦尔福特（Welford）运用信息加工的观点解释动作技能的形成提出的动作技能形成认知模型，该模型分为三个连续的阶段（如图 8-2 所示）。① 感觉接受阶段，即通过知觉对信息加以选择性注意，把信息存储于短时记忆中；② 由知觉到运动的转换阶段，即新旧动作的同化并缩短反应时间，通过效应器提供的反馈对动作进行矫正或加强反应，把长期练习形成的运动程序图式存储在长时记忆中；③ 效应器阶段，即个体在大脑的支配下产生动作。

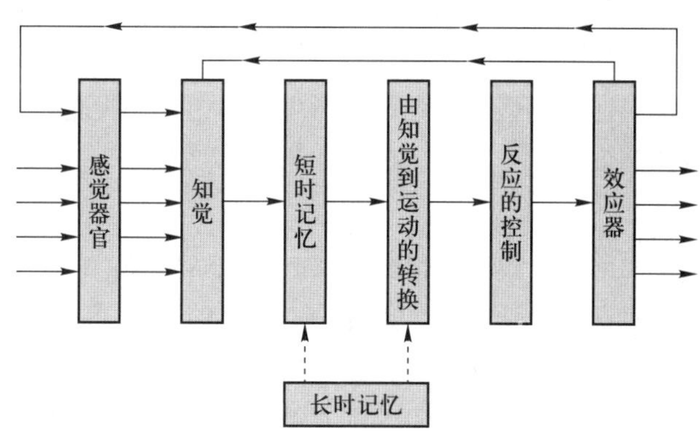

图 8-2　动作技能形成认知模型

二、动作技能形成的阶段

动作技能的形成是指通过练习而逐渐掌握某种外部动作方式并使之系统化的过程。动作技能的学习并不是一蹴而就的，而是需要经历不同的学习阶段。并且每个阶段都有不同的动作模式和动作目标。在此介绍两种主要的阶段模型。

（一）三阶段模型

费茨（Paul Fitts）和波斯纳（Michael Posner）提出了动作技能的一般过程，这一过程包括以下三个阶段。

1. 认知阶段

该阶段是学习一种新的动作技能的初期，学习者通过指导者的语言讲解或观察别人的动作示范来理解任务及其要求，对所学技能的性质、要点、注意事项等进行分析和了解，同时也做一些初步尝试，把任务的组成动作构成一个整体，并试图探寻它们是如何构成的。例如，学习英文打字，初学者必须先熟记每个手指需要操作哪几个键以及每一个键与各个字母和各种符号的关系，如看到字母Q时，就想到它是在键盘第三排的左端，是由左手小拇指操作的，看到Y时，就想到它是在键盘第四排的中间，而且是由右手食指操作的，等等。在这一学习阶段，学习者常出现忙乱、紧张、顾此失彼、运作速度缓慢、刻板而不协调等现象和多余动作。

2. 联系形成阶段

在这一阶段，学习者将已经掌握的一系列局部动作联系起来，试图形成连贯的动作，但是各个动作结合得不紧密。在从一个动作过渡到另一个动作的过程中，会经常出现短暂的停顿。学习者的协同动作是交替进行的，即先集中注意一个动作，然后再注意另外一个动作，反复地交替，进行不同的动作。这种交替慢慢加快，技能结构的层次不断增加，然后逐渐形成整体的协同动作。在这一阶段中，关键是要使客体刺激与动作反应形成适当联系，排除习惯的干扰和局部动作间的相互干扰。例如，刚开始学习游泳的人，手脚的动作会经常相互干扰，动作不能协调。在这个过程中，练习者对动作技能的视觉控制作用逐渐减弱，肌肉运动感觉的控制作用逐渐增强，动作之间的相互干扰逐渐减少，紧张程度也有所减弱，多余动作逐渐消失。

3. 自动化阶段

这是动作技能的完善阶段，也是动作技能形成的最后阶段。在此阶段，各个局部动作联合成为一个完整的自动化的动作系统，成为一个有机的整体固定下来，整套动作序列能依照准确的顺序以连锁反应的方式实现。例如，书法家在完成作品时，每个字的起笔、运笔、收笔如行云流水，一气呵成，而且字的框架结构安排合理，笔画的粗细得当，用力适中，达到连贯的书写动作。在这个阶段中，练习者多余的动作和紧张状态基本消失，练习者能够根据情况的变化，快速准确地完成动作，几乎不需要意识的控制。[①]

---

① 刘启珍，彭恋婷. 学与教的心理学：原理与应用［M］. 2版. 武汉：华中科技大学出版社，2021：165.

（二）两阶段模型

真蒂莱（Ann Gentile）认为从学习者目标的角度看来，动作技能的学习至少要经过两个阶段。

1. 动作学习初期

在初始阶段，初学者有两个重要的目标要实现：一是获得一种运动模式，可以在一定程度上成功地实现该技能的动作目标。这意味着初学者必须发展出与执行该技能的环境相匹配的运动特征。

二是个体要学会在执行技能的环境中区分监管条件和非监管条件。监管条件是指实现动作目标所需的环境特征；非监管条件是那些对实现动作目标所需的运动特征没有影响或仅有间接影响的环境特征。

为了实现这两个重要目标，初学者会探索各种动作可能性。通过反复试验，个体体验到符合和不符合监管条件要求的运动特征。此外，由于学习者必须解决许多问题才能确定如何实现动作目标，因此个体参与了大量的认知问题解决活动。当学习者到达这个阶段的末期时，已经形成了一种动作模式，可以实现某种动作目标。但这种动作模式既不连贯，也不高效。

2. 动作学习后期

第二阶段被称为动作学习后期，学习者需要获得三个一般性的特征：第一，学习者必须培养使动作模式适应每个场景中的具体要求。第二，学习者必须提高在实现技能目标方面的一致性；第三，学习者必须学会以最少的努力来执行这项技能。根据封闭性动作技能和开放性动作技能的特点，这三个一般性的特征可以具体转化为三个目标。

动作多样化的目标。开放性动作技能需要在学习的第一阶段获得多样化的基本运动模式。开放性动作技能与封闭性动作技能不同的一个重要特点是，开放性动作技能要求个体的动作快速适应不断变化的时空条件。这意味着学习者必须时刻监管条件，并学会自动监控环境并相应地修改动作的能力。因此，在此阶段练习开放性动作技能必须为学习者提供修改这些类型的动作需要的经验。

动作固定的目标。封闭性动作技能需要固定在学习的第一阶段获得的基本运动协调模式。学习者通过学习和训练，使得这种动作模式能够始终如一地实现动作目标。学习者努力发展以最少的努力和体力来执行运动模式的能力。因此，在这个阶段练习封闭性动作技能必须让学习者有机会固定所需的运动协调模式。

动作调整的准备。封闭性动作技能和开放性动作技能所需的动作变化类型涉及对学习者的不同动作计划和准备要求。相较于封闭性动作技能，开放性动作技能在执行的过程中对动作调整有更强的时间限制。封闭性动作技能允许个体在几乎没有时间限制的情况下进行动作的计划和准备。在开放性动作技能的练习过程中，学习者必须具备快速关注环境监管条件以及在变化实际发生之前预测变化的能力。

三、动作技能形成的标志

动作技能形成的标志是达到熟练操作。所谓熟练操作指动作已经达到较高速度、准确、流畅、灵活自如，且对动作组成成分很少或不必有意识注意的状态。熟练操作具有以下主要特征。

（一）意识调控减弱，动作自动化

在技能形成的初期，人的内部语言起着重要的调节作用。人们完成每一个动作技能，都要受到意识的调节与控制。意识的控制作用稍有减弱，动作就会停顿下来或出现错误。在这种情况下，人们显得很紧张就是很自然的了。随着技能的形成，意识对动作的控制逐渐减弱，整个技能或技能中的大多数动作逐渐成为一个自动化了的动作系统。人们在完成一种技能时，只关心怎样使技能服从于当前任务的需要，而不关心个别动作的进行。由于动作系统的自动化扩大了人脑加工动作信息的容量，因此完成动作的紧张程度也就缓和了。

（二）能利用细微的线索

任何动作都受情境中的线索指导。线索可以是能看到、听到或触到的。有的线索乃是有助于人辨认情境或指引行动的内外刺激。指导动作的线索大致可分为三类：第一类是基本线索，即人要进行成功反应所必须注意的线索；第二类是有助于调节反应的线索；第三类是无关的线索。以大学生棒球学习为例，球棒的摆动、球的初始速度，是他要做出反应的基本线索，球的转动和场内条件对初学者没有帮助，而对熟练者则有助于其预测球的弹跳，裁判员的位置、人群的喧闹则是无关线索。

在动作技能形成初期，学习者只能对基本线索做出反应，他不能觉察到自己动作的全部情况，难以发现自己的错误。随着练习的增多，学习者能觉察到自己动作的细微差别，能运用细微的线索，使动作日趋完善。技能相当熟练时，学习者能根据微弱的线索进行动作。这时熟练者头脑里已储存了与特有的一系列线索有关的信息，当某一线索出现之后，就能进行一系列的反应。例如，著名的乒乓球运动员可以通过对手移动时所产生的风声、地面震动的触觉和对手呼吸的声音来判断对手移动的位置。

（三）动作反馈作用加强

在技能形成的过程中，反馈对动作技能的学习和完善起着重要的调节作用。在动作技能中，反馈可分成外反馈与内反馈两种。外反馈是指视觉、听觉等提供的反馈，它们具有外部的信息源，如旁观者的指点、某种机械的信号等。内反馈指由肌肉或关节提供的动觉反馈，它们是动作的自然结果。例如，在钉钉子时，落锤的轻重、落锤的方向提供的动觉反馈就是内反馈。

在动作技能形成的不同阶段，反馈起调节作用的方式也在变化。在技能形成的初期，内反馈与外反馈都很重要，但来自外界的反馈起着更重要的作用，人们根据动作反应后所看到或听到的结果，对反应进行调整和校正，使动作朝向所要达到的目标。在动作技能的学习过程中，常常既有内反馈，也有外反馈。比如，大学生在学习篮球的投篮动作时，看到球未投中，或听到别人说球未投中，属于外反馈；而球一经出手，尽管还没有靠近篮板，练习者就可能知道球不会中，即练习者根据力量知觉，发现自己用的力量不够或用力方向出错，这就是内反馈。随着技能的形成，外部感觉的控制作用逐渐被动觉的控制所代替，动觉反馈在动作技能的调节中便起着越来越重要的作用。例如，一个人刚学打字，他的动作是在视觉的严密控制下进行的，他注视要打的文件和打字机上的每一个键盘，一个字一个字地把它打出来；待打字的技能熟练了，他就能够摆脱视觉的控制而熟练地操作键盘了，即实现盲打，这标志着打字技能的形成。由此可见，反馈方式的变化，是技能形成的又一重要标志。

（四）形成运动程序的记忆图式

一系列局部动作联合成为一个完整的动作系统，即形成一种协调化的运动程序的记忆图式。技能是由一系列动作构成的。

动作技能的协调化运动程序表现在两个方面：① 连续性的统一协调，这是动作在执行时间上的协调。走路时先动一足，后动另一足；打拳时先打一式，接着打另一式，前后连贯，一气呵成，这是时间上的协调或连续性的统一协调；② 同时性的统一协调，这是动作在空间上的协调。如走路时，移步配合摆臂。许多技能，既需连续性的统一协调，又需同时性的统一协调，从而构成一个协调化的运动程序的运动图式。

（五）在不利条件下能维持正常操作水平

表现出同样操作水平的人，其熟练程度可能不同，检验谁是最熟练的操作者的最好方法是看谁在条件变化时能保持正常的操作水平。最优秀的飞行员能在恶劣的气候条件下维持协调的和准确的操作；著名球星在有对手贴身防守，甚至由于对手犯规使自己身体失去平衡时仍能摆脱困境，将球踢入网内；紧急情形的突然出现可能使不熟练者手足无措，但能使熟练者的技能发挥至巅峰。

四、动作技能的保持与迁移

（一）动作技能的保持

动作技能一经学会，便不易被遗忘。例如，学会了游泳和骑自行车的人，过了若干年以后，虽未经练习，其技能也基本上保持如故。为什么动作技能不易被遗忘呢？弗雷西门（Fleishman）和派克（Parker）的实验可以部分回答这个问题。他们设计了一个类似驾驶飞机的任务。在实验中，被试握一个操纵杆，该操纵杆可以前后左右移动，控制两维的运动。被试要用脚去控制方向舵，方向舵像一块跷跷板，可以围绕一个支点上下运动。被试需要使操纵杆在一个阴极射线管的中心保持一光点，若光点偏离中心，他必须及时调节操纵杆，使光点回到中心位置。在阴极射线管的上方有一伏特计，被试用脚踏方向舵，使伏特计指针同样保持在中心位置上。

这一任务是颇为复杂的。被试既要观察光点和伏特计的移动，又要手脚并用进行不同的操作。练习 50 次，每次 6 分钟，历时 17 天，被试均达到了熟练水平。在训练完成后，将被试平均分成 3 个组。其中第一组的被试在 9 个月后进行测验，第二组的被试在 12 个月后进行测验，第三组的被试在 24 个月后进行测验。结果表明，前两组被试没有遗忘技能，最后一组被试对技能虽有少量遗忘，但经 6 分钟的练习后，便完全恢复。这就是说，已经掌握了的动作技能，两年以后，仍然基本保持完好。对于动作技能为什么不易被遗忘这一问题，上述实验可以给我们如下的启示。

第一，动作技能是经过大量的练习之后获得的。如在上述实验中，被试用脚踏方向舵，经过 300 分钟练习，反复将伏特计指针调整到中心位置，这里有大量的过度学习。一般来说，经过过度学习的任务是不易被遗忘的。

第二，许多动作技能是以连续任务的形式出现的。在上述实验中，被试要追踪光点和指针，连续进行调节。连续的任务相对简单，故不易遗忘。如果动作技能是由许多完全不同的、孤立的动作成分构成的，那么保持起来就不那么容易。

第三，动作技能不同于言语知识，它的保持高度依赖小脑和脑低级中枢，而这些中枢可能比脑的其他部位有更大的保持动作痕迹的能量。

（二）动作技能的迁移

动作技能的学习与知识的学习一样，也存在迁移现象，即一种技能的学习对另一种技能的学习产生影响。

已经形成的动作技能，对另一些新技能的形成发生积极的影响，能促进新技能的形成和发展；或者反过来，学会了新的动作技能对已经形成的动作技能的保持产生积极的影响，这种现象称为动作技能的积极的迁移或正迁移。例如，学会了篮球之后再学手球，学会了跳高之后再学撑杆跳高，等等，原先已形成的动作技能都能促进新技能的形成。

已经形成的动作技能，对另一些新技能的形成发生消极的影响，即妨碍新技能的掌握，这种现象称为动作技能的干扰，又称为消极的（抑制性的）迁移，或负迁移。例如，学会了网球之后再学羽毛球，学会了武术之后再学自由体操，学会了俯卧式跳高再学背越式跳高，等等。由于手的用力不同，或脚尖的动作不同，或踏跳动作的不同，已经形成的动作技能会妨碍新技能的掌握。

表 8-1 是为了查明学习任务 A 对学习任务 B 是否有影响，比较的是实验组和控制组在任务 B 上的成绩。如果两个组在任务 B 上的成绩相同，可以认为任务 A 对任务 B 没有迁移；如果实验组在任务 B 上的成绩比控制组好，就说明任务 A 对任务 B 有正迁移；如果控制组在任务 B 上的成绩比实验组好，说明任务 A 对任务 B 有负迁移。

表 8-1　学习任务 A 对学习任务 B 的影响

实验组	学习任务 A	学习任务 B	测验任务 B
控制组	休息，或者做一些无关活动	学习任务 B	测验任务 B

表 8-2 是为了查明学习任务 B 对任务 A 的保持有否影响，比较的是实验组和控制组在任务 A 上的成绩。如果两个组在任务 A 上的成绩相同，说明任务 B 对任务 A 没有迁移；如果实验组在任务 A 上的成绩比控制组好，说明任务 B 促进了对任务 A 的保持，即有正迁移；如果控制组在任务 A 上的成绩比实验组好，说明任务 B 对任务 A 有负迁移。

表 8-2　学习任务 B 对学习任务 A 影响

实验组	学习任务 A	学习任务 B	测验任务 A
控制组	学习任务 A	休息，或者做一些无关活动	测验任务 A

从动作技能的特点及其关系也可以把迁移划分为以下几种。

双侧型迁移。这是指在身体一侧器官形成的技能迁移到身体另一侧的器官。研究表明，双侧型迁移最明显的是人体对称部位，如左手—右手、左脚—右脚等；其次是同侧部位，如左手—左脚、右手—右脚等。双侧型迁移对于需要双手或四肢协调的动作技能学习具有促进作用。

语言—动作迁移。这是指在动作练习前的语言训练对掌握动作技能有影响作用。一般来说，只有当语言的反应不干扰被试的动作时，学习动作技能前的语言训练才能对动作技能产生正迁移。

动作—动作迁移。这是指已形成的一种动作技能向另一种动作技能的迁移。两种动作技能之间既可以产生正迁移也可以产生负迁移。当两种动作技能的学习存在相似的注意分配、反应速度、操作动作成分、操作方式时，则产生正迁移，如学会骑摩托车就较容易掌握驾驶汽车的技能。当两种动作技能的动作成分相似、操作动作的方式相反时，则容易产生负迁移，如习惯于从自行车左边上车的人很难掌握从自行车右边上车的技能。

第三节　影响动作技能学习的条件

动作技能的形成是一个复杂的过程，为了能够提高动作技能学习的效率，需要了解影响动作技能学习的条件，这些条件可以分为两类：内部条件和外部条件。

一、促进动作技能学习的内部条件

（一）具备学习动作技能的动机

学习动作技能的动机是在学习者产生学习动作技能需要的基础上形成的，能够对动作技能的学习起到积极的作用。例如，大学生对使用电脑的技能产生了学习的兴趣，形成了强烈的学习动机，就会认真钻研电脑的结构和使用方法，从而快速获得这一技能。

（二）具有正常的智力水平

当学习者的智力处于正常水平时，小肌肉动作技能的学习和智力之间存在正相关，表现为智力水平越高，学习成绩越好；大肌肉动作技能的学习和智力之间几乎不相关；通过心理训练所进行的动作技能的学习与智力之间相关不大。

当学习者的智力处于正常水平以下时，小肌肉和大肌肉的动作技能学习和智力存在显著的正相关，表现为智力越低，学习速度越慢。

（三）具备知识经验与理论

知识并不等于技能，但技能的形成必须运用知识，知识愈丰富，对克服技能学习的难点愈有帮助。但是只学习理论，不学习操作，很难形成任何动作技能。只模仿操作，不学习有关理论，其技能也不能得到进一步发展。理论可以加快动作技能的获得，可以免去或减少动作技能形成过程中的错误。

沈德立曾做过动作概念对技能形成作用的实验，该实验让大学生被试形成镜画（即按多角星形成的镜像来描摹该图形）技能。结果发现：凡是已经形成镜画技能的被试，他们都掌握了镜画技能的动作概念；凡是未形成镜画技能的被试，他们都没有掌握镜画技能的动作概念。这说明动作概念是否掌握，决定着技能是否形成。实验还发现：大学生被试掌握镜画技能动作概念一般比中学生被试要早，所以形成镜画技能时的平均练习次数、总用时和练习中的平均错误次数都少于中学生被试；大学物理专业学生由于较早地掌握了镜画技能的动作概念，因而在形成镜画技能时练习的总次数方面，比政史专业的大学生要少得多。这说明动作概念掌握的早晚，对技能形成的快慢起重要作用。总之，上述实验研究表明，学习者掌握的知识经验与理论对其相关动作技能的形成起促进作用。

（四）具有良好的人格特征

奥吉利夫和塔科特 1967 年的研究表明，与出色地完成任务有关的人格特征有：① 较高的成就动机；② 忍耐力、坚持性；③ 抗干扰、承受打击和注意稳定的能力；④ 控制力；

⑤任劳任怨、努力、吃苦的精神；⑥自信、大胆、心胸开阔；⑦高于常态的智力水平。

良好的人格特征对动作技能的学习有重要影响，视窗 8-1 很好地说明了这一点。乐器的学习，除了初期需要投入大量时间来练习，为了维持高水平的演奏技巧，还需要持续投入时间。功成名就后坚持这一点更需要坚毅的人格。

视窗 8-1 郎朗的练琴时间

人格类型也会影响动作技能的学习，例如，外向型与内向型的人格类型对动作技能的学习就会有不同的影响。与内向型人格相比，外向型人格的个体，其动机水平高，活动效率也较高；较难形成条件反射；易于形成粗放型动作技能。

二、促进动作技能学习的外部条件

（一）科学的指导

在动作技能的学习中，有效的指导是非常重要的。指导主要包括讲解和示范两种形式。结合动作技能的特点进行的讲解和示范对动作技能的学习起着积极的促进作用。

在动作技能的学习中，一般将讲解与示范结合起来。

1. 讲解

讲解可以是口头形式，也可以借助文字、模型、草图等进行。讲解的目的是突出动作概念，提高学生对动作的认识水平。一般来说，教师对大学生学习动作技能的讲解内容要包括以下方面。

（1）学习动作技能的目的

教师应该明确告诉大学生要学习什么，明确提出动作技能应达到什么目标，并向他们提出适当的切实可行的期望，让大学生明白要“做什么”和“怎么做”，形成对自己的正确估计并能根据自己的能力与学习任务的目标而调控自己的练习过程。

（2）动作技能的性质

教师应该告诉大学生是连续性动作技能还是非续性动作技能，是简单的动作技能还是复杂的动作技能，是工具性动作技能还是非工具性动作技能，等等。假如是工具性动作技能（如操作机器、驾驶车辆等）还应简单介绍工具的性能与功用。

（3）学习程序与步骤

教师应该告诉大学生有关动作技能的步骤、动作顺序、练习时间与分配方式等。

（4）注意事项

教师告诉大学生该动作技能的难点是什么，什么时候最容易发生错误和危险，以及有关安全防范措施。

讲解宜简单扼要，过于冗长的讲解，将会降低大学生的兴趣与动机，应尽量避免。有些内容应待练习进行到适当程度时再进行讲解。

2. 示范

示范是指导者做给学习者看，示范主要有两种形式。

一种是教师直接示范，根据教师与学生所处的相对位置，可以将教师示范分为三种：一是相向示范，即在教室情境中，教师对学生进行面对面的示范，但这种示范容易产生左右相反的不良影响；二是围观示范，即教师在中间，学生围绕教师，但这种方式容易使学生因观察角度不同而影响动作的准确性；三是同向示范，即学生在教师背后，且居高临下，这种方式可以避免左右反向及观察角度不同造成的不良影响。

另一种是视听教学示范。例如，观看教学电影等方式可以激发学生的学习兴趣，提高教师指导及学习者学习动作技能的效率。

不管以上哪种示范，都要求动作准确、规范，将动作技能中的每一个动作都能够清楚地展现出来，而且在动作技能学习的初期，若采用教师直接示范，应尽可能使教师的动作慢速进行，充分展示分解动作，然后再合成完整的动作系统。若采用视听教学示范，则可以采取不同方式放映，先以慢镜头展示每一动作，再以正常速度放映。也可以用幻灯先让学生看每一个分解动作，再看完整的动作序列。这样可以避免短时间内新信息量过多而超载。

（二）练习

有目的地多次执行某种动作以形成技能的过程，称为练习。练习是影响动作技能的最重要的因素。这里的练习是指有意练习，即练习者要怀着改进作业水平的目的，并且需要付出一定的努力。练习虽然是固定地执行某种动作，但并不是同一动作的机械重复，而是以改善动作方式为目的的重复。练习使人的动作从本质上发生变化，它表现为人在完成动作时心理结构的变化。这种变化不仅表现为人盈余动作方式和动作任务，而且还表现为分析研究任务的方法，解决任务的方法和调节动作的方法等方面。技能是在练习中形成的，但并非所有练习都能达到同样的效果。有一些练习可能较快地实现技能的掌握，而另一些练习的收效比较慢；有一些练习可能使动作方式达到高级水平，另一些则只能达到低级水平。因此，研究练习的性质及其影响有效练习的因素很有必要。

1. 练习与练习曲线

练习技能形成与发展的过程可以用练习曲线来表示。所谓练习曲线，就是在连续的练习期间所发生的动作效率变化的图解，即练习曲线是描述动作技能随练习时间变化而变化的图形。在练习曲线上可以看出技能形成过程中的工作效率、活动速度和准确性的变化。在各种动作技能形成的过程中，练习成绩的进步既有共同趋势，也有明显的个别差异。这些都可以从练习曲线上反映出来。练习曲线的几种共同趋势如下。

（1）练习成绩逐步提高

练习成绩逐步提高，主要表现在动作速度的加快和准确性的提高上。动作速度加快的标志是在单位时间内所完成的工作量增加，或每次练习所需要的时间减少。动作准确性提高的标志是每次练习的成功率增多，错误率减少。练习成绩逐步提高的情况如图 8–3 所示。

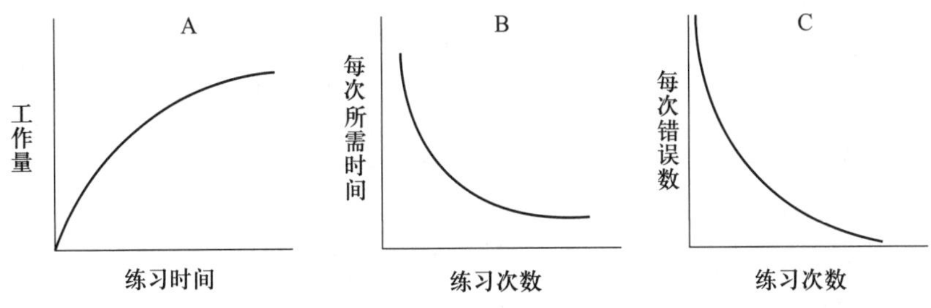

A：表示工作量与练习时间的关系；B：表示每次所需时间与练习次数的关系；
C：表示每次错误数与练习次数的关系。

图 8–3　典型的练习曲线

练习成绩随练习进程而逐步提高的情况有三种不同表现形式。

第一，练习进步先快后慢。例如，学生在学习短跑、跳高、跳远、投掷等操作技能时，练习的进步往往会出现先快后慢的现象。产生这种现象的主要原因是在练习初期兴趣较浓，热情高、学习认真；而后或由于产生厌倦情绪、疲劳感，或由于在练习中旧经验的作用逐步减少、需要积累新经验、运用新方法而又不得心应手，或由于达到了一定的生理限度，再进步有了困难。任何一种操作技能最后都有一个生理限度，动作的准确性、速度、灵活性是不能超出身体的物质结构所许可的限度的。但人的生理限度有很大的潜力，这种潜力为体育运动上打破纪录、劳动生产上出现新的成绩提供了可能。

第二，练习进步先慢后快。学生在学习绝对生疏的动作技能时，往往是先慢后快的。例如，初学弹钢琴时，可借助的旧经验极少，需要学习相关的基础知识、基本理论和基本技能后，才能习作，所以练习的进步显得缓慢，而后的进步却明显加快了。再如投掷、游泳等技能，在练习初期需要掌握有关的基础知识和基本技能，所以进步较慢，一旦掌握了有关的基础知识和基本技能，练习成绩进步就较快。

第三，练习成绩进步先后比较均匀。即练习成绩的进步没有明显的先快后慢或先慢后快的现象，但这种情况并不多见。

（2）练习中的高原期现象

在动作技能形成的过程中，有时会出现练习成绩暂时停顿的时期，这就是高原期。动作技能的形成是建立动作的复杂系统，而不是动作的简单累积或动作之间联系的简单加强，需要不断地进行动作的改组，把原有的动作组织体系改变成新的动作组织体系。在新的动作组织体系还没有建立之前，往往会出现一个进步暂时停顿的时期。

高原期现象的出现，表现为练习曲线保持在一定高度的水平线上，有时还有下降的趋势。当动作改组成功后，曲线则开始上升（见图 8–4）。高原期现象产生的原因有：感觉机能和中枢机能对动作的控制和调节作用减弱；提高练习成绩的新的活动结构和方法尚未形成；练习方法不当，一时无法突破困难；产生心理上和生理上的疲劳；动机强度减弱，兴趣下降，产生了厌倦等消极情绪；意志品质差，缺乏继续提高的勇气和信心；自满情绪；等等。这些因素的改变都将有利于突破高原期现象，使练习成绩继续进步。高原期现象与练习极限有本质差别，高原期现象并不具有普遍性和必然性。

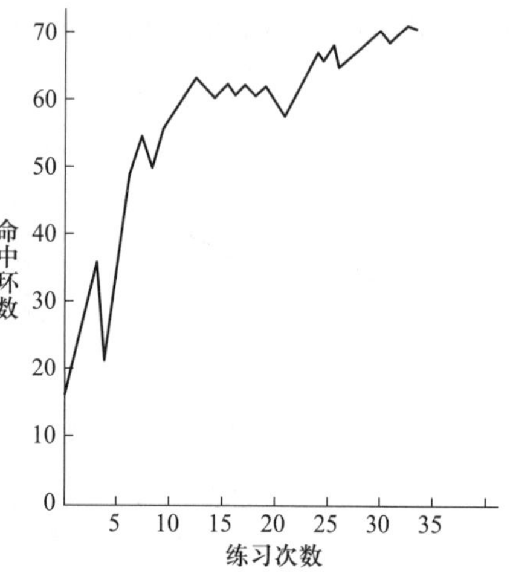

图 8-4　步枪射击技能的练习曲线

（3）练习中的起伏现象

动作技能的形成不是一帆风顺、直线上升的。在其形成的过程中，练习的成绩时而上升，时而下降，有“峰”有“谷”，呈现明显的波浪，这就是练习成绩的起伏现象。

学生在学习动作技能中，起伏现象时有发生，甚至有时会出现令人担忧的严重退步现象。发生这种现象的原因，既可能是由客观条件的变化而导致的：学习环境的变化、练习条件的变化、教师指导方式的变化等，都是造成起伏现象发生的客观原因；学习动机和兴趣的变化、注意状态和情绪状态，以及努力程度、健康状况等主观因素，也都足以造成起伏现象的发生。改善学生的练习环境，端正学生的学习态度，严格评价学生的成绩，明确学生的奋斗目标，往往能减少大的起伏现象的发生。

（4）练习成绩相对稳定的现象

在动作技能发展的最后阶段，出现练习成绩相对稳定不再继续提高的现象，通常称为动作技能发展的极限。但“极限”是相对的。从人的生理素质和技能来看，每个人掌握某种技能都有一定的发展限度。动作技能之所以有生理限度，是因为动作是身体的技能，是通过骨骼、肌肉的运动来实现的。身体有其固定的物质结构，动作的准确性、速度、灵活性不能超越身体物质结构许可的限度。在实际生活中，真正达到生理限度的情况是极少的，动作技能发展的极限是相对的，因此提高技能的潜力很大。在一般情况下，一个人所掌握的各种技能都没有达到发展限度，提高技能的潜力还是很大的。另外，从体育运动的发展历史来看，总有人不断地创造新的纪录，说明生理限度也不是轻易能达到的。

（5）练习进程中的个别差异

在技能形成的过程中，虽然练习曲线有共同趋势，练习进程都遵循上述的一般规律，但由于各种技能的复杂性程度不同，学习者的人格特征、知识经验、练习态度、练习方法等不同，因此同一个人学习不同的技能或不同的人学习同一种技能，其练习进程也各不相同，表现出明显的个别差异。

实验研究证明，学生掌握生产劳动技能和写字技能的练习曲线的个别差异，可以从活动的速度和质量上概括为四种类型：① 速度较慢，错误较少；② 速度较快，错误较多；

③ 速度较快，错误较少；④ 速度较慢，错误较多。

学生在练习中既然存在着个别差异，教师在指导学生进行技能练习时，既要考虑练习进程的一般规律，也应考虑学习者的个别差异，了解差异产生的原因，以便采取有针对性的措施，指导学生练习，使学生的技能得以顺利形成并进一步巩固和提高。

2. 合理组织练习

影响练习效率的因素很多，只有合理地组织好练习才能使学习者顺利而迅速地形成和获得动作技能。

（1）明确练习目的

这是影响练习效率的最重要因素。学生明确了练习的目的，就可以激发强烈的学习动机和高涨的学习热情，提高练习的自觉性和积极性，使练习经常处于意识控制之下，从而提高练习的效果。因此，在技能形成过程中，若能依据练习的进程，不断提出练习目标，就会积极鼓励学生争取达到预期目标。实验研究表明，练习前的学习目的教育对于师范学校的学生掌握弹琴的基本技能有明显的积极作用。

练习的目标有近期目标和远期目标两种。近期目标对提高练习效率有更大的作用。研究发现，只有远期目标的被试，成绩的进步较缓慢，而每周都有一个目标的被试，成绩的进步较快。可见目标越具体明确，练习的效果就越好。

（2）合理分配时间

动作技能的学习需要有足够的练习时间或练习次数，因此要制定合理的时间分配表。根据时间分配上的不同，可以把练习分为集中练习和分散练习。集中练习是指长时间不间断地练习，直到掌握该技能为止。分散练习是指把练习分成若干阶段，在各阶段之间加入适当的休息时间。

练习的次数并不是越多越好，如果在一段时间内练习次数太过于频繁，不仅浪费时间和精力，而且容易疲劳，练习的效果也会降低。一般来说，适当的分散练习比过度的集中练习效果更好。不仅在时间上比较方便，而且技能的保持也比较好。

（3）掌握正确的练习方法

从练习内容的完整性上分，获得动作技能的练习方法主要有两种，一种是整体练习，一种是部分练习。整体练习，即把动作技能作为整体进行不断重复训练的练习；部分练习，即把一套完整的动作技能分解成几个部分，每次分别进行一个部分的训练，最后获得整个完整的动作技能的练习。采用何种练习，要根据动作技能的性质及复杂程度而定。通常来讲，如果动作技能的各部分独立性较大或者较复杂时，采用部分练习效果会比较好；如果动作技能较简单或者结构完整，则采用整体练习效果会比较好。

（4）及时反馈

许多研究表明，在影响动作技能获得的各种因素中，反馈的作用仅次于练习。学习者只有及时得到自己练习的反馈信息和结果，才能知道自己动作正确与否，把正确的动作巩固下来，把错误的动作改正过来，从而提高动作技能的学习。

（5）心理练习

练习者在不进行外显身体动作的条件下，在头脑中对技能进行认知复习的练习方法叫心理练习。如体操运动员站在比赛场边，在开始表演套路之前，在头脑中将整个套路复习一遍。赫德等人用实验法对心理练习、身体练习、二者不同比例的混合练习及无练习的效果进行了比较。结果发现，心理练习组的学习效果要比无练习组好，但不如身体练习组；从混合组的结果来看，身体练习的比例越高，其学习效果越好。① 因此，研究者认为，动作技能的习得应尽量运用身体练习，但在不能进行身体练习的情境下，心理练习对于动作技能的习得和技能操作的准备具有积极作用。但值得注意的是，对于动作技能来说，心理练习不能代替身体练习，尤其在达到熟练或自动化水平之前。

【复习思考题】

1. 封闭性动作技能和开放性动作技能有什么区别？
2. 动作技能的形成需要经历几个阶段？
3. 动作技能的保持有什么特点？
4. 如何帮助大学生掌握动作技能？

【推荐阅读】

1. 迈尔斯．心理学精要：第五版［M］．黄希庭，等译．北京：人民邮电出版社，2009.
2. 玛吉尔．运动技能学习与控制：第七版［M］．张忠秋，等译．北京：中国轻工业出版社，2006.
3. 张述祖，沈德立．基础心理学［M］．北京：教育科学出版社，1987.
4. 刘启珍，彭恋婷．学与教的心理学：原理与应用［M］．2 版．武汉：华中科技大学出版社，2021.

① 玛吉尔．运动技能学习与控制：第七版［M］．张忠秋，等译．北京：中国轻工业出版社，2006：339–340.

第九章　大学生的学习迁移

引而伸之，触类而长之，天下之能事毕矣。

——《周易·系辞上》

大学生的学习范围很广，包括知识、技能、策略及情感态度等多种类型，一定类型的学习需要建立在原有学习的基础之上，不同类型的学习之间是可以相互影响、相互促进的。学习迁移理论是研究各种学习类型之间是如何相互影响、相互促进的一个重要理论。凡是有学习的地方，就有可能产生学习迁移，所以学习迁移具有普遍性。

第一节　学习迁移的概念

学习是一个连续的过程，任何学习都是在学习者已经具有的知识经验和认知结构、已经获得的动作技能、已经习得的态度的基础上进行的。本节将介绍学习迁移的内涵、分类及其在教学中的运用。

一、学习迁移的内涵

学习迁移是在一种情境中的技能、知识和理解的获得或态度的形成对另一种情境中的技能、知识和理解的获得或态度的形成的影响，实质上是一种学习对另一种学习的影响。例如，学会一种外语有助于学习同一语系的第二种、第三种外语，学习了数学的基础知识有助于理解物理和化学中的一些数量关系和方程式，这些属于知识的迁移；学会骑自行车有助于学习骑摩托车，深厚的软笔书法功底能促进硬笔书法的学习，这些是动作技能的迁移。当然，迁移并不局限于知识和技能领域，在情感、动机、兴趣以及行为方式、习惯等领域也同样能够发生迁移。大学生在学校养成了早起锻炼的习惯，放假回家后自觉表现出健康自律的生活方式，这是习惯的迁移；我们平时所说的“爱屋及乌”就属于情感的迁移；学生因为喜欢某个老师而对该老师所教的学科感兴趣则属于兴趣的迁移；等等。

二、学习迁移的分类

对学习迁移进行分类研究是学习迁移研究的一个重要取向。国内外心理学家从不同的视角就学习迁移的分类进行了深入的探讨。当前，有以下几种比较流行的分类方法。

（一）顺向迁移和逆向迁移

根据迁移发生的方向，迁移可分为顺向迁移和逆向迁移。

顺向迁移是指先前的学习对后来的学习产生影响，表现为学习者面临新的学习情境和问题情境时，利用原有的知识、技能获得了新知识或解决了新问题。例如，小时候学过电子琴的人，后来学钢琴会觉得相对轻松，是由于顺向迁移起了作用。如果学习者先前所掌握的知识和技能存在缺陷或不够稳固，不足以解决新情境中的问题，就需要学习新的知识和技能对原有知识和技能进行修正和调整，因为整合了新知识和技能的原有知识结构，其功能和结构会再发生一定程度上的变化，这种新的知识和技能对原有知识和技能的影响便是逆向迁移。例如，学了氢气、氧气等概念后，学生对“空气”这一词语有了更准确而深刻的认识，是因为发生了逆向迁移。

（二）正迁移、负迁移和零迁移

根据迁移的性质和结果，迁移可以分为正迁移、负迁移和零迁移。

正迁移是指一种学习对另一种学习产生促进作用，也称为助长性迁移。比如，学习整数的加减法，有助于接下来学习小数的加减法；学习舞蹈对学习体操有一定的促进作用；学习英语对学习法语有一定的帮助等。正迁移常常在两种学习的内容相似、过程相同或使用同一原理时发生。

负迁移是指一种学习对另一种学习产生干扰或抑制作用。负迁移通常表现为一种学习使另一种学习所需的学习时间或所需的练习次数增加，阻碍另一种学习的顺利进行以及知识的掌握。例如，手机聊天时，习惯全键盘输入后，再学习九宫格输入，会比较难以习惯。负迁移通常发生在两种学习相似又有区别的情况之下。从整体上看，正迁移比负迁移受到学界的关注更多，虽然已有一些关于负迁移的研究，但负迁移还需要进一步的系统分析[①]，作为教师，可以在充分利用正迁移的同时，关注一下负迁移，思考如何在教学过程中避免负迁移的发生。

零迁移指一种学习对另一种学习不起作用或两种经验间无相互影响，迁移效果或迁移量为零。例如，学习烹饪对学习编程原理没有产生任何影响。

（三）横向迁移和纵向迁移

根据迁移中涉及的知识所处的层次，迁移可以分为横向迁移和纵向迁移。

横向迁移也称水平迁移，是指抽象和概括程度相同的学习之间的相互影响。例如，学习者学习哺乳动物概念后，把这一概念用于对不熟悉的鲸或海豚的识别；婴儿学会称呼邻居家的女性为“阿姨”后，把所遇到的任何陌生女性均称呼为“阿姨”；数学公式的学习对实际计算学习的影响；阅读报纸时能看懂在课堂上学习过的新词汇等。

纵向迁移又称垂直迁移，指处于不同抽象、概括水平的经验之间的相互影响。纵向迁移有两种类型：① 自上而下的迁移，即上位的较高层次的经验影响下位的较低层次的经验的学习，如“角”的概念的掌握影响“直角”“钝角”等概念的学习；② 自下而上的迁移，即下位的较低层次的经验影响上位的较高层次的经验的学习，如加法的学习影响乘法的学习。

美国教育心理学家加涅非常重视横向迁移和纵向迁移的分类，认为个体通过学习而获得的知识结构是一个网络化的结构，要解决其上下左右的沟通与联系，就必须通过横向迁移和纵向迁移才能实现。

（四）特殊迁移和一般迁移

根据迁移发生的范围，迁移可以分为一般迁移和特殊迁移。

---

① WANG Z, DAI Z, PÓCZOS B, et al. Characterizing and avoiding negative transfer[J]. The IEEE conference on computer vision and pattern recognition, 2019: 11293-11302.

特殊迁移又称具体迁移，指一种学习中习得的具体的、特殊的经验直接迁移或者经过多种要素重新组合后迁移到另一种情境中去。例如，大学生学习了英语单词 linguistics（语言学）后，再学习 psycholinguistics（心理语言学）时，即可以产生特殊迁移，在这种情境下，学生利用具体的相同字母组合迁移来进行新的学习。特殊迁移的范围相对较窄，仅仅在非常有限的情境下适用，但是这并不影响特殊迁移的重要性。

一般迁移又称普遍迁移，是指概念、原理或态度的迁移，迁移范围较大。从本质上说，一般迁移是将已经获得的概念、原理或者态度等具体化，并且应用到另一个学习情境中去。例如，大学生将哲学学习的理论知识应用于具体的社会实践中便是一般迁移。

（五）近迁移和远迁移

根据迁移发生情境的相似性，迁移可以分为近迁移和远迁移。

近迁移是指初始情境和迁移情境高度相似的迁移，即学习者将所学的经验迁移到相似的情境中。近迁移大量发生在学校的学习中，例如，英语教育专业的大学生在学会了如何撰写英语阅读课程的教案以后，把相关的规则和经验迁移到撰写英语听力、英语写作或者英语口语课程教案的撰写过程中，这就是近迁移。

远迁移是指初始情境和迁移情境不相似的迁移，即学习者将所学的经验迁移到极其不一样情境中。例如，大学生在课堂上学会了利用气流原理设计风车后，把相关知识用来指引帆船在海上航行，这就属于远迁移。远迁移的形成过程和心理机制比近迁移复杂。

通过以上解释可以知道，明确迁移情境的相似程度对于判断迁移是属于近迁移还是远迁来说很关键。如何理解这里的“情境的相似性程度”呢？学习情境的相似性程度，可以从学习情境的结构特征和表面特征两个方面来理解。学习情境的结构特征属于本质特征，是指学习情境中与最终目标的实现有关的成分，如原理、规则或事件间的关系等。学习情境的表面特征属于非本质特征，是指学习情境中与最终目标的实现没有直接关联的成分，如某些具体的事例内容、学习情境中的环境因素等。两种学习情境中所包含的共同的结构特征与表面特征的多少决定了学习情境的相似性，两种学习情境共同的结构特征和表面特征越多，情境的相似度就越高。当然这种区分也是相对的，因为学习情境的相似性程度不能完全从客观的角度加以界定，不同个体对结构特征和表面特征相似性的主观知觉存在差异。

一般来说，近迁移往往发生在两种学习情境的结构特征相同且表面特征也相似时，远迁移往往发生在两种学习情境的结构特征相同但表面特征不同时。

三、研究学习迁移对教与学的意义

（一）有助于促进理论与实践的结合

学习迁移的作用在于使习得的经验得以概括化、系统化，形成一种稳定的、整合的心理结构，从而更好地调节人的行为，并能动地作用于客观世界。学习的目的不是把经验储存于大脑之中，而是最终要将所获得的经验应用于实际的各种不同的情境中去，以解决现实世界的各种问题。但如何有效地应用这些经验，并能有效地解决问题，这都要通过迁移才能实现。已有经验在应用的过程中，一方面解决了当前的问题，另一方面又使得原有的心理结构更为完善、充实，形成一种稳定的调节机制，广泛有效地调节人的活动，更好地解决现实中的问题。因此，学习迁移直接影响到问题的解决，并有助于学生认知结构的不断完善。

（二）有助于培养学生的能力观和品德观

学习迁移是促进学生心理发展的关键，是使习得的知识、技能与道德规范向能力与品德转化的关键。根据现代心理学对能力的理解，能力的形成一方面依赖对知识、技能的掌握；另一方面依赖对所掌握知识、技能的内化。在知识、技能的掌握过程中，必然存在着先前经验对新的学习的影响，即存在着迁移；而知识、技能的类化过程也只有在学习的迁移过程中才能实现。能力的形成和发展是通过知识、技能的获得及广泛迁移，从而使这些经验不断整合及类化而实现的。通过探讨学习迁移的规律，可为知识、技能向能力转化提供科学的依据。同样，道德规范的学习与品德形成的关系也是如此，品德心理结构必须通过对道德规范的学习及迁移才能建立。因此，对于学习迁移规律的探讨，有助于学生正确理解能力与品德，并形成科学的能力观与品德观。

（三）有助于教师的教学和自身发展

了解学习迁移的实质和规律对教材的选择和编写、教学内容的组织、教学方法的选择等均有启示。同时，了解学习迁移也有助于教师把教学实践中积累的经验迁移到新的教学中去，促进教师自身的发展。

第二节　迁移的理论

对学习迁移现象的认识可以追溯至很多年前，可以说，自从有了学习活动以来，学习迁移的现象就被人们关注。自 18 世纪中叶以来，关于学习迁移理论的系统研究有很多，不同研究者从不同的理论基础和哲学基础出发，对学习迁移发生的原因、过程以及影响因素等进行了研究和解释，并提出了众多有关学习迁移的理论和解释。

一、传统的学习迁移理论

关于学习迁移的传统理论主要有：形式训练说、共同要素说、经验类化说、关系转换说、学习定势说和奥斯古德的三维迁移模式。

（一）形式训练说

形式训练说是对迁移现象进行的最早、最系统的研究，该学说的心理学基础是欧洲从古代到近代一直比较流行的官能心理学。官能心理学认为，人的心理是由意志、记忆、思维、推理等官能组成的，它们是各自独立的、非物质的实体，分别从事不同的活动，发挥不同的作用。例如，记忆官能是进行记忆和回忆的，思维官能是从事思维活动等。心灵是各种官能组成的整体，一种官能的改进会增强其他所有官能。各种官能是通过遗传获得的，它就像人的肌体一样，可以通过训练或练习增强其力量。经过训练或练习后，官能会在以后的活动中发挥更好的作用。因此，形式训练说把迁移看成通过对各种官能进行训练来实现的，迁移的发生是自动的。

形式训练说注重训练和改进各种官能，认为训练心理官能、提高心理官能的能力是教学的重点。形式训练说的一种最基本的认识是：在各种官能之间，或者说在各种不同的学习活动之间存在着一般性的思维技能，通过训练这种一般性思维技能可以促进其发生迁移。依据形式训练说的观点，官能的发展比知识的掌握更重要，所以对于一个学科来说，其内容是否符合实际无关紧要，重要的是，它在官能训练方面具有价值。学习内容是容易遗忘的，其作用是暂时的，通过某种学习发展了的官能才是永久的。

形式训练说似乎能够解释生活中的一些迁移现象。但是，由于其依据的理论是一种纯思辨的产物，缺乏有效的科学实验依据，所以到了 19 世纪末 20 世纪初便引起了许多研究者的质疑和实证研究的挑战。例如，美国心理学家詹姆士（William James）记忆诗歌《森林女神》的研究和桑代克的面积估计的实验研究，前者通过亲身实验否定了形式训练说的观点，后者不仅通过实验否定了形式训练说，而且还建构了新的理论——共同要素说。

（二）共同要素说

共同要素说是美国心理学家桑代克和伍德沃斯于 1901 年提出的①。共同要素说认为：只有当一种学习情境与另一种学习情境存在共同要素时，一种学习才有可能迁移到另一种学习中去。即只有在两种学习中存在着相同的成分或要素时，学习的迁移才会发生。桑代克和伍德沃斯的共同要素说实际是从联结主义的观点出发的，他们认为，形式训练说所强调的对某一官能的训练能够使所有的方面都得到改善，这个假设是有条件的，即两次学习产生迁移必须满足一定的条件，这个条件就是新旧学习必须有共同的要素。更确切地说，两次学习中的共同要素越多，迁移效果就越明显；共同要素越少，迁移效果就越不明显；没有共同要素，迁移就不会发生。

---

① THORNDIKE E L, WOODWORTH R S. The influence of improvement in one mental function upon the efficiency of other functions. II. the estimation of magnitudes[J]. Psychological review, 1901, 8(4): 384–395.

共同要素说的提出建立在桑代克和伍德沃斯的一项名为“知觉形状”实验研究的基础之上，该实验充分揭露了形式训练说的谬误，使迁移的理论研究有了新的进展，在当时的教育界也曾引起过积极的影响。很多学校受到该理论的启发，脱离了形式训练学说的影响，在课程设置上开始重视应用学科，注意教学内容与实际应用的结合。但是，共同要素说把迁移局限于有相同的刺激和反应的联结，存在片面性，没有充分考虑学习者头脑内部的训练过程。

视窗 9-1 “知觉形状”实验

（三）经验类化说

学习迁移的经验类化说，又称经验泛化说或概括原理说。它是美国心理学家贾德（Judd）基于他做的一个“射击水下靶子”的实验结果提出的。① 贾德认为，桑代克所强调的共同要素只是迁移发生的必要条件而非充分条件。虽然说两个学习活动之间存在的共同要素是迁移发生的前提，但是，产生迁移的关键却是学习者在两种活动中概括出它们之间的共同原理，即学习者所获得的经验的内化。对共同原理内化和概括得越好，学习者对新情境的适应性就越强，学习的迁移就越好。

贾德的经验类化说是对共同要素说的进一步发展，它揭示出造成学习迁移的原因之一是两种学习遵循共同的原理，而不仅仅是有相同的成分或因素。贾德的理论重视学生对一般原理的理解，认为教师必须用根本原理的形式提供知识，而不是像共同要素说所信奉的那样用一系列特殊的作业去形成学生们的条件反射。因此，在教学中要鼓励学生对核心的基本概念进行抽象或概括，实现最大程度的迁移。当然，经验类化说只是影响学习迁移是否成功的一个条件，并不是迁移的全部。

视窗 9-2 “射击水下靶子”实验

（四）关系转换说

关系转换说是格式塔心理学家提出的迁移观点。格式塔心理学的基本观点是强调行为和经验的整体性。他们认为“顿悟”关系是学习迁移的一个决定因素，也就是说，迁移不是由于两个学习情境具有共同成分、原理而自动产生的某种东西，而是学习者突然发现两种学习之间存在的关系的结果。学习者所迁移的是“顿悟”，即对两种学习之间存在的关系的理解。关系转换说认为只有学习者发现一种学习中不同事物之间的关系，并将已掌握的这种关系应用到新的学习之中，迁移才能发生。

该学说强调个体在学习迁移中的重要作用，认为只有学习者主动发现两个学习情境之间的关系，学习迁移才可能发生。支持该学说的经典实验是苛勒的“小鸡觅食”实验。实

① JUDD C H. The relation of special training to general intelligence[J]. Educational review, 1908(36): 28–42.

验结果表明，学习迁移是学习者对情境关系反应（顿悟）的结果。

从研究分析的视角来看，格式塔心理学家“关系转换说”的分析角度与贾德的“经验类化说”其实是相同的。第一，他们都强调了迁移主体的认知因素在迁移中的关键性作用。第二，他们都肯定了“共同因素”是迁移产生的重要前提，只不过格式塔对“共同要素”的理解已经不是贾德所说的“原理”“经验”，而是更深入、更具体的“关系”了。

视窗 9-3 “小鸡（或幼儿）觅食”实验

（五）学习定势说

学习定势说认为，先前学习对后继同类或类似学习的影响，是由在先前学习中所形成的学习定势造成的。1949 年，哈洛（Harlow）通过著名的“猴子实验”论证了这一学说。类似的学会如何学习的现象，在以儿童为被试的实验中也得到了证实，而且人类被试比动物更容易形成学习定势。

哈洛的“猴子实验”揭示了先前习得的态度倾向对解决新问题的影响。这种影响可能是积极的，也可能是消极的。如果先行学习为后继学习准备了迁移的条件，或者使后继学习处于准备状态，就有利于迁移。在先行学习中改进学习的一般方法，也会在后继学习中促进迁移的发生。学习定势说注重学习方法和态度的迁移，是对以往迁移理论的重要补充，并且对教学具有指导价值。

视窗 9-4 哈洛的“猴子实验”

（六）奥斯古德的三维迁移模式

在总结大量对偶联想式学习迁移的基础上，奥斯古德（Charles Egerton Osgood）提出了三维迁移模式。

什么是对偶联想式学习？对偶联想式学习的一般形式是给学生一系列成对的材料，这些成对的材料可能是词汇，例如“书—汽车”，也可能是无意义音节，如“BAZ—AEL”，还可能是无意义音节与词汇，如“BAZ—悲哀的”，等等。这些成对项目中的第一项被称为刺激项目，第二项被称为反应项目。在上述例子中，“书”“BAZ”是刺激项目；“汽车”“AEL”“悲哀的”是反应项目。在对偶联想式学习的迁移实验中，实验者将刺激项目呈现给被试，被试需要说出或者写出反应项目。一般来说，前后两次学习的材料会被不一样，以便观察和测量迁移的效果，例如，先学习的材料以 A—B 形式出现，而后学习的材料以 A—C 的形式出现，这样的学习称为刺激相同，反应不同的学习；或者先学习的材料以 A—B 形式出现，而后学习的材料以 C—B 的形式出现，这样的学习称为刺激不同，反应相同的学习。通过不同的排列组合，可以得到各种类型的学习，如刺激相同，反应相同（或相似，或无关，或相反，或对抗）的学习；刺激相似，反应相同（或相似，或无关，或相反，或对抗）的学习；等等。在这些不同类型的学习中，迁移发生的情况也各不相同，每种情况下迁移量的大小、迁移的性质等，都在奥斯古德的三维迁移曲面模型中清晰地表示了出来（如图 9–1 所示）。

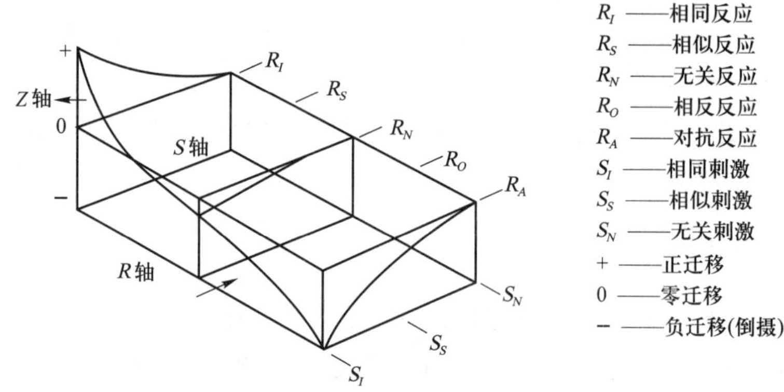

图 9–1　奥斯古德的三维迁移曲面模型

图中曲面即为三维迁移曲面。正负迁移在 Z 轴上通过零点的水平面来分界。在该平面之上为正迁移，在该平面之下为负迁移。与该平面相交表示零迁移，S 轴表示新旧学习之间刺激相似性的变化，从相同刺激到无关刺激。R 轴表示新旧学习之间反应相似性的变化，从相同的反应到对抗的反应。由此可见，迁移的性质和数量是刺激条件和反应两者相似性变化的函数。

根据迁移曲面可知，在先后两种学习材料的刺激相同（S_IS_I）的情况下，如果反应也相同（R_IR_I），则两种学习的迁移最大，且为正迁移；如果 S_I 反应由 R_SR_N 相同（R_I）到对抗（R_AR_A），则迁移由正到负；如果 S_I 反应为对抗（R_AR_A），则负迁移达到最大值。在先后两种学习材料的刺激无关（$S_NS_IR_AS_NS_N$）的情况下，反应无论是什么情况（从 R_I 到 R_A），迁移效果都是零。在先后两种学习材料的刺激由无关（S_NS_N）到 S_S 相同（S_IS_I）的情况下，如果反应相同（R_I），则两种学习的正迁移从零至最大；如果反应为对抗（R_A），则负迁移由最小到最大。

奥斯古德的三维迁移模式不仅能够解释和描述对偶联想式学习的迁移情况，而且还适用于解释类似的技能学习迁移。例如，先学习骑自行车，然后学习驾驶电瓶车，这两种学习属于刺激相似、反应也相似的学习，所以会出现正迁移。再如，在一种装置上学到了一种特殊的反应动作，然后又在这种装置上要求学会恰恰相反的一种动作反应，就存在着极大的负迁移或干扰。例如，大学生在课堂上使用某种手机 APP 进行签到的时候，本来的形式一直是在屏幕上向上滑动签到，如果该 APP 的签到模式突然改成下滑签到，大学生在一段时间内可能会不适应，这是因为两种情况的刺激相同（签到），但是反应却要求对抗（上滑改成了下滑），出现负迁移。同样，如果大学生在课堂上一直是站起来回答问题，当某个老师突然跟他们说可以坐着回答问题的时候，有些大学生会觉得坐着回答问题不自在，在被老师点到的时候仍然站起来回答问题，这也是因为类似的原理。当然，三维迁移模式也存在着局限性和不适应性。例如，根据三维迁移模式，对抗性反应比不同反应产生更大的负迁移，但至今尚无可靠的证据证实这一点。此外，在实践中，当两种学习的刺激无关，但是反应相同时，正迁移有可能发生，而根据奥斯古德三维迁移模式，当两种学习的刺激无关，但是反应相同时，迁移应该为零，这一点与实际情况有矛盾。

二、现代学习迁移理论

（一）认知结构迁移理论

心理学家皮亚杰探讨了逻辑结构在学习中的迁移，是较早考虑认知结构与迁移问题的心理学家，皮亚杰认为学生一旦掌握了逻辑结构就可以有效地解决问题。布鲁纳和奥苏贝尔则把迁移放在学习者整个认知结构的背景下进行研究。布鲁纳认为学习是类别及其编码系统的形成，迁移就是把习得的编码系统用于新的事例。具体说来，正迁移就是把适当的编码系统应用于新的事例；负迁移则是把习得的编码系统错误地应用于新事例。奥苏贝尔在有意义言语学习理论的基础上提出了学习迁移的认知结构理论，他认为，一切有意义的学习，即把学习内容与自己的认知结构联系起来的学习，都是在原有学习的基础上产生的，都有赖于储存在学习者个人长时记忆中的认知变量，这个过程必然包括迁移。认知结构是指学习者原有的知识的数量、清晰度和组织方式，由学习者眼下能想出的事实、概念、命题、理论等构成。影响迁移的认知结构变量主要包括可利用性变量、可辨别性变量和稳固性变量。

1. 可利用性变量

可利用性变量是指认知结构中可利用并起固定作用的适当观念，即学生面对新学习任务时，他头脑中是否有与新知识建立联系的、适当的、起固定作用的观念可供利用，其概括程度如何。如果认知结构中储存的知识内容十分丰富，那么学生在学习新的知识时，就更容易在原有的认知结构中提取出与新知识学习有关的旧知识，作为可利用的知识经验，对新知识的同化起到促进作用。否则，如果原有认知结构中没有适当的起固定作用的观念可以用来同化新知识，那么，新知识便不能有效地固定在认知结构中，从而导致新知识的不稳定和意义含糊，意义学习就难以发生，知识只能被机械学习并迅速被遗忘。

2. 可辨别性变量

可辨别性变量是指新知识与同化它的原有观念的可以辨别的程度。两者的可分辨程度越高，则因混淆而带来的干扰越小，越有助于迁移的发生。如果学习者不能清晰地分辨新的学习任务与认知结构中原有的观念，那么新获得的意义的最初可分离强度就很低，而且这种很低的分离强度很快就会丧失。因为记忆有还原的趋势，所以新知识就会被原有的稳定的知识所替代，导致遗忘的产生，新的知识难以习得。

3. 稳定性变量

稳定性变量是指原有认知结构中起固定作用的观念的稳定性和清晰性。认知结构中已有知识的稳固程度决定新旧知识发生联系的速度和准确性。认知结构中原有的相关知识越稳固，新旧知识发生联系的速度就越快而准确，并且有利于新知识作为独立的实体保持下来。相反，如果已有认知结构的内容模糊不清，学习者便难以找到起固定作用的概念，新学习的适当支点难以形成，新旧知识发生联系的难度会变大或者耗时会变长。

（二）产生式迁移理论

认知结构迁移理论可以有效地解释陈述性知识的迁移，但在解释程序性知识的迁移时却有困难。于是，美国心理学家安德森（Anderson）提出了产生式迁移理论来解释程序性知识的迁移现象。该理论的基本思想是，两种技能学习之间产生迁移的原因是两项技能之间存在共同的产生式，即产生式有重叠，而且重叠越多迁移量越大。安德森把这一迁移理论视作桑代克相同要素说的现代化。在桑代克的时代，人的技能在心理学领域还没有找到合适的表征方式，一直被错误地用外部的刺激和反应（即 S—R）来解释，但是这个解释不能科学地反映技能学习的本质。在现代，人的技能被更加合理地表征，认知心理学家用产生式和产生式系统来表征人的技能，迁移的实质可以用两种技能之间的相同要素，即相同的产生式来解释。这里的产生式是指“如果……那么……”形式的规则，即一个条件和行动的规则，简称“C—A 规则”。这里的 C 指行为产生的条件，它是学习者工作记忆中的认知内容，而非外部刺激，A 则代表行动或动作，它不仅是外部反应，同时也包括学习者头脑内的心理运算。由此可见，产生式迁移理论是把产生式规则作为两项学习之间的共同元素，使早期的相同元素说符合现代认知心理学的原理。又由于产生式规则既可以是某一特殊的技能（如一位数相加的技能），也可以是某个一般的原理（如多位数相加的规则），所以产生式迁移理论实际上也包含了贾德的概括化迁移理论。此外，因为产生式的形成必须经由一个陈述性阶段，所以它也包括认知结构迁移理论。

根据产生式迁移理论，技能之间产生迁移是因为两者之间具有共同的产生式。共同的产生式就是共同的规则，即共同概念和原理。因此，日常教学必须重视基本概念和原理的教学，并且经过充分的练习，使这些技能成为自动化的技能而不需要有意注意，从而有力地促进新任务的学习。

（三）建构主义学习迁移理论

20 世纪 90 年代以前，在西方的教育心理学中，以皮亚杰、布鲁纳、奥苏贝尔为代表的认知结构学习论和以加涅为代表的信息加工学习论一直占据着非常重要的地位。与行为主义学习理论相比，认知结构学习理论对学习的认知更加深刻，强调了学习的内部心理过程以及内部的心理表征，这在当时是一个巨大的进步。但是，认知心理学家们在研究学习时仍然采用的是行为主义的立场，强调学习的客观性，而忽略了其主观性、复杂性、建构性、社会性和情境性等特征。在传统的学习迁移研究中，人们普遍持有这样一种逻辑：个体在某一情境下获得的独立于这一情境的抽象知识技能，通过学习迁移，就能在其他任何情境下应用这些知识技能。这个逻辑虽然与建构主义对知识的灵活应用的追求是一致的，但在这样的研究范式中，学习和应用被严格分离开来，这明显与建构主义学习观不符。

1978 年，梅斯纳（Messner）根据皮亚杰的理论体系，提出了建构主义的学习迁移概念。他将学习界定为认知结构的建构，将应用（迁移）界定为认知结构的重新建构。梅斯纳认为认知结构的重新建构受两种因素的变化的影响：① 结构的形式是否改变；② 学习的条件是否是新的。他根据这两个维度区分了四种类型的重新建构（见表 9–1）。

表 9–1　梅斯纳的迁移的分类

	在熟悉条件下	在新条件下
以未改变的形式	复制	应用（迁移）
以改变的形式	转换	应用（迁移）

在这一分类系统中，在新条件下的两种应用与学习迁移概念是相当的。 学习迁移可以被理解为在新条件下对知识进行重新建构。

建构主义学习迁移观认为，知识的意义与应用是密不可分的，知识的建构总是伴随着对知识应用范围的建构。正如哲学家路德维希·维特根斯坦（Ludwig Wittgenstein）所言，概念的意义存在于对概念的使用之中，不存在对概念的简单的核心定义，例如，“火”的意义存在于对它的不同使用之中，“火势凶猛”“火气很大”“小日子红火”等中的“火”的意义是各不相同的。简单地说，“意义即用法”。杜威也说过类似的话：“概念具有普遍性是因为使用它，而不是因为它具有普遍性的成分。一旦人们了解的概念的意义，它进而成为加深理解的手段，是理解其他事物的工具，从而随着意义的确定，它的内容也被扩充了。”总之，知识的意义与其应用范围是不可分割的两个方面，知识是因为应用之需而产生的，只有在应用中才能被确切理解。

在建构主义看来，正确理解学习迁移需要注意以下三个方面。

1. 经验对迁移有重要影响

学习迁移可以看作在原有知识经验上的建构。这种原有的知识经验不仅包括学习者带到课堂上的个体学习，学习者在各个发展阶段所获得的一般经验，还包括学习者作为社会角色（如种族、阶层、性别和文化等）而习得的知识。换言之，学生带到课堂的不仅仅有他们先前学习的经验，还有其社会角色和日常生活经验的知识，这些知识经验对学生的学习迁移有重要影响，既可能对其在学校的学习起促进作用，也可能对其起阻碍作用。

2. 迁移是主动的、动态的过程

迁移不是某一类学习经验的被动产物，而是主动建构的过程。学习者的主动建构体现在方方面面，例如，在已有知识经验与问题之间生成联系，或者识别、抽象和匹配原问题与目标问题之间共同或类似的内在联系，或者在不同的复合情境中，发现其背后所隐含的深层意义上的共同概念特征，并形成富有弹性的知识表征，等等，都离不开学习者的主动建构。

3. 过度情境化的知识不利于迁移

根据建构主义的观点，学习者对知识的理解总是伴随着知识使用的范围和条件发生的。是不是知识情境化的程度越高，越有利于学习迁移的发生呢？答案是否定的。其实，过度强调情境的知识并不利于迁移的发生，学习者对不同情境中共同因素的深层的抽象的表征才有助于促进迁移。因此，要特别关注学习与情境之间的关系，因为两者之间的关系决定了知识是如何获得的，也就是迁移在知识获得中的作用。

（四）经验整合说

经验整合说是我国心理学家冯忠良在吸收前人研究成果的基础上，创造性地提出的一种学习迁移理论。他认为，学习迁移的过程就是一个经验整合的过程，经验整合的实质就是要建构一种一体化、网络化的心理结构。而整合的基础是概括，它是通过对不同学习中的经验构成成分的分析与抽象以及对不同学习中的共同经验成分的综合及概括而实现的。因此，整合是在概括的基础上实现的一种经验网络化现象。经验的整合是指通过概括所获得的经验与原有经验相互作用，从而形成在结构上一体化、系统化，在功能上能稳定调节活动的一个完整的心理系统。整合是一个过程，它是通过同化、顺应和重组三种基本途径来实现的。

同化指已有经验结构吸收新的经验成分或把新的经验成分纳入已有的经验结构中的过程。同化性迁移的根本特点是“自上而下”的迁移。已有经验结构处于一种上位结构，新获得的经验成分属于下位结构，已有上位的经验结构可以把新建立的下位经验成分吸收到自身里来，新习得的下位经验成分也可以被归入到已有的上位经验结构中去。这种迁移过程，是旧经验对新经验的具体化，也是新经验对旧经验的类化。

顺应指已有经验结构不能把新的经验成分吸收和纳入自身之中时，个体调整原有经验结构，从而形成能包含新、旧经验的更高一级的经验结构，以适应外界变化的过程。也就是建立一个新的上位经验结构，以包容几个旧有的下位经验结构的过程。它通常在学习既有联系又有区别的并列教材或在日常概念的基础上学习科学概念时发生。如在学习植物概念后再学习动物概念，在日常概念“鸟会飞”的基础上学习“前肢为翼、无齿有喙”的鸟的科学概念，都属于顺应性迁移。

重组也称结构重组，是指习得的经验组成成分在新的组合中，仅仅在结合关系上（如程序或位置）进行了调整或重新组合，而经验的构成成分不变。重组性迁移主要适用于迁移分类中的特殊迁移。结构重组在教学过程中非常重要。作为教师，首先必须教给学生进行结构重组的基本要素，即基础教材。在学生掌握了进行结构重组所必需的基础教材后，要善于利用这些基础教材的结构重组性迁移，大幅度促进对有关的派生性教材的掌握，以提高学习效率。

第三节　学习迁移的影响因素

学习迁移的发生不是自动的，而是受制于各种因素的。学习者的相关特点、最初的学习水平、学习材料的特性等不同的因素及各因素之间的复杂的相互作用，都会影响迁移。这里就影响学习迁移的一些基本因素从主观和客观两方面进行论述。

一、个人因素

（一）学习者的智力

广义的智力包括一个人的概括能力、分析能力和推理能力等。智力对迁移的质和量都有重要的影响，智力较高的人相对而言更加擅长发现两种学习情境之间的相同要素及其关系，擅长总结学习内容的原理、原则，能较好地将以前习得的学习策略和方法运用到后来的学习中。1934 年，桑代克所做的有关学科迁移价值的实验也发现在学习过程中智力越高的学生迁移现象体现得越明显。

（二）学习者的年龄

在不同的年龄阶段，学习者的思维发展水平不一样，学习迁移产生的条件和机制有所不同。例如，大部分小学生的认知发展阶段处于具体运算阶段，其学习迁移的发生有赖于具体事物的支持和协助，学习的迁移更多地表现在先后学习内容间较为具体的相同要素之间的相互影响；大部分大学生的认知发展阶段已经到达形式运算阶段，由于已经具备抽象思维能力，他们不必依赖两种学习情境间的具体的相同要素的支持，就能概括出共同的原理、原则，产生学习的积极迁移。

（三）学习者已有经验的概括水平

一般而言，学习者经验的概括水平越高，对事物本质的把握就越深刻，可以迁移的范围也就越广，效果越好；经验的概括水平越低，对事物本质的把握越不够，知识迁移的范围就越窄，效果越差。教学经验也表明，对事物关系有一定概括能力的学生，往往能较好地理解和处理陌生的问题。例如，如果学生通过学习概括地认识到低等动物的活动受光、温度和酸碱度的影响，那么他就可以据此得出蝗虫之所以成群飞行是由于蝗虫活动受温度影响的正确结论。

如何判断学习者已有知识经验的概括水平呢？学习者已有知识经验的概括水平首先反映在其知识组织的水平上。认知心理学的研究表明，信息能否提取在很大程度上依赖信息在记忆中是如何组织的，合理组织的信息易于提取，也易于迁移。从知识内在的本质特征入手组织的认知结构，更清晰、稳定，其组织水平更高。学习者已有知识经验的概括水平还反映在经验的丰富性上。许多实验和事实都证明，具体而丰富的经验对于迁移的产生是非常必要的。正迁移往往随着练习中所提供具体事例的数量增加而增加。专家之所以具有较强的迁移能力，除了因为他们具有高水平的认知结构以外，还因为他们具有大量的具体经验。

（四）学习者的元认知策略

元认知的概念是美国心理学家弗拉维尔（John Hurley Flavell）于 1976 年在《认知发展》一书中首先提出的。元认知是对认知过程和认知策略的认知[①]，是个体对自己的认知加工过程的自我觉察、自我反省、自我评价与自我调节。元认知包括元认知知识、元认知体验和元认知监控三个成分，它们相互联系、密不可分。对元认知策略的运用可以极大地提高学习者学习的能力。在学习过程中，元认知策略的使用可以使学习者意识到学习的目的、要求和任务以及自己原有的能力、知识水平、学习风格等影响学习的因素，体验到自己所拥有的可供选择的学习方法，以及方法的适用范围和条件，从而自觉地选择、安排、调整并使用最佳的学习方法，提高学习的效果，更好地实现迁移。

（五）学习者的定势

定势是指先于一种活动而又指向该活动的一种心理准备状态，有时也称为心向。定势的形成往往基于先前的反复经验，它发生于连续的活动中，前面的活动经验为后面的活动形成一种准备状态。定势使个体在认识方面和外显的行为方面以一种特定的方式进行反应，使个体在活动方向的选择方面有一定的倾向性。正因如此，定势在迁移过程中也起到一定的作用。有实验表明，鼓励学生建立学习的定势，有利于习得经验的迁移。定势对迁移的影响表现为两种：促进和阻碍。如果新旧学习活动的思路是一致的，定势的作用就会促进正迁移的发生；反之，定势不但不会促进正迁移，而且会阻碍学生的创造性思维，对学习产生干扰，导致负迁移的发生。定势对迁移究竟是积极的影响还是消极的影响，取决于许多因素，需要具体情境具体分析。重要的是，学习者能认识到定势的这种双重性，具体分析学习情境，既要考虑如何充分利用积极的定势解决问题，同时又要学会打破已形成的僵化定势，灵活地、创造性地解决问题。

视窗 9-5
定势作用与学习迁移的相关研究

二、情境因素

传统迁移理论有一个共同特点，即都强调了新旧学习的共同要素在学习迁移中的重要

① FLAVELL J H. Metacognition and cognitive monitoring: A new area of cognitive–developmental inquiry[J]. American psychologist, 1979, 34(10): 906–911.

作用，只是不同的人强调的共同要素不尽相同。桑代克强调了简单内容的相似性，贾德强调了原理概括的相似性，格式塔学派强调了情境关系的相似性。概括起来主要有以下三方面的内容。

（一）材料的相似性

学习材料的相似性有多层水平。例如，表面内容与形式结构的相似、结构之间的相似、深层结构和原理的相似。不同水平的相似性对学习迁移的作用是不一样的。学习材料本质内容上的结构、原则、方法等共同要素越多，正迁移就越容易发生；而表面上的相似性非但不会促进正迁移的发生，反而可能使学习者迷惑而发生负迁移。

（二）情境的相似性

学习情境（如学习的场所、环境的布置、教学或测验人员以及学习时个体的情绪和态度等）的相似性越大，越能够给学习者提供与原有学习相同的线索，从而促进学习或问题解决中迁移的发生。

（三）目标的相似性

除了学习材料这种客观的相似性影响迁移外，个体加工学习材料的过程是否相似也影响迁移的发生，加工过程的相似性可视为主观相似性。由于学习的认知加工过程会受到活动目标的制约，因此，目标要求是否一致、相似，将在一定程度上决定加工过程是否相似，进而决定了能否发生迁移。

上面所论述的一些影响因素更多地是从顺向迁移的角度进行分析。在逆向迁移中，个体能否应用某些策略、手段来有意识地沟通，对比新旧经验，发现新旧经验间的区别、联系，也在一定程度上决定了逆向迁移的水平及可能性。

除以上所涉及的影响迁移的一些基本因素外，诸如教学指导、外界的提示与帮助等因素都在不同程度上影响迁移的发生，例如，有研究表明成功训练工作记忆可以将效果迁移到未训练的认知功能，这种迁移既有近迁移效果（如，通过言语工作记忆训练促进视觉—空间工作记忆），也有远迁移效果（如，通过工作记忆训练改善数学成绩或一般智力分数）。①

第四节　为迁移而教

当今社会已进入了一个信息激增的时代，知识更新周期正急剧缩短。甚至有人说，大

① 张琳霓，蔡丹，任偲. 工作记忆训练及对数学能力的迁移作用［J］. 心理科学，2019，42（5）：1120–1126.

学生在学校学的知识一走出校门就过时了。这种情况给大学生的学习活动带来了前所未有的挑战。“为迁移而教”“授人以鱼，不如授人以渔”已经成为当前教育界比较流行的口号，而且是一个很有吸引力的口号。各类高等学校的教学活动把促进大学生学习迁移的实现作为衡量教学效果的一个重要标准。为了促使大学生积极、高效的学习迁移的发生，大学教师必须掌握促进大学生学习迁移的有效方法，根据学习迁移的规律有的放矢地指导大学生的学习，培养和发展大学生的学习迁移能力。具体而言，可从六个方面着手来促进大学生的学习迁移。

一、科学确定教学目标

教学目标是一切教学工作的出发点和最终归宿，一切教学工作都是为教学目标服务的。因此，确立合理、系统、明确而具体的教学目标是促进学习迁移的重要前提。

（一）确定“为迁移而教”的教学目标

长期以来，我们设计教学目标仅从静态的内容性质的角度来进行，主要涉及知识、动作技能和态度情感三个领域的内容。但是这种教学目标的设计与教学和学习的动态特点显然是不相符合的。好的教学应该不仅让学生掌握当前的知识，更重要的是，要使学生学会利用自己已有的知识经验来学习当前的知识。简单来说，就是让学生学会迁移。一个好的教学必须能够发展学生的迁移能力。因此，将“为迁移而教”作为教学目标之一应该是无可争辩的。将“为迁移而教”作为教学目标将会激励学生的“迁移学习”意识，使得学生在自己的学习中有意识地通过迁移来学习新的知识。

（二）遵循教育目标的设置原则

1. 系统性原则

由于任何学习都是在原有学习基础上连续的、分步建构的过程，而最终形成的心理结构也是具有一定层次关系的网络结构，因此，不仅对某门课程教学目标的确定要有全局观念，要充分反映大学生良好心理结构的形成，而且对某一单元或某一堂课的教学目标的确立也必须从所要建构的心理结构的整体出发来考虑，把一个单元或一堂课的教学目标作为整个课程目标的组成部分。

2. 序列性原则

相同要素说认为，两种学习之间的迁移是因为两种学习中存在共同成分，特别是共同的原理造成的情况，所以，知识之间、技能之间的共同因素和相同的原理是产生迁移的重要条件。学生只有掌握了扎实的基本知识和基本技能，才能为进一步学习新知识和技能创造条件。只有这样，前面的学习才能为后继的学习提供适当的基础，后继的学习也能够进一步巩固和加深前面学习的结果。因此，各个单元之间、各个课题之间或每堂课之间的教学目标既要有区别，又要有联系，应是一种螺旋上升的关系。

二、精心选择教学材料

在教学过程中，教师不可能将一门学科所有的知识都传授给学生，学生也不可能毫无选择地学习所有内容。因此，要使学生用有限的时间和精力来掌握尽可能多的有用的知识经验，就必须精心选择教学材料。根据学习迁移规律的要求，应把各门学科中具有广泛迁移价值的科学成果作为教材的主要内容。所谓具有广泛迁移价值的材料，就是学科的基本概念、基本原理、基本规则、基本方法、基本态度等。而且，教学材料要随科学的发展而不断变化更新。精选教学材料至少要把握以下两条原则。

（一）教学材料要具有时代性

现代科技和知识的发展日新月异，其更新速度之快让人惊叹，这为教学材料的更新迭代提供了良好的客观条件。相对陈旧的教学材料而言，具有时代特征的教学材料一方面可以提高学生的学习兴趣，另一方面还能够让学生学习前沿的知识，不断更新知识结构，实现更广泛的迁移。因此，大学教师要保证教学材料最大限度地与时代同步，这就要求教师们及时关注学科发展新动态、行业发展新成果和时代发展新信息，在传承经典的同时加入新的材料和元素，不断丰富教学材料的内容。

（二）教学材料要具有迁移的价值

教学材料要具有迁移的价值实质上是要求所选的材料既要包括基本的原理，还要有典型的实例和丰富的变式练习。现代心理学认为，概念和规则都是通过具体的实例习得的，脱离具体的事实材料空讲概念和规则，就成了无源之水、无本之木。只有这样，教师在教学过程中才能够有“理”有“据”，为学生学习迁移的发生创造最有效的条件。

三、合理编排教学内容

一定的教学目标要依靠一定的教学内容才能达成，教学内容是实现教学目标的保障。精选的教学材料如何组织编排才能发挥教学内容的最大可迁移性呢？这就要求教学内容在编排的时候要从促进迁移的角度出发，以最优的知识结构、最佳的呈现顺序来帮助学生乃至教师实现迁移。具体来说，合理编排教学内容应遵循三条原则，即结构化原则、一体化原则和网络化原则。

（一）结构化原则

结构化是指教材内容的各构成要素要具有科学的、合理的逻辑联系，能体现事物的各种内在关系，如上下、并列、交叉等关系。

（二）一体化原则

一体化是指在组织教材内容时，既要防止教材中各种要素之间的相互割裂、支离破碎，又要防止相互干扰或机械重复，要将各种构成要素整合为具有内在联系的有机整体，从而有利于学生形成合理的知识结构。

（三）网络化原则

网络化是一体化的延伸，指沟通教材各要素之间上下左右、纵横交叉的联系，突出各种知识之间的联系，这样不仅利于教学过程中充分发挥整合作用，而且便于教师与学生了解以往学习中的断裂带及断裂点和今后学习中的发展带及发展点。

四、有效设计教学程序

合理编排的教学内容是通过合理的教学程序得以实施的。良好的教学程序能够促进学生迁移能力的发展。因此，有效地设计教学程序对于教学来说就显得格外重要了。有效设计教学程序要把握以下两条原则。

（一）知识的传授遵循科学的组织原则

首先是宏观学科内容的安排，即学习的先后顺序安排。教师要明确什么内容放在前面，什么内容放在后面，注意知识的前后联系。宏观教学程序的设计既指整个学科教学过程的整体安排，也包括各个单元、各个课题或各个章节知识的关系处理。在设计学科的宏观教学程序时，要把本学科中那些具有最大迁移价值的基本知识、基本技能、基本道德规范的学习放在首位，作为教材的主干。

其次是微观的课堂教学，每节课教学内容的设计应该结合教学对象的特点来确定具体教学的程序，将概括性高、派生性强、迁移价值大的知识，如概念、原理等放在整堂教学的最前面，为学生学习迁移的发生做好充分的知识准备。在设计微观教学程序的时候，要根据概念生成和规则习得的原理安排教学过程。概念生成包括概念形成和概念同化两种形式，据此，可以将概念教学的程序设计为“从例子到概念”和“从相关概念到新的概念”两种模式。规则习得有规则接受和规则发现两种方式，前者是先弄清规则的含义再学习规则的例证；后者是先学习规则的例证再归纳规则的含义。据此，可以将规则教学的程序设计为“从规则到例子”和“从例子到规则”两种教学模式。

（二）注意知识的纵向和横向联系

在新知识的教学中，教师不但要关注学生当前知识的学习，而且要注意新旧知识经验的联系与贯通。强化学生新旧知识经验之间的联系与分化，有利于促进学生良好知识结构的形成，提高学生习得知识的迁移范围和价值。在具体教学中，应加强单元与单元之间、课题与课题之间乃至章节与章节之间的概念和规则的横向联系，以达到“综合贯通”的目的。为此，教师在教学中应引导学生努力探讨观念之间的联系，找出它们之间的异同，消除学生认知的矛盾。

五、恰当运用教学方法

要依照学习迁移的规律选用合适的教学方法。为了促进基本概念和规则的顺利迁移，教学中应该倡导运用自主学习和探究学习的方式，引导大学生通过自主探究或合作探究在事实材料中发现规则，概括总结出基本原理。这样，可以使大学生能够更准确地理解和掌握学科的基本原理，培养和提高其概括能力，充分利用原理或规则的迁移，这是迁移训练的有效方法之一。因为学习迁移的过程是对已有知识经验的利用或改造过程，而学生已有知识经验的概括化水平高低对学习迁移效果有直接影响。概括化水平越高的知识就越能够反映同类事物间的共同特点和规律性联系，与具体事物的联系就越广，因此适用性就越大，也就越能够顺利迁移。此外，让大学生独立分析概括学习材料，可以提高他们发现问题、分析问题和整合问题的能力，这些能力也是影响迁移的重要因素。分析概括能力越高，就越容易觉察出事物之间的联系，就能够掌握新旧课题的共同特点，从而有利于迁移。

因此，教师在教学过程中应该做到以下几点：第一，提供适当的学习材料和练习题，使大学生充分掌握本学科的基本原理；第二，引导大学生广泛学习相关的材料，并对材料进行分析归纳；第三，通过练习使大学生在充分理解原理的基础上，运用原理去解决实际问题；第四，鼓励和引导大学生自己进行总结和归类，归纳概括本学科的学习内容，进而达到最有效的迁移。

六、教会大学生学习迁移

许多研究和实际的教学都证明，很多大学生虽然拥有解决问题所需的知识，但是由于缺乏必要的学习方法，致使迁移受阻，出现我们常说的“死读书”“读死书”的现象。因此，要促进大学生迁移能力的发展，最关键的还是在于教会大学生如何进行学习迁移。第一，培养大学生的迁移意识，教师应该通过各种形式让大学生懂得迁移的内涵和重要性。第二，教师还应该培养大学生的迁移能力。培养迁移意识和能力的过程是一个循序渐进的过程，可以从以下四个方面着手。

（一）在教师的指导下发展大学生理解一般性原理的能力

背诵、识记原理并不能说明真正理解了原理。教师的教学不能满足于大学生对原理的简单背诵，而应该注重大学生对原理的理解。可以让大学生用自己的语言重新阐述原理的内涵和意义，或者引导大学生对原理进行应用练习，实现大学生对原理的真正理解，并帮助大学生体会这些原理是如何在迁移中起作用的。

（二）在多情境中进行知识应用教学，帮助大学生积累迁移的经验

学习迁移的发生除了依赖旧学习情境中知识、技能的学习程度以外，也依赖新、旧学习情境的相似程度。学习者对当前知识的理解和掌握并不一定意味着学习者可以将其迁移到以后的学习和实践情境当中去，即不能保证学习者“学以致用”的能力。例如，有的大学生学会了 SPSS 统计软件的基本操作，但面对具体的统计问题时却束手无策了。因此，为了促进大学生的学习迁移，教师的教学应当注重情境性，即在多种情境中教会学生对知识的应用与变通，尤其是当前知识在将来情境中的应用，为大学生积累迁移经验提供机会，并使大学生的“感性迁移体验”通过实际应用上升为“理性迁移体验”。

（三）培养大学生的独立分析与概括能力

当大学生发展了理解一般性原理的能力，并具有了丰富的迁移体验以后，教师就应该培养大学生独立分析、概括的能力。概括是迁移的核心，不同的迁移理论都从不同的角度强调了主体对新旧学习“共同要素”的概括能力。大学生只有具备了独立分析和概括问题的能力，才能够在复杂的学习情境中把握知识之间的联系，找到新旧学习情境的共同点，进而产生迁移。

（四）帮助大学生形成良好的认知和元认知策略

一方面，在教学中教师要善于把学习的方法教给大学生，如关于理解的方法、记忆的方法、复习巩固的方法等。另一方面，教师要鼓励大学生自己总结出适合自己的学习经验，并在同学之间进行交流。这些策略性知识的掌握可以改善认知过程，提高思维品质，有助于促进大学生迁移能力的发展。

【复习思考题】

1.“水下打靶”实验所支持的迁移理论是（　　）。

A. 形式训练说　　B. 共同要素说　　C. 经验类化说　　D. 关系转化

2. 请根据迁移理论的相关知识，判断以下说法是否正确，并说明理由。

（1）两种学习材料的相似度越高越容易产生正迁移。

（2）学习材料的难度越大，越难以产生迁移。

3. 请联系你自己的教学实际，谈谈如何为迁移而教？

【推荐阅读】

1. 陈琦，刘儒德. 教育心理学［M］. 3版. 北京：高等教育出版社，2020.

2. 苛勒. 人猿的智慧［M］. 陈汝懋，译. 杭州：浙江教育出版社，2003.

3. 燕良轼. 高等教育心理学［M］. 长沙：湖南大学出版社，2005.

4. 布兰思福特，等. 人是如何学习的：大脑、心理、经验及学校［M］. 程可拉，等译. 上海：华东师范大学出版社，2002.

第十章　大学生的群体心理与人际交往

绿蚁新醅酒，红泥小火炉。晚来天欲雪，能饮一杯无？

——《问刘十九》

人类是一种高度群居的社会性动物，群体生活是人们的基本生活方式。大学生的校园生活离不开群体活动，其所在的班级、宿舍都是典型的群体场所，群体的构成与运作离不开群体成员之间的交往和沟通。因此，大学教师了解大学生的群体心理与人际交往，无论对大学生个人而言，还是对他们所在的群体而言，都具有十分重要的意义。

第一节　群 体 心 理

本节从群体的概念、分类、常见的群体心理现象以及大学生的班集体心理的角度阐释大学生群体心理的相关概念、特性、现状及特点。

一、群体的概念

（一）什么是群体

群体也称团体，是指彼此之间为了一定的共同目的，以一定的方式结合在一起，彼此之间相互影响，心理上存在共同感并具有情感联系的两人以上的人群。刚入学的大学生，对学校的一切都感到陌生，在共同的学习、生活过程中，相互依赖，相互帮助，在心理上彼此都意识到他人的存在，在行为上发生相互作用，从而结成一定的群体。在群体中，同学之间有着直接与稳定的交往和心理依附关系，并获得一种群体归属感。

群体与因时间和空间上的某些因素偶然聚在一起的人群有着显著的差异，群体具有以下特征。

1. 群体成员之间具有共同的目标

这一共同的目标是群体活动的动力、方向和目的，是使群体成员产生共同兴趣爱好，从而聚集在一起的基础条件。不论是任务目标，还是情感目标，群体为了实现它，通常会制定一系列条例、规则以规范群体成员，形成有群体特色的价值观、态度倾向与行为方式。

2. 群体是以某种方式相连的组织化人群

群体内的每一个成员都在群体组织中占据举足轻重的位置，扮演或充当一定的角色，享有一定的权利并承担一定的义务。

3. 群体成员间心理相容度比较高

群体成员心理上有依存关系和共同感，彼此都能意识到对方的存在，也能意识到自己和他人之间的关系。换句话说，群体成员能明确意识到自己属于某个群体以及群体界限。

（二）群体的分类

视窗 10–1
大学生正式群体的特点

社会心理学家梅奥（George Elton Mayo）20 世纪初在霍桑的研究中发现，人们的生产率一方面受有显著表面结构的正式群体的影响，另一方面也受制于缺乏表面结构的非正式群体。由此，梅奥对群体进行了正式群体和非正式群体的类型划分。

正式群体的特点是，其成员有固定编制，群体内各成员的角色地位都是由群体规范明确规定的，有明确的隶属系统、权力结构。大学中的班级和学生社团组织都是正式群体。

非正式群体是自发形成的群体，其成员之间的关系有明显的情感色彩。非正式群体往往是由一些互有好感或有共同兴趣的个体组成的。也有一些非正式群体是由一些思想观点接近、志同道合的个体组成的。比如，大学生自发组成的科研群体、书法兴趣小组等都属于非正式群体。

（三）个体与群体的关系

个体的概念是相对于群体而言的，指具有人的普遍自然属性与社会属性，并以独特方式行动的单个的人。个体与群体的关系是相互依存的。个体构成群体，群体在个体的基础上产生士气、亚文化、标准等，个体参照群体的各项规章制度来约束自己、调整自己、提升自己。群体对个体的影响是潜移默化的，主要表现在社会助长、社会惰化、群体极化、从众等方面。

二、群体心理现象

群体心理是指由若干个人组成的，为实现共同目标利益而相互依赖、相互作用、彼此影响的人群结合体，在社会活动中所表现出来的心理行为倾向。群体心理是相对于个体心理而言的。群体心理是群体成员共同具有的典型的心理状态和心理倾向。群体心理和个体心理是密切关联的，个体心理是群体心理的基础，群体心理又对个体心理有着深刻的影响。

（一）社会助长与社会惰化

1. 社会助长

社会助长也称社会助长作用，是指个体对他人的意识，包括他人在场或与他人一起活动所带来的行为效率的提高。我们通常所说的“三个臭皮匠赛过诸葛亮”就是典型的社会助长的力量。

特利普里特（Triplett）是最早以科学方法揭示社会助长现象的心理学家，他发现，有人在场或群体性活动会明显促进人们的行为效率。其后，奥尔波特（Floyd Henry Allport）进行了一系列关于社会助长的研究，发现社会助长作用虽然广泛地存在，但他人在场或与别人一起工作，并不总是带来社会助长作用，而表现为随着工作难度的增加，社会助长作用会逐渐下降，最终会成为社会干扰。为什么会出现社会助长或社会干扰作用呢？弗里德曼（Freedman）等人认为，群体背景唤起了人们的竞争和被评价意识，增加了人们行为的内驱力，这就出现了社会助长作用；而对于那些复杂的思维活动，他人的存在会导致人的精神不集中，所以就出现了社会干扰现象。

2. 社会惰化

社会惰化也称社会惰化作用或社会逍遥，指群体一起完成一件事时，个人所付出的努力比单独完成时偏少的现象。“三个和尚没水喝”的故事就是典型的社会惰化现象。

达谢尔（Dashiell）发现，在活动中参与的人越多，个人的平均贡献就越小。英格拉姆（Ingram）等人的研究也发现，随着共同完成一件事的人数的增加，每个人所付出的努力程度也就相应地下降。

（二）群体极化与群体思维

1. 群体极化

群体极化是指群体成员中原有的某种倾向性得到加强，使一种观点或态度从原来的群体平均水平，加强到具有支配性地位的现象。群体极化假设指出，群体的讨论可以使群体中多数人同意的意见得到加强，使原来同意这一意见的人更相信意见的正确性。这样，原先群体支持的意见，讨论后会变得更为支持；而原先群体反对的意见，在讨论后，反对的程度也更强，最终使群体的意见出现“极端化”。

群体极化是日常生活中普遍存在的一种现象。对大学生的研究表明，不同大学中的亚文化会因为部分特征相同的同学之间的相互作用而显著加强，从而加大学校之间的差距。对群体极化的解释主要有两个方面。① 责任分散。决策是群体做出的，大家都有责任，每个成员的个人责任就相对减少或不明显，从而也减少了因承担决策责任带来的恐惧感。② 社会规范的压力。在群体决策过程中，个体在提出意见时会评估他人对自己的评价，个体希望被群体接受和重视，被迫屈从群体的压力而提出与群体一致的意见，或不提出反对意见。

2. 群体思维

群体思维是指高凝聚力的群体在进行决策时，人们的思维会高度倾向于寻求一致，以至于对其他变通路线的现实性评估受到压制的倾向性思维方式。

群体思维经常会导致决策失误。群体中的从众压力使得该群体难以批判性地评估那些非正常的、不受欢迎的或者少数人提出的观点。群体成员往往热衷于保持一致意见，使不同意见和评论受到压制。耶鲁大学著名心理学家詹尼斯（Irving Janis）对美国各界高层决策失误案例的研究结果将群体思维概括为无懈可击错觉、合理化、对群体道德深信不疑、刻板思维、从众压力、自我压抑、统一错觉、思想警卫八种表现。他认为，群体思维会直接导致决策过程出现缺陷，因此，在决策中，要有效地避免群体思维的不良作用，减少决策失误。

（三）从众与服从

1. 从众

从众是指人们在群体压力的影响下，放弃自己的意见而采取与大多数人一致的行为的心理状态，即在知觉、判断、信仰以及行为上表现出与群体中多数人一致的现象。心理学家分析从众行为的原因，认为从众有两个基本的影响因素：信息压力和规范压力。

在许多情况下，人们是通过他人来获得外部信息的，甚至许多关于自己的信息也来自他人。人们倾向于相信，他人提供的知识和信息是对自己有价值的，尤其是当众多的信息提供者提供的信息是一致的时候，人们甚至会怀疑自己原有的判断是否正确。

一般而言，在一定场合个体是否会有从众行为是受多种因素影响的。影响从众的因素主要有以下三点。① 群体的一致性。群体的一致性是构成群体压力的重要因素之一。② 个体在群体中的地位。通常来说，群体中地位高的人不容易出现从众行为，而地位低的人则容易出现从众行为。③ 个性特征。个体的能力、自信和自尊水平等个性心理特征与从众行为有密切的关系。自我意识水平低、不自信、缺乏自尊的人容易产生从众行为。反之，则不会轻易有从众行为。

视窗 10–2 从众的经典研究

此外，群体的规模、个体的自我卷入水平、文化差异、性别差异等都会成为影响从众行为的因素。

从众具有积极和消极两方面的意义。从积极方面讲，从众对于个人适应社会具有非常重要的意义。任何一个社会，无论从社会功能的执行来说，还是从社会文化的延续角度来说，多数人的观念与行为保持一致都是必要的。只有群体中成员的意见统一，才能够形成一个群体成员所必须遵从的社会规范，使对群体成员的必要的约束得以实现。从个人的角度来说，一个人只有在更多的方面与社会的主导倾向取得一致，他才能适应社会，否则他将为困难所围绕。更何况任何一个人都是有限的，都不可能适应他所遇到的每一种情境，那么在这种情境下采取从众的方式无疑可以使他能在最可靠的程度上迅速适应社会。从消极方面讲，传统中的某些具有消极意义的东西或者社会上的不正之风也会产生社会压力，也会使人们产生从众。这种从众就是消极的，会助长不良传统的巩固和歪风邪气的蔓延。

2. 服从

服从是指个体按照社会要求、群体规范或者别人的意志而做出的行为。服从是人与人之间发生相互影响的基本方式之一。服从有两种情况：一是对权威人物的服从，二是在有组织的群体规范的影响下的服从。

服从和从众在形式上具有相似之处，但是二者又有实质区别。服从主要是指对命令、群体规范或者是权威意志的服从。这种服从可能是出于自愿的，也可能是被迫的。服从在大多数情况下都具有积极的社会意义，有助于维护社会治安，协调人与人之间的关系。从众不是对群体规范的服从，而是对社会舆论、群体的气氛压力的随从，即“随大流”，从众往往具有负面影响。

三、大学生的群体心理——班集体心理

上述群体心理现象反映了日常生活中群体成员共同具有的典型的心理状态和心理倾

向。班集体是大学生的主要群体形式之一，作为该群体的成员又会有怎样的群体心理现象呢？下面我们来详细了解一下大学生的班集体心理。

（一）班集体的心理特征

班集体是一种正式群体，在班集体形成和发展过程中教师与学生、学生与学生交互作用而形成的心理状态、心理特点、心理倾向，统称为班集体心理。班集体通常具有同质性、独立性、平等性等主要心理特征。

（二）班集体的社会心理

1. 班集体的共同目标

一个良好的班集体总有明确的社会目标，而且班集体的目标也应是班集体成员的目标。但有时班集体目标与班集体成员的目标不一定完全一致，两者之间的关系有三种类型：① 班集体成员的个人目标是不一致的。② 班集体成员的个人目标是一致的，但与班集体的目标不一致，甚至相反。③ 班集体成员的个人目标与班集体目标保持一致。

在这三种类型中，第三种关系是一个良好的、坚强的班集体必须具备的重要条件之一。班集体成员有了一致的目标，全体成员十分自觉地努力学习和工作，班集体的活动也由于人人参与而搞得很出色，这样良好和坚强的班集体在追求一致目标的同时，也非常重视并鼓励个人不断为达到目标所做的努力和取得的进步。而越是有成效的班集体，其成员的进步也就越大，成员学习与工作的自觉性也就越高，班集体也就越团结。

2. 班集体的规范和舆论

班集体形成以后，为了保障其目标的实现和班集体活动的一致性，就需要有一定的行为准则来统一成员的信念、价值观和行为，这种带有约束性的准则就叫作班集体规范。班集体规范实际上也就是每个成员必须遵守的已确立的思想、评价和行为的标准。一个班集体有了这个标准，学生就明白应该做什么、不应该做什么，它起着团结班集体、统一认知、行为定向、调节学生活动和关系的作用。

舆论是班集体中大多数人对某种普遍关注的社会事件公开表达的一致意见，它与一定的社会或班集体规范相联系，并且是班集体规范的一种表现形式，它是影响人的心理的重要手段，它给人提出应遵从的规范并能加强对人的制约。同时个人还可以在舆论中接受教育，因为班集体的成员既是舆论的主体，也是客体。正确的舆论可以增强成员的正确态度和指出行为的正确方向，能够团结成员、鼓励成员，防止和制止不道德、不健康的言行的发生。一个被舆论指责的成员会产生相当大的心理压力，这种压力有可能迫使他产生与他人一致的行为。

大学教师应经常研究学校和班集体的舆论并经常给大学生以正确的指导，态度要鲜明，分析问题要有根有据，实事求是，以理服人。

3. 班集体的心理气氛

班集体的心理气氛是指在班集体内占优势的认识态度和情感的综合表现，它往往为班集体的生活涂上一层特有的色彩。心理气氛可能是和谐、愉快、团结、合作的气氛，也可能是相互猜忌、互不信任、懈怠、吵闹的气氛。班集体的心理气氛是在班集体长期的共同活动中逐步形成的，它影响着班集体中每个学生的心理和行为，对班风也有重要影响。要形成良好的班集体心理气氛必须具备如下几个条件：① 目标的整合，即班集体的目标与成员的目标统一起来，保持一致；② 个性倾向的一致，即在理想、动机、信念、兴趣、爱好等方面的基本一致、互相支持；③ 心理相容，即班集体中成员与成员之间和谐相处、互相尊重、互相信任、互相支持。

4. 班集体凝聚力

班集体凝聚力就是班集体对成员及成员对成员的吸引力。班集体凝聚力强意味着班集体成员有认同感，他们以自己的班集体而自豪，对班集体十分忠诚。在学校，一个良好的班集体的学生会为实现共同的目标而努力奋斗，他们步调一致，相互配合，相互支持，齐心协力，这样就能增进班集体成员间的友好交往，加强团结，提高学习效率，保证班集体目标的顺利实现。而一个缺乏凝聚力的班集体，其成员间互不信任，意见分歧，士气涣散，纪律松弛，离心离德，班集体成为一盘散沙。班集体凝聚力的大小是班集体发展水平的重要标志。如果一个班集体失去了凝聚力，那么这个班集体也就会随之瓦解。

（1）影响班集体凝聚力的因素

影响班集体凝聚力的因素有很多，主要有以下几个方面。

① 学生的相似性。即学生在民族、态度、价值观、兴趣、爱好、年龄、性格、任务等方面的相似性。

② 师生关系。在班集体中，如果教师关心学生，帮助他们解决困难，满足学生的正当要求，同时领导有方，处理问题公平合理，并能做出正确的决定使全班的目标得以实现，那么教师就会赢得学生的爱戴，全班就会形成很高的士气，从而增强全班的凝聚力。如果教师专横武断，不关心学生，领导不当，其结果就会使班集体凝聚力降低。

③ 外界的压力和威胁。当班集体处于外界的压力或遇到外来威胁时，会使班集体成员紧密地结合在一起以抵抗外力，班集体凝聚力会提高。

④ 班集体内部的奖励方式。班集体内部奖励方式有两种：个人奖励和班集体奖励。研究发现，个人奖励和班集体奖励相互结合有利于班集体凝聚力的增强。

⑤ 班集体的规模。班集体规模为 50 人以下较容易凝聚。

（2）班集体凝聚力的培养

班集体凝聚力的培养可从以下几个方面着手。

① 创造良好的学习、生活环境。一个学风积极向上、课内外生活愉快的学习、生活环境容易形成融洽和谐的社会心理气氛，增强班集体的凝聚力。

② 开展丰富多彩的活动。适时地开展一些丰富多彩的有益的班集体活动，可以充实同学们的业余生活。同学们可以在班集体活动中增加了解，扩大人际交往，建立友谊，充分感受到班集体的温暖。

③ 发挥学生干部的作用。一个班集体的领导班子的思想品质、工作能力和工作作风对班集体的凝聚力有重要的影响。

第二节　社 会 认 知

本节通过介绍社会认知的基本内容，人际交往中常见的心理效应，以期帮助学习者了解群体成员人际交往的主要影响因素。

一、社会认知概述

（一）社会认知的概念

社会认知是个体在与他人的交往中，观察、了解他人（包括自己）并形成判断的一种社会心理活动。

（二）社会认知的过程

在生活中，两个素不相识的人一见面，就互相注意到对方的相貌、仪表、服饰、体态、表情、举止等而形成初步印象，并在这个基础上推测、判断和评价对方属于哪一类人，在人格上有什么特点，行为的动机是什么，等等，因此社会认知过程的最初阶段是对人的知觉，在此基础上形成社会印象，并进行认知判断和行为归因。

（三）社会认知的基本内容

社会认知的基本内容包括对他人外部特征的认知、对他人人格的认知、对人际关系的认知、对社会角色的认知等。

1. 对他人外部特征的认知

对他人外部特征的认知又包括对他人仪表的认知和对他人表情的认知。

仪表是由人的多种外部特征构成的，是人的具体形象。在社会认知中，对方的高矮、胖瘦、相貌、风度、服饰等这些特征，绝不仅仅是一些单纯的物理信息。一方面，认知者会根据自己的有关知识经验赋予仪表一定的社会意义，把它们看作认识他人人格特征等的有价值的信息；另一方面，被认知者往往也会有意识地借助仪表向他人表现自己独特的人格特点。可见，仪表传递着许多社会信息，尽管这些信息并不总是准确的，但它确实能对人的社会认知产生影响。

人的表情是反映其内在情绪情感状态的一种客观指标，“愁眉苦脸”“眉开眼笑”“竖眉瞪眼”“咬牙切齿”等成语所描述的表情就分别表达了哀、乐、怒、恨等情绪状态，而人的情绪状态又可以大体上反映出其心理活动的基本状态。所以我们往往根据对他人表情的认知来推测判断其情绪情感及至整个心理状态。

2. 对他人人格的认知

个体的人格无论从心理结构看还是从表现模式看都异常复杂。在非测验的情境中，我们短时间内很难比较全面准确地了解一个人的人格。但在交往中，人们又总是期望着更多更快地了解他人的人格特点，以便能够确定或调整自己的行为策略。这时，人们就会利用自己所能够收集到的有限信息来推测他人的人格。

3. 对人际关系的认知

对人际关系的认知，包括自己与他人的关系、他人与他人的关系两个方面。在人际交往中，我们用什么样的态度和行为对待他人，用什么样的方式对他人表达自己的想法和愿望，并不完全取决于他人的意愿、喜好等，而在很大程度上受人际关系的制约。因此，在人际交往中，对人际关系的认知显得异常重要。友好的自他关系，有利于相互沟通，相互理解，形成良性的人际互动。

由于每个人都是处在一个特定的人际关系网络之中，自己与他人的关系常常与第三方的关系交织在一起，相互影响，相互制约。在人际交往中他人与他人的关系也是我们行动时必须考虑的因素。成语“投鼠忌器”反映的就是人在处理互相牵制的人际关系时的矛盾心态，也说明了在人际交往中对他人与他人关系认知的重要性。

4. 对社会角色的认知

对社会角色的认知包括个体对自己与他人所扮演的社会角色的期望、获得、扮演、冲突等要素的认知。社会角色理论将社会中的成员比喻为剧中的角色，舞台演员的表演需按照剧本的规定来行动。一个社会是由许多具有不同身份和地位的成员所组成的，当一个人享受某一地位的权利与履行相应的义务时，他就在扮演一个特定的社会角色。当个体能清楚地认识到自己的社会角色时，他将按照符合社会角色规定的方式做出相应的社会行为；反之，当个体的社会角色期望和现实产生冲突时，其可能会经历社会适应困难等一系列问题。此外，个体对其他社会成员的社会角色认知也会影响其社会行为，比如，在崇拜权力的文化中，个体往往会对拥有较高社会地位的人展现出更多的顺从行为。

二、社会认知中的心理效应

在社会认知中，某些因素的存在会对社会认知的结果产生较为显著的影响，我们常常将这种特殊因素产生的有规律性的影响叫作社会认知效应，下文将介绍几种在社会认知中比较常见的心理效应。

（一）首因效应

人们通常所说的印象，实际上是指第一印象或称最初印象。在总体印象形成上，从第一印象所获得的最初信息比后来获得的信息影响更大，这种现象就是首因效应。首因效应一旦建立起来，它对于后来获得的信息的理解和组织有着强烈的定向作用。由于人具有保持认知平衡与情感平衡的心理作用，人们倾向于使后来获得信息的意义与已经建立起来的观念保持一致，为此，人们对于后来获得的信息的理解，常常是根据第一印象来完成的。比如，一位教师第一次课讲得十分成功，在学生头脑中留下了强有力的第一印象之后，即使这位教师有些课讲得不够好，学生也会认为这不是能力问题，而是由某些客观原因造成的；相反，如果第一次课讲得很差，给学生留下了一个很不称职的第一印象，那么以后即使他的课讲得很好，学生也会认为只不过是碰巧而已，甚至还会在实际很好的课堂表现中挑出很多不足。

研究发现，提醒人们注意新的信息，警告人们注意不要固守不成熟的印象，或者是让人们在每次获得新信息时，都重新考虑审核原有印象，等等，都可以有效地防止首因效应带来的不良影响，消除由它造成的评判误差。

（二）近因效应

在总的印象形成上，新近获得的信息比过去获得的信息影响更大，或者新近获得的信息在人际认知和总体印象的形成中产生强烈印象的现象，就是近因效应。

在印象形成中既存在首因效应，又存在近因效应，那么如何解释这看似矛盾的现象呢？一般认为，在关于某人的两种信息连续出现时，首因效应起作用；在关于某人的两种信息断续出现时，近因效应起作用，而且信息之间的时间间隔越长，近因效应就越明显。也有学者认为，陌生人之间交往时，首因效应强烈；熟人之间交往，近因效应突出。

（三）晕轮效应

晕轮效应又称光环效应，是指对方身上突出的优点或缺点会让我们认定他一定还具有同类其他的优点或缺点，而导致一种“一好百好”或“一坏百坏”的心理效应。比如，我们总会把人物的外貌和其品行相挂钩，总觉得长得好看的人性格一定也不会差，人品也一定很不错。在实际生活中，因为外貌而引起的联想范围非常广泛。

（四）负性效应

负性效应是指在同等情况下，关于对方的负面信息比正面信息更容易引起我们的注意，对我们对对方所形成的印象影响更显著。尤其是品行方面的缺点或过失，其负性效应更加明显，品行上的污点会给人带来持久的消极影响。

（五）刻板印象

社会认知的一个重要特点就是对信息进行类别化，将信息分门别类地处理。刻板印象就是类别化的产物。它指人们对某一类事物和人所具有的一种比较概括而固定的看法。

由于长期生活在同一社会环境和自然环境中的人，在种族、民族、国籍、年龄、性别、学历、职业、宗教信仰等方面具有相同特性，因而心理和行为方面总会表现出一些共同性和相似性，这些相同或相似的特性被概括地反映到人际认知中，就形成了各种刻板印象。

刻板印象在一定程度上反映了某一类人、某个社会群体成员心理和行为特点，具有一定的合理性和真实性，因此，它有助于人们简化认知过程，使人们有可能在获得少量信息时就对他人进行认知判断，形成印象和做出行为预测。但是刻板印象的负面效应也是明显的，因为它往往是在信息不充分、不全面的情况下形成的，难免“以偏概全”，准确性不高；同时，它忽视了同一类人或同一群人中人与人之间的差异，导致过度概括的错误。

对他人形成合适的印象和评价，以及让他人对自己形成合适的印象和评价，是社会生活中人人都会面对的问题。社会认知效应的存在，一方面能让我们对他人快速做出大致明确的判断，另一方面也容易让我们对对方或让对方对我们的印象中夹杂很多主观臆断的内容。我们在运用社会认知效应来维护自己在别人心中的良好印象或促进彼此之间的人际交往时，也需要避免社会认知效应可能带来的不够客观、不够准确的消极影响。

第三节　大学生的人际关系

本节从人际关系的概念、发展以及人际吸引的角度，勾画出大学生人际关系的主要知识框架，为后面学习大学生的人际沟通与人际交往提供相关的知识基础。

一、人际关系的概念

人际关系就是人们在相互接触和交往的过程中，彼此间相互影响所形成的一种心理上的联系，它体现了人与人之间心理上的距离，反映了人们寻求社会需要满足的心理状态。

人际关系是由多种心理成分构成的。其基本成分有认知成分、情感成分和行为成分。认知成分是基础性成分，任何人际关系都基于对交往对象的认识。情感成分是特征性成分，是根据对对象的认知而产生的肯定或否定的心理体验，即好感或恶感，等等，正是情感体验的这种倾向使人际关系有良好与不良及其程度的区别。行为成分是人际关系的呈示性成分，它是心理行为意向的直接外现。而意向是以认知、情感两种成分相互作用的结果为基础的，认知、情感两种成分也就经由意向而呈现于行为之中，正是经由行为成分而实际地联系交往双方，显示其关系的良好与否。

人际关系的变化和发展取决于交往双方社会需要的满足程度。如果双方在相互交往过程中能够满足各自的需要，相互之间便产生吸引的心理关系，保持接近的心理距离，建立某种良好的人际关系。相反，交往双方的需要不能在交往中获得满足，彼此之间就会发生排斥，拉大心理距离，甚至中止双方的关系。

人际关系的好坏会引起不同的情感体验。关系越亲密，相互间的心理距离越近，双方就越会感到心情舒畅，情感融洽。当交往双方发生矛盾和冲突，心理距离拉大，关系疏远或敌对时，彼此都会产生不愉快的情绪体验，心理抑郁，情绪波动，严重的可能影响身心健康，导致心理失常。

二、人际关系的发展

人际关系从建立到发展是一个动态的变化过程，它使交往双方经历了从无关到关系密切的一系列不同程度的相互关联状态。[①] 当两个人彼此没有意识到对方的存在的时候，双方关系处于零接触的状态。如果一方开始注意到对方，或双方彼此产生了相互注意，则人与人之间的相互作用就已经开始，一方开始形成对另一方的初步印象，或彼此都获得了对于对方的印象。

（一）人际关系的建立与发展阶段

心理学家莱温格和斯诺克（Levinger & Snoek）提出的人际关系发展模式对人际关系建立过程中经历的各个阶段及其条件做了精细的描述（见表 10–1）。

表 10–1 莱温格和斯诺克的人际关系发展模式

阶段	条件
零接触	物理近距性
单向—双向注意	社会和个人背景的接近
表面接触性	体态吸引
轻度卷入	态度的相似性
中度卷入	需要互补性
深度卷入	自我表露

（二）人际关系发展中的自我表露

在人际关系的建立和发展过程中，主动与对方分享私密信息与感受的过程被称为自我表露，其在推动关系向更亲密的阶段发展中发挥着重要作用。

按照鲁宾（Ruben）等人的自我分层理论，我们心中关于自己的信息可以由低到高分为四个层级，即兴趣爱好、态度、人际关系与自我概念、隐私。我们在人际关系中发展的

① 张卫，刘学兰，许思安，等. 心理学［M］. 北京：高等教育出版社，2019：208–209.

不同阶段，向对方暴露的是不同层级的自我信息。[①] 一般而言，主动提高自我表露的深度，并收到相应的自我表露回应是推进人际关系发展的有效手段，因此自我表露也常常被视为一种建立和发展人际关系的有效策略。

然而，自我表露并不总能带来人际关系发展中的受益，有时还会伴随着一定的风险，比如对方对表露方表露的信息不感兴趣，从而导致表露方被冷落；对方由于得知了相关信息而引发对表露方的抵触；担心对方会利用表露方所表露的隐私而要挟表露方，或是把表露方的隐私擅自拿出去到处宣扬。

以不同程度的自我表露为划分依据，人际关系可分为以下几个阶段。

1. 定向阶段

这一阶段包含着对交往对象的注意、选择和初步沟通等多方面的心理活动。注意，这是自发的选择，反映着某种需要倾向。选择谁作为交往对象，并与之保持良好的人际关系，需要经过自觉的选择过程。人们往往只选择那些在价值等方面对自己有意义的人作为交往的对象。初步沟通是在选定一定的交往对象之后，试图与这一对象建立某种联系的实际行动。对于社会主动型的人来说，就会表现为主动与已经选定的交往对象打招呼，并与之攀谈。

2. 情感探索阶段

这一阶段的目的是探索双方在哪些方面可以建立真实的情感联系。随着双方交往的深入，双方的沟通也会越来越广泛。在这一阶段，人们的话题仍然是避免别人的私密性领域，自我暴露也不涉及自己的根本方面。

3. 感情交流阶段

双方的人际关系安全感已经确立，谈话开始广泛涉及自我的许多方面，并有较深入的情感卷入。

4. 稳定交往阶段

交往双方的心理相容性进一步增加，自我表露更广泛深刻，已经可以允许对方进入自己高度私密性领域，分享自己生活的空间。

（三）人际关系的维护

1. 避免争论

争论往往会演化成直接的人身攻击，对于人际关系是非常有害的。解决观点不一致的最好的途径是讨论、协商，而不是争论。

2. 不要直接批评、责怪和抱怨别人

任何自作聪明的批评都会招致别人的厌烦，缺乏移情的责怪和抱怨则更是有损于人际

---

① 拉森，巴斯. 人格心理学：人性的科学探索（第 2 版）[M]. 郭永玉，等译. 北京：人民邮电出版社，2011：433-435.

关系的发展。善意的批评是对别人行为很有必要的一种反馈方式。不会招致别人厌烦的批评方式应做到：批评从称赞和诚挚感谢入手；批评首先应提到自己的错误；用暗示的方式提醒他人注意自己的错误；领导者应以启发而不是命令来提醒别人的错误；给别人保留面子。

3. 勇于承认自己的错误

承认错误会给自己带来巨大的轻松感。承认自己的错误，等于变相地承认别人，使对方显示出超乎寻常的容忍性，从而维持人际关系的稳定。

（四）人际关系的破裂

尽管人们总会尽可能地维护已经建立起来的人际关系，但难免会出现因为各种因素而导致其终结的局面。当人际关系在维持的过程中发生了变化，双方或一方对关系感到不满而未能成功地进行协调时，人际关系就会逐渐走向破裂。一般而言，人际关系的破裂会经历分歧、收敛、冷漠、逃避、终止五个阶段。

1. 分歧

双方在人际关系稳定期会在观念、情感、行为甚至利益上达成一种共同感。关系出现问题的第一步是这种共同感遭遇裂痕，产生分歧。在分歧阶段，双方通常会做一些积极的努力，增加沟通，甚至使用辩论、争吵这样的紧张的沟通方式，以期解决分歧，重新获得共同感。

2. 收敛

当分歧阶段的沟通无效时，双方会暂时回避分歧点上的讨论，感受到观望的心痛，情感卷入会逐渐减弱。

3. 冷漠

彼此对关系的修复期待降低，开始接受关系可能会破裂的现实，也不再做更多的积极努力，双方的直接沟通和交流将降至最低。一般地，关系中的一方若不愿意失去这种关系，那么在冷漠阶段结束之前做出积极的调整也许能及时挽回对方。一旦进入逃避阶段，挽回的余地就比较小了。

4. 逃避

双方在情感中的分离性成分越来越多，尽量回避与对方的共处。在此阶段，双方容易发生相互误解、敌视甚至伤害。

5. 终止

人际关系彻底结束，情感彻底破裂，彻底失去心理共同感。

对于大学生而言，重要的人际关系破裂（如和情侣情感破裂）会给当事人带来适应的压力。维护和珍惜已经建立起来的良好的人际关系，当面临人际关系可能破裂的困境时保持理智、冷静、平和、从冲突中成长的心态，对双方的心理健康都会有好处，若最终这段人际关系不得不终结，也要避免极端的行为反应。

三、人际吸引

在生活中，有人走到哪里都受到欢迎，有人却在社交中四处碰壁。下面就来看看人与人结成良好情感联系的程度和影响因素。

（一）人际吸引的概念

人际吸引是指人与人之间建立起积极的情感关系，从而彼此喜欢、悦纳和亲密。人际吸引是人际关系的积极形式。每个人具备的人际吸引的能力不尽相同，有人走到哪里都受人欢迎，这种能够引发对方积极情感、愿意亲近的能力，叫作人际吸引力，也叫人际魅力。

（二）人际吸引的强度

人际吸引的强度从低到高，可以表现为亲和、喜欢和爱情。

1. 亲和

亲和是一种最单纯的与人亲近、感受到周围有人存在或陪伴的状态。亲和关系中并不需求彼此必须具有浓厚的好感，其感情色彩较淡，更多的是一种相互陪伴的习惯性需求。一般而言，亲和是进一步建立亲密关系的基础，只要对方不讨厌，彼此能够共处和陪伴，即可视为已形成一种亲和的关系。在大学生的人际关系中，氛围较好的同班同学、关系相对融洽的室友都属于此种人际吸引强度。

2. 喜欢

喜欢是中等强度的人际吸引形式，也是人际吸引最常见的形式。除非特别说明，通常所谓的人际吸引都是指喜欢。当人们之间不仅仅满足于对方在场作陪，而是需要得到彼此的重视、喜爱、关注、欣赏、帮助，喜欢的程度变化幅度较大，可以是一些好感，或者是生死之交。大学生人际关系中的朋友关系、兄弟之情、姐妹之情等都属于此种程度的人际吸引。

3. 爱情

爱情是人际吸引最强烈的形式。广义的爱情是指各种人际关系达到高度的情感共鸣、深刻的相互理解和持续的彼此热爱。狭义的爱情专指异性之间的强烈的互相吸引。

（三）影响人际吸引的要素

1. 接近性

空间上的接近即邻近，它是使人与人之间彼此熟悉、加深了解的一个客观外在条件，尤其是在交往的早期阶段更是如此。因为空间上的邻近使相互接触的机会更多，相互之间更容易熟悉对方、喜欢对方。

当然，并不是所有的邻近都会导致喜欢。如果人们一开始接触时就有敌对情绪，那么邻近便不是产生喜欢的条件。此外，邻近是否导致相互喜欢还有赖于邻近对象本身的性质。如果与我们邻近的人确实不具有肯定的品质，这时邻近会增加不喜欢程度。与此同时，这一因素随着时间的推移，其发挥的作用将越来越小，尤其是当双方关系紧张时，空间距离越接近，人际反应越消极。

2. 相似性

在人际交往的过程中，交往双方若能意识到彼此的相似性，则容易相互吸引，两者越相似则越能相互吸引。正所谓“物以类聚，人以群分”，人们通常喜欢那些在各方面与自己存在着某种程度相似的人，比如在年龄、教育水平、经济收入、籍贯、职业、社会地位、社会价值、资历、文化、宗教乃至身体特征等方面相似的人们容易相互吸引。

3. 互补性

当交往双方的需要以及对双方的期望正好成为互补性关系时，就会产生强烈的吸引力。其实互补之所以引起喜欢也是一种报答作用，人们可以从这种相互报答中建立起感情的桥梁。由此就决定了互补对喜欢的作用也是有条件的，即双方能否相互报答。

4. 仪表

仪表是影响人们从表面对别人进行感知判断的一个很重要的条件。一个人的长相、穿着、仪表和风度，往往是构成人际吸引力的重要因素，尤其是在交际之初。 容貌越美，越惹人喜欢；面部造型越符合美学原理，就越富有吸引力。然而，随着人际交往的不断深入，容貌的作用会不断减弱，人们更注重道德品质方面的特征，假如一个人道德品质低下，人们或许会更加厌恶其漂亮的外貌。特别是当恶劣行为与其外貌相关时，这种情况更加明显。

5. 能力与才能

一个人的能力大小与使他人喜欢自己程度的高低有密切关系。一般来说，才能出众的人容易受到人们的喜欢，但并不是一个人能力越高，越完善，就越受到欢迎。

6. 个性的仰慕性

个体的能力、性格、品德等个性特征是构成人际吸引的重要因素，它容易使人产生仰慕、钦佩之感，愿意和他接近。奥尔波特通过研究发现，人际吸引力最重要的成分是内在属性，如涵养、幽默、礼貌等个性特征；其次是躯体特点，如体魄、服装、仪表等；第三是个人表现出来的特殊行为，如新奇和令人喜欢的动作；第四是个人的角色地位。

第四节　大学生的人际沟通和人际交往

人际关系的建立和维护，人际关系问题的解决是通过人际沟通来实现的，而良好的人际交往是健康人际关系的重要体现。大学生的人际沟通与人际交往有什么特点，存在哪些人际沟通的策略，常见的人际交往问题有哪些，又该如何解决？本节详细探讨大学生人际沟通和人际交往的相关问题，以期帮助学习者了解大学生人际沟通和人际交往的现状及常见问题，并初步掌握解决这些问题的对策。

一、大学生的人际沟通

（一）人际沟通的概念

人际沟通是指用户之间交换信息、交流感情和沟通思想的过程，是人际交往中最重要的活动之一，也是组织社会活动、实现社会分工与合作的必要条件。从心理学的角度而言，人际沟通是建立、调整和维系人际关系的有效工具，在沟通中获得的信息、情感和社会资源为个体的身心发展提供了必要的条件和支持，同时，人际沟通还是人们获得自我概念的重要途径。

巴克尔（Barker）从信息传播的角度对人际沟通进行了描述，其过程主要由七个要素组成：信息源、信息、通道、信息接收者、反馈、障碍和背景，这些要素相互间的关系如图 10-1 所示。

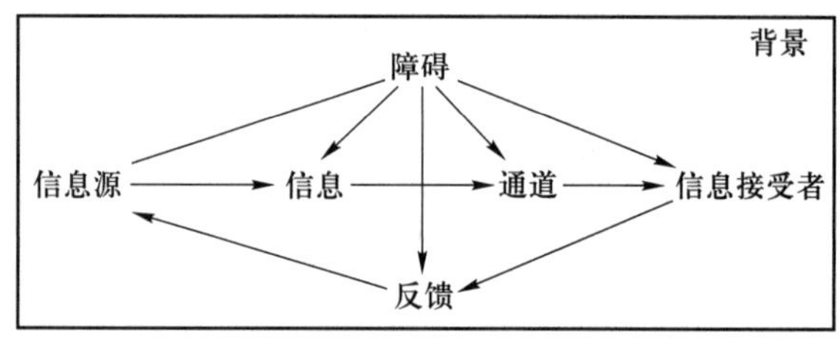

图 10-1　沟通的过程与结构要素

（二）人际沟通的工具

选择合适的沟通工具能有效提高沟通的效果，减少沟通的障碍。人际沟通的工具主要分为语言符号系统和非语言符号系统。

1. 语言符号系统

语言符号系统包括口头语言和书面语言。与非语言符号系统相比，语言符号系统的精细度更高，意思更明确，受意识控制更高。

（1）口头语言

口头语言是日常生活中和工作中常用的沟通工具，也是大学生人际沟通的主要工具。口语沟通对对话情境的依赖性较强，其本身具有简洁、方便、快捷、易于回应，反馈充分及时等特点。但对于一些不擅长与人沟通，甚至存在社交焦虑的大学生而言，使用口头语言进行人际沟通反而是一个相对低效的沟通方式。

（2）书面语言

书面语言的特点是丰富、周详、易于传递和保存。因此传递重要信息的文件、协议、通知等都会使用书面语言。相比口头语言，书面语言更能提供规范、完整、准确的信息。当代大学生使用书面语言进行沟通的场景一般包括在班级群发放通知，向用人单位或有意向升学的学校投放个人简历等，主要通过即时通信平台，如微信、QQ，或延时通信工具，如电子邮件来进行信息的传递。

2. 非语言符号系统

非语言符号系统泛指除语言符号系统之外的所有沟通工具，大致可以分为以下三种：一是无声动态，如面部表情；二是无声静态，如身体姿势与动作等；三是辅助语言和类语言，如语气的变化等。

（1）面部表情

根据埃克曼（Paul Ekman）的研究，“高兴、悲伤、恐惧、惊奇、厌恶、愤怒、轻蔑”是七种具有跨文化属性的情绪，可直接通过观察面部表情来进行判断①，如眼睛是表达恐惧的关键部位，嘴部对表达高兴比较重要，眼睛、嘴巴在表达轻蔑时发挥主要作用，鼻和嘴对表达厌恶更为重要。学会观察这些表情的变化，可以帮助大学生有效了解对方的实时情绪状态，有助于人际沟通的顺利进行。

（2）身体姿势与动作

身体姿势与动作远在语言还未形成前就在沟通中扮演着重要的角色。有些身体姿势在特定文化中有固定的含义。比如，在多数文化中，点头表示同意，摇头表示不同意。身体触摸的动作，如握手、拥抱、亲吻等，在正式的公众场合经常被作为一种人际交往礼仪而被使用，使用时需要遵守特定的规范，如果越界则会招致误解，不利于人际沟通。而在非正式场合，这些动作主要适用于亲密关系中，并非所有人都适合。身体姿势能直接反映一个人的精神面貌、心态和气质。因此，良好的坐姿和站姿，在社交场合不仅是一种必要的礼仪，也是内在素养的自然流露。

（3）辅助语言和类语言

辅助语言是指与语言同时使用的语调、语速、转折、停顿等。类语言是指一些没有固定含义，根据当时语境而表达不同信息和情感的声音，比如呻吟、咳嗽、呼喊、哭泣等。尽管它们不是语言，但是在人际交往中也发挥着不小的作用。

视窗 10–3 互联网上的人际沟通

（三）人际沟通的一般策略

1. 态度真诚

真诚地对待与他人的每一次相处，建立人际交往的安全与信任的情感平台。真诚既包括对交往保持诚恳的态度，耐心聆听和理解对方，也包括向对方做适宜而真实的自我表

① 格里格，津巴多. 心理学与生活：第 19 版［M］. 王垒，等译. 北京：人民邮电出版社，2014：384–385.

露、不做虚伪回应等。

2. 正面回应

沟通需要双方共同参与才能保持适宜的互动节奏。及时且正向的回应能有效保持互动的顺畅，避免因回应不及时或使用消极回应方式带来的冲突和误解。

3. 表达准确

表达准确且充分能提高互相理解的效率，避免反复确认的冗余沟通和指示不清带来的理解偏差。

4. 言行适宜

很多非语言沟通工具，比如触摸行为、身体姿势等是带有文化或社会规范性的，使用不当不仅容易引起误会，而且会影响个人的社交形象，对以后的交往形成障碍。

5. 关照场合

沟通背景是理解对方的重要参照体系。不同的情境会对同一种言行赋予不同的意图或印象。兼顾情境包括兼顾自己的言行是否符合场合、身份、关系的要求，以及自己的言行是否对其他在场者产生不良影响等。

6. 避免争吵

争吵是一种有风险的紧张性沟通方式，处理不当时对人际关系和人际交往的破坏力比较大，应尽量避免。

良好的人际沟通是建立和稳定人际关系的重要手段，是人际交往的重要影响因素，下面我们来具体了解一下大学生的人际交往。

二、大学生的人际交往

（一）人际交往概念

人际交往包括两个方面的含义：从动态的角度说，它是指人与人之间的信息沟通和物质交换。人与人之间一切直接或间接的相互作用，都超不出信息沟通和物质交换的范围。信息沟通是人与人之间交往的重要形式，是一个人与他人建立联系，并通过这种联系丰富和扩展自身的主要途径。从静态的角度说，人际交往是指人与人之间通过动态的相互作用形成起来的情感联系，亦即通常所说的人际关系。它是人与人之间相对稳定的情感纽带。

人是有意识、有情感的动物。无论是什么样的人，只要彼此之间有直接的交往，都会导致一定的、性质不同的人际关系产生。正因为如此，人际关系或人与人之间的情感联系，是人与人之间最普遍性的联系，它对于人的生活与发展有着根本的影响。

（二）影响人际交往的因素

人们都希望自己成为受欢迎的人，能够顺利地进行人际沟通和人际交往。自心理学诞生以来，许多心理学家对影响人际交往的因素进行了卓有成效的研究。美国社会心理学家奥尔波特首先对一群素不相识的陌生人的首次聚会进行了人际吸引的相关研究，其后又有很多心理学家对此问题进行了大量的探索。心理学家通过研究发现，人际吸引受很多因素的影响。

1. 情境因素

人际交往都是在一定的情境中进行的，因此它自然会受到情境因素的影响。影响人际交往的情境因素主要包括人际交往的空间距离、交往频率等方面。

（1）空间距离

在生活中我们可以观察到，如果其他一切条件不变，个体间的空间距离越接近，交往的频率可能就越高，也就越容易建立良好的人际关系。比如，研究发现，地理位置的邻近性，易于促进人际交往。因为离得越近，交往的机会就越多，就越容易成为朋友。同时，由于经常接触，互相了解、容易预测他人的行为，从而能做出适宜的反应，会促进交往双方的友好关系。因此，在大学生中，“同桌的你”易于成为好朋友。当然，邻近性并不保证人们一定会变得相互喜欢。

人际空间是指交往双方面对面交往时所保持的客观距离，它直接反映交往双方的亲疏程度和接纳水平。根据距离的大小，可分为亲密距离、亲近距离、社交距离和公众距离。亲密距离约为 15～50 cm，具有排他性；亲近距离约为 50～125cm，其距离适合于握手交谈；社交距离约为 125～350cm，在社交场合中的招聘面谈、学术论文答辩等适宜保持这种距离；公众距离约为 350～750cm 以上，正式场合中的演讲、法律程序中的审判等，就属于这种距离。另外，如果交往是积极的，接近性与喜爱程度的增加相关；如果交往是消极的，接近会导致交往另一方的否定感。

（2）交往频率

交往频率增多，易于形成共同的经验。如学生班干部易与班主任老师、科代表易与某科教师形成亲密的师生关系。当然，也有因交往频率增多，使相互间吸引力下降的情况。

交往频率越高，相互之间就越熟悉。心理学研究发现，熟悉能够引起喜欢。心理学家扎荣茨（Zajonc）曾进行过一系列研究，发现熟悉的本身就可以增加一个人对某种对象的喜欢。他以无意义音节和中文字（对西方不懂中文的人而言，中文是无意义的）为研究素材，以词汇出现的次数为自变量。有些词只出现一两次，让被试对这些词感到生疏；而对另一些词由呈现若干次，最多可达 25 次，然后要求被试猜这些无意义音节的含义。结果表明，被试对呈现次数多而变得熟悉的词更有好感，倾向于赋予这些词以褒义。他以人的照片为研究素材所做的研究，也得出了同样的结果。一个人的照片被呈现的次数越多，被试对其越熟悉，他们越倾向于喜欢照片上的人。

2. 个人特质因素

每个人都有区别于他人的特质，不仅有外表的、直接观察到的容貌，也有内在的心理品质。

（1）外表和容貌

人际交往以前，往往是根据交往者的外貌特征获得第一印象，从而会影响以后交往的深入与发展。

研究表明：人们的外貌越吸引人，就越为他人所喜爱，尤其在初次交往时这种现象更明显。在前已述的晕轮效应中介绍的戴恩的实验表明了人们在社会交往中受他人的外貌的影响。心理学家兰迪（Randi）进行的研究也证明了这一点。他让男性被试评价有关电视影响社会的短文。[①] 被试被告知，短文的作者都是女性。论文的客观质量有好坏两种。实验分为有魅力组、无魅力组和控制组：有魅力组被试接到的短文附有作者照片，照片是一个公认有魅力的女性；无魅力组被试接到的短文附有作者照片，照片是一个公认无魅力的女性；控制组所读的短文没有附照片。实验要求被试对短文进行打分和评价。结果如表 10–2。

表 10–2　作者魅力与被评价质量

短文的客观质量	作者的外表吸引力			总计
	有魅力	控制组	无魅力	
好	6.7	6.6	5.9	6.4
不好	5.2	4.7	2.7	4.2
总计	6.0	5.5	4.3	

注：表中指数表明短文被认为的质量水平（指数越大，短文被认为的质量水平就越好）。

（2）才华和能力

才华和能力出众的人，易于使他人产生钦佩感，并愿意与他接近。同时，心理学家阿伦森（Aronson）等人的研究表明：一个才华卓著、有能力的人，如果表现出一点过错，或暴露一些个人的弱点，反而会使普通人更喜欢接近他。这一现象被称为“犯错误效应”。

（3）人格特征

人格特征属于心灵美的有机组成部分，在交往中，外在美对他人的吸引是短暂的，而心灵美则是经久不衰的。一般来说，男性吸引人的个性品质有勇敢、冒险、创造、坚韧不拔、不屈不挠、宽宏大量、襟怀坦荡、不拘小节、理智、正直、忠诚、有思想、思维灵活、事业心强、期望水平高等；而女性吸引人的个性品质是温柔、体贴、善解人意、富有同情心、为人随和、情操高尚、有正义感、待人真诚、信赖、开朗活泼、可靠等。

安德森（Anderson）曾将描绘个性品质的形容词列成表格，让大学生被试按照喜欢程度排成序列，结果显示了大学生最喜欢、最不喜欢和介于两者之间的主要个性品质（见表 10–3）。

① 迈尔斯. 社会心理学：第 11 版［M］. 侯玉波，等译. 北京：人民邮电出版社，2016：332–335.

表 10–3　个性品质受到喜欢的程度

高度喜爱的品质	中性品质	高度厌恶的品质
真诚	固执	古怪
诚实	刻板	不友好
忠诚	谨慎	饶舌
真实	追求完美	自私
可信	易激动	狭隘
聪慧	文静	粗鲁
可依赖	好冲动	自负
有头脑	好斗	贪婪
体贴	腼腆	不真诚
可靠	不明朗	不善良
热情	易动情	不可信
善良	羞怯	恶毒
友好	天真	令人讨厌
不快乐	好动	真实
不自私	空想	不诚实
幽默	追求物欲	冷酷
负责	反叛	邪恶
开朗	孤独	装假
信任别人	依赖别人	说谎

3. 相似与互补

一方面，相似性能够使人们产生吸引力，从而影响人际交往。这种相似性既有客观上的相似，也有主观上、心理上的相似。共同的态度、信仰、价值观和兴趣，共同的语言、种族、国籍、出生地，共同的民族、文化、宗教背景，共同的教育水平、年龄、职业、社会阶层，乃至共同的身体特征，如身高、体重等，都能在一定条件下，不同程度地增加人们的相互吸引。

另一方面，人们之间的相异也影响人际交往。研究表明，当交往双方的需要和满足途径正好成为互补关系时，双方之间的喜爱程度也会增加。交往双方在交往过程中，获得相互满足的心理状态，称为互补性。生活中我们会看到：一个有支配性格的人易与被动型的人相处，而比较独断的人和优柔寡断的人会成为好朋友。这是由于双方的需求或个性能互补，即“取长补短”的缘故，因而交往双方就能形成强烈的吸引力。有时，恋爱关系的建立，也存在互补性。

（三）大学生人际交往的现状和特点

大学时期是大学生心理趋于成熟的时期，在这一阶段，大学生特别需要来自他人的理解、关心，想要通过与他人的交往来缓解心理压力。大学生人际交往的特点主要体现在以下几个方面。

1. 通信科技的发展使大学生的人际交往多样化

现如今，大众传媒已在全国普及，大学生普遍使用QQ、微博和微信等聊天工具互相联系，这使大学生的人际交往方式多样化、范围扩大化，人际关系 呈现多样化。相较于以前传统的交往方式，这种新型人际交往方式有利有弊。一方面，它丰富了大学生的课余生活，满足了大学生的娱乐需求，使大学生之间的交流更为方便迅捷，极大地实现了资源共享；另一方面，网络上复杂的社会环境促使大学生成长，使其心理防御机制提升，自我保护意识增强，导致同学之间产生隔阂。

信息传递的多样性也使得大学生兴趣广泛、情感丰富、精力充沛、思想活跃，对各种自然的、社会的现象都会产生注意，信息内容的拓展，使得他们交往的内容变得非常丰富。除了专业知识之外，交往的内容广泛涉及文学、艺术、政治、经济、文化、历史、民俗等方面。

2. 大学生人际交往意愿的迫切性、交往观念的自主性以及动机的功利化

大学生大多都是第一次离开家庭，离开父母，脱离了自己熟悉的环境，更需要广交朋友，拓展自己的人际交往空间以适应相对陌生的环境。与此同时，大学也是他们迈入社会的准备场所，大学阶段的人际交往能使大学生开拓视野，促进他们的心理成熟，并为他们将来步入社会奠定坚实的基础。因此，大学生表现出较为迫切的交往愿望。

大学生的主体意识迅速增强，独立意识、自主精神也明显加强。因此，他们不仅理性地思考、判断、处理自身的问题，也关心社会，批判地接受知识，批判地看待其他事物，有着强烈的体现个性的见解和疑问。同时，在人际交往上他们不想过分依赖父母，依赖家庭，依赖老师，有着强烈的成人感，无论是在交往方式、交往内容还是在交往对象的选择上，都具有明显的自主性。

许多大学生在建立与发展人际关系时偏向于选择对自己有利的交往对象，借以提升自己的能力，为今后的发展打下基础。对很多大学生而言，交往对象仅分为两类：有用的和无用的，这样的分类标准便是以功利主义为指导思想，而在当今的大学里，这种现象已不少见。

3. 大学生对人际交往的自我调适能力呈下降趋势

对于初入大学的学生而言，大学的生活环境无疑是陌生的，随着身心的发育，他们的自我意识和独立意识逐渐增强。一方面对社会有各种强烈的需求，极力地想表现出自己的力量。另一方面，他们对社会的复杂性缺乏认识，对自身行为的合理性与可能性了解得还不够深刻，加之世界观、人生观、价值观尚未稳定地建立。因此，他们的愿望与现实有时

可能一致，有时可能遇到冲突。因而伴随着愿望的实现和落空，情绪也会随之浮动。这种不平衡，往往会导致人际交往的自我调适能力下降。另外长期使用在线通信工具维持社交，忽略线下人际关系的建立和维护，可能导致大学生与其所处的校园环境产生“距离感”，缺乏了面对面交往时生动的面部表情、动作表情等，致使大学生对社交技巧渐渐生疏。因此，一些大学生在遭遇突发情况或尴尬场面时会被动触发“失语症”。同时，过度沉迷于网络交往，会导致大学生不乐于参与集体活动，与周围的同学交往平淡，社会归属感降低，甚至会使大学生产生孤独感与抑郁感。

（四）大学生人际交往的常见问题与对策

1. 常见的人际交往问题及其原因

人际关系和人际交往是个复杂系统，尽管我们都希望能够与他人愉快地相处，但在人际交往的过程中遇到问题和冲突也并不罕见，了解并掌握人际交往中常见的问题以及应对办法，能帮助大学生建立更加友善和健康的人际关系，促进其身心的健康发展。

（1）常见的人际关系问题

交往需求是个体最基本的需求之一，人际交往能力则是不断发展的，在其过程中，人际交往需求和人际交往能力之间可能存在阶段性的脱节，如果调整不及时则会成为人际交往问题。常见的人际交往问题主要有人际敏感、社交恐惧、人际孤独、人际冲突等。

① 人际敏感。人际敏感的人往往担心或怀疑别人对自己不够友好而对他人的言行过度敏感和在意，经常以消极的方式理解对方的意图，并不断寻找“证据”证明别人的“不友好”就是事实。由于过度敏感，又刻意与别人保持距离，人际敏感的人常常缺少知心朋友。人际敏感的主要行为特征有过度自我封闭，拘束多礼，多疑，爱钻牛角尖，自尊心极强，过度在意别人对自己的评价。父母溺爱过度或教养过严、人际竞争加剧、有被欺负或虐待的经历等容易导致人际敏感。

② 社交恐惧。社交恐惧的人在与人交往时会感受到极度的紧张，生怕自己在别人面前失态出丑，极度恐惧别人对自己的言行举止给予负性评价，甚至因此而害怕见人，见到陌生人面红耳赤，无法正常交流和表达。社交恐惧的具体情境不尽相同，有些只是对异性交往感到恐惧，有些是害怕目光接触，有些是逃避亲密情感关系，也有极端严重的人，除了家里亲人外谁都不愿意接触，处于极度封闭的状态。

③ 人际孤独。人际孤独的人常常是由于受到他人的孤立或排挤，人际信任感降低而将自己封闭起来，并感受到极端的孤独。他们可能是被别人孤立而导致自我封闭，也可能是自己主动将自己封闭起来。严重的人际孤独者完全无法进行正常的人际交往和社会生活。

④ 人际冲突。人际冲突是交往中产生的意见分歧、争吵、对抗等紧张性的关系状态。这是一类常见而且范围广泛的人际问题。轻微的人际冲突可能只是小的口角，严重的人际冲突可能是身体冲撞、暴力攻击。

（2）常见的人际交往问题的主要原因

引起人际交往问题的原因是多方面的，包括认知因素、情感因素、沟通因素、人格因素和不理想的社交经历等。

① 认知因素。人际交往方面的认知偏差主要体现在不合理的社交观念和社会认知偏差或偏见的影响。不合理的社交观念包括："必须专制"观念，比如我把我的秘密都告诉你了，所以你也必须把你的秘密告诉我；"糟糕至极"观念，比如我居然在那么多人面前摔了跤，以后肯定会一直被人当笑话看；"过度概括化"观念，比如连这点小事都做不好，我还真是没用。社会认知偏差或偏见也是导致交往问题的常见原因之一，比如，由于刻板印象而形成的盲目的个人优越感、自卑感，对特定群体的歧视以及对来自该群体的个体先入为主的厌恶感等。

② 情感因素。情感因素在人际关系和人际交往中起决定性作用。在人际交往中，无论是亲情、友谊，还是爱情，都可能在一定时间内出现较不稳定、不成熟、多变、冲动、错位的情况，这些波折可能导致人际交往双方在情绪情感上出现一些波动，如果双方无法及时调整情绪，任由消极情绪发酵，会导致严重的人际交往问题。

③ 沟通因素。人际交往对象间的沟通不畅是导致人际交往问题的主要诱因。良好的人际沟通需要双方的配合，发展同理心。因此，增强换位思考的意识和能力，可以为有效、健康的沟通提供积极心态上的准备。

④ 人格因素。个体间的人格差异也是导致人际交往问题的原因之一，即因为不同人格类型而产生的不同的行为习惯会不一致，在没有良好的沟通、协商的情况下，这种行为上的不一致最终可能导致人际交往问题。

⑤ 不理想的社交经历。一方面，个人经历中特殊的、伤害性的社交经历会为人际交往埋下隐患。另一方面，没有得到及时有效处理的人际冲突事件，也会加深个体的消极心理，从而导致更严重的人际交往问题的发生。

2. 大学生人际交往问题的调适

（1）大学生交往自卑及调适

大学生人际交往的敏感性，比较突出的就是人际交往中表现出的自卑感，其原因主要是认知原因和情感原因，即不合理的自我认知、消极的自我暗示，以及早年的消极经历所累积的负面情绪等。此外，生理方面的缺陷也是导致大学生人际交往自卑感的主要原因。[①]

首先，大学生在交往过程中要客观地进行自我分析。不仅要看到自己的短处，也要如实地看待自己的长处。其次要进行积极的自我暗示，自我鼓励。自我暗示是来自内心的一种自我刺激过程。积极的自我暗示是指，即使自己处于不利地位，也要鼓励自己，增强自信，而不要先考虑失败了怎么办，同时还要建立符合自身条件的抱负水平。自卑者应当随

① 胡潇，王敏．当代大学生人际关系障碍的文化成因［J］．高教探索，2000（2）：52-54.

时根据已有的经验对自己的理想目标做适度的调整，以增加自我成功感，从而增强自信。在正确自我暗示的基础上，大学生可尝试积极与他人进行沟通，主动向他人展示自己的优势，获得更多积极的人际交往体验，进一步巩固积极的自我认知。

（2）大学生交往恐惧及调适

大学生交往恐惧心理形成的原因来自不理想的社交经历，其中可以是直接的个人经验，或者是间接的影响，如看到别人或听到别人在某种交往情境中遭受挫折，或受到难堪的讥笑、拒绝，自己就会感到痛苦、害怕、羞耻，并且会不自觉地据此来预测自己将会在特定社交场合遭受同样令人难堪的对待，于是紧张不安，焦虑恐惧。这种情绪状态的泛化，导致了交往恐怖症。

大学生交往恐惧心理的调适策略主要集中在认知层面的调整，正确对待社交过程中出现的问题，避免不合理认知对社交问题的夸大，比如在和人交流的过程中，没有留意对方的情绪变化，导致沟通不畅，在不合理认知的影响下，个体会将这种结果上升到对其自身能力乃至人格的否定，从而对社交产生逃避情绪，形成交往恐惧。正确的处理方式应该是针对社交结果进行总结，及时与交流对象沟通，解除误会，对于不顺利的社交结果进行外部归因，即将其归因为客观因素，对顺利有效的交往结果进行内部归因，即将其归因为自己的社交能力。提高因社交而产生的积极情绪体验。此外，学习一些适合自己的社交技巧，也能在一定程度上帮助大学生更好地获得社交的积极体验。

（3）大学生交往孤独及调适

大学生交往孤独心理形成的原因可以概括为以下三个方面。一是性格因素。有的学生性格内向，只注意自己的小天地，虽然内心体验深刻，但不善于与人交流；有的性情孤僻或孤傲，这样就阻碍了正常的交往。二是因过于自尊而孤独。大学生最为重要的心理成果就是发现了自己的内心世界，发现了自我与其他同学之间的心理差异，产生了与同学交往的强烈愿望。但由于过于自尊和缺乏交际知识，又不肯轻易向别人敞开心扉，于是忧心忡忡，闷闷不乐，心中充满了对友谊的渴望而又不去行动，孤独感随之而来。三是环境因素。如果一个人长期生活在缺乏理解与友爱的环境中，处在长期压抑之下而没有凝聚力的群体之中，往往会感到孤独。有的大学生进入校园后，很难适应变化了的环境，对校园中的一切感到陌生和不习惯，迟迟进入不了角色，也很难体验到归属感，其结果便是郁郁寡欢，沉默孤独。

大学生人际交往孤独心理的调适方法主要有以下三点。首先，要把自己融于集体之中。任何一个同学都处在一定的环境之中，如果拒绝把自己融于集体之中，孤独就会随之而来。我们既要保持灵魂独舞的疆域，也要与环境有所趋同，如果常常以冷漠甚至厌恶的眼神看待其他同学，陷于自视清高而不能自拔，集体也会对他进行排斥，这样就会影响个人发展。其次，要积极参与社交活动。要敢于冲破自我封闭的樊笼，越过心灵的障碍，通过广泛的交流寻觅知音，当真正感到与同学心理相容并为人所接受时，就会看到柳暗花明的新天地，享受到正常的人际交往的欢乐与幸福。最后，要修正不良的性格，培养高尚的情趣，消除人际交往的障碍。

【复习思考题】

1. 请用本章的相关内容谈一下部分大学生盲目跟风考研的问题。
2. 如何克服晕轮效应对人际关系的影响？
3. 请列举大学生比较常见的人际关系及其特点。
4. 影响人际交往的个人因素主要包括什么？
5. 大学生人际交往问题的应对策略主要有哪些？

【推荐阅读】

1. 艾里希·弗洛姆. 爱的艺术［M］. 刘福堂，译. 上海：上海译文出版社，2019.

2. 格里格，津巴多. 心理学与生活：第 19 版［M］. 王垒，等译. 北京：人民邮电出版社，2014.

3. 周宗奎，等. 网络心理学［M］. 上海：华东师范大学出版社，2017.

4. 迈尔斯. 社会心理学：第 11 版［M］. 侯玉波，等译. 北京：人民邮电出版社，2016.

第十一章　心理健康与健全人格

知者不惑，仁者不忧，勇者不惧。

——《论语》

大学生由于其身心发展阶段的特点，很容易出现心理适应不良甚至心理疾病；同时，他们身处的社会、家庭和校园环境也日趋复杂，来自学习、就业、经济、情感等方面的压力越来越大，由此产生的心理问题、心理危机日益突出。对大学生进行心理健康教育，使其了解心理健康的一般常识、青年阶段的心理特点及其发展规律，正确认识自己和社会，加强心理的自我修养和自我教育，对他们形成正确的自我观和人生观、培养健全的人格都将起到积极的作用。

第一节　大学生心理健康概述

《中国国民心理健康发展报告（2019—2020）》指出，我国青少年的心理问题日益突出，高等学校加强大学生的心理健康教育迫在眉睫。本节着重分析心理健康的含义及标准，为后续内容奠定坚实基础。

一、心理健康的含义

关于健康，1989年世界卫生组织曾将21世纪人类健康定义为：不仅仅是免于疾病，而且包括躯体健康、心理健康、社会适应良好和道德健康四个方面。

视窗11-1　中国青少年心理健康现状

关于心理健康，目前学界尚没有一个公认的概念界定。英国《简明不列颠百科全书》将之解释为个体心理在自身及环境条件许可范围内所能达到的最佳机能状态。美国普林斯顿大学的WordNet网络词典将之解释为个体对情绪和行为的调节机能处于满意水平的一种心理状态。

具体来说，心理健康至少应包括两层含义：一是认知、情绪和行为等三大心理机能的正常发挥，没有心理疾病；二是拥有一种良好的适应与发展的状态，预防一切不健康的心理倾向，使心理处于最佳的发展状态。

二、心理健康的特点

（一）心理健康的状态具有相对性

人的心理健康具有相对性，与人们所处的时代、环境、年龄、文化背景等方面的因素有关，不能仅仅以一种行为甚至一种偶然的行为来判断他人或自己的心理是否健康。

（二）心理健康的状态具有连续性

“心理健康”与“不健康”不是泾渭分明的对立面，而是一种连续或交叉的状态。良好的心理健康状态到严重的心理疾病之间是一个渐进的连续体，异常心理与正常心理、变态心理与常态心理之间没有绝对的界限，只是程度的差异。

（三）心理健康的状态具有可逆性

如果我们不注意心理保健，经常出现不良的心理状态，那么心理健康水平就会下降，甚至出现心理变态，患上心理疾病；反过来，如果心理有了困扰或出现失衡，应学会及时自我调整和寻求专业帮助，帮助自己解除烦恼，恢复愉快的心情。

（四）心理健康的状态具有动态性

心理健康的状态不是固定不变的，而是一个动态发展的过程。心理健康的水平会随着个人的成长、经验的积累、环境的改变，以及自我保健意识的发展而发展、变化。

三、大学生心理健康的一般标准

由于人的心理状态是连续的，在健康与不健康之间没有鲜明的界限，因此，判断人的心理健康与否的标准只能是相对的。根据心理学家马斯洛和米特尔曼（Mittelman）等人对理想人格和正常人健康标准的研究，结合我国大学生的心理特征和特定的社会角色，判定大学生心理健康的标准可以分为以下几个方面。

（一）智力正常

智力正常有两方面的含义：一方面指个人的智力处于中等水平，能正常进行工作、学习和生活；另一方面指人能进行正常的智力活动。从心理健康角度看，智力正常主要是指后一方面，即能进行正常的智力活动。一般来说，大学生的智力都属于正常范畴，其中不少人的智力还属于超常范畴。因此，判断大学生智力正常与否，主要是看其能否进行正常、充分的智力活动。大学生正常、充分的智力活动主要表现为：有比较旺盛的求知欲和学习兴趣，学习成绩良好，智力结构中各要素在其认识活动中能够协调参与并正常发挥作用。

（二）情绪状态良好

良好的情绪状态表现为：平和乐观，大多数时候能够保持沉稳、平静的心境；情绪反应与环境协调一致，能面对现实和接受现实；有较强的挫折容忍力，能够自主控制情绪。

（三）意志坚强

具有坚强意志的大学生在行动的自觉性、果断性和顽强性等方面都有较高水平。他们不畏艰难，能用切实有效的方法解决所遇到的各种困难和问题。他们敢于面对挫折，在挫折面前不灰心失望，能够很快从挫折困境中摆脱出来，恢复正常心态。

（四）自我意识正确

自我意识正确与否反映在两方面：一是自我意识是否与自身的实际情况相符；二是自我意识是否与他人对自己的评价相符。如果和自身实际情况以及他人的评价大体相应，则为正确的自我意识。一般来说，大学生对自我的认识都比较接近现实，具有“自知之明”。

但由于大学生自我意识正处于趋向成熟的发展时期，理想自我和现实自我之间还存在着较大矛盾，因此容易过高或过低认识、评价自己，使自我意识出现失误和偏差。如果这种失误和偏差不能被及时矫正，发展下去就可能导致心理疾病。

（五）人际关系和谐

心理健康的大学生能够恰当地表达自己、展现能力，能够融入集体并在集体中感到快乐、安全。在人际交往过程中，能够认同他人的价值和作用，尊重和关心他人，具有同理心，能够建立友善和谐的人际关系，能够建立和享受亲密关系。

（六）人格完整

人格即人的整体精神面貌，人格完整是指个体具有统一的人格或健全的人格，即构成人格的能力、气质、性格、理想、人生观等各要素平衡发展，协调一致。人格完整的人，能够把自己的需要、愿望、目标和行为统一起来。如果一个人的欲望与理想冲突、需求与良知抵触、思想与行为矛盾，而其自我意识又无法使之统一，就会导致人格分裂或人格不完整，造成心理疾病。

（七）适应环境

心理健康的大学生能够客观认识和评价现实社会环境和事物，并同社会环境保持良好的接触；对环境及其变动倾向、对环境向自己提出的要求有适当的了解，并且使自己的意念、行为与之相适应。他们敢于应对学习、工作和生活的困难和挑战，能够妥善处理各方面的问题。

（八）心理和行为特征与年龄特征相符合

人的心理和行为特征与年龄特征应该同步发展。当人成长到一定年龄的时候，其心理和行为特征应当与年龄特征相符合，这是心理健康的标志之一。反之，心理和行为特征与年龄特征差距过大，则为心理异常的表现。

以上是判断大学生心理健康的主要参考标准。如前所述，心理健康与否并没有明显界限，而是一个连续化的过程。因此，我们应该注意以上标准的相对性和发展性，切不可生搬硬套。

第二节　大学生自我意识与自我教育

自我意识是心理结构的一部分，是作为主体的人对自己存在的认识和把握以及对自身及其与外部世界关系的意识，它是个体意识发展的最高阶段，是人格的自我调控系统。

自我意识水平不仅是个体发展水平的重要标志，而且将影响和制约个体的人生选择和行为取向。

大学阶段是自我意识发展的关键时期，大学生自我意识的发展将影响其道德判断与人格的形成，也影响着他们人生观、价值观的确立。本书第二章已经对自我意识的概念、大学生自我意识的特点等内容进行了介绍，此处将重点介绍大学生自我意识的发展过程和自我教育等有关内容。

一、大学生自我意识的发展过程

如果说婴幼儿时期是自我意识的发生阶段，中小学时期是自我意识进一步发展的时期，那么大学时期就是自我意识迅速发展并趋向成熟的阶段。大学生的自我意识有继承性，又有新特点。一般来说，大学生自我意识的发展要经历一个明显分化、冲突、统一和转化与稳定的过程。

（一）大学生自我意识的分化

由于意识转向以自己本身的心理活动为对象，原来在儿童、青少年时期统一不可分割的自我意识一分为二：一是理想自我，根据主观的自我和主观感受的社会现实所希望自己未来成为什么样的人而达成的自我状态，理想自我处于观察者的地位，也就是主体我；二是现实自我，指当前实际所达到的自我状态，即我现在是个怎样的人，现实自我处于被观察者的地位，是理想自我所要观察的对象，也就是客体我。由于自我意识的明显分化，大学生主动、迅速地对自己的内心世界和行为具有了新的意识，开始意识到自己那些从来没有注意到的我的许多方面和细节。在这一时期，大学生自我沉思、自我分析、自我反省的时间明显增多，由对自我新的认识、体验和控制而带来的种种激动、焦虑、喜悦与不安也显著增加，对自己应该怎样做、能怎样做、不应该怎样做等问题开始认真思考。

此时，如果个体的理想自我（主体我）和现实自我（客体我）能保持大致的平衡，个体的真正能力、性格、欲望能如实地表现出来，个体便能以自己的本来面目出现在别人面前，既不用掩饰自己的努力，也不怕暴露自己的缺点，从而有利于发挥自己的实际能力，促进个体的健康发展。但也常常会出现理想自我和现实自我的失衡。现实自我占优势的个体往往表现出较强的虚荣心和自我陶醉，特别在乎他人的评价，期望时时处处得到他人的赞赏。他们担心暴露自己的缺点，常常炫耀自己的知识，追新猎奇，哗众取宠，以换取他人的赞赏。理想自我占优势的大学生，往往将客体我萎缩到实际能力以下，总认为自己时时处处不如人。他们往往自卑感较强，常为自己某方面的欠缺而担忧，甚至放弃应有的努力，形成自我怜悯或伤感的心理状态。

总而言之，自我意识的分化促进了大学生思维、行为和主体性的形成，从而为客观评价自己和他人、合理调节自身言行奠定了基础。这是自我意识开始走向成熟的标志。

（二）大学生自我意识的冲突

由于自我意识的分化，主体我与客体我、理想自我和现实自我的矛盾冲突也开始加剧。

1. 自我意识增强与精神无所归依的冲突

大学生正处于青春晚期和青年早期的交叉时期。青年期是人在生理上和心理上都快速发展的时期，注意力开始从外部世界转向内心世界。加上生活环境的变化，接受知识信息量的增加，交往圈子的扩大，以及思维能力的发展，他们的自我意识迅速增强。虽然如此，也有很多大学生的自我意识尚未完全成熟，他们对价值的判断和选择还缺乏稳定而统一的标准。有不少大学生欣赏个人主义的价值观而陷入自我中心的人生困境。同时，由于缺乏丰富的人生阅历和深邃的理性思考，面对纷纭复杂的社会现象和各种矛盾挫折，大学生常常感到困惑茫然，产生一种失落的自我体验和内心感受。一方面是发现自我，自我意识增强；另一方面却是常常找不到自我的归宿，精神无所归依。

2. 理想与现实的冲突

这是大学生自我意识发展中最突出、最集中的矛盾。大学生对未来充满信心，富有理想。他们积极进行自我设计，以适应已经发生的或即将发生的一切。美好的愿望成了激励大学生前进的巨大动力，造就了他们热情、乐观、向往真理的素质。然而，大学生一般是从家门到校门，很少接触社会实际。因此在思考人生和社会问题时容易浪漫化、抽象化和理想化。一旦现实与其理想不符便产生对现实的不满，或者偏颇过激，或者悲观厌世。这种不满、矛盾是青年特征的反映。它虽然会给大学生带来苦恼，但正是这种苦恼能激发大学生奋发进取的积极性。如果理想与现实迟迟不能趋近统一，则会导致一些心理上的问题。

3. 求知欲与鉴别能力的冲突

大学生对自然科学、社会科学具有浓厚兴趣，他们迫切希望用人类宝贵的文化遗产来武装自己。他们不满足于课堂上或书本上的知识，而喜欢思考现实中的问题，试图依靠自己的力量去揭开自然和社会中那些尚未被人发现的谜。这种自主意识和开拓创新意识是大学生身上的宝贵品质。但同时，因缺乏足够的比较能力和鉴别能力，部分大学生也容易固执己见，忽略思维的自主性只是获得真理的一个环节，以致沉溺于时髦的观点、理论或事物却排斥上课。这些学生反对旧的崇拜主义，却又不由自主地陷入了新的崇拜主义。他们崇尚理性，又困惑于理性，导致理性的失误。

4. 交往需要与自我闭锁的冲突

大学生迫切需要友谊，渴望理解、归属和爱。他们有强烈的交往需要，希望能向知心朋友倾诉对人生和生活的看法，盼望能有人分担痛苦，分享欢乐。随着自我认识的加深，少儿时期天真直率的性情逐渐被成熟、稳重、多虑所替代，因而把自己封闭起来，以致产生一种莫名的孤独感。闭锁性是青年人渴求交往但需要不能得到满足时产生的一种自我保护现象。在现实中，人际交往越缺乏的大学生，这种闭锁性就越严重。

5. 独立意识与依附心理的冲突

大学生的独立意识迅速发展，他们希望能在思想、生活、学习、经济等各个方面独立，摆脱父母与教师的管教和束缚。一方面，由于在经济上几乎完全依赖父母，大学生尽管渴望独立，事实上却又不能完全独立；另一方面，由于缺乏社会经验和能力，当面临不熟悉的问题或情景时，常常会感到无从把握，希望得到具体的指导，加上长期养成的依赖习惯，容易出现独立意识与依附心理的矛盾。同时，大学生还会出现追求上进与自我消沉的冲突、强烈的性意识与社会规范的矛盾等。

（三）大学生自我意识的统一

自我意识的矛盾冲突常给大学生带来不安甚至痛苦，于是他们总是力求摆脱这种不安与痛苦，力图使自我意识统一起来。这种分化后的再统一可分为两种类型。

1. 积极的自我意识的统一

积极的自我意识的统一是大学生形成正确的自我观念，使主观我与客观我相统一，形成对自己的正确态度，自觉主动地去改变自我的不足之处，使现实自我逐步完善，与正确的理想自我趋于一致，与社会前进的要求同步。在这里，自我意识是积极向上的统一，是社会发展的要求与自觉一致的统一，是小我与社会大我的统一。一方面，他们不断考察理想自我的正确性，去掉那些不切实际的或错误的内容，增添新的、积极的因素，使之趋于丰富；另一方面，他们又不断加强对现实自我的观察、分析与评价，将其与理想自我进行对比，坚持正确的理想自我，努力改善现实自我，使两者达到积极的统一。

2. 消极的自我意识的统一

消极的自我意识的统一是大学生采取强调客观原因或原谅自己的办法去解除自我意识的矛盾而求得统一。这类学生的理想自我标准不高，只求不做违反社会公众利益的事，当意识到对自己的希望高于自己的现实情况时，便会产生自我意识矛盾。他们往往采取“我本来就不行，是你们的期望值太高”等自我安慰的办法，以求得以解脱。倘若外界再次向他提出要求时，便会产生自我意识矛盾的痛苦。他们也试图作某些变化，而一旦失败或是未能达到预期效果，就只好再次进行虚假的自我统一来告一段落。如此反复，自我意识总是处于软弱无力的状态。

消极的自我统一还有一种表现，就是以错误理想为依据，在理想自我与现实自我不一致时，力图以改变现实自我来迎合错误的理想自我，以求得自我意识的统一。如极少数学生违反法律、校纪校规和不遵守社会公德，明明犯了错误却还心安理得，除了法制观念、纪律观念淡薄以外，其中重要的原因之一就是由于他们的自我意识是统一的，并不感到矛盾，当然也就没有那种心灵受到撞击的震撼与不安了。对于这一类学生的教育，必须首先打破他们消极的自我意识统一的平衡状态，使之重新处于一种自我意识的矛盾状态，这样才有可能促使他们的思想发生转变。

（四）大学生自我意识的转化与稳定

通过自我意识的统一，大学生的自我意识发生了重大变化，无论是积极的还是消极的，都会使原有的自我意识产生一次大转化。积极的统一使自我意识进一步向健康的方面转化、发展，而消极的统一则导向反面。青年中、晚期是理想自我与现实自我矛盾最多的时期，也是走向统一、转化的关键时期。一般来说，一年级大学生具有一定的依赖性和盲目性；到二三年级时，理想的成分较多，往往容易想入非非；但到三年级以后就显得沉着稳定。这说明，大学生自我意识正处在这个矛盾、统一、转化并日趋稳定的阶段。因此，教师应牢牢把握大学生自我意识发展的各个重要环节，充分认识大学生自我意识发展的规律性，促使大学生的自我意识沿着正确健康的方向发展。

二、大学生的自我教育

大学生的教育主要包括他育和自我教育两种形式。其中，他育是自我教育形成和发展的基础，反过来自我教育又促进大学生自觉接受他育。实现自我教育是他育的根本目的。因此，大学生的自我教育在高校学生思想政治工作中有着重要价值，发挥着不可替代的作用。自我教育是指个体（群体）根据社会规范和自身发展的需要，在自我意识的基础上，把自身作为发展对象，通过自我认识、自我体验、自我控制而影响其身心发展的社会活动。一般而言，大学生的自我教育有以下要求。

（一）全面认识自我

全面认识自我是大学生形成正确自我意识的基础。自我是认识的主体，又是认识的客体，要使认识具有全面性、正确性，就要凭借各种正确的参考系。一是要不断地丰富自己对自然、社会、他人的认识，并在此基础上进一步认识自我；二是正确开展同学间的互评，教师给予具体而有个性的正确评价，帮助大学生通过理性分析他人对自己的评价来深化自我认识；三是通过合理地与他人比较来扬长避短、取长补短，达到自我认识和自我发展的目的；四是引导大学生确立恰当的抱负水平，并通过自我纵向比较来肯定自我、发展自我；五是通过自我反思和自我批评来认识自我，在自我剖析和自我批评中更深刻地认识自我。

（二）积极悦纳自我

悦纳自我，就是对自我的本来面目抱认可、肯定的态度。是否悦纳自我是能否发展健康的自我体验的关键和核心。它涉及一个人是以积极的态度认可自我、形成自尊，还是以消极的态度拒绝自我、形成自卑。自尊者对自我充满信心，乐于接受对自我的教育和要求，从而有利于促进正确自我意识的形成；自卑者片面夸大自身的缺点、短处，对自己持悲观态度，甚至否认自我存在的价值，从而会极大地阻碍正确自我意识的形成。

培养大学生积极悦纳自我的态度。首先，要引导他们积极地评价自己，这是促使他们产生自尊感、克服自卑感的关键。教师应引导大学生明确每一个人都有自己的优点和缺点、长处和短处，要客观地分析短处，扬长避短，要注意提高自己的内在修养，在学问上狠下功夫，培养内在的心灵美。其次，要教育大学生正确对待挫折和失败。教育大学生有勇气面对挫折，认真总结经验教训，树立不达目的决不罢休的信心。根据大学生自我体验的发展特点，教师在教育过程中应注意保护大学生的自尊感，即使在批评甚至处罚大学生时，也要尊重他们的人格，不能熄灭任何一点自尊的火花。

（三）努力完善自我

自我完善是个体在认识自我、悦纳自我的基础上，自觉规划行为目标，主动调节自身行为，积极改造自己的个性，使个性全面发展以适应社会要求的过程。自我完善是个体自我教育最重要的方式，它实际上是一个合理确立理想自我、努力提高现实自我的过程，也就是一个主动改变现实自我以达到理想自我的过程。

要帮助大学生不断进行自我完善，可以从几个方面着手。一是引导大学生确立正确的理想自我，在不断了解社会和认识社会发展的规律的基础上，为理想自我的确立寻找合适的社会坐标。同时，教师应向大学生提供有价值的榜样，以促进其自我意识的发展。二是帮助大学生不断修正现实自我，引导大学生从“小我”走向“大我”，既努力发展自我，亦不固守自我，在为他人和社会服务、为国家和民族作贡献的过程中实现自我价值。

第三节　大学生存在的心理健康问题及影响因素

随着年龄、知识和阅历的增长，与中学生相比，大学生变得相对沉稳、平静、自信、乐观和宽容。在日常的学习、生活中，他们的独立性、自我评价、自我协调能力有了很大的提高，自我体验和自我控制的发展水平已渐趋稳定，身心各方面都已相当成熟，表现出良好的心理素质。但大学生心理发展中还存在着的一些不健康现象，部分大学生存在不良反应和适应障碍，有些还到了比较严重的程度。

一、大学生常见的心理健康问题表现

（一）大学生一般心理问题

1. 学习心理问题

（1）学习无动力

很多大学生进入大学后，失去了“考大学”这个曾经的学习目标，学习没有动机，支

撑学习的精神支柱倾倒。

（2）学习没兴趣

不想上课，不想学习，学习时心猿意马，不可抑制地分心，都表明一些大学生学习注意力已经下降到了比较严重的程度。

2. 环境适应问题

（1）失望无助感

入学前，大学生对大学的期望值一般都较高，入学后大学的实际情况和理想中的差距使一些大学生产生失望无助感，导致对大学环境的不适应。这种不适应在一年级学生中非常普遍。

（2）学习方法不适应

大学的学习方式和要求同中学相比发生了根本性的变化。在这种宽松的以自学为主的学习环境中，许多人茫然不知怎样学习。

（3）自我价值感丧失

在大学，中学时期的尖子生云集，自我价值赖以存在的学习优势的削减或丧失使不少大学生感到压抑和失衡。无助和无寄托的心理阴影使一些学生悲观失望，甚至怀疑自己的价值。

3. 人际关系压力

（1）人际关系广阔，心理却相对闭锁

大学生人际交往的范围扩大了，交往也社会化了。但由于一些学生的心理还停留在中小学人际交往期，面对大学的交往广度心理不适。遇到问题独自苦思冥想，不愿和同学交流。由于沟通不畅，时常感到孤独寂寞。

（2）心理防御意识过强

有些大学生怕别人嘲笑自己，因而尽量封闭自己；怕真诚换不来真诚，不敢与人坦诚相待，处处提防上当受骗。

（3）人际关系扭曲

一方面，大学生对人际交往和人际关系的认知障碍使得大学生违背客观事实，以主观猜想判断他人，不能正确评价他人，扭曲了大学生人际交往的实质；另一方面，以自我为中心的评价标准，即是否符合自身利益成为他们价值判断的标准。这些问题严重影响着大学生正常的人际交往，加剧了大学生的焦虑和不安全感。

4. 性心理异常

大学生处于各种机能旺盛发展的青春期，性生理成熟驱动他们产生探究异性的欲望，渴望与异性交往。但大学生的社会角色又在一定程度上限制了他们性欲望的发展，主客观矛盾使他们极易产生异常性心理。

（1）沉溺于性幻想

变对异性渴望为“画饼充饥”心理，从各种带有较强性意识的甚至色情的读物、影视中寻找间接的性刺激，继而发泄。

（2）恋爱心理异常

不少人把恋爱作为填补空虚的手段，结交异性寻求刺激。不能感受一片空白的寂寞，即使错了也要走下去。

（3）失恋后的异常反应

大学生恋爱，发展快，变化也快；谈恋爱的多，失恋的也多。失恋后许多人学习能力降低，交往兴趣减少，生活失去头绪，自卑、抑郁成为失恋后极为普遍的心理问题。

5. 消费心理压力

随着社会经济的快速发展，高消费现象在大学生中引发了一系列心理问题。高消费以及潜在的攀比心理，使部分大学生产生巨大的心理压力。家庭经济困难大学生、生活节俭型的大学生在高消费现象面前容易产生自卑感。由于消费问题上的从众和攀比心理、炫耀和虚荣心理以及消费欲求的超前性，一些大学生花钱大手大脚，自己也强烈意识到用父母的钱高消费的行为不光彩，高消费后容易产生负罪感。

6. 就业焦虑

部分大学生由于对自身认识不够客观、全面，对市场经济条件下的人才流动、自主择业方式缺乏理解，由此容易产生对就业问题的焦虑感。不能及时就业，会对大学生产生强大的负面心理影响。对未来的失望和无助感常常成为高年级大学生普遍的心理问题。

（二）大学生常见心理障碍

1. 人格障碍

人格障碍是指人格特征上明显偏离正常人格，并与他人和社会相悖的一种持久、牢固的适应不良的情绪和行为反应。一般认为它是在不良先天素质的基础上遭到环境的有害因素影响而形成的。大学生常见的人格障碍如下。

（1）偏执型人格

易产生偏执观念，对自己的能力估计过高，有极强的自尊心。同时又很自卑、好嫉妒，看问题主观片面，常常言过其实，乖僻古怪，失败时常迁怒或归咎于他人。

（2）强迫型人格

常有个人的不安全感和不完善感，因而焦虑、紧张、过分地自我克制和自我关注，事事追求完美。墨守成规、处事拘谨，缺乏应变能力。

（3）冲动型人格

情绪不稳，常因微小的精神刺激而突然爆发强烈的愤怒情绪和冲动行为，且自己不能克制。

2. 神经症

神经症是一种由于精神因素造成的非器质性的心理障碍。神经症一般没有可以查明的器质性病变，但又确实有心理异常表现，甚至可以表现得非常严重。不过当事人对自己的病态有充分的自知力并能主动求医，且生活自理能力、社会适应能力和工作能力基本没有缺损。神经症患者有下面一些共同的表现。

（1）神经衰弱

神经衰弱是大学生中最常见的一种心理疾病，一般开始发生在中学阶段，到大学阶段发病率增加。神经衰弱患者的症状主要有以下特征：感情控制能力降低，易激动、易怒、烦躁不安，容易引起强烈的情绪反应；睡眠障碍，入睡困难、睡眠表浅、多梦、易惊醒或早醒等；精神活动功能下降，注意力涣散、记忆力减退、学习工作效率降低；自主神经功能失调，胸闷、多汗、食欲不良、易疲惫。

（2）强迫症

强迫症是以强迫症状为特征的神经症。所谓强迫症状是指在患者主观上感到有某种不可抗拒的和被迫无奈的观念、情绪、意向或行为的存在。常表现为强迫观念、强迫意向和强迫行为。患强迫症的大学生在性格上常常表现出主观任性、胆小怕事、优柔寡断、过分拘谨、生活刻板、思虑过多等特点。

（3）恐惧症

恐惧症是指对某些事物或特殊情境产生十分强烈的恐惧感，这种恐惧感与引起恐惧的情境通常极不相称，让人难以理解。患者明知自己的害怕不切实际，但不能自我控制。大学生中易发的恐惧症主要有社交恐惧、旷野恐惧、疾病恐惧，此外还有利器恐惧、黑暗恐惧，等等。

（4）疑病症

疑病症是指患者在没有任何证据的情况下确信自己有病，并处于对疾病或失调的持续、强烈的恐惧之中。

3. 性行为变态

这种变态是指与生殖活动没有直接联系，在寻求性满足的对象和方式上与常人不同，且违反社会习俗。性行为变态者对于正常的性生活通常没有要求甚至心怀恐惧，其行为常带有强迫性、反复性，受惩罚后也会感到悔恨，但又难以自控而往往重犯。性行为变态最常见的有异装癖、易性癖、恋物癖、裸露癖、窥视癖、施虐癖等。

4. 精神病

精神病是指人脑机能活动失调、丧失自知力，不能应付正常生活，不能与现实保持恰当接触的严重心理障碍。精神病主要有以下三方面的异常表现。

第一，反映机能受到严重损害，对客观现实的反映是歪曲的，可出现精神失常现象，如幻觉、妄想、思维错乱、行为怪异、情感失常等，因而丧失正常的言语、理智与行为反应。

第二，社会功能有严重损失，不能正常处理人际关系，不能正常参与社会活动，甚至会给公众社会生活造成危害。

第三，不能理解和认识自身的现状，对自己的处境丧失自知力。精神病的种类很多，大学生中常见的主要有情感性精神病、精神分裂症及反应性精神病。

二、影响大学生心理健康的因素

由于人的心理健康是一个具有相对独立性的极为复杂的动态过程，因而制约心理健康的因素也是复杂多样的。从各种制约因素的不同性质来说，主要有生物遗传因素、心理环境因素和社会环境因素三大类；从各种制约因素的不同功能来说，可以分为本体因素与诱发因素两大类。本体因素是一个人心理健康状况发生变化的内在原因，而诱发因素则是产生变化的外在原因。

（一）本体因素

本体因素是个体自身所具有的生物遗传因素和心理活动因素。

1. 生物遗传因素

生物遗传因素主要有遗传因素、病菌或病毒感染、脑外伤或化学中毒，以及躯体疾病或生理机能障碍等。

（1）遗传因素

一个人作为身心兼备的整体，与遗传因素的关系十分密切，特别是一个人的躯体、气质、智力、神经过程的活动特点等，受遗传因素的影响更为明显。

（2）病菌或病毒感染

临床研究证明，中枢神经系统的传染病，如斑疹伤寒、流行性脑炎等，是由于病菌、病毒损害神经组织结构而导致器质性心理障碍或精神失常，它可以阻抑心理的发展，造成智力迟滞或痴呆。

（3）脑外伤或化学中毒

由于种种原因造成的脑震荡、脑挫伤等都可以导致意识障碍、遗忘症、言语障碍、人格改变等心理障碍；有害化学物质侵入人体，毒害中枢神经系统，如酒精中毒、食物中毒等，亦会导致心理障碍或精神失常。

（4）躯体疾病或生理机能障碍

如甲状腺机能紊乱，机能亢进时，往往出现敏感、暴躁、易怒、自制力减弱等心理异常表现；肾上腺素分泌过多会引起躁狂症，而肾上腺素分泌不足则可能导致抑郁症。

2. 心理活动因素

心理活动即心理状态。个体的心理状态一旦形成，就会影响以后的心理发展和变化。心理活动因素主要包括认知因素、情绪因素和个性因素等。

（1）认知因素

每一个体都具有各种认知因素，这些认知因素自身的发展和各认知因素之间的关系可能是协调的，也可能是不协调的。一旦某一认知因素发展不正常或某几种认知因素之间的关系失调，就会产生认知的矛盾和冲突，从而会使人感到紧张、烦躁和焦虑，并且想极力减轻或消除。认知因素之间的失调程度越严重，则人们期望减轻或消除失调、维持平衡的动机也就越强烈。如果这种需要和动机长时间得不到满足，不能实现，则可能产生心理偏差或心理障碍。认知的严重失调，还会损坏人格的完整性和协调性，甚至导致人格变态。

（2）情绪因素

人的情绪体验是多维度、多成分、多层次的。它是一个人机体生存和社会适应的内在动力，是维持身心健康的重要因素。培养良好的正性情绪，排除不良的负性情绪有益于人们的身心健康。

（3）个性因素

研究表明，特殊人格特征往往是导致某些精神疾病特别是神经症的发病基础。例如，谨小慎微、求全求美、优柔寡断、墨守成规、敏感多疑、心胸狭窄、事事后悔、苛求自己等强迫性人格特征，很容易导致强迫性神经症；再如，易受暗示、沉浸于幻想、情绪多变、容易激怒、自我中心、自我表现等特殊人格特征，很容易导致癔症。因此，培养健全的人格是保持身心健康的关键因素之一。

视窗 11–2 随处可见的“郁闷”大学生的情绪困扰

（二）诱发因素

诱发因素是引起心理问题的外在的、客观的因素，主要包括家庭因素、学校因素和社会因素。

1. 家庭因素

大量研究表明，不良家庭环境因素，如，家庭主要成员不全，家庭关系紧张，家庭情感气氛冷漠，家庭教育方式不当，以及家庭变迁、出现意外事件等，都容易造成家庭成员的心理行为异常。

2. 学校因素

学校因素主要有学校教育条件、学习条件、生活条件，以及师生关系、同学关系等。这些条件和关系，如果处理不当，就会影响大学生的身心健康发展。例如，校风学风不振、学习负担过重、教育方法不当、师生情感对立、同学关系不和谐等，都会使大学生心理压抑，神经紧张焦虑，如不及时调适，就会造成心理失调，导致心理障碍。

3. 社会因素

政治、经济、文化教育、社会关系等社会因素，在很大程度上对于个体的生存和发展起着决定作用。随着社会交往的深度和广度的增加，一些社会生活中的不健康思想和行为、一些有待解决的社会矛盾冲突、广泛使用但泥沙俱下的社交媒体，这些都严重影响着大学生的精神世界和身心健康。

总之，上述各因素是相互制约的，对一个人的身心健康往往是综合起作用的。我们在分析大学生的心理失调、心理障碍或心理疾病时，务必充分和全面考虑到这些因素。

第四节　大学生健全人格的培养

大学阶段是大学生走向独立和成熟的时期，也是身心发展变化较大的时期，更是形成正确的人生观、价值观的关键时期。对大学生而言，他们不仅要承受因社会矛盾引起的心理冲突，承受因学习、择业等引起的心理失调，承受因人际关系不良引起的苦恼忧虑，而且要承受因性和恋爱而产生的心理压力。以他们尚未完全成熟的心理状态，去面对复杂的环境变化，其心理发展及人格形成之路必然充满动荡。如何帮助大学生培养健全的人格，是摆在教育者面前不可忽视的重大问题。

一、人格概述

（一）人格及其心理结构

人格是个人在各种交互作用过程中形成的内在动力组织和相应行为模式的统一体。[①]其含义可以归纳为五个方面[②]：① 人格是指一个人的外在行为模式，即个人与环境（尤其是社会环境）的互动方式；② 人格更是指一个人内在的动力组织，包括稳定的动机、习惯性的体验方式和思维方式，以及稳定的态度、信念和价值观等；③ 人格是一种蕴含于中、形之于外的统一体；④ 人格具有整体性（即人格的各方面互相联系、整合统一），稳定性（即人格特征具有跨时间的连续性和跨情境的一致性），独特性（即每个人具有独特的人格特征）和社会性（即人是在社会生活中表现其内外特征的）；⑤ 人格既是各种交互作用的结果，也是各种交互作用的过程。

（二）人格的影响因素

一般认为，人格的形成和发展是由遗传素质、后天环境、实践活动和自我教育等因素共同决定的。遗传素质是人格形成与发展的物质前提，遗传素质的差异是人格差异形成的重要原因。人格是在后天环境影响下，在社会实践活动中形成与发展的。实践活动是人格形成与发展的决定因素，决定了人格发展的方向、速度和可能达到的水平。人在实践活动中，在接受环境影响的同时，个人的主观能动性也起着重要作用，个体的自我教育也影响到人格的发展。从这个意义上讲，个体也在不断地塑造自己的人格。同时，各个因素对人格各方面的影响也是不同的，遗传素质对构成人的气质差异具有决定性作用，而性格则更多地受后天环境的影响，性格是在后天环境的影响下和实践活动中形成与发展的。

---

① 郭永玉. 人格心理学：人性及其差异的研究［M］. 北京：中国社会科学出版社，2005.

② 全国十二所重点师范大学. 心理学基础［M］. 2 版. 北京：教育科学出版社，2012.

二、大学生健全人格的特征

健全人格是指人格的生理、心理、社会、道德和审美各要素的完美统一、平衡协调。就当代大学生而言，健全人格的特征主要表现在以下几个方面。

（一）具有正确的自我认知能力

具有正确的自我意识，能够客观地认识自己及周围环境，并能对自身的优缺点做客观正确的分析与评价。既承认自己的能力和才干，又承认自己的缺点和不足，努力扬长避短；既能明白自身的价值，又能根据自己的天赋和实际才能来确定自己的发展目标；在学习生活中有较强的自我控制力，不骄不躁，对自己与周围环境的认识比较客观和实事求是。

（二）拥有良好的适应社会环境的能力

对社会采取现实的态度，正视人生，选择积极的生活方式，较好地调整个人期望与社会期望的差距，保持与社会环境的一致性，在思想、目标和行为上适应时代的发展。

（三）拥有心理与行为和谐一致的能力

通过和谐一致的内心及时调整自己与外部世界的关系，使得自己的兴趣爱好、智慧才能、人生观、价值观、理想信念等都朝着健康的方向发展。

（四）拥有良好的自我调节能力

处理好自己与环境、他人、社会的关系，保持与社会良好的接触与互动，客观分析和评价得失，使个人利益与社会利益相协调。

（五）拥有探求新知和创新的能力

在学习和工作中怀有远大的奋斗目标，热爱学习，追求知识，充分发挥自己的潜能，有强烈的创造动机和欲望，并能将自己的智慧和能力有效地运用到学习中。

（六）拥有良好的人际交往能力

有良好的人际交往能力，能真诚坦率地对待他人；既能接受自己，又能悦纳别人；有团队意识，在集体中相互帮助、谋求共同发展，将竞争与合作有机统一起来。

三、大学生健全人格的培养

大学生健全人格的培养，是一个复杂的系统工程，需要社会、学校和家庭的共同关注以及大学生自身持续的人格修养。本节将从学校和大学生自身的角度来介绍大学生健全人格的培养。

（一）高校如何培养大学生的健全人格

高校对大学生人格的形成与发展的影响是不可或缺的，高校是大学生人格社会化的主要场所，教师对大学生的人格发展具有导向作用。为培养大学生健全的人格，高校教育工作者要努力做到以下几点。

1. 正确引导，帮助大学生树立正确的世界观、人生观、价值观

实施知识、能力、人格三位一体的人才培养模式，以理想信念教育为核心，以爱国主义教育为重点，以基本道德规范为基础，以诚实守信为重点的思想教育，教育学生如何做人、做事、做学问，引导学生关心社会，培养其社会责任感。

2. 注重大学生情商的培养

健全的人格是建立在自律和同理心这两大支柱基础上的，健全人格的塑造过程也就是情商的培养过程，而灌输自律与同理心则是培养和发展健全人格的基本途径。

3. 培养大学生良好的认知结构，指导其全面认识自我和悦纳自我

一个拥有健全人格的人应该广泛了解自我，乐于接受自我，能够充分肯定自我。教育工作者应善于挖掘和利用学生自身的闪光点，促进学生全面认识自我和悦纳自我。

4. 指导大学生进行健康的人际交往

教师应教育学生尊重他人，关心他人，热爱集体，诚实不浮夸；摒弃以自我为中心，预防和减少学生不求上进、目无集体等现象的发生。

5. 发掘学生内在潜力，积极开展社会实践

为学生提供更多锻炼和展示自我的舞台，指导学生深入开展社会实践，努力将社会实践与专业学习相结合、与勤工助学相结合、与服务社会相结合、与择业就业相结合。

6. 引导学生参与校园文化建设，营造健康成长的人文氛围

提倡学生广泛参与校园的各项活动，达到培养学生的实践能力、创新精神和创业能力的目的，使大学生人文艺术修养得到提升。

7. 大力开展心理健康教育相关活动

规范开展心理咨询、团体辅导等专业服务，通过开设心理健康教育课程、组织主题教育活动等校园心理文化活动，利用网络、广播、橱窗、校报等阵地，宣传心理健康知识，强化心理卫生意识，将学生的健全人格培养与德育、智育、体育、美育和劳动教育有机结合起来。

8. 用高尚的师爱培养学生健全的人格

培养学生良好的品行，塑造学生健全的人格，教师的言传身教起着潜移默化的作用。教师不仅要传授科学文化知识，更要培根铸魂、启迪心智，用爱心、耐心、细心去教育和培养每一个学生。

（二）大学生完善人格修养的途径

高校教育工作者要从以下方面引导大学生完善人格修养。

1. 认识自我，实现人格优化整合

为了有效地塑造健全人格，大学生应该充分了解自己的人格状态，明确人格塑造的目标、内容、途径和方法，最终实现人格优化整合，达成人格健全。人格优化整合，既要择优，又要汰劣。择优就是要选择某些优良的人格特征作为自己努力的目标，汰劣就是针对自己人格上的缺点、弱点予以纠正。大学生应该首先了解自己的人格特征，然后对自己的人格品质不断地进行优化，循序渐进地实现健全的人格。

2. 学会自我教育

健全人格自我塑造的一个重要途径就是大学生要学会自我教育，因为自我教育是其他教育和环境影响的内化和深化，是人格形成过程中由被动变为主动的过程。

（1）学会反省

大学生要经常地反省自己的思想和言行。在反省过程中，要学会客观全面地认识自己和评价自己，既不要自我膨胀，也不要自我贬低；既要善于发现自己的长处，也要敢于承认自己的不足。

（2）培养自我调控能力

自我调控是指通过主动按照自己的实际情况与社会的要求，对自己的思想、道德、学习及行为提出具体的奋斗目标，并对自己的活动进行有意识、有目的的调控。自我调控体现了大学生自觉性、自信心和主体意识，它能激发大学生的内在潜能，充分调动其主观能动性，使其自身的成长与社会要求相适应，从而获得最佳的成长环境。在自我调控的过程中，大学生应从自己的实际出发，在学习、生活、性格发展等方面不断地学会教育自己、管理自己，从而增强自我调控能力。

（3）保持良好的心境

大学生要学会调控自己的情绪，建立积极、健康的情绪状态。在日常生活中，应主动培养健康的生活情趣，合理调节情绪，保持良好心境。因此，大学生要乐观地面对生活，愉快地体验生活，即使遇到挫折与困难，也要积极地去应对，要学会正视现实，敢于面对挑战，采取积极进取的态度去适应环境。

3. 增强挫折耐受力

大学生常富于理想，把未来看得过于美好，对可能遇到的困难和挫折缺乏充分的心理准备。另外，由于大学生自身的优越感，对社会缺乏了解，人生经历单一，缺乏艰苦生活的锻炼，再加上社会、家庭的诸多因素，使得不少大学生应对挫折的阈限很低、耐受力很差，难以面对现实生活的挑战。因此，加强挫折教育、增强挫折耐受力，对健全人格的培养具有重要意义。

4. 养成良好习惯

健全的人格体现在个体拥有良好的习惯，而良好的习惯的形成有助于改变人格的内在品质和结构。因此，塑造健全人格的另外一个重要途径就是要培养良好的习惯。要确定合理的目标榜样模式，在实际操作中可以模仿现实生活中具有良好人格的人，取其人格的精华作为自己的目标或榜样，锲而不舍，经过长期艰辛的锻炼，终能实现自己确定的健全人格的目标。

5. 建立和谐的人际关系

和谐的人际关系既是大学生心理健康不可或缺的条件，也是大学生人格塑造的重要途径。人际交往中要特别注意几点：第一，真诚热情，真诚给人可信赖的感觉，而热情给人以温暖和支持，并促进相互理解； 第二，彼此信任，相信他人的真诚，从积极角度去理解他人的动机和言行，而不是无端猜疑，相互设防；第三，欣赏肯定，利用吸引力法则，尊重自己也尊重他人，及时表达对他人的欣赏和肯定，是促进和谐关系的重要因素。

6. 加强文化修养

文化修养是健全人格形成的催化剂。人格特质首先表现为一个人对外部世界的态度，表现为自我与非我关系的处理方式。拥有较高文化修养的人对自然和社会发展一般规律能有较为充分的认识，能够理解并追寻人生的价值与意义；而缺少文化修养的人很容易形成悲剧性人格。

第五节　大学生心理健康教育

2018 年教育部印发的《高等学校学生心理健康教育指导纲要》指出，心理健康教育是提高大学生心理素质、促进其身心健康和谐发展的教育，是高校人才培养体系的重要组成部分，也是高校思想政治工作的重要内容。

一、大学生心理健康教育的原则

根据《高等学校学生心理健康教育指导纲要》，大学生心理健康教育应遵循以下几个总体原则。

（一）科学性与实效性相结合

根据学生身心发展规律和心理健康教育规律，科学开展心理健康教育工作，逐步完善心理健康教育和咨询服务体系，切实提高大学生心理健康水平，有效解决大学生思想、心理和行为问题。

（二）普遍性与特殊性相结合

坚持心理健康教育工作面向全体学生开展，对每个大学生心理健康发展负责，关注大学生个体差异，注重方式方法创新，分层分类开展心理健康教育，满足不同大学生群体心理健康服务需求。

（三）主导性与主体性相结合

充分发挥心理健康教育教师、心理咨询师、辅导员、班主任等育人主体的主导作用，强化家校育人合力。尊重大学生主体地位，充分调动他们的主动性、积极性，培养大学生自主自助维护心理健康的意识和能力。

（四）发展性与预防性相结合

加强心理健康知识的普及和传播，充分挖掘大学生的心理潜能，培养他们的积极心理品质，促进大学生身心的和谐发展。重视心理问题的及时疏导，加强心理危机预防干预，最大限度预防和减少严重心理危机个案的发生。

二、大学生心理健康教育的主要内容

2021年《教育部办公厅关于加强学生心理健康管理工作的通知》要求，加强源头管理，全方位提升学生心理健康素养；加强过程管理，提升及早发现能力和日常咨询辅导水平；加强结果管理，提高心理危机事件干预处置能力；加强保障管理，加大综合支撑力度。总体而言，大学生心理健康教育的主要内容包括以下几点。

（一）角色改变和环境适应

大学环境对学生尤其是新生有重要影响。对于大多数刚踏进大学校门的新生来讲，面对的是全新的学习环境、生活方式，他们从单纯的、熟悉的环境进入复杂、陌生的环境，必须在各个方面做出相应的改变，以适应客观环境的变化。高校应帮助大学生尽快调整自己，为整个大学阶段的成长奠定良好的基础。其中最为突出的有两个方面：一是帮助大学生尽快提高生活自理能力，这是适应环境的要求，也是个人成长所必需的条件；二是指导大学生重新确立正确的自我形象，引导大学生在大学新的坐标系中，重新找到自己的位置，正确认识自己，重新评价自己，主动接纳自己。

（二）学习心理

学习压力是影响大学生心理健康的直接因素。因此，对大学生学习动机的确立与强化、学习兴趣的培养，以及学习方法的引导，都是大学生心理健康教育的重要内容。

1. 引导大学生强化学习动机

学习动机是学生学习活动的主观意图，是推动学生进行学习的内在动力。学习动机虽不是提高学习效果的唯一心理因素，却是极其重要的因素。在与社会需要相适应的动机的促使下，大学生就会产生学习的自觉性，激发起强烈的求知欲、稳定的兴趣和高度的社会责任感，因而能专心致志、勤奋学习、刻苦钻研。相反，如果学习动机只是出于改善生活处境，那么他在顺境中可能会勤奋学习，但在逆境中就容易情绪低落、意志消沉，产生众多心理问题。因此，高校教师应启发大学生对社会需要、社会期望的正确认识，并创造条件以利于大学生自我定向、自我定位，这样才能激发大学生正确的学习动机。

2. 引导大学生培养学习兴趣

兴趣是指在积极探究某种事物或从事某种活动的过程中，伴随着的一定的情感体验的心理倾向。兴趣是引起和维持注意的一个重要内部因素，是学习过程中一种积极的心理倾向。大学生在学习中缺乏学习兴趣，往往会造成学习疲劳，学习动机减退，学习效率低，学习成绩差，造成大学生因学习而焦虑、悲观。因此，只有引导大学生对自己所学的知识培养浓厚的兴趣，才会保持大学生积极的学习态度。

3. 引导大学生改善学习方法

学习方法不当、不适应，是影响大学生心理健康的因素之一。首先，指导大学生认识到大学学习的特点，克服过去依赖老师的习惯，从个人实际出发，逐步摸索出与自己水平、基础相适应的学习方法；其次，注重自学能力的培养，帮助大学生学会管理时间，安排学习计划，养成预习、复习的习惯，善于抓住学习中的难点和重点；最后，帮助大学生学会应用工具书，利用图书馆等条件，提高学习能力和水平，当学习中遇到困难时，不畏惧、不气馁，善于利用各种资源，帮助自己走出困境。

（三）人际交往

大学生正处在学习知识、了解社会、探索人生的重要发展时期。大学生的主要活动都是在与人交往的过程中进行与实现的。人际交往以及在交往基础上建立起来的人际关系，不仅直接影响大学生在校期间的学习、生活，而且也直接影响心理健康。掌握大学生人际交往的特点，分析交往中的障碍因素，培养大学生的人际交往能力是大学生心理健康教育的重要环节。

1. 引导大学生树立正确的人际交往观

高校要引导大学生努力营造良好的人际关系，使大学生认识到良好的人际关系对人的社会发展、心理健康的重大意义。

2. 引导大学生不断优化交往艺术

高校要有目的、有意识地对大学生进行人际交往能力和艺术的训练，促进大学生建立良好人际关系能力的形成与发展。例如，通过人际交往态度和能力量表等相关心理测验，让大学生了解自己的交往状况，从而有针对性地进行培养；又如，对大学生进行团体人际关系心理辅导，通过团队合作、分享性的课堂活动，帮助大学生了解自我和他人，学会聆听、表达和回应；通过处理人际两难问题的情境训练，帮助大学生学习并掌握解决生活中交往冲突的方法及思路，对建立良好的人际关系也是十分有益的。

有关大学生人际交往和人际关系问题，可参考本书第十章大学生的群体心理与人际交往的有关内容。

（四）恋爱与性心理

根据我国大学生的特点以及社会文化的现状，大学生恋爱与性心理教育的重点可从以下几方面入手。

1. 树立正确的恋爱观

引导大学生正确认识爱情并理解理想的爱情需要亲密、激情和承诺等三因素缺一不可；理解爱情之所以重要，在于它除了可以满足人们亲密关系等方面的需要，更可以促进个人成长和生命完满。理解爱情是一个不断发展的过程，要不断培养自己爱的能力，当面临爱情引发的冲突时，应学习通过良好有效的沟通去化解并升华爱情。

失恋是大学生学习期间最严重、最直接的挫折之一。有的大学生在失恋后长期在痛苦的旋涡里不能自拔、心灰意冷，甚至报复伤人或伤害自己。因此，首先，要积极引导大学生敢于面对现实，正确对待失恋。当不幸遭遇失恋时，要从理性的角度思考失恋的原因，缓解从热恋到失恋的情感跌落；其次，要引导大学生通过倾诉、移情、升华等方式摆脱挫折，使大学生恢复正常的学习和生活。

2. 培养健康的性心理

健康的性心理表现在其性的生物特征和社会文化价值方面保持一致、达成和谐，同时这种一致与和谐又使个人体验到愉快和幸福，从而使得个体潜能得到发挥、情操得以提高、人格变得完善。健全的性心理是一个全面发展的大学生人格的重要组成部分。学校应通过多种途径向大学生介绍男女两性的特点和有关性生理的卫生常识，帮助他们对自己面临的生理现象有一定的心理准备。引导大学生学习适当的性别角色、良好的生活习惯、与异性交往的规范、态度和正确观念。积极组织男女大学生互相帮助，组织文娱、体育活动等集体活动，引导大学生更好地与异性相处，增进男女大学生相互了解，交流情感，缓解与释放性压抑，避免由于情感与性挫折而导致的性心理障碍。

（五）挫折教育

无论是在适应环境，还是学习、恋爱、人际交往等各个方面，大学生都会不同程度地遭受挫折，体验到个体需要不能满足带来的痛苦情绪。这种情绪如果不能及时排解，往往会对大学生的学习、生活产生重大影响。进行挫折教育主要从以下方面入手。

1. 引导大学生确定合适的抱负水平

遇到困难或遭受打击后，能否体验到挫折以及体验到挫折的程度，与大学生的抱负水平有很大关系。如果个人能力有限而又盲目追求过高的目标，就会因压力过大导致焦虑等情绪问题，在目标落空的情况下就会产生挫折失败感。所以，高校要正确引导学生客观认识自己的能力和特点，确定合适的抱负水平。

2. 引导大学生学会调控情绪

大学生人格尚未完全定型，情绪波动幅度较大。特别是遇到强烈的不良刺激时，容易出现情绪失控，导致非理性甚至过激行为发生。因此，要教育大学生学会进行压力管理和情绪调整。例如，当愤怒等消极情绪爆发时及时告诫和提醒自己控制情绪，及时离开现场让自己冷静，接受他人劝解，换个角度思考问题，等等。

3. 引导大学生树立恰当的竞争意识

受社会竞争机制的影响，大学生的竞争意识也越来越强。许多大学生经常盲目地与他人展开竞争，结果使精神高度紧张，压力过重，从而对身心产生不良影响。要教育大学生正确认识和评价自己，避免卷入盲目竞争和恶性竞争。在参与竞争时要有所选择和侧重。例如，注意发挥自己的优势和特长，不要以己之短竞他人之长；要参与对自己有意义的竞争，不要分散精力去做无谓的竞争。

【复习思考题】

1. 如何客观分析当前大学生心理问题的成因？
2. 教师在大学生心理健康教育中应发挥怎样的作用？
3. 如何理解“我很丑，但我很温柔”？

【推荐阅读】

1. 江光荣. 大学生心理健康素养［M］. 长沙：湖南师范大学出版社，2020.
2. 张积家. 高等教育心理学［M］. 北京：高等教育出版社，2009.
3. 燕良轼. 高等教育心理学［M］. 长沙：湖南大学出版社，2005.
4. 郭永玉. 人格心理学：人性及其差异的研究［M］. 北京：中国社会科学出版社，2005.
5. 全国十二所重点师范大学. 心理学基础［M］. 2版. 北京：教育科学出版社，2012.
6. 傅小兰，张侃. 中国国民心理健康发展报告（2019–2020）［M］. 北京：社会科学文献出版社，2021.

第十二章　大学生就业心理及就业指导

凡事预则立，不预则废。言前定则不跲，事前定则不困，行前定则不疚，道前定则不穷。

——《礼记·中庸》

大学生就业心理是大学生在考虑就业问题、为获得职业做准备及在寻求职业的过程中产生的各种心理现象。就业是大学生人生中面临的重大抉择，就业心理贯穿在整个大学的学习和生活中。同时，就业心理也与大学生的学习、人格，及心理需要等都有着密切的联系，如大学生中的“辅修热”、大学生课外活动中的“打工热”等都或多或少地与未来的就业准备有关。[①] 因此，大学生的就业心理是以就业为中心，在其他心理活动的共同作用下形成的。

---

① 浦瑛瑛. 大学生就业心理剖析及调适优化途径［J］. 中国大学生就业，2006（6）：46-47.

第一节 大学生就业心理概述

大学生就业心理主要是指大学生在面临职业选择及就业过程中所产生的各种心理现象。大学时期是人的心理发展频繁变化的时期，是大学生就业心理形成及发展的关键时期，也是大学生从幼稚走向成熟的转折时期。随着高校毕业生就业制度改革的不断深入，一方面，高校的扩招数量不断增加，另一方面，社会对大学生的筛选日益严格，导致大学生就业市场竞争日益激烈，毕业生供需矛盾和结构性矛盾突出，这不仅对大学毕业生的专业能力和综合素质提出了很高的要求，也对他们的心理素质提出了很大的考验。

一、大学生就业心理的特点

（一）自主性

调查发现，当代大学毕业生既注重自我价值的实现和经济待遇，也很注重工作环境和个人发展前景。一方面，从横向比较的角度看，大学生就业群体有其鲜明的特点，主要体现在他们崇尚以自我为中心，注重个人奋斗，强调自我价值的实现；在专业活动中只做主角，不愿做配角，总是担心被埋没、被滥用；等等。另一方面也反映了当代大学毕业生在就业问题上的历史责任感和社会责任感的淡化。①

（二）竞争意识增强

随着我国社会主义市场经济的发展，就业市场格局发生了变化，我国大学生供大于求的总体趋势不断加强。大学生就业主体意识开始觉醒，能够积极适应就业环境的变化，不断提高自身的竞争力。目前，大学生在就业过程中的竞争意识有了很大的提高，对于毕业和就业过程中可能遇到的困难和挫折也有一定的心理估计。因此，为了提高毕业后的就业竞争力，很多学生在大学期间，除了完成专业知识的学习外，还努力获得就业所需的相关资格证书，利用课余时间或寒暑假参加培训，到企事业单位实习，有针对性地提高自己的办公操作、组织协调、人际沟通等技能。

（三）就业观趋向多元化

在经济全球化的背景下，社会价值观更加多元化，大学生的就业观念也趋于多元化。对于很多大学生来说，就业不再是简单地满足基本生存需要的劳动交换，他们更关心的是所选择的职业是否能满足自己的兴趣，实现人生的意义。与此同时，当代大学生在择业时

① 李文霞，任占国，赵传兵. 大学生心理健康教育［M］. 北京：北京师范大学出版社，2013.

更注重公司的企业文化、环境氛围以及所能提供的软福利，如带薪年假、单位旅游、学习培训等，重视个人未来的发展前景和企业环境的氛围。相当一部分学生在择业时的专业不再是他们考虑的首要条件，学以致用的专业意识逐渐减弱，但同时他们的就业观念也很容易受到他人的影响。①

（四）就业压力突出

当前激烈的就业竞争环境使得就业问题给大学生带来了更大的心理压力，这种压力存在于各个年级的大学生中。作为一个由青年期到成年期成长过程中集多种特殊性于一身的特殊的群体，大学生正处于“第二次心理断乳期”“心理延续偿付期”，在社会中处于“边缘人”的地位。这个阶段的大学生普遍存在一种就业的心理压力，大学生毕业前的心理压力与以往相比明显增加。综合高校毕业生普遍存在的一些心理问题，大学生就业心理偏差主要包括挫折心理、从众心理、忌妒心理、羞怯心理、盲目攀比心理、自卑心理、依赖心理等，以及注重实惠、坐享其成、过分强调自我价值等。②

二、大学生就业心理的相关理论

现代西方关于就业心理的理论研究起源于20世纪初，特别是到20世纪50年代以后，出现了职业—人匹配理论、职业性向理论、职业锚理论、职业发展理论、生涯建构理论等一系列相关理论。

（一）职业—人匹配理论

最早提出“职业指导”的是帕森斯（Frank Parsons），他于1908年建立了“波士顿就业局”以帮助就业困难的青年进行职业选择。1909年，他在《选择职业》一书中提出，一个人的职业选择要考察三个方面的因素：自我的态度、价值观、能力、资源、限制条件等；不同行业工作性质、要求、成功要素、优缺点、薪酬水平、发展前景和机会；二者的协调和匹配。③据此，他提出了特质因素理论，即在清楚了解个体的主观条件（如知识、技能等个体自身所拥有的资源和个体的需要）和职业岗位需求的客观条件的基础之上，将主观条件与客观条件相匹配，从而选择个体最适宜的职业。

帕森斯的职业指导是当时时代背景下为了提高就业率所提出的，当时的职业指导的目的仅在于帮助待业者寻找一个适合的工作，是短期甚至一次性的。指导者描述不同职业的特性，了解被指导者的个人特性，并将二者进行匹配，以帮助被指导者做出最合适的职业

---

① 陈飞．新时代大学生就业指导：课程思政版［M］．厦门：厦门大学出版社，2020.

② 文弘．认清自己，找对方向：大学毕业生就业指南［M］．北京：中国华侨出版社，2015.

③ 张再生．职业生涯开发与管理［M］．天津：南开大学出版社，2003.

选择，而被指导者只是被动地接受指导。尽管如此，其提出的职业—人匹配的思想影响深远，开创了职业指导的先河，迄今为止仍然对个体职业选择有指导意义。

（二）职业性向理论

基于职业—人匹配的思想，霍兰德（John Holland）于 1971 年提出了职业性向理论，职业性向即人的价值观、动机等，是决定一个人职业选择的重要因素。该理论认为，劳动者的职业性向与职业类型如能相互适应，就能最大限度地激发劳动者的积极性，发挥其才智，组织也就能达到利益最大化。在职业—人匹配理论的基础之上，霍兰德进一步将人划分为不同的人格类型，这些人格类型是由生物因素决定的，个体可以根据自己的人格类型选择不同的职业类型和环境。基于此，霍兰德编撰了霍兰德职业兴趣测试，这在今天仍然是职业规划中运用最为广泛的量表。

在霍兰德的理论中，个体的职业选择实质上也就是个体寻求与其人格类型相匹配的职业过程，匹配的充分性会反映在选择的持久性、满意度和稳定性上，也会反映在工作效率上。①

（三）职业锚理论

职业锚理论是美国心理学家沙因（Edgar Schein）领导的专门研究小组在对麻省理工学院毕业生的职业生涯进行了十几年的追踪研究后提出的。职业锚是指当个体必须做出选择的时候，他无论如何都不会放弃的职业中的至关重要的东西或价值观。职业锚是自我意向的一个习得部分，它强调个体动机、能力和价值观这三方面的相互作用与整合，是个体同工作环境相互作用的产物，并在实际工作中不断地完善和调整。②

根据对麻省理工学院毕业生的研究，沙因提出了五种类型的职业锚，并在 1992 年将其拓展为八种类型，分别为：① 技术能力型，这一类型的人具有相当明确的职业工作追求、需要和价值观，他们注重个人专业技能发展，一般多从事工程技术、营销、财务分析、系统分析、企业计划等工作；② 管理能力型，愿意担负管理责任，且责任越大越好，他们倾心于全面管理，掌握更大的权力，肩负起更大的责任；③ 自主独立型，这一类型的人希望最大限度地摆脱组织约束，他们追求的是自由自在、不受约束或少受约束的工作生活环境，但是这些不是他们的主要动机或价值观，创造性才是他们的主要动机和价值观；④ 安全型，职业的稳定和安全，是这一类员工的追求、驱动力和价值观，他们因为能够预测到稳定的将来而感到放松；⑤ 创业型，创业型是一种定位很独特的职业锚，在一定程度上，它同其他类型的职业锚有着某种重叠，这一类型的人要求有自主权和管理

---

① OSIPOW S H. Convergence in theories of career choice and development: Review and prospect[J]. Journal of vocational behavior, 1990, 36(2): 122–131.

② 刘春雷. 当代大学生就业心理问题及其影响因素研究［D］. 长春：吉林大学，2010.

能力，能施展自己的才干，而且愿意去冒风险；⑥ 服务型，服务型的人一直追求他们认可的核心价值，例如帮助他人、改善人们的安全、通过新的产品消除疾病等；⑦ 挑战型，挑战型的人喜欢解决看上去无法解决的问题，战胜强硬的对手，克服无法克服的困难障碍等；⑧ 生活型，生活型的人希望将生活的各个主要方面整合为一个整体，喜欢平衡个人的、家庭的和职业的需要，因此生活型的人需要一个能够提供"足够弹性"的工作环境来实现这一目标。

职业锚能够帮助个体把感悟到的态度、价值观等分类，并据此找到适合于自己的职业类型与领域，准确地反映个体的价值观和抱负。通过职业锚测验，大学生将个人信息准确地反馈给高校，这样高校才能更加有针对性地指导大学生设置合理的个人职业生涯规划。

（四）职业发展理论

金斯伯格（Eli Ginzberg）是最早从生涯发展的角度研究职业行为的，他与一批学者对中上层白人男性的职业选择进行调研，提出"职业发展是一个与人的身心发展相一致的过程"。他将职业生涯发展划分为幻想期（11 岁之前）、尝试期（11—17 岁）和现实期（17 岁之后）三个阶段。他的研究重点在于童年到青少年期，强调的是个体的早期决定对于职业生涯发展的影响。[①]

金斯伯格的理论强调了个体的职业是一个发展过程，而非仅仅是一个简单的选择；它还强调了家庭环境和早期教育的重要性，有一定进步性，但该理论也忽略了个体进入职业之后的发展变化，其研究对象的局限性也导致该理论难以推广到更大范围的人群中，因此，该理论对生涯领域研究和指导实践的影响不大。

萨柏（Donald Super）的生涯发展观将个体的生命发展分为了三个层面，一是时间，即随着个体年龄增长的生涯发展历程；二是范围，即个体在不同的生活中所扮演的不同社会角色，如公民、员工和家庭成员，这些角色不是孤立存在的，而是交叉并存的，对这些角色的选择会导致不同程度的角色冲突、压力和自我实现；三是深度，即个体在扮演不同社会角色时的投入度。他对于生涯发展的探讨分为两个阶段，在第一阶段，他从时间维度出发，研究的主题是生涯发展的不同阶段及其对人类发展的影响，提出了生命周期理论；在第二阶段，他从空间维度出发，在原有的发展阶段理论之上加入了角色理论，研究的主题是个体的生命阶段及其与人格的相互作用，即在不同生命阶段同时扮演不同的社会角色对自我概念形成的影响，提出了生命空间理论。

萨柏在前人研究的基础之上提出了职业生涯划分的五个阶段（如表 12-1 所示）。其中，成长阶段包含幻想期（10 岁之前）、兴趣期（11—12 岁）、能力期（13—14 岁）三个子阶段；探索阶段分为试验期（15—17 岁）、过渡期（18—21 岁）、尝试期（22—24 岁）

---

① 龙立荣，李晔. 职业辅导思想的历史嬗变：从职业指导到生涯辅导［J］. 华中师范大学学报（人文社会科学版），2001（6）：136-140.

三个子阶段；确立阶段包括承诺和稳定期（25—30 岁）、发展期（31—44 岁）、职业中期危机阶段。他认为，个体在每个生命阶段都有相应的职业发展任务，对任务的完成进度即是职业成熟度。在生命过程中，生物因素逐渐变得不再那么重要，而环境逐渐成为更重要的影响因素，且环境在很大程度上是由个体自身经历所定义的。也就是说，这里的环境并非指客观环境，而是个体主观感受到的环境，即个体所建构的环境。

表 12-1　萨柏的生涯发展阶段

阶段	成长阶段	探索阶段	确立阶段	维持阶段	衰退阶段
年龄	0—14 岁	15—24 岁	25—44 岁	45—65 岁	65 岁以上
主要任务	开始建立自我概念，职业好奇占据主导地位，逐步有意识地培养职业能力	通过学习进行自我考察、角色鉴定和职业探索	初步就业和获取自我定位，并谋求发展	坚定自己的发展方向，更新技能	逐步进入退休阶段

阶段理论暗含一个假设，即个体不会频繁更换工作，而会长期受雇于一两个公司。但随着工作环境的变化与组织结构的演变，阶段理论显然不再适用。于是，在进行了持续四年的跨文化研究后，萨柏在原有的发展阶段理论之上加入了角色理论，并根据生涯发展阶段与角色彼此间交互影响的状况，提出了生活广度与生活空间的生涯发展观。他详细说明了在生涯的各个阶段，个体对六个主要角色（儿童、学生、休闲者、公民、员工、家庭成员）的承诺和参与程度。

（五）生涯建构理论

萨维科斯（Mark Savickas）在萨柏的研究基础上，提出将生涯适应力作为职业成熟度概念的替代，并将萨柏的生命周期理论、生命空间理论的四个部分整合在一起：个人、发展、身份和背景视角。萨维科斯于 2005 年正式提出了职业建构理论，概述了一系列适应过程，个体的适应准备积累了适应性资源，推动个体选择适当的适应反应，以最终实现最佳适应结果。适应准备是个体为了充分应对职业发展任务、职业转型和个人创伤方面而改变的基本意愿；适应性资源即生涯适应力，是个体在生涯建构过程中可依赖的自我调节能力；适应反应是帮助个体适应不断变化的环境的实际行为；适应结果是通过生涯建构过程所实现的，个体与环境之间的适应。[①]

其中适应性资源，也称为适应能力，是最为重要的部分，分为四种：关注、控制、好奇和自信。关注是个体对自己未来的认识、预测和展望，控制意味着个体积极自主地塑造

① SAVICKAS M L, PORFELI E J, HILTON T L, et al. The student career construction inventory[J]. Journal of vocational behavior, 2018, 106: 138-152.

个体的自我概念和环境，好奇反映了个体对可能自我、未来情景和各种角色的探索，信心是个体相信自己即使面临存在或者障碍，仍然能够实施选择并实现目标。

生涯建构理论是近年的研究热点，研究者们已经针对该理论提出的适应过程做了较为全面的研究，囊括了社会、家庭和个体人格等各个层面。生涯建构理论提出的适应过程对个体长期的生涯规划具有重要的指导意义，研究者们根据该理论从实证角度研究了人格、学业和社会等对于个体生涯发展的影响并揭示了其内在机制。但目前对于适应过程的因果顺序还存在争议，已有研究也发现适应反应可能会反过来影响适应性资源，这表明对适应性资源的适应反应可能存在一个反馈回路。

第二节　常见的大学生就业心理问题

大学生在激烈的就业竞争中会产生各种就业压力，由于个体的心理调适能力不同，压力来源不同，会导致不同的心理偏差。就业心理偏差往往制约和影响大学生顺利有效的就业，[①] 因此有必要探讨就业心理偏差及其表现形式。大学生就业心理偏差可以分为认知问题、情绪问题和社会化问题三种主要类型。

一、认知心理问题

大学毕业生就业认知心理是指他们在就业过程中对自己、对职业及其周围社会环境等的认识、了解和择业中对事物的推理与判断。[②] 大多数学生都能做出正确的认知并在此基础上制定就业策略；但是也有部分学生，在就业认知过程中出现了偏差。其中对自身认知的不准确是主要表现形式。而这种不准确的认知往往会导致自卑与自负心理和自我同一性混乱。

（一）自卑心理

大学生就业心理中的自卑问题主要表现为对自身能力的错误评价，具体表现为对自身能力和水平的评价偏低。这种低估通常伴随着特殊的情绪，如害羞、不安、内疚、犹豫和失望。在这些特殊情绪的影响下，自尊心和自信心丧失，自身能力受到怀疑。他们认为自己的知识储备不够丰富，工作能力不到位，不能胜任困难的工作，所以不敢在求职过程中大胆地向雇主展示自己的优势来推销自己。或者他们认为自己缺乏应有的社会关系，学校的知名度也不够，所以在激烈的竞争面前容易丧失信心，妄自菲薄。在面试中，如果遇到

---

① 赵麟斌. 大学生职业生涯规划与就业指导［M］. 北京：北京大学出版社，2008.

② 陈飞. 新时代大学生就业指导：课程思政版［M］. 厦门：厦门大学出版社，2020.

比自己学历更高的求职者，很容易在竞争中缺乏自信，在面试过程中退缩，觉得自己在竞争中没有优势。一旦在求职中受挫，他们容易产生强烈的自卑感，怀疑自己的能力，然后完全否定自己，最后可能发展成害怕找工作、不敢面对招聘者，这样反而增加了就业的难度。①

（二）自负心理

与自卑感问题不同，自负的大学生往往高估自己的能力和水平，在就业过程中往往寻求超出自己现有能力的工作。一些大学生低估了当前严峻的就业形势，在就业上过于自负，期望过高，离现实的就业目标还很远。这样的大学生对自己没有正确的认识，他们总是拒绝稍微不符合自己标准和要求的雇主，结果往往是错过好的就业机会。也有毕业生没有调整自己的职业心态，只是想找到待遇和工作条件最好的单位，或者是最热门的单位和最前沿的行业，而不顾自己的专业或自己的能力是否适合这一行业。结果往往是铩羽而归，同时也错过了其他合适的就业机会，导致自己不能及时、顺利就业。②

（三）自我同一性混乱

有许多大学生在就业的时候，存在自我同一性混乱。具体来说，他们对自己的职业目标、需求、价值观和自身特点没有清晰的认识；在就业时，不能正视自己的能力、素质和择业的客观环境，不能对自己有一个客观、清醒、全面的评价。因此，在择业时往往迷惘、犹豫不决、反复无常、焦躁不安，不能主动独立地获取职业信息、筛选目标、规划职业，不能解决就业中出现的问题，做出正确的决定。自我同一性混乱在就业中的两个突出表现就是盲目从众与依赖。③

二、情绪心理问题

部分大学生，在就业过程中因为就业压力、持续受挫等会形成情绪的长期波动。这类型的长期波动易演化为心理问题，主要有焦虑、抑郁和恐惧心理。

（一）焦虑心理

焦虑是一种紧张和恐惧的情绪状态，通常是由于无法实现目标或无法避免某些威胁而引起的。在毕业前，绝大多数大学生的心理问题表现为过度焦虑。面对理想与现实、就业与失业、签约与违约、就业与继续读书等矛盾，往往难以抉择、忧心忡忡、焦虑不

① 徐柏才，王莎佳．大学生就业指导［M］．武汉：湖北人民出版社，2013.

② 陈飞．新时代大学生就业指导：课程思政版［M］．厦门：厦门大学出版社，2020.

③ 敖四，张娜．大学生职业生涯规划［M］．武汉：武汉大学出版社，2017.

安。这种焦虑使大学生在毕业时背负着沉重的精神负担，紧张易怒，无法集中精神，萎靡不振。[①]

（二）抑郁心理

随着就业竞争的加剧，大学生面临的外部压力也会随之增加，在就业过程中遭遇的挫折也必然会比以往更大。一些学生在就业受挫后不能正确调整心态，且没有合适的发泄渠道。在多次挫折的打击下，情绪低落进一步演变为思维迟缓、语言动作减少和动作迟缓等抑郁情绪表现。严重时，甚至对外界环境漠不关心，不与外界互动，导致抑郁症的发生。

（三）恐惧心理

恐惧是指人们在面临某种危险情境，企图摆脱而又无能为力时所产生的担惊受怕的一种强烈压抑情绪体验。对职业生涯影响最大的是社交恐惧。社交恐惧症患者表现出害怕公共交流、回避人际交往、缺乏自信等心理特征，在公共场合发言时，会出现手抖、心跳过速、声音颤抖、甚至因紧张而结巴等焦虑反应。他们在最初的就业申请过程中就会受到很大的影响，如面试时无法正常表达，笔试时写作困难、思维混乱等。一般来说，大多数人在面对陌生的、未知的、重要的场合时会紧张，这是一种正常现象，研究表明，适当的紧张有利于能力的发挥。一般的紧张是在可控范围内的，不会严重妨碍心理与行为活动的范畴。但是，严重的恐惧对我们的生活和工作有很大的负面影响，必须认真对待，如有需要应该向专业机构寻求帮助。[②]

三、社会化心理问题

大学生从校园走向社会的过程也是其社会化的过程。在此过程中，大多数大学生都能顺利地从学生身份转移到求职者和工作者的身份。但是也有少部分学生，在社会化过程中并不顺利，进而引发了各类心理问题。这种社会化心理问题，主要表现为依赖心理、嫉妒心理、从众心理、攀比心理和冷漠心理。

（一）依赖心理

在就业初期，面对生活成本较高、收入较低的现实，家庭给予适当的支持，特别是心理支持，不仅可以帮助大学生顺利克服困难，还可以保持身心健康。然而，一些大学生在毕业阶段缺乏主动性，自我意识模糊，把就业问题留给父母、学校、亲戚和朋友来解决，认为家庭和学校是一个避风港，很少主动接触和了解社会，缺乏独立的意识和主动性。如

---

① 华波. 大学生职业生涯规划与就业指导［M］. 北京：中国人民大学出版社，2014.

② 袁方舟. 大学生职业心理与生涯规划［M］. 北京：北京师范大学出版社，2014.

果大学生对“支持”和依赖的理解存在偏差，就会滋生不良的就业心理，阻碍个人职业发展。现在社会上所说的“啃老族”都是过度依赖的表现，他们依赖父母亲友，不愿工作。事实上，一些严重依赖心理的个体已经发展到无法自控的程度，就像上瘾一样，把依赖变成自己的习惯，离开家人的保护和帮助，就会在心理上变得空虚和失控。①

（二）嫉妒心理

嫉妒是对他人的成就、特长或优势地位既羡慕又排斥的情绪。②有些学生看到别人在某些方面更突出，或取得了显著的成就，就会产生痛苦、不甘心的心态。如果嫉妒心理问题处理不好，很容易导致大学生在择业的道路上出现心理失衡。嫉妒也很容易转化为其他心理问题，如焦虑、自卑或冷漠。

（三）从众心理

在求职的过程中，很多毕业生对自己缺乏清晰的认识，没有独立的见解，没有从自己的实际情况做出现实的选择，人云亦云，很容易受到别人的干扰。在这种心理的影响下，毕业生在择业时很难很好地分析自己的兴趣爱好和长处。在当前高等教育与社会需求没有完全融合的社会环境下，跟风从众的心理应该引起毕业生自身的反思，否则会错失很多本应属于自己的就业机会。

（四）攀比心理

攀比心理是一种脱离自己实际水平而盲目攀高的心理。具体来说，他们不考虑这份工作是否适合自己，只是想找到一份比别人更体面、收入更高的职业。这种心理的存在导致许多毕业生即使是单位非常适合自身发展但一直不愿签合同，总觉得他们可以找到一份更好的工作，因此错过了一个好的就业机会。或者当他们看到其他学生找到了条件更好的工作后，就开始后悔为什么选择当前的职业，并因此感到失落或不满。③

（五）冷漠心理

冷漠心理问题是指大学生对所面临的就业和择业任务失去兴趣，不愿在就业问题上取得进展，情绪低落、情绪淡漠、麻木不仁。冷漠心理问题经常出现在遭遇就业挫折的大学生个体中，是一种消极的心理反应。冷漠心理问题是一种遭受挫折后的心理应激反应。这部分学生仍然对就业问题充满担忧，但由于他们对社会环境的错误认识，他们觉得无论自己的就业能力有多强，也找不到合适的工作，所以采取了自由放任的态度。冷漠的心理问

---

① 袁方舟. 大学生职业心理与生涯规划［M］. 北京：北京师范大学出版社，2014.

② 徐柏才，王莎佳. 大学生就业指导［M］. 武汉：湖北人民出版社，2013.

③ 陈飞. 新时代大学生就业指导：课程思政版［M］. 厦门：厦门大学出版社，2020.

题的发生和发展往往伴随着挫折数量的增加，他们的就业动机显然是不够的，就业的难度日益增加，这样很容易陷入恶性循环。

四、就业心理调适

大学生就业心理调适是指大学生在择业的过程中，遇到挫折和失败而产生消极心理，为了减少或消除这些消极心理的负面影响，大学生需要根据自己的实际情况，通过采取有效措施来调整自己的心理状态，使他们的身心能够更好地适应现实社会的就业需求和就业形势，并最大限度地发挥个人潜力的过程。[①]

（一）客观认识真实的自我

1. 正确的自我评价

许多就业心理问题主要是由于大学生自我意识和定位不清，导致其在就业过程中盲目攀比和自负与自卑心理。因此，大学生在就业前一定要先冷静思考，准确把握自己的优势和劣势，了解自己的气质、个性、能力、长处、职业价值观等特点，对自己进行全面的分析，然后认真思考自己需要什么、想做什么、能做什么、环境条件允许自己做什么，找到自己的位置，明确未来的发展方向。最后结合目前的就业环境和用人单位的要求，学会扬长避短，主动调整自己的状态，调整自己的职业规划。

2. 学会接纳自我

“尺有所短，寸有所长”，知道自己的优缺点，但不要苛求自己，改变过度追求完美主义的习惯。大学生应该理性地对待在求职和择业过程中遇到的挫折和失败，学会接受和欣赏真实的自我，对自己持积极的态度，不要因为一点的错误和失败而完全否定自己，要始终对自己有信心，给自己机会，以积极的心态学习，最大限度地发挥自己的潜能。例如，自负的学生可以通过自我批评减少不切实际的想法和优越感；自卑的学生可以通过心理暗示找到自己的闪光点，增强自信心。

3. 重新塑造自我

当大学生开始工作，面对一个新的社会环境时，首先要做的就是学会告别过去，撕下旧的标签，重塑自己，重新开始。不要仍然沉溺于自己在学生时代有多好，做了学生领袖或获得什么奖项；也不要因为在学校的表现并不突出而自卑，进入职场后，人们只关注当前的表现，这意味着一切都得从头开始。因此，大学生应该保持一个谦虚的学习态度来面对新的工作和环境，充分发挥主观能动性和创造力，增强责任感和团队合作意识，根据新的环境要求及时调整自己的行为，并通过不断的学习提高自己的综合素质以适应新环境的要求，顺利实现角色转换。

---

① 陈飞. 新时代大学生就业指导：课程思政版［M］. 厦门：厦门大学出版社，2020.

（二）掌握情绪调节的方法

大学生在就业的过程中难免会遇到挫折和失败，进而产生不良情绪，如果不能及时妥善地处理消极情绪反应，不仅不利于身心健康，而且阻碍大学生的顺利就业。人的情绪是可控的，要了解情绪，掌握情绪调节方法，提高情绪控制能力。

1. 转移注意力

当某些负面情绪出现时，避免一直关注那些导致负面情绪的事情。情绪影响人们的认知，人在悲观时往往把事情都想得很糟糕、烦躁时看什么都觉得讨厌，所以为了避免把自己过多地投入到这种消极情绪中，个体应有意识地将注意力从引起消极情绪反应的刺激情境中转移到其他事物上，或转而从事其他感兴趣的活动。

2. 积极的自我暗示

心理暗示是个体通过语言、形象、想象等方式对自身施加影响的一种心理过程。[①] 自我暗示包括积极的自我暗示和消极的自我暗示。积极的自我暗示有助于个体缓解紧张，保持乐观状态，增强信心，激发士气，并引发积极的行为反应。通过积极的言语暗示，比如，紧张时告诉自己“冷静放松”；自卑时告诉自己“我能行，我是最棒的”；遇到挫折时，告诉自己“困难只是暂时的，我必须有办法克服它们”。此外在心中设计理想的未来形象也是一个可行的方式，我们都希望未来的自己是成熟、自信的，能够处理所有的问题，当使用理想“我”的一双智慧的眼睛来评估当前的困境时，会带给我们克服困难的信心。最后，通过控制表情，例如经常给自己一个微笑也可以带来积极和愉快的心理暗示。

3. 理性情绪疗法

理性情绪疗法是由美国心理学家阿尔伯特·艾利斯（Albert Ellis）于20世纪50年代创立的，该疗法基于的假设是，人生来就同时具有理性和非理性的特质，既有理性、正确思考的潜能，也有非理性、扭曲思考的倾向。当个体用理性的方式进行思考时，就带来积极的行动，产生积极的情绪；反之，用非理性的方式进行思考则会带来消极情绪。理性情绪疗法的核心就是要帮助个体去掉非理性的、不合理的信念，建立起理性、正确的信念。

常见的非理性信念的特征主要有绝对化的要求、过分概括和糟糕至极。理性情绪疗法的关键是要找出自己观念中的不合理信念，并对其进行驳斥，将不合理信念转化为理性信念，从而消除不良情绪。例如：一个毕业生去应聘了几家单位都没有被录用，他觉得自己很没用，然后就产生了焦虑、自卑等情绪。其中，因为面试失败而否定自己的价值是不合理信念。合理的解释应该是在就业过程中，很少有人可以一步到位，第一次找工作能够成功找到自己满意的工作。现在暂时未能找到合适的位置并不能证明自己比其他人差，只是几个面试没有通过，就当积累经验，暂时的不成功并不意味着永远不会成功。

---

① 陈飞. 新时代大学生就业指导：课程思政版［M］. 厦门：厦门大学出版社，2020.

4. 宣泄法

大学生在求职和求职过程中遇到挫折产生不良情绪时，应学会适度发泄。情绪宣泄是平衡心理、促进身心健康的有效途径。当然，值得注意的是，在进行情绪宣泄时，一定要选择正确的方式、合适的场合和对象，不能为了发泄自己的不满而给他人带来不便或伤害。

5. 自我安慰法

在择业过程中遇到阻碍，已经尽了最大努力但仍无法改变结果时，为了避免造成精神上的痛苦和不安，不妨说服自己做出适当让步，不必苛求，找一个可以接受的理由以冲淡内心的痛苦，让自己接受既定的现实，保持内心的安宁和平和，避免陷入悲观绝望无法自拔而导致精神崩溃。

6. 情绪升华法

情绪升华法就是将一些不被社会规范和要求所接受的欲望、动机，通过一种能被社会所接受的方式来进行释放或得到满足。这是一种高层次的宣泄，将消极情绪唤起的能量引向对自己、对他人、对社会有益的活动。运用情感升华法，不仅能宣泄消极能量，还能使能量积极利用，将压力转化为动力，将消极心理转化为积极心理。

7. 角色扮演法

角色扮演是一种情景模拟活动，作为心理学领域广泛运用的一种方法，角色扮演通过互换角色，实现自己和自己对话，自己和他人对话，以一种换位思考的方式来增进对他人社会角色和自己原有社会角色的理解。当大学生在就业过程中遇到挫折时，教师可以指导他们表演一些名人在逆境中成功克服困难的故事，通过体验这些人遇到挫折克服挫折的过程，帮助自己更好地了解在不利情况下应有的积极态度和应对方法，感受情绪在挫折情况下是如何转变的，使他们在活动体验中不知不觉地学会抵抗挫折的技巧，增强自己的抗压能力。

8. 放松法

当出现紧张、焦虑等情绪时，可以通过有针对性的身心放松锻炼，达到缓解压力的效果。有很多方法可以放松，包括呼吸放松，想象力放松，肌肉放松，音乐放松和冥想。

值得注意的是，大学生在就业过程中遇到无法适应自身的心理问题，应寻求心理学家等专业人士的帮助，以便及时解决心理问题。

第三节　大学生的就业指导

正确的择业和创业是当代社会的需要。大学生就业指导是高校教学工作的一个重要组成部分，其目标在于，通过职业生涯规划课、就业信息发布、就业知识讲授、就业技能培训、就业心理辅导，使大学生在择业、就业以及在职业中积极发展，树立正确的就业观念和理想的职业目标，了解职业相关信息和就业政策，进行职业探索，掌握求职技能，并根据自身特点和社会需要实现就业。

一、大学生就业指导的原则

就业指导是一门理论与实践相结合的课程。为帮助大学生能够顺利找到合适自己的职位，实事求是地考虑自身的职业愿望与职业目标是否合乎实际[①]，大学生就业指导应遵循一定的原则。

（一）引导性原则

就业指导的主体是高校大学生。当今时代的大学生作为一个独立的个体，能够接受很多外界信息，并且保持着自己独特的思维想法。为了有效地进行就业指导，必须充分发挥学生的主体作用。因此，指导者在传达就业观念、职业素养时应充分考虑学生的主体作用，不能生硬地去传达知识技能。通过就业指导，大学生可以正确认识自我、认识自我知识与技能提升的方向。在这一过程中，指导者应引导学生充分发挥主观能动性，达到自我实现，并可以持续地向正确方向发展。

（二）教育性原则

在对大学生择业和就业的指导过程中，还应关注学生的综合素质和整体素质的培养和提高。大学生在就业时，对职业的态度可以反映其世界观、人生观、价值观。因此指导者可以从职业理想教育、择业观教育、职业道德教育等方面让学生树立正确的就业观并建立符合社会价值的三观，并帮助学生正确处理个人需要与社会需要关系。应重视思想教育以及道德的培养，以确保未来学生在职场上也可以展现积极正确的思想政治风貌。

（三）系统性原则

大学生就业指导不仅仅是一门课程、一次讲座，它是贯穿于整个大学生活的长期活动，是分阶段地对学生进行的指导。学生在大学初期就应认识和了解自己，并对自己感兴趣的职业有一定的了解，基于此有计划、有目的地去发展和提升自己，这样学生可以较早地做好就业准备。同时就业指导并不局限于学校老师的工作，家庭、社会以及用人单位都对此负有责任，他们的教育指导更具针对性和务实性，有更好的说服力。因此家庭、社会和用人单位应该积极参与，共同配合学校以做好学生的就业指导。

（四）实践性原则

就业指导不仅要让学生掌握就业政策、理论和方法，还要与实践相联系，例如简历制

---

① 罗萤. 大学生职业发展与就业指导［M］. 福州：福建人民出版社，2012.

作、应聘面试等。学生择业、就业都需要有一定的实践能力，并且在学业和就业转换过程中也需要一定的社会适应能力。因此在就业指导过程中，不仅要重视就业理论知识的掌握，还应重视学生实际能力的培养。指导者可以鼓励学生积极参与社会实践，通过实践开阔视野，并在实践过程中发现自己的不足，不断提升自我以达到社会的期望，提高就业竞争力。

二、大学生就业指导的主要内容

（一）就业政策指导

大学生就业受国家就业指导方针和政策的影响和制约。因此，就业政策指导是大学生成功就业的重要保障。通过就业政策引导帮助学生了解和掌握国家现行劳动人事制度、就业制度、就业情况和学校就业制度，让大学生了解政策允许和鼓励的内容、政策限制的内容以及政策中符合自身的优势和劣势。[①] 了解就业政策也为大学生顺利就业提供良好的法律保障，切实维护大学生的合法权益，引导大学生在求职过程中自觉遵守法律法规，办好人事代理，签订就业协议，避免走弯路，为顺利就业打下良好的基础。

（二）就业观念指导

就业观是一个人在选择职业时的观点、态度和倾向，是人生观和价值观在就业问题上的综合反映。就业观直接影响到毕业生的职业选择和就业标准的制定，进而影响到大学生能否成功就业。就业观念教育是就业指导的基础，应贯穿于大学生就业指导的全过程，引导大学生树立科学的就业观念和职业标准。随着时代发展，当前大学生的就业观呈现多元化发展趋势，就业指导要让大学生从实际出发，正确处理奉献与需求、社会需求与个人选择、客观条件与个人条件的关系，把个人理想与国家结合起来，适应社会需求。[②]

（三）就业信息指导

就业信息是指通过各种媒体和渠道传播的与就业有关的信息和情况。在信息时代，谁掌握了信息，谁就拥有主动权和制胜机会。就业信息的多少意味着就业选择机会的多少，因此就业信息指导是就业指导的重点。就业指导应通过分类、归纳和分析，为学生提供尽可能多的就业信息，并预测就业趋势，了解用人单位的招聘岗位和要求。同时，就业指导还应培养大学生积极收集、整理和利用信息的能力，避免落入就业陷阱。

---

① 匡增明，殷黎丽．大学生职业发展与就业指导实用教程［M］．北京：化学工业出版社，2012.

② 黄士华，严志谷．大学生就业指导理论与实践［M］．武汉：湖北科学技术出版社，2014.

（四）就业技能指导

求职和就业需要一定的自我“包装”。掌握正确的就业技能和就业策略是大学生成功就业的重要因素之一。大学生就业指导主要是准备求职信和简历、自我推荐、面试技巧和就业礼仪等，其中包含许多技术和技巧。通常求职者要在短时间内充分展示自己的优势，以赢得招聘单位的青睐并获得就业机会。因此是否掌握这些技术和技巧以及运用的熟练程度会直接影响就业的成功，有时甚至是决定性的。因此，有必要加强大学生就业方法和技巧，避免因技巧不足或方法不当而错失机会。

（五）职业生涯规划指导

职业生涯规划是指组织或个人将个人发展与组织发展相结合，对决定个人职业生涯的主客观条件进行测量、分析、总结和研究，制定个人职业生涯发展的战略计划。职业生涯规划可以引导大学生在职业生涯中不迷失方向，在职业转变中坚持职业理想，努力实现人生价值。职业生涯规划教育的核心是关注学生的个人兴趣，兼顾社会发展和时代的要求，使学生学会学习和关心社会需求，理解人生的意义和价值，及时规划自己的职业发展过程，最终达到全面发展的目的。就如同视窗 12–1 里山田本一用分解小目标的方法取胜一样，职业生涯规划指导主要是帮助大学生确立合理的职业目标和方向，并通过个人咨询、职业兴趣、能力倾向测试等方式为职业成功奠定基础。

视窗 12–1
山田本一的
取胜之道

（六）社会适应性指导

由于大学生的生活大多局限于学校和家庭两个环境，大学生从学校走向社会，进入新的工作岗位，在时间和空间、环境和人际关系上都发生了巨大的变化，他们需要经历一个角色转变的过程。角色转换的质量直接影响到他们的工作能否顺利进行。一些大学生与社会接触少，因此社会经验少，对社会缺乏全面、正确的认识。因此大学生在正式开始工作之前，应该事先了解这些问题，并知道如何处理它们。就业指导可以帮助学生正确认识社会，建立良好的人际关系，尽快融入社会，顺利完成从学生角色到劳动者角色的转变，成功走进社会。

（七）就业心理指导

大学生就业面临着人生的重大选择。对于没有任何就业经历的大学生来说，他们往往会产生一些复杂的心理现象，导致一些心理障碍，如从众、焦虑、自负等。良好的心理素质有助于大学生克服压力，以理性、冷静的态度参与竞争。这样就更容易充分展示自己的优势，明智地做出正确的选择，获得理想的就业机会。就业心理指导是运用心理学的原理和方法，结合大学生的心理发展特点，帮助和引导大学生在就业过程中产生的心理问题。①

① 罗萤．大学生职业发展与就业指导［M］．福州：福建人民出版社，2012.

消除就业障碍，减轻就业压力，增强克服挫折的能力，保持良好的就业心态，正确面对现实和就业过程中遇到的挫折，以健康的心理状态迎接挑战。

三、大学生就业指导的方法

（一）开展就业指导课程

开展就业指导课程是大学生就业指导的主要方法。把就业指导作为一门课程，对大学生进行集体、系统的就业指导教育，可以使就业指导系统化、全面化、规范化。根据教育部的要求，普通高校需要开设就业指导课程，并将其作为必修课纳入大学教学计划，重点加强职业生涯、就业教育和创业教育的课程体系建设，从而增强就业指导教育的针对性和有效性。就业指导课程的开课时间不能局限于某一年级的某一学期，根据就业指导的相关内容可在不同年级逐步设置合适的学时，学完所有学时和内容后可获得学分。通过课堂教学，向学生传授就业的一般知识、技能、方法和流程。

（二）开展就业专题讲座

开展就业专题讲座是高校引导大学生就业的另一种常用方法。高校可以邀请专家学者、成功人士、用人单位招聘主管或优秀校友，就学生非常关心的就业形势、政策制度、方法程序、招聘条件等提供权威的讲解。从学校、社会、用人单位和个人的不同角度为学生提供就业指导，为学生提供更全面的就业信息。

（三）开展就业实践演练

就业指导的目的之一是希望大学生能够将所掌握的知识、方法和技能应用到实际的就业实践中。因此，指导者可以通过实践练习、模拟培训等形式，让学生发现自身存在的问题并加以改进，从而提高学生参与就业指导教育的积极性，做好学生求职择业的基础教育，提高学生的就业竞争力。实践演练的方式多种多样，指导者可以模拟面试现场，根据学生的求职信、衣着、回答等指导学生正确使用相关技能。此外，简历设计大赛、职业生涯规划大赛、职业素质大赛、就业经验交流会、求职故事征文等也都是学校或就业指导协会经常举办的活动。团体日活动是对大学生进行思想教育的有效途径之一，如果将团体日活动的主题确定为就业指导的相关内容，那么团体日活动也可以服务于就业指导。[①]

（四）开展就业咨询

就业咨询是一种常见的就业指导方法。通过启发教育、平等协商、共同讨论等方式，

---

① 黄蓉生. 大学生就业指导［M］. 北京：人民出版社，2007.

解决大学生就业中遇到的问题，为他们提供参考意见和建议。就业咨询活动的目的是解决学生的思想疑虑，克服心理障碍，帮助学生正确评价自己，掌握正确的求职方法，树立正确的择业观念，及时顺利地就业。学校可以通过举办就业宣传咨询日、就业信息网络在线咨询、学生个人独立咨询等方式，为学生开展择业咨询、政策咨询、招聘咨询、心理咨询等。

（五）开展社会实践

虽然学校的模拟实践和竞赛可以让大学生了解自己的不足，获得一些经验，但与现实中的职业生活相比还是比较理想的。因此，学生在各行各业的实际工作中进行参观和实践，可以使他们对某一职业有最直接的了解。目前，许多高校开展了假期实习、公益性实习等实践活动。这使学生能够在真实的职业环境中体验未来的工作环境，并对就业要求有更深入的了解。经历过真实职业环境的学生可以及时调整自己的就业行为，做好充分准备。

【复习思考题】

自我探索练习：描述你自己

想象你正在给一位在网络上认识但素未谋面的网友写信介绍你自己，告诉他/她你是什么样的人、你最喜爱做的事、最擅长的活动以及你未来的计划。

【推荐阅读】

1. 李明，耿广利，卢慧勇，等. 放飞梦想：大学生就业与创业指导［M］. 北京：清华大学出版社，2014.

2. 文弘. 认清自己，找对方向：大学毕业生就业指南［M］. 北京：中国华侨出版社，2015.

3. 庄明科，谢伟. 大学生职业生涯规划［M］. 北京：中国人民大学出版社，2016.

第十三章　高校教师心理

衣带渐宽终不悔，为伊消得人憔悴。

——《蝶恋花·伫倚危楼风细细》

新时代和新发展阶段对高校教师提出了新的要求，信息技术的发展和社会的变迁要求高校教师不断更新自己的教学和育人方法，科学技术的发展和创新的要求迫使高校教师不断提升科研能力。同时，教师心理的研究也是教育心理学的一个重要组成部分。高校教师应具备哪些胜任力特征？高校教师的工作动机是什么？高校教师是怎样成长的？高校教师如何管理自己的工作压力？这些都是本章关注的问题。

第一节　高校教师的胜任力

本节从胜任力的定义、胜任力模型和高校教师的胜任力培养出发，为高校培养教师胜任力提供可行的建议，以期高校教师能够据此对胜任力有初步了解。

一、胜任力概述

（一）胜任力的概念

胜任力的概念早期是由心理学家麦克里兰提出的，他通过实践与研究发现，传统的知识和智力测验无法有效预测工作绩效，因此他提倡要发掘能够真正影响个人工作业绩的个人条件和行为特征，胜任力的概念继而被提出。麦克里兰认为，胜任力是与工作绩效或重要生活结果直接相关的知识、技能、个人特质或者动机。

在麦克里兰相关工作的基础上，美国学者斯宾塞（Spencer）夫妇完善了对胜任力的解释，他们首先区分了基准性特征和鉴别性特征：基准性特征是对任职者知识与技能的基本要求，它无法区别工作优秀者和一般者；而鉴别性特征是指岗位任职者的动机、特质、自我形象、态度或价值观，这部分特征是区分绩效优异者与一般者的关键因素，即胜任力。斯宾塞夫妇将胜任力定义为能将某一工作中有卓越成就者与表现平平者区分开来的个人的潜在特征，它可以是动机、特质、自我形象、态度、价值观、知识、技能等。

（二）胜任力模型

胜任力模型是指担任某一特定的职位角色需要具备的胜任力的总和，即针对该职位，表现优异者应该具备的胜任力特征的结构。

1. 冰山模型

为了说明胜任力模型对个人工作表现的强大功能，学者们提出了著名的胜任力冰山模型，将某一个岗位所需要的素质与能力划分为浮在水面的“冰山上部分”和深藏在水下的“冰山下部分”（见图 13-1）。[①] 冰山上部分是指知识、技能，是基准特征，这部分难以预测工作表现。冰山下部分是动

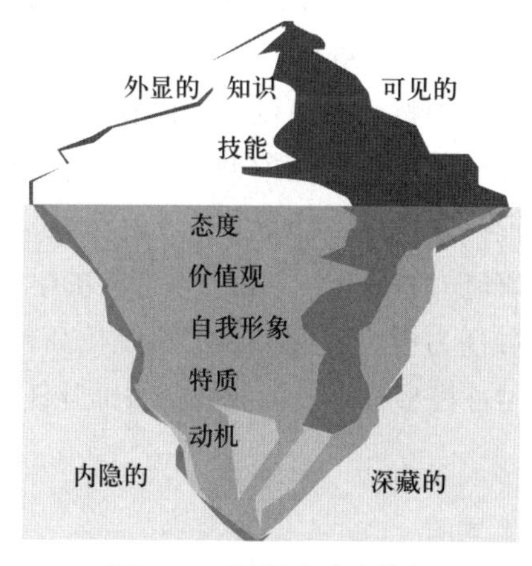

图 13-1　胜任力冰山模型

① 时勘. 基于胜任特征模型的人力资源开发［J］. 心理科学进展，2006（4）：586-595.

机、特质、自我形象、态度、价值观等胜任力特征，它对人们在某一职位角色上的行为与表现起到关键性作用。

2. 洋葱模型

在冰山模型的基础上，为了进一步说明胜任力模型中胜任力的不同层次与结构，并凸显核心胜任力的作用，鲍耶兹（Boyatzis）提出了胜任力的另一个经典模型——洋葱模型。在洋葱模型中，胜任力由内至外，培养难度逐层降低，依次是动机、特质，自我形象，态度、价值观，知识、技能（见图 13-2）。与冰山模型相比，洋葱模型更突出显性素质与潜在素质的层次。

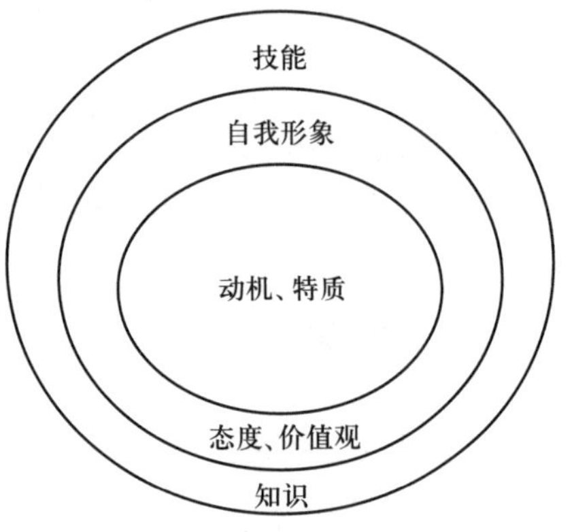

图 13-2　胜任力洋葱模型

二、高校教师的胜任力

根据胜任力的一般概念，高校教师胜任力是成功实施大学教育教学、科学研究和社会服务等职业活动需要具备的内在素质，包括自我概念、特质、动机以及相关的人格特点等。这些胜任力特征能将表现优秀的高校教师与表现一般的普通高校教师区分开来。教师胜任力的研究也随着时代的变化而不断发展。

视窗 13-1
教师胜任力研究进展

目前对高校教师胜任力的研究有三个方面。第一，有的学者根据高校教师的工作性质和所需要具备的能力，认为高校教师胜任力是一个涵盖基础胜任力、教学胜任力、科研胜任力和创新胜任力等四个结构维度的综合性、多元结构概念，能够对高校教师工作绩效进行有效的预测。[①] 第二，有的学者则根据高校教师所需要具备的心理特征对高校教师胜任力特征进行了探索，虽然不同学者建立的高校教师胜任力特征模型有所差异，但这些模型中包含了一些共性的胜任力特征：尽责性、创新力、成就动机、进取心、学习能力、关系建立、自信、科研能力和尊重。[②] 第三，还有的学者从不同类型的高校教师来建构高校教师胜任力模型，例如，工科院校高校教师胜任力特征模型、思政教师胜任力特征模型、高校创业教育教师胜任力模型等。

视窗 13-2
高校创业教育教师胜任力

① 曹志峰. 高校教师胜任力与工作绩效关系研究［D］. 南京：南京大学，2018.

② 何齐宗. 我国高校教师胜任力研究：进展与思考［J］. 高等教育研究，2014，35（10）：38-45.

三、高校教师胜任力的培养

（一）招聘符合高校教师胜任力特征的教师

在教师招聘和选择上，高校管理部门需要将高校教师胜任力特征纳入招聘体系中。目前对高校教师的招聘大多集中于高校教师的学历背景和科研成果，对其深层次的鉴别性特征的考察不多。对高校而言，如在招聘和教师的选择环节考察应聘人员是否具备该教师岗位的胜任力特征，这些符合要求的"准教师"在未来的教学和科研工作中可能产生较高的教学和科研绩效。

对于"准教师"而言，在求职之前需要了解自己的能力和特征，对照相关教师岗位的胜任力特征进行分析，则更可能找到匹配自己能力和人格特征的工作岗位。人与岗位的匹配会激发高校教师的工作动机，提高他们的工作满意度和工作绩效。

（二）根据高校教师胜任力特征进行培训

高校教师的入职和在职培训不仅有助于教师适应工作角色，还有助于提高教师的工作能力。可以将高校教师胜任力的培养纳入教师培训中，开发针对胜任力特征培养的各类培训课程。同时，高校可以适当开展针对教师的职业指导类培训，一方面使教师了解自身的特征，另一方面，指导教师分析自己与现有岗位的胜任力的匹配程度，使高校教师对自己的当前状态和目标状态有更为清晰的认知。这些策略不仅可以有针对性地提升教师的胜任力，使他们能够更加适应工作，还会使老师们在培训中产生获得感，从而提升他们对高校教师工作的意义感。

（三）将高校教师胜任力特征纳入考核系统

对于一些高校教师而言，其教学绩效（如教学课时量）难以全面反映其对教学的投入和成果；而科研成果的产出也具有一定周期性，特别对于青年教师而言，短期内科研产出成果不多。以上原因可能造成基本的考核指标无法全面考核高校教师的工作能力和对工作的投入程度。将高校教师胜任力特征作为指标纳入考核体系，有助于对高校教师进行更为全面的评价。对于高校教师而言，这不仅可以激发教师的工作动机，还可以促进教师的个人发展，因为通过及时的过程反馈，相关部门可提醒教师对照胜任力特征，分析自己的进步与不足，同时管理部门给予教师组织支持，提升自己的胜任力。

第二节　高校教师的工作动机

人们的工作行为直接来自其工作动机。工作动机是如何产生的？对于高校教师而言，应该如何提高工作动机？本节围绕上述问题，详细介绍高校教师的工作动机。

一、工作动机的概述

（一）工作动机概念

动机是指由一定的目标引导、维持和激发个体活动的内在心理过程或内部动力（参考第四章第一节动机的定义）。本节关注教师的工作动机。

在动机的定义中有三个关键要素：强度、方向和持续性。强度指的是个体试图付出多大的努力。当谈到动机时，大多数人都会关注这个要素。但高强度的动机不一定会带来令人满意的工作业绩，除非这种努力指向有利于组织的方向（参考第四章耶克斯—多德森定律）。因此，不仅要考虑努力的强度，还要考虑努力的方向。动机还有一个持续性维度。它测量的是个体的努力可能维持多长时间。受到激励的个体可以长时间从事某项工作以实现自己的目标。

（二）工作动机理论

1. 双因素理论

双因素理论，也被称为激励—保健理论，是由心理学家赫茨伯格（Frederick Herzberg）提出的。他认为，个体与其工作的关系是一种基本关系，而个体对工作的态度在很大程度上决定了工作成功与否。赫茨伯格指出，对工作满意的对立面并不是对工作不满意，满意和不满意并不是此消彼长的关系，影响它们的是两类不同的因素，分属两套作用机制：“满意”的对立面是“没有满意”，“不满意”的对立面是“没有不满意”。因此，消除了工作中的不满意因素并不一定会让工作变得令人满意（见图 13–3）。

赫茨伯格把管理质量、薪酬水平、公司政策、工作环境、与他人的关系和工作稳定性这些因素概括为保健因素。当这些因素得到充分满足时，员工便没有了不满意感，但也不会因此而感到满意。对于高校教师而言，当获得基本的经济和地位保障、良好的人际关系、安全的工作环境等条件时，他们便对工作没有不满意感，但这些因素不足以激励他们努力工作。相反，如果高校教师没有稳定的经济和地位保障、在工作中的人际关系不佳或者工作环境常常让其感受到不安全，那么，这些高校教师会对自己的工作产生不满意感，严重的话，会导致他们放弃这份工作。

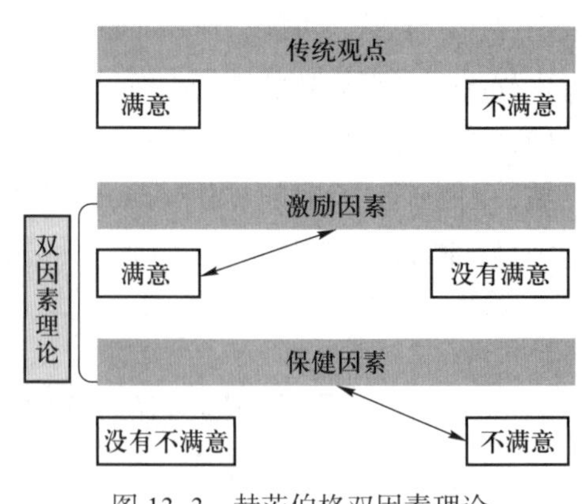

图 13–3　赫茨伯格双因素理论

要想激励员工积极从事工作，必须重视

与工作本身有关的因素或是与工作的直接结果有关的因素，例如晋升机会、个人成长机会、认可、职责和成就，这些因素被称为激励因素。人们发现这些因素对员工具有内在奖赏性，能够激发员工的工作积极性和热情，提高工作效率。如果高校教师在工作中能常常体验到个人的成长、获得学生和领导的认可、获得教学和科研的成果，那么高校教师会对自己的工作产生满意感，这种满意感会激励他们更加努力地工作。

激励—保健因素的比较见表 13–1。

表 13–1　激励—保健因素的比较

项目	激励因素	保健因素
满足和不满足的源泉	工作性质 工作本身 工作标准	工作条件 工作环境 非个人标准
显示出来的需要	成就、成长、责任、赏识	物质、社交、身份地位、经济
具体内容	工作上的成就感 工作中得到的认可和赞赏 工作本身的挑战和兴趣 个人成长、晋升的机会	薪酬、职务、地位 与同事及领导的人际关系 工作安全感

2. 需求理论

麦克里兰的需求理论由麦克里兰及其同事们提出。该理论主要关注三种需求：成就需求、权力需求和归属需求。其中成就需求是指人们希望不断进步、做得更好来取得成就、获得成功的需求；权力需求是人们希望能够影响他人、控制他人，使他人以自己所希望的方式行事的需求；归属需求则是建立友好、亲密的人际关系的需求。

麦克里兰认为，不同的人对这三种需求的排列层次和所占比重是不同的，被环境激活的需要决定了个人的行为。在这三种需求中，麦克里兰及其同事们最关注的是成就需求。当高成就需求者感觉到一项任务的成功可能性是 0.5（也就是说，只有 50% 的成功机会）时，他们会表现得最好。他们不喜欢偶然性过高的赌博，因为从纯属偶然的成功中他们得不到任何成就满足感。同样，他们也不喜欢偶然性过低（成功概率过高）的任务，因为那样对他们的技能水平不具有任何挑战性。在设置目标时，他们喜欢那些需要付出一定努力才能实现的目标（参考第四章成就动机理论）。

如果一名高校教师具有高成就动机，那么为其设置具有一定难度的教学和科研目标，并及时对其进行反馈，这可以激发该教师的工作动机。相反，如果一名高校教师的成就动机较低，那么为其设定容易达成且风险较小的教学和科研目标更能激发其工作动机。

3. 自我决定理论

20 世纪 70 年代，德西（Deci）和瑞安（Ryan）基于外部奖励如何影响内在动机的实验研究，整合人类内化理论、个体因果定向等理论，于1985年提出了自我决定理论。该理论认为，人们喜欢感觉到他们能控制自己的行动，因而任何事情，当它使自己以前享受的任务变得更像是一种义务而非自主选择的活动时，都会破坏动机。当将金钱作为外部奖励时，这种外部奖励倾向于降低个体的内部动机，如当人们从事有偿工作时，该工作就更像是他们不得不做的事情，而不是他们想做的事情。当外部奖励消除时，个体对自己从事一项工作的动机的看法也会产生变化——从外部解释转变为内部解释。

高校教师教学工作动机包括：内在的教育情怀、对教学的兴趣以及外在的完成高校对教师授课课时量的要求、达到学校对教师的教学评价等。科研工作动机包括：外部的学术评价、职称晋升制度、科研评价机制，以及高校教师个体内在的科研兴趣等。分清高校教师主导的工作动机是内部动机还是外部动机，对于有效激励他们非常重要，根据自我决定理论，如果忽视教师内外动机主导型，可能会起到相反作用。例如，有学者认为高校教师科研内部动机对其科研成果的产出量有积极影响，而过度的外在科研导向对促进高校教师的科研产出影响不显著。还有研究者认为，奖励、评价、监督等外部激励不仅会削弱个体的内在动机，还会降低个体的创造力、认知灵活性等。

4. 期望理论

弗鲁姆（Victor Vroom）的期望理论认为，人们以某种特定的方式行事的意愿强度取决于他们对某种特定结果及其吸引力的期望程度。期望理论主要关注三种关系：努力—绩效关系、绩效—奖励关系和奖励—个人目标关系。努力—绩效关系是指人们相信某种特定程度的努力可以实现某种绩效水平的程度；绩效—奖励关系是指个体相信某种特定的绩效水平可带来理想结果的程度；奖励—个人目标关系是指工作中的奖励可满足个人目标或个人需求的程度，以及这些潜在的奖励对个体的吸引力。

根据期望理论，设置对高校教师的绩效奖励时，首先要保证高校教师对工作付出的努力获得相应的绩效评价，如公平的绩效评估机制。其次，要保证高校教师高的绩效评价所带来的奖励对教师们是有吸引力的。

二、激发高校教师的工作动机

（一）提升工作意义感

当工作具有技能多样性、任务完整性和任务重要性三个特征时，从事该工作的任职者会认为他们的工作是重要的、有价值的和有意义的。技能多样性是指一份工作要求任职者使用专门的知识和技能才能完成。任务完整性是指一份工作要求完成一项完整的、可辨识的认知。任务重要性是指一份工作对他人生活或工作的实际影响。

对于高校教师而言，第一，当教师认识到自己的科研工作需要该领域专门的知识和技能才能推进，自己对大学生的教学工作也需要特别的教学技能时，高校教师会体验到自己工作技能的多样性。第二，当高校教师了解自己的科研和教学工作涉及从设计到实施整个过程时，他们会体验到任务的完整性特征。第三，如果高校教师认识到他们的工作对大学生培养或促进某个领域科学研究进步的重要性时，他们会认识到自己工作的重要性。所以，通过加深高校教师对自己工作特征的认识，会提高他们的工作意义感，进而激发高校教师的内在工作动机。

（二）提高工作自主性

工作自主性是指一份工作为任职者在安排工作内容、确定工作程序方面提供的自由度、独立性和自主权。如果任职者对自己的工作具有自主性，那么他们会感到自己对工作结果负有责任。对于高校教师而言，应该适度给予他们工作的自主性，例如，在教学内容上的自主安排、科研管理上给予他们一定的自主性等。这些将提升教师对自己工作的责任感，进而激发其工作动机。

（三）给予及时反馈

反馈是指任职者在完成任务的过程中，在多大程度上可以直接、明确地获得关于自己工作绩效的信息。高反馈的例子是定期对高校教师的教学进行评估和反馈，这样教师们就会了解自己的工作效果如何，他们会体验到更多的责任感，从而能很好地从事相关工作。

（四）参与决策

任职者参与是指利用任职者对工作的投入来增强他们对组织的承诺。如果让任职者参与那些能够对他们产生影响的决策，并增加他们对其工作生活的自主权和控制程度，那么他们会变得更加有积极性，对自己的工作也就更加满意。当前高校设有教师代表大会，这即是任职者参与决策的典型例子，在教代会上，教师会对与切身利益相关的决策进行讨论，在这一过程中，不仅提升了教师的主人翁地位，还让教师对相关决策有自主权，提升教师的工作积极性。

第三节　教师的成长：从新手到专家

教师在初入职场后会经历一段时间的成长，不同的成长阶段有不同的特点和任务。了解教师成长阶段的全程可以帮助教师更好地适应环境。

一、教师成长历程

（一）教师成长的理论

1. 福勒和布朗的生涯关注理论

福勒（Fuller）和布朗（Brown）根据教师的需要和不同时期关注的焦点，把教师成长划分为关注生存阶段、关注情境阶段和关注学生阶段。

（1）关注生存阶段

刚入职的教师面临的是一个教师专业发展的关键期，这一阶段的突出特点是“骤变与适应”。教师面对着自己新角色的适应，关注的焦点是自下而上的适应性。特别是对高校教师而言，角色的适应性显得尤为重要。当前高校教师大多都是博士毕业生，在入职前，他们长期的角色是“学生”，入职后他们的角色转换为“教师”。如何进行班级教学、激发学生动机、处理个别差异、评价学生作业是这一阶段教师常遇到的问题。在科研工作上，以往在读研究生时期，高校教师都是“两耳不闻窗外事”地专心于科学研究，但入职后，高校教师要平衡教学、指导学生和科研之间的关系，这也是新入职高校教师遇到的问题。这些由适应不良导致的问题，使他们常感到自己并未做好担任教师的专业准备，由此引发了初任教师强烈的职业焦虑和无助感，而对于专业知识与能力的发展，他们往往难以顾及。

（2）关注情境阶段

在顺利度过关注生存阶段之后，教师进入了关注情境的阶段。随着教学基本“生存”知识、技能的掌握，教师的自信心也日渐增强，由关注自我的生存，转到更多地关注教学情境。在这一阶段，教师关注的是如何教好每一堂课的内容，如何平衡教学育人和科研工作的关系，他们总是关心时间压力和备课材料是否充分等与教学情境有关的问题。

（3）关注学生阶段

随着教师对常规教学的逐渐熟悉，教师的专业自信越来越强，注意力也可以更多地转移到常规教学设计以外的对象。这时教师开始尝试通过自己的教学对学生产生影响，使自己教的内容逐步适应学生的现有水平和需要，从而进入关注学生阶段。

在这一阶段，教师会考虑学生的个别差异，认识到不同发展水平的学生有不同需要，某些教学材料和方式不一定适合所有学生。作为高校教师，在这一阶段可能有效地将学生培养、科研工作融会贯通。当然，也有一部分教师从未进入第三阶段。

2. 伯利纳和德瑞福斯的教师成长五阶段理论

伯利纳（Berliner）在德瑞福斯（Dreyfus）理论的基础上，从教师专业发展角度进行划分，提出教师的成长大致可分为五个阶段。

（1）新手阶段

实习教师和刚从学校毕业的新教师属于这个阶段。他们一般都经过系统的教师教育与专业学习，但是还缺乏实际教育教学经验。他们的主要特征是：第一，理性化，新手教师通常是在分析和思考的基础上处理问题；第二，缺乏灵活性，新手教师处理问题时缺乏经验，比较机械死板；第三，刻板性，新手教师都是刻板地依赖特定的原则、规范和计划。他们最需要的是积累各种实践经验。

（2）优秀新手阶段

一般具有二三年教龄的教师处于这一阶段。这个阶段的教师通过一段时间的实践工作积累了一些经验，意识到教学环境的相似性。有四个方面的特征：第一，实践经验与书本知识逐渐整合，开始逐步掌握教学过程的内在联系；第二，教学方法和策略方面的知识与经验有所提高，处理问题表现出一定的灵活性；第三，经验对教学行为的指导作用提高，但还不能很好地区分教学情境中的重要信息和无关信息；第四，对自己的教学行为还缺乏一定的责任感。

（3）胜任阶段

从时间上讲，大部分新手教师工作3～4年就可以成为胜任教师。这是教师发展的基本目标。其特征是：第一，教学行为有明确的目的性；第二，能够区分出教学情况中的重要信息，并选择有效的方法或手段达到教学目标；第三，对自己的行为结果表现出更多的责任心，对于教学的成败表现出强烈的情绪情感反应；第四，教学行为还没有达到快捷性、流畅性、灵活性的程度。

（4）熟练阶段

大约再需要5年的知识与经验积累，有一定数量的教师进入了熟练阶段。突出特征是：第一，具有较强的直觉判断能力。这种直觉判断能力使他们能对教学中出现的与以往教学情境类似的情况进行判断，并做出适宜的反应；第二，教学技能接近自动化水平；第三，教学行为已到了快捷、流畅和灵活的程度。

（5）专家阶段

有一定数量的教师可以达到熟练阶段，但能进入专家阶段的教师就不多了。专家型教师有两个特点：第一，观察教学情境和处理事物是非理性的，而是直觉型的，不需要进行仔细的分析和思考，凭他们的经验便能准确地发现问题并采取适当的解决方法；第二，教学技能完全自动化。他们对教学情境中的问题的解决不仅达到了快捷、流畅和灵活的程度，而且已经达到了完全自动化的水平。

（二）教师职业角色的形成阶段

一般认为，教师职业角色的形成可以分为三个阶段。

1. 角色认知阶段

角色认知指角色扮演者对某一角色行为规范的认识和了解，知道哪些行为是正确的，哪些行为是不合适的。这一阶段，主要表现为能了解教师职业角色所承担的社会责任，能将教师所充当的角色与社会上其他职业角色区分开。如高校教师在正式成为教师之前，由于长期与教师进行人际互动，所以他们对未来将要充当的教师角色有所认识，但这时还停留在抽象的理性认识上。

2. 角色认同阶段

角色认同指人们通过亲身体验并接受某种社会角色所承担的社会职责，并用角色规范来控制和衡量自己的行为。对教师角色的认同，不仅表现在在认识上了解了教师角色的行为规范，而且表现在在情感上有了较深的体验。一般来说，对教师角色的认同，是在个人正式成为教师，有了教育实践经验后才能真正达到。

3. 角色信念阶段

角色信念是指人们将角色的社会期望转化为个体的心理需要，坚信其正确性，并以此作为规范自己行为的指南。教师在角色扮演中，将职业角色的社会要求转化为个体的心理需要，这时教师坚信自己对教师职业的认识是正确的，并将其作为规范自己行为的指南，形成了教师特有的自尊心和荣誉感。教师职业角色信念一旦形成，就会坚信教师职业是一种神圣而光荣的职业，表现出对教育工作的无限热忱和执着忘我的敬业精神。

二、教师成长培养的途径

（一）系统的理论学习

新手教师在成长过程中，一定要进行相关理论知识的学习，这包括：所任学科的知识、教师职业有关的知识、教师基础理论知识、教育实践的基本技术与方法的知识、现代教育技术知识、操作性实践与指导知识以及教育科研的知识，等等。通过学习，有助于新手教师胜任自己的工作。斯滕伯格认为，专家型教师所拥有的专业知识类型包括如下三类。

1. 内容知识

内容知识即有关所授学科内容的知识。这些知识，新手教师可以通过以内容为基础的课程和学校外的经验获得。

2. 教育学知识

教育学知识即怎样进行教学的知识，一般包括如何提高学生的学习动机，如何在课堂上管理不同水平的学生，以及如何设计和实施考试等。这种知识也可以从通用理论学习，如对教育心理学知识的相关培训中获得。

3. 特定内容的教育学知识

特定内容的教育学知识即怎样对所教的具体内容进行教学的知识，怎样解释一个具体概念，怎样说明和解释某个过程和方法，怎样纠正学生在学科知识上的一些错误理论和概念，等等。这些都可以通过系统的理论学习来掌握。

（二）课堂教学观摩

对新手教师而言，成为专家型教师的一个重要途径是进行课堂教学观摩和分析，尤其是对专家型教师的课堂教学进行观摩和分析。课堂教学观摩可以是有组织化（有计划、有目的）的，也可以是非组织化的。一般而言，为培养新教师和教学经验欠缺的年轻教师，宜进行组织化观摩，这种观摩可以是现场观摩（如组织听课），也可以是观看优秀教师的教学视频。非组织化观摩要求观摩者有相当完备的理论知识和洞察力，否则难以达到观摩学习的目的。

（三）微型教学实践

微型教学是指通过自己实际进行教学而获得丰富经验，这是提高教学水平的另一重要途径。但是，一开始就以40～50人的学生为对象进行正规的一个课时的课堂教学，对经验较少的新手来说，是一件困难的事。在这种情况下，可以采用微型教学，即以少数学生为对象，在较短时间内（5～20分钟），尝试做小型的课堂教学，可以把这种教学过程摄制成录像，在课后再进行分析。

（四）教学决策训练

教学过程中包含着一系列决策，判断自己的教学行为引起的学生的反应是否符合期望，如果符合就继续维持自己的行为；如果不符合，就要采取一定的预防和矫正措施。通过让教师或实习生进行教学决策训练，可以提高教师的教学能力。特韦克尔（Twelker）设计了决策训练的程序。事先向接受训练的教师提供有关所教班级的各种信息，包括学业水平、学习风格、班级气氛等。然后，再让他们观看教学录像，从中吸取自己认为重要的成分。在此过程中，指导者一面呈现出更恰当的行为，一面给以说明，让新手教师获得近乎实际的上课经验，而且可以获得指导者的及时解释和说明。通过这种方法，不仅可以改善他们的教学行为，还可以使他们对决策的有效线索更加敏感。

（五）教学反思训练

通过教学反思训练来提高教师的教学水平是近年来教师心理研究的一个重要课题。

1. 教学反思的含义

教学反思是教师以自己的教学活动过程为思考对象，对自己所做出的行为、决策以及由此所产生的结果进行审视和分析的过程，是一种通过提高参与者的自我觉察水平来促进能力发展的途径。这里所说的反思不是一个人独处放松，而是一种需要认真思索并付出极大努力的过程，而且常常需要其他教师合作进行；它也不是简单的教学经验的总结，而是伴随整个教学过程的监视、分析和解决问题的活动。

2. 教学反思的内容

基利昂（Killion）和托尼姆（Todnem）提出教师的反思包括三方面的内容：第一，对于活动的反思，指个体在行为完成之后对自己的行动、想法和做法的反思；第二，活动中的反思，指个体在做出行为的过程中对自己在活动中的表现、想法、做法进行反思；第三，为活动反思，指个体以上述两种反思为基础，总结经验，指导以后的活动。研究表明，教师通过对自己的教学进行反思，在教学活动中扮演双重角色，既当演员，又当评论家，有助于提高自身的教学能力。

3. 教学反思的过程或环节

教学反思的进行经历了四个阶段：第一，具体经验阶段，该阶段的具体任务是使教师意识到问题的存在，并明确问题情境；第二，观摩与分析阶段，教师广泛收集并分析有关的经验，特别是关于自己活动的信息，以批判的眼光反观自身，包括自己的思想、行为、信念、价值观、目的、态度和情感等，并进行分析，明确问题的根源所在；第三，重新概括阶段，教师在观察分析的基础上，反思旧思想，并积极寻找新思想与新策略来解决所面临的问题；第四，积极的验证阶段，检验以上阶段所形成的概括的行为和假设。在这四个阶段中，反思最集中地体现在观察和分析阶段，但它只有与其他环节结合起来才会更好地发挥作用。

4. 教学反思的方法

教师的教学反思可以有多种方法。如布鲁巴克（Blubacher）等人提出了以下方法：① 写反思日记，在一天的教学工作结束后，写下自己的经验，并与指导教师共同分析；② 详细描述，教师相互观摩彼此的教学，详细描述他们所看到的情景，并对此进行分析和讨论；③ 交流讨论，来自不同学校的教师聚集在一起，首先提出课堂上发生的问题，然后共同讨论解决的办法，最后得到的方案为所有教师及其他学校所共享；④ 行动研究，为弄明白课堂上遇到的问题的实质，探索用以改进教学的行动方案，教师以及研究者合作进行调查和实验研究。

第四节　高校教师压力管理

经常听到“压力危害健康”的说法，虽然此话道出了一个不可否认的现实，但也忽略了压力具备的双刃剑效应。正确看待压力，及时调适压力，是高校教师的必修课。

一、工作压力的概念

在管理学和组织行为学的研究领域中，学者关注工作的压力问题，并将其称为工作压力。基于刺激的定义，工作压力即工作环境中可能引发压力的工作事件；基于反应的定义，工作压力是对工作环境的反应，如：焦虑、失眠等；基于刺激—反应交互作用的定义，工作压力是对负性工作环境知觉后的反应。也有研究者，如卡普兰（Caplan）将工作压力定义为工作环境特性对个体造成威胁的后果。工作压力的来源一般包括工作负荷、工作复杂程度、角色冲突等。

压力本身未必是一件坏事。尽管我们通常从负面的角度来讨论压力，但其实它也有积极的价值。它有可能为我们提供潜在的收益。例如，高校教师接受年度绩效评估时，会感受到压力，但一份优秀的绩效评定结果可能会导致晋升、更大的责任和更高的薪水。

二、工作压力的理论

（一）认知—评价理论

拉扎勒斯（Lazarus）提出了情绪认知评价理论，该理论关注个体评估情境压力所产生的情绪体验，以及情绪对个体态度与行为的影响。具体来说，当潜在的压力源出现时，个体首先会评估该压力源对自己潜在的威胁或挑战，其次会评估自身的应对能力等，最终产生特定的情绪，并且这种情绪会进一步影响个体后续的行为。

为更加准确地描述不同离散情绪的产生过程，情绪的认知评价理论提出了情绪产生的初评价和次评价两个过程（见表 13–2）。

表 13–2　情绪认知评价理论的两评价阶段

	评价内容	作用
初评价	目标相关性、目标一致性或冲突	情绪的效价
次评价	责任归因、应对可行性、未来预期	情绪能否产生

1. 初评价

初评价侧重事件的相关性和效价。目标相关性关注事件与自身目标是否相关，这是情绪产生的前提，且情绪的强度与目标的重要性相关，通常目标对个体越重要，个体的情绪强度也越大。目标一致性或目标冲突关注事件的效价，事件是促进自身目标还是阻碍其目标，事件对自身有益的还是有害的，这也决定了情绪的效价。如果评价表明事件与个体目标不一致，且伤害或威胁已经发生，个体将产生消极情绪；反之如果评价表明事件与目标一致，积极情绪将产生。例如，甲、乙两名高校教师都遇到了同事关系问题，但教师甲认为，自己与同事的人际关系问题对自己教学和科研工作没有影响，此时这一问题对教师甲而言就不会造成压力；相反，教师乙认为，自己与同事的人际关系问题已经影响到自己的本职工作，那么，这时人际关系问题就可能成为教师乙的压力事件。

2. 次评价

次评价阶段，个体会对事件有更多意义上的分析，该阶段个体会产生情绪和应对方式。此阶段具体包括责任归因、应对可行性和未来预期三个方面的评估。责任归因是指对他人对伤害、威胁或利益是否负有责任，以及他人在多大程度上能够控制该行为的评价，它在指责与表扬事件的评价过程中发挥着关键作用，由于归因不同，同一事件可能使不同个体产生愤怒、内疚、羞愧或骄傲等不同的情绪。应对可行性涉及个体对能否以及采取何种措施应对威胁事件的评价。未来预期则关注自身应对策略的有效性，即个体采取一定措施应对后，对事情是否会朝着好的方向发展或朝着更糟的方向变化的设想。例如，前例中的教师乙对自己人际关系问题的归因不恰当（如认为都是他人的责任），那么该教师可能产生消极情绪（如愤怒）和消极的应对方式（如回避人际交往）。

（二）自我损耗理论

鲍迈斯特（Baumeister）等人，基于自我控制的研究，提出了自我损耗理论。该理论认为，心理资源对自我的执行功能（包括自我控制、审慎的选择、主动性行为）是不可或缺的，且所有的执行功能需要的是同一种资源，一个领域的资源损耗会减少另一领域的可用资源。

自我控制对于个体而言至关重要，然而，自我控制并不是没有代价的，个体进行自我调节需要消耗心理资源，心理资源是涉及个体控制和改变自然发生的情绪、行为和心理状态的心理努力，是推动个体开展和坚持目标导向活动的关键个人资源。自我控制的过程就是消耗心理能量的过程，消耗后需要一段时间才能恢复，类似于肌肉疲劳后需要休息才能恢复。

自我损耗指的是由于先前意志活动导致个体资源不足而在随后意志活动中能力或意愿的暂时下降。根据自我损耗理论，当个体执行需要付出努力、进行自我控制的活动时，诸如“控制想法”、“精力付出”和“复杂决策”等活动，个体随之进入自我损耗状态。而资源被大量地消耗会削弱个体的自我能力，这可能会使他们难以调节自己的行为以符合社会规范，也就是说，个体一旦经历了消耗大量心理资源的活动而没有及时对资源进行补充，就可能会导致接下来的自我控制行为失败。

随着自我损耗资源理论的不断完善和学者们对心理资源重要性的关注，自我损耗理论已经逐渐应用在教育学、健康及咨询心理学、管理心理学等领域。基于自我损耗理论的研究发现，良好的自我控制对于提高管理者自身相关能力、导致更好的绩效、合理的管理策略和避免不当行为至关重要。

高校教师作为教学活动的主要实施者，一方面要面临教学科研的压力，另一方面要面临职称晋升的压力，他们在应对这两大压力时会消耗其心理资源。如果此时他们“资源池”中所消耗的心理资源未得到及时补充，那么他们会产生自我耗竭，这最终可能导致他们在后续任务中表现下降，可能出现高校教师教学质量下降、身心亚健康等问题。

三、高校教师的工作压力

高校教师的工作压力主要与社会发展的要求、工作环境、家庭氛围以及教师自身特征有关。

（一）社会的快速发展对高校教师提出了新的要求

首先，现代社会的快速发展带动科学研究的快速发展，这迫使高校教师不断更新和拓展自己的知识储备。其次，现代社会网络与信息技术的快速发展对高校教师教学策略提出了新的要求，高校教师要不断适应各种新的教学技术和方法。最后，面对“00”后新一代的大学生，高校教师要把握新一代大学生的心理特点，不断调整教学方法，以满足教书育人的目标。如高校教师无法应对这些新的要求，他们会体验较高程度的工作压力。

（二）高校工作环境对教师的影响

高校作为高校教师的日常工作环境，其氛围和管理体系直接影响教师的工作压力。当教师处于一个教学任务繁重、科研要求高、职称晋升条件高、绩效考评不合理的工作环境时，教师的心理资源会不断被损耗，这最终损害高校教师的心理健康。

（三）高校教师家庭氛围的影响

高校教师的家庭氛围也可能影响其压力感，如果教师缺乏家庭的情感支持、无法与家人有效沟通都会造成他们体验较强压力感。同时，高校教师可能面临工作—家庭冲突的问题，当家庭中的角色与教师角色冲突，且教师无法平衡时，教师可能体验较强的压力感。尤其是在网络时代，高校教师在家上网课，此时由于处于家庭环境，他们不得不承担家庭义务，而这可能与工作任务相冲突，这会消耗他们的个人资源。

视窗 13-3 高校教师的工作—家庭冲突

（四）高校教师自身的特点

教师作为感受工作压力的主体，其自身特征也是一项重要影响因素，当教师不能协调好家庭和工作之间的关系，或者对工作中的人际关系处理不当时，他们进而产生压力感、倦怠感。教师的心理韧性也会影响教师对压力的感知，心理韧性是指当人面临人生的丧失，困难或身处逆境仍然能够有效地应对和适应的程度。当教师的心理韧性较弱时，他们难以应对这些工作压力，进而产生心理健康问题。

四、高校教师压力管理的策略

虽然高校教师有来自教书育人、科研创新和社会服务等工作的压力，但是可从外部环境和高校教师自身两个方面寻求压力管理的策略。

（一）改善外部环境

1. 在组织层面

一方面，高校要关注教师的心理健康和压力问题，加强对教师个人的心理培训，适时地组织活动进行心理干预。另一方面，有必要不断完善学校教学和科研环境，调整学校管理体系和不合理的教学和科研考评机制，学校应时刻为教师考虑。

2. 在家庭层面

应该鼓励高校教师多花时间和家人在一起，与家人进行有效的沟通。通过家庭辅导促进教师形成真诚地向家人表达感情并成为习惯，帮助教师营造理解、温暖的家庭氛围。

（二）学会个人心理调适

1. 改变认知

20 世纪 50 年代美国心理学家艾利斯在美国创立了合理情绪疗法，ABC 理论是它的基本观点。在 ABC 理论模式中，A 是指诱发性事件；B 是指个体在遇到诱发事件之后相应而生的信念，即个体对这一事件的看法、解释和评价；C 是指特定情景下，个体的情绪及行为的结果。所以根据 ABC 理论，事件本身不决定人们的感受，人们的感受取决于人们对该事件的解释，人们对事件的解释影响人们的情绪与行为反应。因此，改变对压力事件的认知和解释，可以缓解我们对压力的感知。

（1）我们需要识别和驳斥自己不合理的信念

例如某位压力较大的高校教师因为没能平衡好教学和科研工作，导致考核时没达到自己期望的结果，该老师认为自己是个“毫无价值的失败者”。此时，对该不合理信念的辨别和驳斥是“一次考核没到自己理想的结果就说明自己是个毫无价值的失败者吗？”

（2）改变对压力事件的看法，将压力事件视作提升自己能力的契机

研究者将工作压力分为挑战性压力和阻碍性压力。挑战性压力是指由于工作任务紧迫性或者时间紧迫性、工作职责与范围以及工作复杂度等因素造成的压力。当人们认为自己有能力克服这些压力的时候，挑战性压力会促进人们提高工作能力、发掘工作潜力、提高工作创造力。阻断性压力是指由于工作中的人际冲突、工作任务的模糊或者工作环境中的不安全感导致的压力。当人们认为自己现有的资源难以应对这些压力的时候，阻断性压力会降低工作绩效，同时损害心理健康水平。当外界协助教师重新认识压力事件，认为自己的教学和科研工作本身具有意义和价值，那么教师会将阻断性压力转为挑战性压力。

视窗 13-4 挑战性压力和阻断性压力

2. 心理脱离

工作者在非工作时间，完全不思考工作的事情，叫作心理脱离。心理脱离是帮助工作

者恢复心理资源的有效途径。所以，当高校教师感到承受较大工作压力时，可以在某个非工作时间内，“屏蔽”与工作相关的信息，以此进行身心恢复。

3. 寻求社会支持

社会支持是指由他人提供的应对资源，社会支持可以使个体提高掌控境遇的能力，保护个人免于因压力而造成病症。社会支持包括他人的情感关怀（即表达关心、爱意和共情，使人感到信任与温暖），工具性支持（即提供物质资源、财力帮助或所需服务等），信息支持（即提供相关的信息以帮助个体应对当前的困难，一般采用建议或指导的形式），同伴性支持（即能够与他人共度时光，从事娱乐或消遣活动）。

当高校教师体验较大工作压力时，他们可以寻求自己的社会支持系统，例如，自己的家人、朋友、师长等。在寻求社会支持的过程中，教师可能会得到来自家人和朋友的情感关怀和认同，也可能得到来自师长的工具性支持，例如为其解答某个困惑等。

4. 改善不良情绪

第一，高校教师可以通过各种方式适当宣泄自己的不良情绪和压力。例如，与平时最信任、最喜欢的朋友进行交谈或倾诉，将心中的委屈、压抑、担心、焦虑统统说出来；把愤怒或羞于启齿的方面写下来，过后毁掉；进行剧烈运动；等等。

第二，通过表情动作和身体动作训练来改善情绪。具身认知相关研究结果发现，做出微笑表情的被试会体验到更高的积极情绪。所以，可以鼓励高校教师做出微笑表情，来一定程度地改善他们的负性情绪。

【复习思考题】

1. 试根据自我决定理论，分析如何有效激发高校教师的工作动机。
2. 高校教师为何体验到消极情绪和压力？哪些策略可以缓解他们的压力？
3. 请根据自我损耗理论解释为何当前高校教师面临工作压力和心理健康问题。

【推荐阅读】

1. 何齐宗. 教师胜任力实证研究［M］. 北京：中国社会科学出版社，2019.

2. 李臻. 新时代高校教师胜任力研究：新时代高校教师师德师能“双提升”发展机制研究［M］. 北京：旅游教育出版社，2020.

3. 石梅. 积极心理学视阈下的教师心理适应性研究［M］. 北京：中国书籍出版社，2021.

4. 王强. 教师胜任力发展模式论［M］. 上海：华东师范大学出版社，2011.

后　记

高等学校教师承载着传播知识、传播思想、传播真理，塑造灵魂、塑造生命、塑造新人的时代重任。这要求高校教师要从服务中国高等教育事业发展的大视野和助力国家重大战略需求发展的使命职责出发，真正把为学、为事、为人统一起来，当好学生成长的引路人。

高校青年教师作为高教战线的新鲜血液，他们中的绝大多数虽然受过良好的政治思想教育和专业素质训练，学历层次高，专业知识过硬，科研创新能力强，但却普遍缺乏学与教的理论、技能和技巧，无疑会降低教育的效能。掌握高等教育心理学的理论和知识，一方面，有助于高校青年教师认识未来的工作对象，学会从心理学的角度去认识大学生的心理特点，树立正确的教书育人观念，尽快掌握教育和教学的基本规律，使教育工作建立在心理科学的基础上，提高教学效率和质量。另一方面，有助于高校青年教师认识自己，不断丰富和完善自己，为他们今后从事有效的独立学习和自我培养提供帮助，加速自身成长，使自身成为既是所教学科的专家学者，又是培养造就人才的行家里手。基于这种认识，我们编写了《高等教育心理学》一书，以期指导青年教师的专业成长。在编写过程中，我们以科学性与严谨性为前提，理论联系实际，吸取新的和有效的学与教的科学知识，力争实现内容通俗易懂、简明实用，具有可操作性和可读性，能够满足高校不同专业青年教师的共同需要。

本书由徐碧波、汪果主编，徐碧波负责全书大纲的编写和第 1—6 章的统稿和全书的定稿工作，汪果负责第 7—13 章的统稿工作。各章撰写人分别为：湖北大学徐碧波（第一章）、三峡大学冯耕耘（第二章）、中国地质大学刘陈陵（第三章）、长江大学郑雪艳（第四章）、湖北大学杨伟平（第五章）、湖北大学尹述飞（第六章）、湖北大学吴鹏（第七章）、陕西师范大学张晓斌和湖北大学孙山（第八章）、华中师范大学田媛（第九章）、湖北大学汪果（第十章）、华中农业大学张延华（第十一章）、湖北大学吕莉（第十二章）、湖北大学梁娟（第十三章）。

本书的编写和出版得到了湖北大学、华中师范大学、中国地质大学、华中农业大学、三峡大学、长江大学、湖北省高师培训中心和高等教育出版社的大力支持；湖北大学心理学系研究生陈晓云、陈卓、刘晓冰、郑奂舟、裴丹丹、周文欣、裴沁雪、余超群参与了本书文稿的资料搜集、校对等工作。本书引用和参考了国内外学者的大量文献。在此，对以上人员和机构表示由衷的感谢！

由于编者的知识水平和掌握的材料有限，加上时间仓促，书中难免会有不足之处，敬请专家、同行及广大读者批评、指正。

编　者

2023年6月